普通高等教育土建学科专业"十一五"规划教材
高校土木工程专业规划教材

工程经济与项目管理

李慧民 主编

中国建筑工业出版社

图书在版编目（CIP）数据

工程经济与项目管理/李慧民主编．—北京：中国建筑工业出版社，2009

普通高等教育土建学科专业"十一五"规划教材．高校土木工程专业规划教材

ISBN 978-7-112-11080-3

Ⅰ.工… Ⅱ.李… Ⅲ.①工程经济学-高等学校-教材 ②项目管理-高等学校-教材 Ⅳ.F40 F224.5

中国版本图书馆 CIP 数据核字（2009）第 105471 号

本书较全面地阐述了建筑业的基本经济规律、工程经济的评价理论、工程项目管理的基本方法。主要内容包括：绪论、工程经济评价基础、投资方案的经济效果评价、项目工程经济分析、价值工程、工程项目组织与人力资源管理、工程项目合同管理、工程项目质量管理、工程项目成本管理、工程项目风险管理、工程项目安全及环境管理、工程项目综合管理等。

本书内容丰富，论述全面，理论联系实际，有较强的实用性和较高的科学性，可作为高等院校土木工程、交通工程、工程管理、给水排水、建筑环境与设备工程等专业的教科书，也可作为建设单位、建筑企业、建设行业主管部门、工程监理企业等部门工程技术人员和管理人员的参考书。

* * *

责任编辑：王　跃　吉万旺
责任设计：郑秋菊
责任校对：王金珠　关　健

普通高等教育土建学科专业"十一五"规划教材
高校土木工程专业规划教材
工程经济与项目管理
李慧民　主编
*
中国建筑工业出版社出版、发行（北京西郊百万庄）
各地新华书店、建筑书店经销
北京红光制版公司制版
北京富生印刷厂印刷
*
开本：787×1092 毫米 1/16 印张：20¼ 字数：492 千字
2009 年 2 月第一版 2016 年 2 月第十次印刷
定价：**32.00 元**
ISBN 978-7-112-11080-3
(18332)

版权所有　翻印必究
如有印装质量问题，可寄本社退换
（邮政编码 100037）

前 言

随着经济体制改革的不断深入和人民物质文化生活水平的不断提高,作为国民经济支柱产业之一的建筑业,必将持续、协调、科学发展。这对整个国民经济的发展起着重要的作用。因此,如何从理论和实践方面对提高产品质量、降低产品成本、缩短建设周期及采用现代化的科学管理等问题进行研究,是当前建筑业中普遍关心的问题。为了培养和造就工程经济与项目管理方面的技术人员,使学生能系统学习和掌握工程经济与项目管理方面的基本理论和方法,懂得专业技术如何更好地为经济建设服务,在经济建设中发挥更大的作用,作者在从事多年教学与研究的基础上,参考国内外的先进经验及管理方法,编写了本书。

本书由西安建筑科技大学李慧民主编。各章编写分工为:第1章由李慧民、蒋红妍编写;第2章由蒋红妍、胡长明编写;第3章由蒋红妍、胡长明编写;第4章由蒋红妍、李慧民编写;第5章由赵平、李慧民编写;第6章由胡长明、赵平编写;第7章由胡长明、李慧民编写;第8章由李慧民、蒋红妍编写;第9章由赵平、蒋红妍编写;第10章由李慧民、赵平编写;第11章由赵平、胡长明编写;第12章由胡长明、赵平编写。

本书在编写过程中,得到了西安建筑科技大学、长安大学、北京建筑工程学院、西安科技大学、西安工业大学等高校教师的大力支持与帮助,并参考了许多专家学者的有关研究成果及文献资料,在此一并向他们表示衷心的感谢。

由于我国社会主义市场经济的不断深入发展,工程经济与项目管理中的诸多问题还需要进一步探讨与实践,所以书中不妥之处,敬请读者批评指正。

编者
2009年5月

目　　录

1　绪论 …………………………………………………………………………… 1
　1.1　基本建设与建筑业 ……………………………………………………… 1
　1.2　基本建设经济效果评价 ………………………………………………… 5
　1.3　基本建设管理 …………………………………………………………… 9
　复习思考题 …………………………………………………………………… 16
2　工程经济评价基础 …………………………………………………………… 17
　2.1　资金的时间价值 ………………………………………………………… 17
　2.2　等值计算 ………………………………………………………………… 19
　2.3　名义利率与实际利率 …………………………………………………… 33
　复习思考题 …………………………………………………………………… 37
3　投资方案的经济效果评价 …………………………………………………… 38
　3.1　项目现金流量及构成 …………………………………………………… 38
　3.2　投资方案经济效果评价指标 …………………………………………… 41
　3.3　方案比选理论及方法 …………………………………………………… 51
　3.4　设备更新方案的比较 …………………………………………………… 67
　复习思考题 …………………………………………………………………… 70
4　项目工程经济分析 …………………………………………………………… 71
　4.1　项目资金筹措与融资 …………………………………………………… 71
　4.2　项目财务评价 …………………………………………………………… 80
　4.3　国民经济评价 …………………………………………………………… 92
　4.4　不确定性经济评价 ……………………………………………………… 100
　4.5　公益性项目评价 ………………………………………………………… 122
　复习思考题 …………………………………………………………………… 127
5　价值工程 ……………………………………………………………………… 129
　5.1　价值工程的基本理论 …………………………………………………… 129
　5.2　价值工程的工作程序 …………………………………………………… 131
　5.3　价值工程的应用 ………………………………………………………… 145
　复习思考题 …………………………………………………………………… 148
6　工程项目组织与人力资源管理 ……………………………………………… 149
　6.1　工程项目管理组织机构形式 …………………………………………… 149
　6.2　工程项目组织管理模式 ………………………………………………… 151
　6.3　工程项目人力资源管理 ………………………………………………… 157
　复习思考题 …………………………………………………………………… 163

7 工程项目合同管理……164
7.1 合同管理概述……164
7.2 工程项目施工合同的签订……167
7.3 工程项目施工合同管理……169
7.4 工程项目索赔管理……174
复习思考题……178

8 工程项目质量管理……179
8.1 概述……179
8.2 工程项目质量管理的工作体系……181
8.3 工程项目质量控制……183
8.4 工程项目质量统计分析方法……190
8.5 工程项目施工质量验收……203
复习思考题……207

9 工程项目成本管理……208
9.1 工程项目成本的内涵……208
9.2 工程项目成本计划……214
9.3 工程项目成本控制……219
9.4 工程项目成本分析……228
9.5 工程项目全寿命周期成本管理……233
复习思考题……240

10 工程项目风险管理……241
10.1 概述……241
10.2 风险管理工作流程及技术……247
10.3 工程保险与担保……257
复习思考题……265

11 工程项目安全及环境管理……266
11.1 工程项目安全管理体系……266
11.2 工程项目安全事故及处理……268
11.3 工程项目环境管理……272
11.4 职业安全健康管理体系……277
复习思考题……281

12 工程项目综合管理……282
12.1 工程项目目标综合管理……282
12.2 工程项目生产要素管理……287
12.3 工程项目施工现场管理……293
复习思考题……304

计算题……305
复利因子附表……310
参考文献……316

1 绪 论

1.1 基本建设与建筑业

1.1.1 基本建设的含义

基本建设是对一定的固定资产的建筑、设备的添置和安装活动以及与此相联系的其他工作,是一种综合性的经济活动,是固定资产投资中新建与扩建的投资活动。基本建设一词是从俄语翻译过来的,含义是资本建设或资金建设。在美国、英国等国家称为固定资产投资(capital investment)或资本支出(capital expenditure),日本称之为建设投资。

国民经济各部门,都有基本建设经济活动,它包括:建设项目的投资决策、建设布局、技术决策、环保、工艺流程的确定和设备选型、生产准备,以及对工程建设项目的规划、勘察、设计和施工等活动。无论哪个国家,固定资产都是国民财富的主要组成部分。衡量一个国家经济实力雄厚与否,社会生产力发展水平的高低,重要的一点,就是看它拥有的固定资产的数量多少与质量高低。固定资产的物质内容就是生产手段,是生产力要素之一。

基本建设是提高人民物质、文化生活水平和加强国防实力的重要手段。具体作用是:为国民经济各部门提供生产能力;影响和改变各产业部门内部、各部门之间的构成和比例关系;使全国生产力的配置更趋合理;用先进的技术改造国民经济,为社会提供住宅、文化设施、市政设施;为解决社会重大问题提供物质基础。

但是,应当指出,基本建设可以是扩大再生产,但它决不是扩大再生产的唯一源泉。因为,扩大再生产分为外延与内涵两个方面,如果在生产场所方面扩大了,就是在外延上扩大,如果在生产效率方面提高了,就是在内涵上扩大了。

内涵上扩大再生产的方法称为技术改造,也属于固定资产投资活动。技术改造是现有企业在现有生产力基础上,通过技术的改进,提高产品、工艺、装备水平及经营管理水平,以达到企业本身和社会均获得技术进步和经济效益的目的。它涉及的范围可以是整个企业的,也可以是企业内某一局部的改进;它可以包括对企业物质条件上的改造,也可以包括经营管理系统的改进。所以,提高企业的经济效益与社会总的效益,必须不断努力提高固定资产投资效益,既重视外延扩大再生产,更重视内涵扩大再生产,而不应当单纯追求基本建设投资的增加。

1.1.2 基本建设的内容

1. 固定资产的建造

固定资产的建造包括建筑物和构筑物的营造与设备安装两部分。营造工作主要包括各类房屋及构筑物的建造工程,管道及输电线路的敷设工程,水利工程,炼铁及炼焦炉的砌筑工程;设备安装工作主要包括生产、动力、起重、运输、传动和医疗、试验、检验等各种需要安装的设备的装配和装置工程。

2. 固定资产的购置

固定资产的购置包括符合固定资产条件的设备、工具、器具等的购置。固定资产不是根据其物质的技术性质决定的，而是根据其经济用途决定的。设备购置是流通过程，也是形成固定资产的一条途径。因此，固定资产的购置是基本建设的重要内容。

3. 其他基本建设工作

包括勘察设计、土地征用、职工培训、建设单位管理等工作。这些工作是进行基本建设所不可缺少的，所以，它们也是基本建设的重要内容。

1.1.3 基本建设的作用

1. 为国民经济各部门提供生产能力

基本建设所形成的生产性固定资产，它的物质内容就是生产手段，而生产手段是构成生产力的重要因素之一。

2. 为提高人民的生活水平创造新的基础设施

基本建设新建的生产消费性产品的固定资产，使工业消费品的生产能力得到增加，从而提高了对人民生活需要的满足能力。基本建设还直接为社会提供住宅、文化设施、市政设施等固定资产。

3. 合理配置生产力

我国大部分工厂分布在沿海城市，而沿海城市资源相对缺乏；西北地区资源丰富，但工厂不多。为改变这种生产力布局不合理的状况，使资源得到合理利用，需要通过调控基本建设投资加以调整。

4. 利用先进技术改造国民经济

为尽快使我国生产力水平达到中等发达国家水平，就必须用现代化科学技术来改造国民经济各部门，即要通过基本建设新建一些用先进技术装备起来的新企业，又要通过基本建设对现有企业用先进技术进行技术改造。

1.1.4 基本建设的分类

1. 生产性建设

生产性建设是指直接用于物质生产或为满足物质生产需要的建设，包括以下各项：

工业建设；

农林水利气象建设；

邮电和运输建设；

商业和物资供应建设；

地质资源勘探建设。

2. 非生产性建设

非生产性建设一般是指用于满足人民物质和文化生活需要的建设，包括以下各项：

住宅建设；

文教卫生建设；

科学实验研究建设；

公用事业建设；

其他建设。

3. 新建、扩建、改建、恢复和迁建项目建设新建项目。新建项目是指从无到有，即新开始建设的项目。有的建设项目原有基础很小，需重新进行总体设计，经扩大建设规模后，其新增的固定资产价值超过原有固定资产价值3倍以上的，也属于新建项目。

扩建项目。扩建项目是指原有企事业单位为扩大原有产品的生产能力和效益，或增加新产品的生产能力和效益，而扩建的主要生产车间或工程的项目，包括事业单位和行政单位增建的业务用房（如办公楼、病房、门诊部等）。

改建项目。改建项目是指原有企事业单位为提高生产效率，改进产品质量，或调整产品方向，对原有设施、工艺流程进行改造的项目。我国规定，企业为消除各工序或车间之间生产能力的不平衡，增加或扩建的不直接增加本企业主要产品生产能力的车间为改建项目。现有企业、事业、行政单位增加或扩建部分辅助工程和生活福利设施并不增加本单位主要效益，也为改建项目。

恢复项目。恢复项目是指企事业单位的固定资产因自然灾害、战争或人为因素等原因，已全部或部分报废，而后又投资恢复建设的项目。不论是按原来规模恢复建设，还是在恢复的同时又进行改建的项目，都属于恢复项目。但是尚未建成投产的项目，因自然灾害损坏再重建的，仍按原项目看待，不属于恢复项目。

迁建项目。迁建项目是指原有企事业单位由于各种原因迁到另外的地方建设的项目，不论其建设规模是企业原来的还是扩大的，都属于迁建项目。

1.1.5 建筑业

1. 建筑业的定义

人类社会发展到今天，建造活动已经成为国民经济中的一个重要部门。

我国1997年颁布的《中华人民共和国建筑法》从所管辖范围的角度，将建造活动分为四大类：

(1) 各类房屋建筑及其附属设施的建造与其配套的线路、管道、设备的安装活动。

(2) 抢险救灾及其他临时性房屋建筑和农民自建低层住宅的建造活动。

(3) 军用房屋建筑工程的建造活动。

(4) 其他专业建筑工程的建造活动（指铁路、水利水电设施、公路、港口、码头、机场等）。

广义的建筑业是指围绕土木建筑工程产品生产过程这一中心环节，向前延伸至建筑产品的规划和计划，向后延伸至运行和维护，包括工程勘察、设计、建筑材料的生产与供应、构配件加工与组装、土木与建筑工程施工、设备仪器以及管道安装、项目运营期间的维护、工程管理服务以及与这些过程有关的教学、咨询、科研、行业组织等机构在内的集合。从其定义来看，建筑业实质上是以建筑产品生产过程为主导，以相关工程服务为辅助，以与建筑业有关的科研、教育及相关工业生产（如建材、机械设备制造等）为依托的、功能完善的产业，它并不局限于施工活动中。

狭义的建筑业是指国民经济中直接从事建筑产品加工生产活动的行业。它的基本特征是，通过物化劳动，将建筑材料、构配件和工艺设备组合，使之产生一系列的物理和化学变化，最终形成土木建筑工程产品；或者说是运用工程机械，通过劳动，将建筑材料、构配件和工艺设备等物质资源转化为固定资产。

2. 建筑业内部划分

根据国家标准《国民经济行业分类》（GB/T 4754—2002），建筑业进一步划分为四类。

(1) 房屋和土木工程建筑业

房屋工程建筑。指房屋主体工程的施工活动，不包括主体施工前的工程准备活动。

土木工程建筑。指土木工程主体的施工活动，不包括施工前的工程准备活动。

土木工程建筑又包括铁路、道路、隧道和桥梁工程建筑，水利和港口工程建筑，架线和管道工程建筑，其他土木工程建筑。

(2) 建筑安装业

指建筑物主体工程竣工后，建筑物内各种设备的安装活动，以及施工中的线路敷设和管道安装。不包括工程收尾的装饰。

(3) 建筑装饰业

指对建筑工程后期的装饰、装修和清理活动，以及对居室的装修活动。

(4) 其他建筑业

包括工程准备、提供施工设备服务、其他未列明的建筑活动。

3. 建筑业在国民经济中的作用

(1) 为发展生产及改善人民生活提供物质技术基础

建筑业是一个重要的物质生产部门，是固定资产形成的主要动力之一。它为提高生产能力、改善人民生活提供基础设施。改革开放30多年来，建筑业建造了数量巨大的基础设施、工商业建筑物和住房等，极大地改善了人民的生活水平，奠定了国家基础设施的强大基础，支持了国民经济的稳定快速健康发展。

(2) 为社会创造新的财富，给国家提供巨额国民收入

国民收入是一个国家的物质生产部门的劳动者在一年内新创造价值的总和。它是一个国家在一年内所生产的社会总产品中，扣除补偿已消耗的生产资料所剩余的部分。建筑业对我国GDP的贡献较大，2007年，全社会建筑业增加值达到14014亿元，占GDP的比重为5.68%。随着世界经济一体化进程的加快，我国对外承包工程迅猛发展，不仅促进了建筑业自身的发展，还带动了资本、技术、劳务、设备、商品的输出；既赚取了大量的外汇收入，又扩大了政治经济影响。

(3) 建筑业是就业机会的重要来源

建筑业是劳动密集型产业，是国民经济各部门中吸纳劳动力最多的产业之一。从发达资本主义国家现状来看，建筑业的就业人口占全部就业人口的6%～8%。2007年，具有资质等级的总承包和专业承包建筑业企业从业人员为3649.91万人，占全就业人员的4.7%，如果将全社会建筑业从业人员计算在内，建筑业从业人员应占到5%以上。

(4) 促进其他产业部门的发展

建筑业同国民经济其他部门有很强的前后产业关联。前向关联，建筑业向国民经济其他部门提供各种生活、生产、交换和其他经济和社会活动所需的设施。后向关联，或者称为"派生需求"的价值在大多数情况下远远超过了建筑业本身的增加值。也就是说，建筑业一方面以自己的建筑产品直接为国民经济服务，另一方面又在生产过程中消耗其他产业部门的大量产品，作为其他产业部门的重要市场，间接地促进了国民经济的发展。一般来讲，建筑业约消耗全国钢材的50%，木材的90%，水泥的90%。正因为建筑业是国民经

济其他部门的重要市场，所以建筑业的景气与否，是国民经济繁荣与萧条的晴雨表。当国民经济各行业处于繁荣时期，由于固定资产需求的增加，建筑业自然处于繁荣状态；当国民经济处于萧条时期，资本投资减少，这必将影响到建筑业的工程总量，使建筑业呈现不景气状态。也正因为这一点，当国民经济处于萧条时期，国家可以通过增加公共事业投资，使建筑业首先发展，从而刺激其他产业部门的螺旋式发展，起到调节国民经济持续健康发展的作用。

1.1.6 基本建设与建筑业的关系

1. 基本建设与建筑业的联系

（1）基本建设的主要内容由建筑业来完成。建筑安装工作量在基本建设投资中占有相当大的比重，一般为60%左右。建筑业技术进步和生产效率的提高，直接关系着基本建设工作的进程和效果。事实已充分证明，没有强大的建筑业，就无法进行大规模的基本建设。

（2）基本建设投资是促进建筑业发展的客观需要。基本建设投资的多少直接影响着建筑业工程任务的多少，如果基本建设投资忽高忽低，建筑业的日子就时好时坏。所以，只有基本建设规模得到健康发展，才能促进建筑业的发展。

2. 基本建设与建筑业的区别

（1）性质不同。基本建设是一种投资行为，是一种综合性的经济活动。而建筑业是一个物质生产部门，主要从事建筑安装等物质生产活动。

（2）内容不同。基本建设除了包括建筑业完成的建筑安装工程内容外，还包括对设备的购置。而建筑业的生产任务除了基本建设投资形成的建筑安装任务外，还有更新改造和维修资金形成建筑安装生产任务。

（3）任务不同。基本建设的主要任务是在一定期限和资金限额内完成投资活动，得到足够需用的固定资产，而建筑业的主要任务是为社会提供更多、更好、更经济的建筑产品并获取利润。

1.2 基本建设经济效果评价

从全社会角度来看，基本建设是由一个个的建设项目组成的。建设项目是指在一个场地或几个场地上，按一个总体设计或初步设计进行的一个或多个有内在联系的单项工程所组成的，在建设中实行统一核算、统一管理的建设单位。也可以说，建设项目是需要一定量投资，经过决策和实施（设计、施工等）的一系列程序，在一定约束条件下，以形成固定资产为明确目标的一次性事业。对基本建设经济效果的评价，可以通过建设项目经济评价来实现。

1.2.1 建设项目经济评价的含义

建设项目经济评价是项目前期工作的重要内容，是项目决策科学化的重要手段。经济评价的目的是根据国民经济发展战略和行业、地区发展规划的要求，在做好产品（或服务）市场预测分析和工厂选址、工艺技术方案选择等工程技术研究的基础上，对项目投入的费用和产出的效益进行计算、分析，通过多方案比较，分析论证拟建项目的财务可行性和经济合理性，为作出正确的决策提供科学依据。

对一个建设项目的评价，不仅要权衡其技术的先进性与完善程度，更重要的是权衡其投入使用后的经济效果。耗费大而经济效果差的项目，无论其技术如何先进与完善，都不能对社会作出应有的贡献。建设项目类型繁多，如工业项目、农林水利项目、文化教育项目、住宅项目等。这些项目的建设目标各异，因此它们各自经济效果的含义也有很大差别。本书主要介绍生产性建设项目的经济评价方法。

生产性建设项目经济评价，分为企业经济评价（微观评价）和国民经济评价（宏观评价）两种。企业经济评价是以项目自身作为一个独立系统，对项目的盈利性进行分析。如果一个项目的产出大于对它的投入，就意味着该项目是盈利的，可以被采纳，反之则应放弃这个项目。因为企业经济评价的系统范围比较狭窄，故它的投入与产出较易计算。凡是流出这个系统的现金款项都属于项目的投入，即项目的支出，如原始投资、生产中的经营费等；而流入这个系统的现金款项则是项目的产出，即项目的收益，如销售收入、劳务收入等。国民经济评价不同于企业经济评价，它的系统范围扩及整个社会，它是从整个国民经济出发，对项目所实施的国家效益进行分析。在这里，凡是对增加国民收入所作出的贡献都属于项目的效益，即项目的产出；而国民经济为项目所付出的代价称为费用，即项目的投入。在国民经济评价中，不仅要考虑项目自身的效益与费用，还要考虑项目的外部效益及费用，而只有总的效益大于费用的项目才是可行的。对于中小型建设项目，一般只进行企业经济评价，即认为项目的宏观经济效果基本上可以通过其微观效果反映出来；但是，对于严重影响国计民生的重大项目、涉及进出口贸易的项目、中外合资项目、有关稀缺资源开发和利用的项目以及产品和原料价格明显失真的项目，除需进行企业经济评价外，还必须进行国民经济评价，而且强调前者要服从后者。

1.2.2 建设项目经济评价的作用

建设项目前期研究是在建设项目投资决策前，对建设项目的必要性和项目备选方案的工艺技术、运行条件、环境与社会等方面进行全面的分析论证和评价工作。经济评价是项目前期研究诸多内容的重要内容和有机组成部分。

项目活动是社会经济活动的一个组成部分，而且要与整个社会的经济活动相融，符合行业和地区发展规划要求，因此，经济评价一般都要对项目与行业发展规划进行阐述。《国务院投资体制改革的决定》明确规定，对属于核准制和备案制的企业投资项目，都要求在行业规划的范围内进行评审。这是国家宏观调控的重要措施之一。

在完成项目方案的基础上，采用科学的分析方法，对拟建项目的财务可行性（可接受性）和经济合理性进行科学的分析论证，作出全面、正确的经济评价结论，为投资者提供科学的决策依据。

项目前期研究阶段要做技术的、经济的、环境的、社会的、生态影响的分析论证，每一类分析都可能影响投资决策。经济评价只是项目评价的一项重要内容，不能指望由其解决所有问题。同理，对于经济评价，决策者也不能指望通过一种指标就能判断项目在财务上或经济上是否可行，而应同时对多种影响因素和多个目标进行选择，并把这些影响和目标相互协调起来，才能实现项目系统优化，进行最终决策。

1.2.3 建设项目经济效果评价的内容

任何建设项目，总是通过投资活动才得以实现，因此从资金的运动来看，对建设项目的经济效果评价，实际上就是对一项投资活动的评价。经济效果评价的内容一般包括3个方面：

(1) 通过经济评价，分析投资方向的合理性

在一定的地区或部门，根据国家当前的经济发展政策、自然资源条件以及市场的需求预测等，寻求最有利的投资机会，选择最合理的建设项目，保证国家有限的建设资金能够发挥出最大的经济效果。

(2) 通过经济评价，分析为实现某一建设项目的总目标的最优实现途径是什么

这就要求在列举一切可行的技术方案基础上，通过分析比较，选择最经济有利的方案付诸实施，保证用最小的资源耗费满足预定的目标要求。有了技术上可行且能互相替换的方案，为了进行分析比较，还必须以经济效果作为评价的基础。这是工程技术人员必须建立的基本观点。但是，这并不等于说，投资最小、经济效益最大的方案就一定会为人们所选中。

(3) 通过经济评价，分析为实现一项建设项目投资的来源是什么

这就是说，资金如何筹措，从轻重缓急出发投资的数量以多少为宜，为取得一项投资而付出的代价限度是多少，以及投资的最有利偿还方式等。投资来源有时是取舍技术方案的决策性因素。例如某项经济效益高投资大的方案，可能因资金来源所限而被放弃，反而采用效益低而投资小的方案；有时某项投资方案在利用国内资金的情况下是有利的，而利用高息的外资时则变得无利可图等。

1.2.4　建设项目的投资构成

建设项目的投资分为基本建设投资和流动资金。

基本建设投资是用于支付各项基本建设工作的费用。其中包括：

(1) 建筑工程费，指新建、改建、扩建的各种建筑物或构筑物、铁路、公路、码头、管道、电网、三废处理以及防洪和防火设施等所需的工程费用；

(2) 设备购置费，指工业企业的机械设备和电气设备等的购置费；

(3) 设备安装工程费；

(4) 工具、器具和生产用具购置费；

(5) 其他费用，如土地征用、勘察设计、生产人员培训、投产准备和试生产及建设单位管理费等。

项目建成之后，基本建设投资的大部分即转为企业的固定资产。此外，还有少量的基本建设投资，如生产人员培训费、低于固定资产标准的工具器具和生产用具的购置费、报废工程费等，虽然列入基本建设投资，但并不转入企业的固定资产。

基本建设投资来源主要为财政拨款和银行信贷。当投资量较小时，企业也可用自筹资金进行再投资。另外，还可利用国外资金作为基本建设资金的一个补充。流动资金是为了组织生产所需用的货币资金，它是用来在生产及流通两个领域支付工资、材料及其他的预付账款。

1.2.5　建设项目的可行性研究

1. 可行性研究的内容

(1) 建设项目提出的背景、建设的目的及意义；

(2) 资源和市场的需要预测及项目的拟建规模；

(3) 厂址方案（包括建厂地区与建厂地点）及建厂条件；

(4) 设计方案，包括拟采用的工艺方案及主要设备、厂房建筑及公用设施、总图布置及内外运输；

(5) 环境保护及三废处理；

(6) 工厂的生产组织管理、劳动定员及人员培训的计划；

(7) 总投资估算及建厂的实施计划和进度要求；

(8) 项目的企业经济评价、国民经济评价及资金的筹措方案；

(9) 项目的综合评价，最终提出具体的可行性建议，或者提出几个可行的方案并陈述其利弊，供决策者参考。

2. 可行性研究的步骤

从可行性研究的内容来看，大致可以概括为三个方面。第一是市场研究，这是建设项目的前提，主要解决建设项目"必要性"的问题；第二是工艺技术研究，包括厂址、技术、设备和生产组织等，主要解决技术上的"可能性"问题；第三是经济效益研究，它是可行性研究的核心和重点，主要解决建设项目的"合理性"问题。通过以上三个方面的研究，基本上可以对一个建设项目作出全面的评价，消除投资决策中可能出现的各种失误。

由于可行性研究是一项复杂而细致的工作，需耗费一定的人力和物力，故一般可分为几个阶段。其中包括：

(1) 机会研究

该阶段的任务是对投资方向提出设想和建议，一旦证明投资建议是可行的，就继续进行深入的研究。机会研究分为一般性机会研究和具体项目的机会研究两种情况。一般性机会研究又有几种不同情况，第一种是鉴别某一特定地区的各种投资机会；第二种是鉴别某一指定部门的各种投资机会；第三种是以合理利用自然资源等为对象的机会研究。至于具体项目的机会研究，则是在一般性机会研究的基础上，将一个投资设想转变为投资建议，提供一个可能建设的投资项目。在实际工作中，究竟是属于一般性机会研究，还是具体项目的机会研究，或者是两者都要进行，则视不同情况而定。

(2) 初步可行性研究

该阶段的任务是进一步分析机会研究所提出的结论，在占有详细资料的基础上，对项目作出投资决定。此外还应确定尚有哪些关键问题需进行更深入的专题研究。

(3) 技术经济（最终）可行性研究

该阶段要求对建设项目作出全面的技术经济论证，阐明其技术上的可能性与经济上的合理性，并通过多方案比较，优选出最佳建设方案。本阶段对项目的投资及生产成本的估算所要求的精度，应达到±10％以内。在这个阶段上再否定一个项目，一般是少见的。

3. 可行性研究的要求

(1) 大量调查研究，以第一手资料为依据，客观地反映和分析问题，不应带任何主观观点和其他意图。可行性研究的科学性常常是由调查的深度和广度决定的。项目的可行性研究应从市场、法律和技术经济的角度来论证项目可行或不可行，而不只是论证可行，或已决定上马该项目后才找一些依据来证明。

(2) 可行性研究应详细、全面，定性和定量分析相结合，用数据说话，多用图表表示分析依据和结果。人们常用的方法有数学方法、运筹学方法、经济统计和技术经济分析方法等。

(3) 多方案比较，无论是项目的构思，还是市场战略、产品方案、项目规模、技术措施、厂址的选择、时间安排、筹资方案等，都要进行多方案比较。应大胆地设想各种方案，进行精心的研究论证，按照既定目标对备选方案进行评估，以选择经济合理的方案。

(4) 在可行性研究中，许多考虑是基于对将来情况的预测上的，而预测结果中包含着很大的不确定性。例如项目的产品市场、项目的环境条件、参加者的技术、经济、财务等各方面都可能有风险，所以要加强风险分析。

(5) 可行性研究的结果作为项目的一个中间研究和决策文件，在项目立项后应作为设计和计划的依据，在项目后评价中又作为项目实施成果评价的依据。可行性研究报告经上层审查、评价、批准后，项目立项。

1.3 基本建设管理

1.3.1 项目与项目管理

1. 项目的定义与特征

"项目"如今广泛地存在于人们的工作和生活中，并对人们的工作和生活产生着重要影响，如建筑工程项目、开发项目、科研项目、社会公益项目等。人们关心项目的成功，探寻使项目圆满完成的方法。项目是一个专业术语，有其科学含义。

美国项目管理协会（Project Management Institute，PMI）认为："项目是为完成某一独特的产品或服务所做的一次性努力"。

德国DIN（德国工业标准）69901认为，项目是指在总体上符合下列条件的惟一性任务：

具有预定的目标；

具有时间、财务、人力和其他限制条件；

具有专门的组织。

一般来讲，所谓项目就是指在一定约束条件（资源、时间、质量等）下具有明确目标的有组织的一次性工作或任务。项目具有以下特征：

(1) 项目的一次性

项目的一次性也叫单件性，是指每个项目具有与其他项目不同的特点，特别表现在项目本身与最终成果上，而且每个项目都有其明确的终点。当一个项目的目标已经实现，或者该项目的目标不再需要，或不可能实现时，该项目即达到了它的终点。项目的一次性决定了项目的生命周期属性。

(2) 项目生命周期属性

项目从开始到完成需要经过一系列过程，包括启动、规划、实施、结束。这一系列过程称为生命周期。根据所包含的过程，项目的生命周期可分为局部生命周期和全生命周期。项目的局部生命周期是指从项目设项开始到项目交付为止的过程。项目的全生命周期是指从项目设项开始到项目的运营、报废为止。

(3) 项目目标的明确性

任何项目都有明确的目标，没有目标的项目不是项目管理的对象。项目目标可分为成果性目标、约束性目标和顾客满意度目标。成果性目标是项目的来源，也是项目最终目标及项目的交付物。通常，项目的成果性目标被分解为项目的功能性要求。成果性目标是项目的主导目标。约束性目标是指项目合同、设计文件和相关法律法规等所要求实现的目标，一般包括时间目标、质量目标、费用目标和安全目标等。顾客满意度目标是指与项目有关的相关方或干系人的满意度，既包括外部顾客的满意度，也包括内部顾客的满意度。

（4）项目的动态性

项目的动态性体现在两个方面。一方面项目在其生命周期内的任何阶段都会受到各种外部和内部因素的干扰和影响，项目的变化是必然发生的。因此，在项目进行之前应充分分析可能影响项目的各种因素；在项目进行之中应进行有效的管理和控制，并需要根据变化不断加以调整。另一方面，项目的生命周期内各阶段的工作内容、工作要求和工作目标均不相同，因此在不同的阶段，项目组织和工作方式也不尽相同。

（5）项目作为管理对象的整体性

项目作为管理对象的整体性是指在管理一个项目、配备资源时，必须以整体效益的提高为标准，做到数量、质量、结构的整体优化。项目是一个系统，由各种要素组成，各要素之间既相互联系又相互制约。所以，对项目的管理应具有全局意识、整体意识、系统思维。

2. 项目管理及其特征

美国项目管理协会（PMI）在《项目管理知识体系指南（第3版）》（PMBOK指南）对项目管理所下的定义是：项目管理就是把各种知识、技能、手段和技术应用于项目活动之中，以达到项目的要求。项目管理是通过应用和综合诸如启动、规划、实施、监控和收尾等项目管理过程来进行的。

《中国项目管理知识体系》对项目管理所下的定义是：项目管理就是以项目为对象的系统管理方法，通过一个临时性的专门的柔性组织，对项目进行高效率的计划、组织、指导和控制，以实现项目全过程的动态管理和项目目标综合协调与优化。全过程的动态管理是指在项目生命周期内，不断进行资源的配置和协调，不断作出科学决策，从而使项目执行全过程处于最佳的运行状态，产生最佳的效果。项目目标的综合协调与优化是指项目管理应综合协调好时间、费用和功能等约束性目标，在较短的时间内成功实现特定的成果性目标。

项目管理具有以下特征：

（1）项目管理的目标明确

项目管理的目标明确，就是高效率地实现业主规定的目标。项目管理的一切活动都是围绕着这个总目标进行的，它是检验项目管理成功与否的标志。从这一点出发，项目管理的根本任务是在限定的时间和限定的资源范围内，确保高效率地实现项目目标。

（2）实行项目经理负责制

项目管理十分强调项目经理负责制，这是由项目的系统性决定的。集体领导、多头负责不能反映项目的客观规律，而且势必造成职责不清、效益低下。

（3）充分的授权保证系统

成功的项目管理必须以充分的授权保证系统为基础。项目经理授权的大小应与其承担的责任大小相适应，这是保证项目经理管好项目的基本条件。大型建设项目耗资巨大、技术复杂、参与单位多，要在限期内实现项目的有效交付，协调管理难度很大。没有统一的责任者和相应的授权,难以实现良好的协调配合。

1.3.2 工程项目与工程项目管理

1. 工程项目的定义及特点

工程项目是指在一定约束条件下(主要是限定资源、限定时间、限定质量),具有完整的组织机构和特定的、明确的目标的有组织的一次性工程建设工作或任务。

工程项目尤其是建设工程项目是最为常见、最为典型的项目类型,它属于投资项目中最重要的一类,是一种投资行为和建设行为相结合的投资项目。

工程项目具有以下特点:

(1) 具有特定的对象

任何项目都应有具体的对象,工程项目的对象通常是具有预定要求的工程技术系统,而"预定要求"通常可以用一定的功能要求、实物工程量、质量等指标表达。如工程项目的对象可能是:一定生产能力的车间或工厂;一定长度和等级的公路;一定规模的医院、住宅小区等。

项目对象确定项目的最基本特性,并把自己与其他项目区别开来,同时又确定了项目的工作范围、规模及界限。整个项目的实施和管理都是围绕着这个对象进行的。

工程项目的对象在项目的生命周期中经历了由构想到实施、由总体到具体的过程。通常,它在项目前期策划和决策阶段得到确定,在项目的设计和计划阶段被逐渐地分解、计划和具体化,并通过项目的实施过程一步步得到实现。工程项目的对象通常有可行性研究报告、项目任务书、设计图纸、规范、实物模型等定义和说明。

(2) 有时间限制

人们对工程项目的需求有一定的时间限制,希望尽快地实现项目的目标,发挥项目的效用。在市场经济条件下,工程项目的作用、功能、价值只能在一定的时间范围内体现出来。没有时间限制的工程项目是不存在的,项目的实施必须在一定的时间范围内进行。

(3) 有资金限制和经济性要求

任何项目都不可能没有财力上的限制,必然存在着与任务(目标)相关的(或匹配)预算(投资、费用或成本)。如果没有财力的限制,人们就能够实现当代科学技术允许的任何目标,完成任何项目。现代工程项目资金来源渠道多,投资呈多元化,对项目的资金限制越来越严格,经济性要求也越来越高。这就要求尽可能做到全面的经济分析、精确的预算和严格的投资控制。

(4) 一次性特点

任何工程项目作为整体来说是一次性的、不重复的。它经历了前期策划、批准、设计和计划、实施、运行的全过程,最后结束。即使在形式上极为相似的工程项目,例如两栋建筑造型和结构完全相同的房屋,也必然存在着差异和区别,比如实施时间不同、环境不同、项目组织不同、风险不同。所以它们无法等同,无法替代。

工程项目管理不同于一般的企业管理。通常的企业管理,特别是企业职能工作,虽然有阶段性,但它却是循环的、无终了的。而工程项目的一次性就决定了工程项目管理的一次性。工程项目的这个特点对工程项目的组织行为的影响尤为显著。

(5) 复杂性和系统性

现代工程项目越来越具有如下特征:

项目规模大,范围广,投资大;

新颖性,有新知识、新工艺的要求,技术复杂;

由许多专业组成,有几十个、上百个甚至几千个单位共同协作,由成千上万个在时间和空间上相互影响、制约的活动构成;

实施时间上经历由构思、决策、设计、计划、采购供应、施工、验收到运行全过程,项目使用期长,对全局影响大;

受多目标限制,如资金限制、时间限制、资源限制、环境限制等,条件越来越苛刻。

2. 工程项目管理的定义及特点

《中国工程项目管理知识体系》对工程项目管理所下的定义是:工程项目管理是项目管理的一大类,是指项目管理者为了使项目取得成功(事先所要求的功能和质量、所规定的时限、所批准的费用预算),对工程项目用系统的观念、理论和方法,进行有序、全面、科学、目标明确的管理,发挥计划职能、组织职能、控制职能、协调职能和监督职能的作用。简单地说,工程项目管理就是为了项目的成功,对工程项目所进行的一系列的管理活动。

工程项目管理具有以下特点:

(1) 工程项目管理是一种一次性管理

项目的单件性特征,决定了项目管理的一次性特点。在项目管理的过程中一旦出现失误,很难纠正,损失严重。由于工程项目的永久性特征及项目管理的一次性特征,项目管理的一次性成功是关键。所以对项目建设中的每个环节都应进行严格管理,认真选择项目经理,配备项目人员和设置项目机构。

(2) 工程项目管理是一种全过程的综合性管理

工程项目的生命周期是一个有机成长过程。项目各阶段有明显界限,又相互有机衔接,不可间断,这就决定了项目管理是对项目生命周期全过程的管理,如对项目可行性研究、勘察设计、招标投标、施工等各阶段全过程的管理。在每个阶段中又包含有进度、质量、成本、安全的管理。因此,项目管理是全过程综合性管理。

(3) 工程项目管理是一种约束性强的控制管理

工程项目管理的一次性特征,其明确的目标(成本低、进度快、质量好)、限定的时间和资源消耗、既定的功能要求和质量标准,决定了约束条件的约束强度比其他管理更强。因此,工程项目管理是强约束管理。这些约束条件是项目管理的条件,也是不可逾越的限制条件。项目管理的重要特点,在于项目管理者如何在一定时间内,在不超越这些条件的前提下,充分利用这些条件,去完成既定任务,达到预期目标。

工程项目管理与施工管理和企业管理不同。工程项目管理的对象是具体的建设项目,施工管理的对象是具体工程项目,虽然具有一次性特点,但管理范围不同,前者是建设全过程,后者仅限于施工阶段。而(施工)企业管理的对象是整个企业,管理范围涉及企业生产经营活动的各个方面。

3. 工程项目管理的职能

工程项目管理包括八大职能:策划、决策、计划、组织、控制、协调、指挥、监督。

策划职能:将意图转化为系统活动,这是工程项目管理的主要工作,这项工作贯穿于项目进展全过程。将意图转化为系统活动的过程就称为策划。

决策职能：工程项目进展过程中的每一个阶段、每一个过程、每一个环节、每一项活动在开始以前，或在实施过程中，都存在这样或那样的决策问题。正确决策、及时决策是项目成功的重要保证，也是决策职能的最好体现。

计划职能：计划职能决定项目的实施方案、方法、流程、目标和措施等。计划是工程项目实施的指南，也是进行偏差分析的依据。

组织职能：组织职能是合理利用资源、协调各种活动，使工程项目的生产要素、相关方能有机结合起来的机能和行为，是项目管理者进行项目控制的依托和手段。

控制职能：控制和计划是有机的整体，控制的作用在于按计划执行，并在执行过程中收集信息，进行偏差分析，根据偏差采取对策，以保证项目按计划进行并实现项目的目标。

协调职能：工程项目涉及复杂的相关方、众多的生产要素、多变的环境因素，这就需要在项目实施过程中理顺关系、解决冲突、排除障碍，使工程项目管理的其他职能有效发挥作用。所有这些都需要及时、有效地加以协调。协调是控制的动力和保证，协调可以使动态控制平衡、有力和有效。

指挥职能：工程项目管理的顺利进行需要强有力的指挥，项目经理就是实现指挥职能的重要角色。指挥者需要将分散的信息变为指挥意图，用集中的指挥意图统一项目管理者的步调，指导管理者的行动，集合管理力量。指挥职能是管理的动力和灵魂。

监督职能：工程项目管理的机制是自控和监控相结合，自控是管理者自我控制，而监控则是由其他相关方实施的。无论自控还是监控，实现的主要方式就是监督。

1.3.3 土木工程项目管理

1. 土木工程项目管理的概念

土木工程项目是最常见、最典型的工程项目类型，土木工程项目管理是项目管理在土木工程项目中的具体应用。土木工程项目管理是指在一定的约束条件下，以土木工程项目为对象，以最优实现土木工程项目目标为目的，以土木工程项目负责制为基础，以土木工程承包合同为纽带，对土木工程项目进行高效率的计划、组织、协调、控制、监督的系统管理活动。

2. 土木工程项目管理的主体

土木工程项目涉及建设单位、承包商、咨询单位、供应商、用户、政府、金融机构、公用设施（服务）和社会公众等众多利益相关方，如图1-1所示。

土木工程项目最直接的相关方包括建设单位、承包商、咨询单位、供应商和政府，这些相关方都需要对其相关的部分进行管理。建设单位需要对建设项目进行管理，简称为建设项目管理（OPM）；设计单位需要对设计项目进行管理，简称为设计项目管理（DPM）；施工单位需要对施工项目进行管理，简称为施工项目管理（CPM）；供应商需要对供应项目进行管理，简称为供应项目管理（SPM）；咨询单位需要对咨询项目进行管理，简称为咨询项目管理；政府需要对工程项目实施监督管理，简称为政府监督管理。所以，可以认为土木工程项目管理是一个多主体的项目管理。图1-2表达了土木工程项目管理的多主体问题。

3. 业主方项目管理

业主方项目管理是指由项目业主或委托人对土木工程项目建设全过程所进行的管理。是业主为实现其预期目标，运用所有者的权力组织或委托有关单位对工程项目进行策划和实施计划、组织、协调、控制等过程。

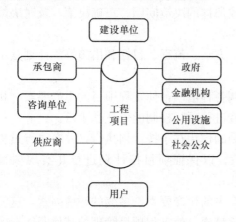

图 1-1 工程项目利益相关方

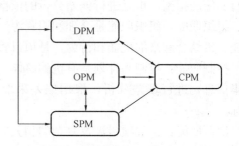

图 1-2 多主体的工程项目管理

业主方项目管理的主体是业主或代表业主利益的咨询方。项目业主泛指项目的所有出资人，包括资金、技术和其他资产入股等。但项目业主实质上是指项目在法律意义上的所有人，是指各投资主体依照一定法律关系所组成的法人形式。目前我国所实施的项目法人责任制中的项目法人就是业主方项目管理的主体之一。

业主方是工程项目实施过程的总集成者——人力资源、物资资源和知识的集成，业主方也是工程项目实施过程的总组织者。所以，业主方的项目管理是工程项目管理的核心。

业主方项目管理是为业主方的利益服务，同时服务于其他相关方的利益。业主方对工程项目管理的根本目的在于实现项目的安全目标、投资目标、进度目标和质量目标，实现投资者的期望。

业主方项目管理贯穿项目进展全过程和各阶段，其主要任务因项目的不同阶段而异，但总体可归纳为"三控、三管、一协调"。三控即投资、进度和质量控制；三管即安全、合同和信息管理；一协调即组织和协调，如表1-1所示。

业主方项目管理的主要任务　　　　表 1-1

阶段 任务	概念阶段	设计阶段	施工阶段	竣工验收阶段	保修阶段
安全管理	设定安全目标 策划安全管理方案	提出安全设计要求 监督设计方案的安全性	提出安全管理要求 明确安全管理责任 监督安全管理过程	进行安全评估	
投资控制	估算项目总投资 明确投资控制目标 制定投资控制方案	提出投资控制要求 监督投资控制的有效性	提出费用控制要求 控制项目变更和索赔 控制进度款的支付	进行费用结算和决算	界定保修责任
进度控制	确定工期目标 制定进度控制方案	提出设计进度要求 监督、控制设计进度	提出施工进度和工期要求 监督、控制施工进度	及时组织验收	
质量控制	进行质量策划 明确质量目标 制定质量控制方案	提出质量设计要求 明确质量标准 监督、控制设计质量	提出施工质量要求 监督、控制施工质量状态	严格进行质量验收和评价	解决所出现的质量问题

续表

阶段 任务	概念阶段	设计阶段	施工阶段	竣工验收阶段	保修阶段
合同管理	策划合同结构 制定合同管理方案	签订合同 合同跟踪和管理	签订合同 合同跟踪和管理	合同终止 总结评估	
信息管理	策划信息管理方案	采集和处理相关信息	采集和处理相关信息	资料收集与 归档总结评估	记录保修信息
组织协调	建立项目管理组织 确定项目发包方式 确定项目管理模式	招标 监督 控制和协调	招标 监督 控制和协调	组织验收	协调

4. 咨询方项目管理

咨询单位受委托，对工程项目的某一个阶段或某一项内容进行管理。例如，受业主委托进行设计监理或施工监理；受业主委托进行招标代理；受业主委托进行项目的可行性研究等。也可以就项目的若干阶段进行管理或承担全部管理工作。例如，受业主委托进行管理总承包。咨询方可以受业主的委托从事项目管理工作，也可以受承包方的委托从事项目管理工作。目前，我国工程领域的咨询单位主要是受业主的委托从事项目管理工作。咨询单位所从事的最主要的项目管理工作就是监理。

5. 承包方项目管理

承包方项目管理是指承包商为完成业主委托的设计、施工或供货任务所进行的计划、组织、协调和控制的过程。其目的是实现承包项目的目标并使相关方满意。

根据承包方所承担的任务不同，承包方项目管理包括设计项目管理、施工项目管理、供应项目管理和总承包项目管理。

（1）设计项目管理

设计单位受业主委托承担工程项目的设计任务，以设计合同所界定的目标及其责任义务对设计项目所进行的管理称为设计项目管理。设计项目管理的主要目标包括设计项目的成本、进度、质量和安全目标，以及项目的投资目标和相关方的满意度目标等。设计项目管理的主要任务包括与设计工作有关的安全管理；设计成本控制和与设计工作有关的工程造价控制；设计进度控制；设计质量控制；设计合同管理；设计信息管理；与设计工作有关的组织协调，即"三控、三管、一协调"。

（2）施工项目管理

施工单位为履行工程合同和落实企业的生产经营方针和目标，在项目经理负责制的条件下，依靠企业技术和管理的综合实力，对工程施工全过程进行计划、组织、指挥、协调、控制和监督的系统管理活动，称为施工项目管理。施工项目管理的主要目标是施工项目的成本、质量、安全和进度目标，以及相关方的满意度目标等。施工项目管理的主要任务可以归纳为"四控、四管、一协调"。"四控"是指施工安全控制、施工质量控制、施工成本控制、施工进度控制；"四管"是指施工信息管理、施工生产要素管理、施工合同管理和现场管理；"一协调"是指与施工有关的组织和协调。

（3）供应项目管理

供应项目管理是指工程项目物资供应方，以供应项目为管理对象，以供应合同所界定的范围和责任为依据，以项目的整体利益和供应方自身的利益为宗旨所进行的管理活动。供应项目管理的主要目标是供应的安全目标、成本目标、进度目标、质量目标和相关方的满意度目标等。供应项目管理的主要任务也可归纳为"三控、三管、一协调"。其中，"三控"是指供应成本控制、进度控制和质量控制；"三管"是指供应安全管理、合同管理和信息管理；"一协调"是指与供应有关的组织和协调。

(4) 总承包项目管理

工程总承包方根据总承包合同的要求，对总承包项目所进行的计划、组织、协调、控制、指挥和监督的管理活动称为总承包项目管理。总承包项目管理一般涉及工程项目实施阶段全过程，即设计前准备阶段、设计阶段、施工阶段、动用前准备阶段和保修期。其性质是全面履行工程总承包合同，以实现总承包企业承建工程的经营方针和目标，取得预期经营效益为动力而进行的工程项目自主管理。总承包项目管理所追求是总承包项目的整体利益和承包方自身的利益。总承包项目的主要目标是项目的总投资目标、总承包项目的成本目标、进度目标、安全目标和质量目标，以及相关方的满意度目标等。总承包项目管理的主要任务包括"四控、四管、一协调"。其中，"四控"是指安全目标控制、投资控制和总承包成本控制、进度控制、质量控制；"四管"是指信息管理、合同管理、生产要素管理、现场管理；"一协调"是指与工程项目总承包有关的组织和协调。

复习思考题

1. 简述基本建设的内容及其作用。
2. 简述建筑业在国民经济中的作用。
3. 简述基本建设与建筑业的关系。
4. 简述建设项目经济评价的含义及内容。
5. 简述建设项目可行性研究的内容。
6. 简述项目管理、工程项目管理及土木工程项目管理的内涵。

2 工程经济评价基础

2.1 资金的时间价值

2.1.1 资金时间价值的概念

将资金投入生产与流通环节后,由于劳动者的工作,使得资金在生产与流通过程中获得了一定的收益,使资金发生增值。所谓资金的时间价值,就是指资金在生产和流通过程中随着时间推移而产生的增值。资金的价值随着时间的变化而变化,是时间的函数;因此描述一项资金,除了说清资金数额、性质(流入还是流出)之外,还必须指明这笔资金所处的时点。

资金只有在生产和流通过程中随着时间推移才会产生增值。资金时间价值的产生取决于以下两个因素:其一,资金参与社会再生产,即投入到生产和流通中;其二,有时间上的推移,即有参与社会再生产的过程。

在商品经济条件下,资金在投入生产与交换过程中产生了增值,给投资者带来利润,其实质是由于劳动者在生产与流通过程中创造了价值。从投资者的角度看,资金的时间价值表现为资金具有增值特性;从消费者的角度来看,资金的时间价值是对放弃现时消费带来的损失所做的必要补偿,这是因为资金用于投资后则不能再用于现时消费。

从根本上说,资金的时间价值是在社会生产和再生产中,由劳动者创造的价值;从表观上看,是资金在社会生产和流通中随着时间的推移而产生的,所以称之为"时间价值"。

2.1.2 衡量资金时间价值的尺度

衡量资金时间价值的尺度有两种:其一为绝对尺度,即利息、盈利或收益;其二为相对尺度,即利率、盈利率或收益率。

利息是衡量资金时间价值的绝对尺度,是其最直观的表现。利息是劳动者为全社会创造的剩余价值(即社会纯收入)的再分配部分。借贷双方的关系是通过银行,在国家、企业、个人之间调节资金余缺的相互协作关系,所以贷款要计算利息;固定资金和流动资金的使用也采取有偿和付息的办法,其目的都是为了鼓励企业改善经营管理,鼓励节约资金,提高投资的经济效果。

利率是衡量资金时间价值的相对尺度。利息要依据利率来计算。

利率是一个计算期内所得的利息额与借贷金额(本金)的比值,它反映了资金随时间变化的增值率。用于表示计算利息的时间单位,称为计息周期。有年、季、月或日等不同的计息长度。

一般说来,利息是平均利润(社会纯收入)的一部分,因而利率的变化,要受平均利润的影响。当其他条件不变时,平均利润率提高,利率也会相应提高;反之,则会相应下降。此外,利率的高低,还受借贷资金的供求情况、借贷风险的大小、借款时间的长短、商品价格水平、银行费用开支、社会习惯、国家利率水平、国家经济政策与货币政策等因素的影响。

通常在分析资金借贷时使用利息或利率的概念，在研究某项投资的经济效果时则常使用收益（或盈利）或收益率（盈利率）的概念，项目投资通常是要求其收益大于应支付的利息，即收益率大于利率。收益与收益率是研究项目经济性必需的指标。

2.1.3 计算资金时间价值的方法

由于利息是资金时间价值的最直观体现，计算资金时间价值的方法就是如何计算利息的问题。利息计算有单利计息和复利计息两种方法。

1. 单利

单利计息是指仅用本金计算利息，利息到期不付不再生息。不论本金时间有多长，只对本金计算利息，不考虑先期产生利息的利息。

设每期的利率 i 相等，则本金 P 在第 t 期的利息额 I_t 及第 n 期期末的本利和 F_n 分别为：

$$I_t = Pi \tag{2-1}$$

$$F_n = P + \sum_{t=1}^{n} I_t = P + n \cdot Pi = P(1+ni) \tag{2-2}$$

单利法在一定程度上考虑了资金的时间价值，但对于以前已经产生的利息，没有累计计息，所以不够完善。

2. 复利

复利计息时，不仅本金计算利息，而且利息到期不付也要生息，即用本金与前期累计利息之和计算当期利息。设每期的利率相等，本金 P 在第 t 期的利息额 I_t 及第 n 期期末的本利和 F_n 分别为：

$$I_t = F_{t-1} \cdot i \tag{2-3}$$

$$F_n = P(1+i)^n \tag{2-4}$$

本利和公式（2-4）的推导过程如表 2-1 所示。

复利本利和的计算　　　　　　　　　　　　　　　　　表 2-1

计算周期	期初本金	本期利息	期末本利和 F_n
1	P	$P \cdot i$	$F_1 = P + P \cdot i = P(1+i)$
2	$P(1+i)$	$P(1+i) \cdot i$	$F_2 = P(1+i)^2$
3	$P(1+i)^2$	$P(1+i)^2 \cdot i$	$F_3 = P(1+i)^3$
…	…	…	…
n	$P(1+i)^{n-1}$	$P(1+i)^{n-1} \cdot i$	$F_n = P(1+i)^n$

复利计息有间断复利和连续复利之分。如果计息周期为一定的时间区间（如年、季、月等），并按复利计息，称为间断复利；如果计息周期无限缩短，则称为连续复利。从理论上讲，资金是在不停地运动，每时每刻都通过生产和流通在增值，应采用连续复利计息；但在实际活动中，计息周期不可能无限缩短，一般都采用较为简单的间断复利计息。

复利计息更符合资金在社会再生产过程中运动的实际状况，工程经济分析中一般采用复利计息。

2.2 等值计算

在工程经济分析中，资金等值是一个非常重要的概念，它是指在考虑了时间因素之后，在不同时刻发生的数值不等的资金可能具有相等的价值。由于资金时间价值的存在，不同时刻发生的资金流入或流出不能直接求代数和；为了满足资金流入或流出的时间可比性要求，就必须进行资金等值计算。

2.2.1 工程经济分析中的现金流量及其表示

1. 现金流量（cash flow）

一个工程项目在某一时间内支出的费用称为现金流出，项目在该时间内取得的收入称为现金流入。现金流量是指拟建项目在整个项目计算期内的各个时点上实际所发生的现金流入、现金流出以及流入与流出的差额（又称为净现金流量）。

项目计算期也称项目寿命期，是指对拟建项目进行现金流量分析时应确定的项目的服务年限。一般分为四个期间：建设期、投产期、达产期和回收处理期。建设期是指项目从开始施工到建成投产所需的时间；投产期是指项目投产开始到项目达到设计生产能力的时间；达产期是指项目达到设计生产能力后持续发挥生产能力的时间；回收处理期是指项目完成预计的寿命周期后停产并进行善后处理的时间。

2. 现金流量图（cash flow diagram）

现金流量图是描述现金流量作为时间函数的图形，它能形象直观地表示不同时点上的现金流入与现金流出的情况。

现金流量图包括三个要素：大小——现金流量的数额；流向——现金流入或流出；时点——现金流入或流出所发生的时间点。

现金流量图的一般形式如图 2-1 所示。

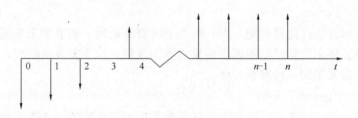

图 2-1 现金流量图的一般形式

在图 2-1 中，横轴称为时间轴，表示一个从 0 开始到 n 的时间序列；每一个刻度表示一个计息周期，如按年计息，则时间轴上的刻度单位就是年。

时间轴上，0 代表时间序列的起始点，从 1 到 n 分别代表各计息期的终点。每个数字都有两个含义，如对于 2 来说，它既代表第 2 个计息期的终点（结束），又代表第 3 个计息期的始点（开始）。每个时点既表示本时段结束，同时也表示下一时段的开始。如：3 时点，就表示第 3 计息期期末、第 4 计息期期初。

各时点上垂直于横轴的有向竖线用来描述现金流量。箭线的长度与流入和流出的金额成正比，金额越大，其相应的箭线长度越长。

3. 现金流量图的绘制步骤

(1) 画出时间轴 以横轴表示时间轴,从左向右进行等分格,每一格代表一个时间单位(年、月、季、周等,通常是一个计息期)即一个时段,每个分格点(从0开始到n)表示一个时点。

(2) 标出现金流 现金流量用按大小比例的箭线表示。一般把现金流入(cash in-flow)定为正值,标在时间轴上方,用箭头向上的箭线表示;把现金流出(cash out flow)定为负值,标在时间轴下方,用箭头向下的箭线表示。

确定现金流量的位置时,通常情况下有两种处理方法,一种方法是工程经济分析中常用的,其规定是现金流入(收益)标示在年(期)末,而现金流出(投资)标示在年(期)初;另一种方法是在项目财务评价中常用的,即以计息期末为现金流量的时点,无论现金的流入还是流出均标示在年(期)末。本章后续内容中均采用工程经济分析中的处理方法。

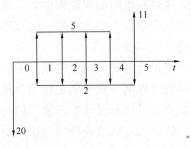

图 2-2 现金流量图

【例 2-1】 某企业拟建一项目,预计投资 20 万元,年收益为 5 万元,年费用 2 万元,项目计算期为 5 年,届时回收净残值 6 万元。试绘出其现金流量图。

【解】 该项目的现金流量图见图 2-2 所示。

需要注意的是,对于一项经济活动,站在不同的角度上,所绘制的现金流量图是不同的。如某企业从银行取得一笔贷款,日后某个时间偿本付息,站在企业的角度上,获取贷款是现金流入,还本付息是现金流出;而站在银行的角度上,则放贷是现金流出,收取本息是现金流入。

2.2.2 等值计算中的基本要素

等值计算中涉及的基本要素有现金流量、计息期数和利率等。

1. 有代表性的几种现金流量

(1) 现值 P (Present Value)

现值通常表示发生在建设初期,即 0 时点上的资金价值,或表示未来某时点之前的某时点的资金价值。将未来某时点的现金流量折算为现值,称为折现或贴现,是评价投资项目经济效果时经常采用的一种基本方法。

(2) 终值 F (Future Value)

终值又叫未来值、将来值,通常表示计算期期末的资金价值,或表示现在某时点之后的某时点的资金价值。

(3) 年值 A

狭义的年金表示连续地发生在每年年末且数额相等的现金流序列;广义的年金是连续地发生在每期期末且数值相等的现金流序列。

常见的如折旧、租金、利息、保险金、养老金等,通常都采取年值形式。年金有后付年值、预付年值和延期年值年金之分,其中后付年值是指每期期末收、付款的现金流量序列,是最常用的年值形式;预付年值是指每期期初收、付款的现金流量序列,计算要以后付年值为基础,并考虑款项提前收付的时间差异;延期年值是指距今若干期以后发生的每期期末收、付款的现金流量序列,计算时要考虑款项延期收付时间对货币资金价值的影响。

以上三种流量现值 P、终值 F 和年值 A，是实际经济分析中较为常见的流量。

（4）等差递增（减）年值

是指现金流量逐期等差递增（或递减）时相邻两期资金的差额，以符号 G 表示。

（5）等比递增（减）年值

是指等比序列资金流量逐期递增（或递减）的百分比，以符号 g 表示。

（6）时值

是指资金在某一特定时点上的价值。如现值就是 0 时点的时值，终值就是 n 时点的时值。

2. 计息期数 n

在利息计算中表示计息周期数；在工程经济分析中代表从开始投入资金到项目的寿命周期终结为止的整个期限，通常以"年"为单位，也可以以"半年"、"季"、"月"为单位。

3. 计息利率 i

在工程经济分析中，把根据未来值求现值的过程叫贴现或折现，贴现时所用的利率称为计息利率或贴（折）现率。

2.2.3 等值计算公式

项目实施过程中的资金支付，按照时间的连续程度分为间断支付和连续支付；按支付次数的多少分为一次支付和分期支付；按各期支付额度的数量规律可分为等额支付和不等额支付。上述分类见图 2-3 所示。

图 2-3 资金支付类型

资金的等值计算要借助于普通的复利利率进行。决定资金等值的因素主要有资金数额、资金流动发生的时间以及利率。需要特别指出的是，在等值换算过程中计算利息的周期和复利利率的周期是相同的；否则就要进行有关换算，详见 2.3 节。

1. 一次支付公式

一次支付是指在分析经济系统现金流量时，现金流入或流出均在一个时点发生。在考虑资金时间价值的情况下，P 是 F 的现值，F 是 P 的终值。

（1）一次支付终值公式

一次支付终值（复利终值）公式，就是复利法的本利和的计算公式。条件是：已知 P、i、n，求终值 F。现金流量如图 2-4 所示。

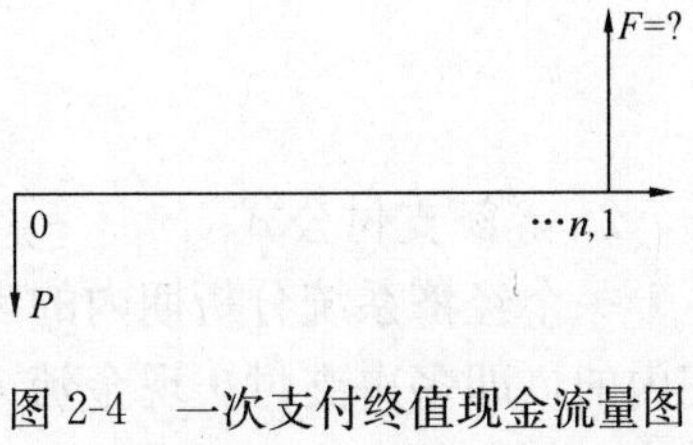

图 2-4 一次支付终值现金流量图

其计算公式是 $F_n = P(1+i)^n$，式中 $(1+i)^n$ 称为一次支付终值系数。用规格化代码 $(x/y, i, n)$ 表示上述因子，其中 x 表示未知值，y 表示已知值，则一次支付终值系数 $(1+i)^n$ 记为 $(F/P, i, n)$。实际工作中，按不同期数、利率编制有各种因子的系数表，

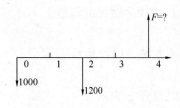

图 2-5 某项目现金流量图

可方便地查表获得，避免了繁杂的数学计算。详见本书附录所示。

【例 2-2】 某项目第一年初投资 1000 万元，第二年末再投资 1200 万元，年利率为 6%。问第四年末应回收多少资金该项目才可行？

【解】 画出现金流量图，如图 2-5 所示。将有关数据代入公式计算：

$$F = 1000(F/P, 6\%, 4) + 1200(F/P, 6\%, 2)$$
$$= 1000 \times 1.2625 + 1200 \times 1.1236$$
$$= 2610.82 \text{ 万元}$$

所以，第四年末至少应回收 2610.82 万元该项目才可行。

(2) 一次支付现值公式

一次支付现值公式，可以通过一次支付终值公式进行变换获得。条件是：已知 F、i、n，求现值 P。现金流量图如图 2-6 所示。

图 2-6 一次支付现值现金流量图

在现金流量图 2-6 中，已知终值 F、求现值 P 的计算公式为：

$$P = F\left[\frac{1}{(1+i)^n}\right] \tag{2-5}$$

式 (2-5) 中，$\frac{1}{(1+i)^n}$ 称为一次支付现值系数，记为 $(P/F, i, n)$，可查系数表获得。它与一次支付终值系数 $(F/P, i, n)$ 互为倒数，即

$$(P/F, i, n) = \frac{1}{(F/P, i, n)}$$

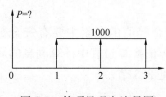

图 2-7 某项目现金流量图

【例 2-3】 某投资项目，预计在今后 3 年的每个年末均可获利 1000 万元，年利率为 6%。问：这些利润相当于现在的多少？

【解】 画出现金流量图，如图 2-7 所示。将有关数据代入公式计算：

$$P = 1000[(P/F, 6\%, 1) + (P/F, 6\%, 2) + (P/F, 6\%, 3)]$$
$$= 1000(0.943 + 0.890 + 0.840)$$
$$= 2673 \text{ 万元}$$

2. 等额支付公式

一个经济系统分析期内的现金流量，除了一次支付类型外，大多数是分布在整个分析期内的，即多次支付。现金流入和流出发生在多个时点的现金流量，其数额可以是不等的，也可以是相等的。当现金流序列是连续且数额相等时，则称为等额系列现金流。

(1) 等额支付终值公式

对于一个经济系统，在每一个计息周期期末均支付相同的数额 A、年利率为 i 的情况下，求与 n 年内系统总现金流量的等值额，即求取系统 n 年后一次支付的终值，就是等额支付终值计算问题。条件是：已知 A、i、n，求年金 F。其现金流量如图 2-8 所示。

可以清楚地看到，在第 1 年末投资 A，在第 n 年末时的本利和为 $A(1+i)^{n-1}$；第 2 年末投资 A，$(n-1)$ 年后的本利和为 $A(1+i)^{n-2}$；第 3 年末投资 A，$(n-2)$ 年后的本利和为 $A(1+i)^{n-3}$；依此类推，第 $(n-1)$ 年末投资 A，1 年后的本利和为 $A(1+i)$；第 n 年末投资 A，当年的本利和仍然为 A。

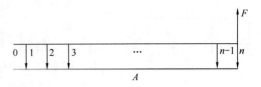

图 2-8 等额支付终值现金流量图

这样，在这 n 年中，每年年末投资 A，n 年后的本利和为：

$$F = A(1+i)^{n-1} + A(1+i)^{n-2} + A(1+i)^{n-3} + \cdots + A(1+i) + A$$
$$= A[(1+i)^{n-1} + (1+i)^{n-2} + (1+i)^{n-3} + \cdots + (1+i) + 1]$$

根据首项为 1、公比为 $(1+i)$ 的等比数列的求和公式，可知

$$F = A\left[\frac{(1+i)^n - 1}{i}\right] \tag{2-6}$$

式（2-6）即为等额支付终值公式，$\frac{(1+i)^n - 1}{i}$ 称为等额支付终值系数，记为 $(F/A, i, n)$。

应用式（2-6）的条件是：每期支付金额相同（A 值）；支付间隔相同（如一年）；每次支付都在对应的期末，终值与最后一期支付同时发生，即后付年值。

【例 2-4】某高速公路的贷款投资部分为 15 亿元，5 年建成，每年年末贷款投资 3 亿元。若年利率是 8%，求 5 年后的实际累计总投资额。

【解】本题为等额分付终值计算问题，$A=3$ 亿元，$i=8\%$，$n=5$ 年，有

$$F = A(F/A, i, n) = 3(F/A, 0.08, 5) = 3 \times 5.867 = 17.591 \text{ 亿元}$$

表示对于贷款投资的部分，除了在第 5 年末要归还 15 亿本金外，还需支付 2.591 亿元的利息。

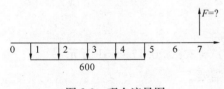

图 2-9 现金流量图

【例 2-5】某人从当年年末开始连续 5 年，每年将 600 元集资于企业；企业规定在第七年末本利一次偿还。若投资收益率为 15%，问此人到期可获得多少本利和？

【解】画出现金流量图，如图 2-9 所示：

第一种计算方法：以时点 5 为等值转换点

$$F = 600(F/A, 15\%, 5) \times (F/P, 15\%, 2)$$
$$= 600 \times 6.7424 \times 1.3225$$
$$= 5350.09 \text{ 元}$$

用第二种方法计算：$F = 600[(F/A, 15\%, 7) - (F/A, 15\%, 2)]$
$$= 600 \times (11.0668 - 2.1500)$$
$$= 5350.08 \text{ 元}$$

【例 2-6】按政府有关规定，贫困学生在大学学习期间可享受政府贷款。某大学生在大学四年学习期间，每年年初从银行贷款 7000 元用以支付当年学费及部分生活费用。若

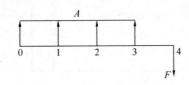

图 2-10 现金流量图

年利率 5%，则此学生 4 年后毕业时借款本息一共是多少？

【解】 每年的借款发生在年初，绘出问题的现金流量图如图 2-10 所示。

由图 2-10 知，不满足等额支付终值计算公式的条件，所以不能直接套用式（2-6），而需要先将其折算成年末的等值金额，再进行等额分付终值的计算。即

$$F = A(1+i)(F/A, i, n) = 7000(1+0.05)(F/A, 0.05, 4)$$
$$= 7000(1+0.05) \times 4.310 = 31678.5 \text{ 元}$$

即毕业时借款本息一共是 31678.5 元。

(2) 等额支付偿债基金公式

在年利率为 i 时，欲将第 n 年年末的资金 F 换算为与之等值的 n 年中每年年末的等额资金，就是等额支付偿债基金计算问题。条件是：已知 F、i、n，求年金 A，现金流量图如图 2-11 所示。

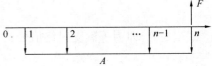

图 2-11 等额支付偿债基金现金流量图

显见，等额分付偿债基金的计算是等额分付终值计算的逆运算，可得到公式

$$A = F\left[\frac{i}{(1+i)^n - 1}\right] \quad (2\text{-}7)$$

式中，$\frac{i}{(1+i)^n - 1}$ 称为等额分付偿债基金系数，记为 $(A/F, i, n)$。

【例 2-7】 某企业计划自筹资金进行一项技术改造，预计 5 年后进行的这项改造需要资金 300 万元，银行利率 8%，问从今年起每年末应筹款多少？

【解】 本题为等额分付偿债基金计算问题。

$F=300$ 万元，$i=0.08$，$n=5$，有

$$A = F(A/F, i, n) = 300 \times (A/F, 0.8, 5) = 300 \times 0.17 = 51 \text{ 万元}$$

即企业每年末至少应筹款 51 万元方能满足 5 年后的需要。

【例 2-8】 某企业当年初向银行贷款 50000 元，购买一设备，年利率为 10%，银行要求在第 10 年末本利一次还清。企业计划在前 6 年内，每年年末等额提取一笔钱存入银行，存款利率为 8%，到时（第 10 年末）刚好偿还第 10 年末的本利和。问：在前 6 年内，每年年末应等额提取多少？

【解】 本题有多种解法，仅介绍一种。

计算贷款的本利和

$$F = 50000(F/P, 10\%, 10) = 50000 \times 2.5937$$
$$= 129687.00 \text{ 元}$$

将 F 按 8% 换算为第 6 年年末值

$$F_6 = F(P/F, 8\%, 4) = 129687.00 \times 0.7350$$
$$= 95319.95 \text{ 元}$$

将 F_6 换算为 6 年的等额存款

$$A = F_6(A/F, 8\%, 6) = 95319.95 \times 0.1363$$
$$= 12994.12 \text{元}$$

需要指出，应用式（2-7）进行计算时，分析期内现金流量应满足的条件等同于式（2-6）。

(3) 等额支付现值公式

对于工程项目，在第 1 年年初投资额为 P，从第 1 年年末取得效益。考虑资金的时间价值，在年利率为 i 的情况下，已知 n 年中每年末所获效益均为 A，从第 1 年到第 n 年的等额现金流入总额等值于最初的现金流出 P，欲求投资 P，这就是等额支付现值计算问题。条件是：已知 A、i、n，求年金 P。其现金流量图如图 2-12 所示。

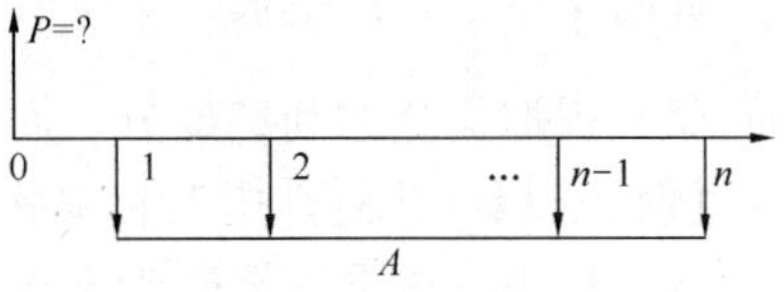

图 2-12 等额支付现值现金流量图

求与 n 年内系统的总现金流入相等值的系统期初现值 P，可以分两步走。先由等额支付终值公式 $F = A\left[\dfrac{(1+i)^n - 1}{i}\right]$ 求出与 n 年内系统的总现金流入相等值的终值，再由一次支付现值公式 $P = F\left[\dfrac{1}{(1+i)^n}\right]$ 把终值折合成现值，于是有 $P = F\left[\dfrac{1}{(1+i)^n}\right] = A\left[\dfrac{(1+i)^n - 1}{i}\right]\left[\dfrac{1}{(1+i)^n}\right]$，即

$$P = A \cdot \left[\dfrac{(1+i)^n - 1}{i(1+i)^n}\right] \tag{2-8}$$

式（2-8）为等额支付现值公式，其中 $\dfrac{(1+i)^n - 1}{i(1+i)^n}$ 称为等额分付现值系数，记为 $(P/A, i, n)$。

【例 2-9】 一俱乐部会员每年的会费是 9000 元，一期 5 年。如果该俱乐部实施先付费后活动，加入俱乐部时需一次预存一期的费用。那么在年利率 7% 的情况下，现应预存多少钱？

【解】 本题为等额分付现值计算问题。

$$A = 9000 \text{元}, i = 0.07, n = 5$$
$$P = A\left[\dfrac{(1+i)^n - 1}{i(1+i)^n}\right] = A(P/A, i, n)$$
$$= 9000 \times (P/A, 0.07, 5) = 36900 \text{元}$$

【例 2-10】 如果某工程当年建成，第二年投产开始有收益，寿命期 8 年，每年净收益 3 万元，按 12% 的折现率计算，恰好能在寿命期内把期初投资全部收回。问该工程期初所投资金为多少？

【解】 根据题意，此题的现金流入等额发生在第二年末及以后，所以不能直接套用公式（2-8），而需将等额年金折算到前一年的年末，再求其等额分付的现值。现金流量图如图 2-13 所示。

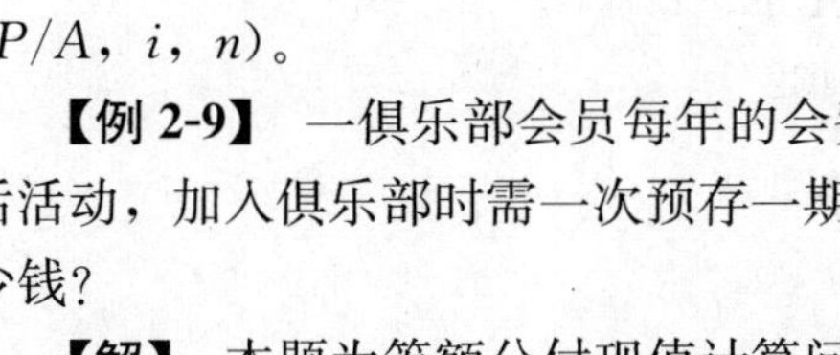

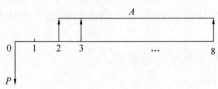

图 2-13 现金流量图

$$P = A \times \dfrac{1}{(1+i)} \times \dfrac{(1+i)^{n-1} - 1}{i(1+i)^{n-1}}$$
$$= 3(P/F, 12\%, 1)(P/A, 12\%, 7)$$
$$= 3 \times 0.8929 \times 4.564 = 12.2256 \text{万元}$$

需要注意的是，在大多数情况下，年金都是在有限时期内发生的；但实际情况中，有些年金是无限期的。如股份公司的经营具有连续性，可认为有无限寿命。因此，当式(2-8)中的 n 为无限时，就可得到永久年金的现值。即 $n \to \infty$ 时，有

$$\lim_{x \to \infty} \frac{(1+i)^n - 1}{i(1+i)^n} = \frac{1}{i}$$

此时 $P = \frac{A}{i}$，P 是永久年金 A 的现值；反过来，一笔资金的永久年金就是 $A = P \times i$，即每年只提取资金的利息部分，而保留本金部分。

【例 2-11】 某地科技工业园欲设立每年 50 万元的奖学金，以投资教育。在年利率为 10% 的条件下，试求这笔奖学金永久年金的现值。

【解】
$$P = \frac{A}{i} = \frac{50}{10\%} = 500 \text{ 万元}$$

即该科技工业园拿出 500 万元的现值，就可以在年利率为 10% 的条件下，保证每年提供 50 万元的奖学金。

【例 2-12】 某拟建工程期初投资 50000 万元。该工程建设期一年，第二年投入使用，寿命为 6 年。若 $i=12\%$，问：每年至少应回收多少，该投资才可行？

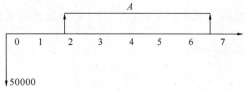

图 2-14 现金流量图

【解】 现金流量图如 2-14 所示。

以时点 1 为等值转换点

$$A = P(F/P, 12\%, 1) \times (A/P, 12\%, 6)$$
$$= 50000 \times 1.120 \times 0.2432$$
$$= 13620.88 \text{ 万元}$$

(4) 等额支付资本回收公式

对于初期投资 P，当年利率为 i 时，在 n 年内每年年末以等额资金 A 回收的问题就是等额支付资本的回收计算。条件是：已知 P、i、n，求年金 A。其现金流量图如图 2-15 所示。

可以看出，它是等额支付现值公式的逆运算，易由式 (2-8) 得

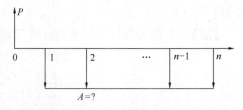

图 2-15 等额支付资金回收现金流量图

$$A = P\left[\frac{i(1+i)^n}{(1+i)^n - 1}\right] \tag{2-9}$$

式 (2-9) 中，$\frac{i(1+i)^n}{(1+i)^n - 1}$ 称为等额支付资本回收系数，记为 $(A/P, i, n)$。

在对投资项目或技术方案进行经济技术分析时，常根据计算出的单位投资值，在考虑资金时间价值的前提下，应用等额支付资本回收系数核定在项目生产期或回收成本期内每年至少应返还多少资金。

由因子的数学换算易知，资本回收系数与偿债基金系数的关系为：

$$(A/P, i, n) = (A/F, i, n) + i$$

【例 2-13】 投资 5000 万元新建一民办学校，准备于开建后 10 年内收回投资，平均每

个学生的学费是 12000 元/年。当年利率为 6% 时，该学校平均每年的在校学生数目至少应为多少？

【解】 本题是等额支付资本回收计算问题。

$P=5000$ 万元，$i=0.06$，$n=10$，则
$$A = P(A/P, i, n) = 5000(A/P, 0.06, 10)$$
$$= 5000 \times 0.13587 = 679.35 \text{ 万元}$$

平均每年的在校学生数 $= \dfrac{679.35 \times 10^4}{12000} \approx 567$ 人

同样需要指出，应用式（2-7）和式（2-8）进行的等值计算，也应满足每期支付金额相同、支付间隔相同（如一年）、每次支付都在对应的期末等条件。

以上公式中涉及的基本参数有 n、i、P、F、A 共五个。工程经济分析就是在上述五个参数中按四个为一组、但 n、i 一定要出现的情况（不一定已知），进行不同时点的资金等值计算（n、i 要已知），以及计算未知的计息期数或计息利率（n 或 i 未知），即已知三个求另外一个未知参数。

3. 不等额支付公式

不等额支付系列是每期收支数额不相同的现金流量序列。实际经济系统中不等额支付现金流量序列是经常发生的。按照现金流量的变化规律，可分为特殊情况下的等差和等比两种不等额现金流量序列，以及一般情况下无规律可循的不等额现金流量序列。

(1) 等差序列现金流量等值换算公式

在经济活动中，现金的收支常是不等额的，其中有一种比较典型的现金流量类型，即现金流量序列在分析期内，每年年末发生的方向相同、大小按等额增加或减少的现金流量序列，称为等差序列现金流量。如设备维护费用一般是逐年增加的，若每年按一个相对稳定的常数递增，就构成了一个等差递增现金流量。

等差序列现金流量图如图 2-16（a）所示。它可以分解为两个部分：一是以第一年年末的基础金额 A_1 的等额序列，如图 2-16（b）所示；二是等差额为 G 的等差序列（不含基础金额 A_1），如图 2-16（c）所示。由图可知，其特点有：现金流量图左小右大，即为递增等差数列；第一笔定差流量发生在经济系统的第二年。以此来推导等差序列的现值公式。

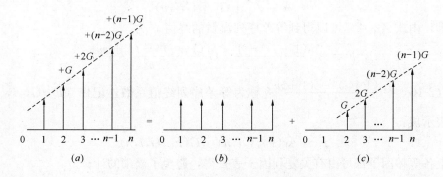

图 2-16　等差序列现金流量图

分析图 2-16（c）所示现金流量。记该序列流量的等额现值为 P_G，由图易知：

$$P_G = G(1+i)^{-2} + 2G(1+i)^{-3} + \cdots\cdots + (n-2)G(1+i)^{-(n-1)} + (n-1)G(1+i)^{-n}$$
$$= G\sum_{t=1}^{n-1} t(1+i)^{-t-1} \tag{2-10}$$

对式（2-10）经数学换算可得如下表达式

$$P_G = G \cdot \frac{1}{i}\left[\frac{(1+i)^n}{i(1+i)^n} - \frac{n}{(1+i)^n}\right] \tag{2-11}$$

式（2-11）中，$\frac{1}{i}\left[\frac{(1+i)^n}{i(1+i)^n} - \frac{n}{(1+i)^n}\right]$ 称为等差序列现值系数，用符号 $(P/G, i, n)$ 表示。它适用于已知 G、i、n，求 P 的情况。

这样，图 2-16（a）所示的等差递增现金流量序列等额现值为：

$$P = P_{A_1} + P_G = A_1\frac{(1+i)^n - 1}{i(1+i)^n} + G \cdot \frac{1}{i}\left[\frac{(1+i)^n}{i(1+i)^n} - \frac{n}{(1+i)^n}\right]$$
$$= A_1(P/A, i, n) + G(P/G, i, n) \tag{2-12}$$

当序列等差递减时，即现金流量为左大右小时，P_G 表示的是应从等额部分 P_A 中减去的对应不等额部分资金复利现值，此时等差递减序列的等额现值是 P_A 与 P_G 之差。即对于等差序列现金流量而言，等额现值为：

$$P = A_1(P/A, i, n) \pm G(P/G, i, n) \tag{2-13}$$

式（2-13）中 $A_1(P/A, i, n) + G(P/G, i, n)$ 为等差递增序列的现值，而等差递减序列的现值为 $A_1(P/A, i, n) - G(P/G, i, n)$。

式（2-12）中，经相应等值变换可分别求得等差序列流量的年值 A 和终值 F。同现值一样，当序列流量等差递增时，A 和 F 都是表示由等额部分和对应不等额部分的组合；当序列流量等差递减时，A 和 F 表示的是应从等额部分中减去对应不等额部分后剩下的部分。

由式（2-12）可以得到等差序列流量的年值 A 为：

$$A = A_1 \pm G\frac{(1+i)^n - (1+ni)}{i[(1+i)^n - 1]} \tag{2-14}$$

在式（2-14）中，$\frac{(1+i)^n - (1+ni)}{i[(1+i)^n - 1]} = \left[\frac{1}{i} - \frac{n}{i}(A/F, i, n)\right]$ 称为等差序列年值系数，用 $(A/G, i, n)$ 表示。式（2-14）又可以表示为：

$$A = A_1 \pm G(A/G, i, n) \tag{2-15}$$

同理，由式（2-12）可以得到等差序列流量的终值 F 为

$$F = A_1\frac{(1+i)^n - 1}{i} \pm G\frac{(1+i)^n - (1+ni)}{i^2} \tag{2-16}$$

式（2-16）中 $\frac{(1+i)^n - (1+ni)}{i^2}$ 称为等差序列终值系数，记作 $(F_G/G, i, n)$。它还可以表示成：

$$F = A_1(F/A, i, n) \pm G(F_G/G, i, n) \tag{2-17}$$

以上各等差因子都可由有关复利因子表查得，避免了繁琐的计算。

【例 2-14】 小李上大学后生活费用从父亲给他的银行存折上的钱开支。第 1 年没动，之后每年花费增加 2000 元。若年利率为 5%，问 4 年中每年年底的等值额相当于是多少钱？

【解】小李各年的花费形成等差数列，由式（2-14）得：

$$A = G(A/G, i, n) = 2000 \times \frac{(1+i)^n - ni - 1}{i(1+i)^n - i}$$

$$= 2000 \times \frac{(1+5\%)^4 - 4 \times 5\% - 1}{5\% \times (1+5\%)^4 - 5\%} = 2000 \times 1.4385 = 2877 \text{ 元}$$

【例2-15】某机器第一年的维修费用为5000元，以后10年每年递增1000元。若 i 为10%，问这10年维修费用的现值、终值和年值各为多少？

【解】该机器维修现金流量如图2-17所示。

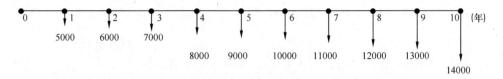

图2-17 某机器维修的现金流量图

该问题相当于一个以 $A_1 = 5000$ 为期末支付额的等额支付系列和以1000，2000，3000，…，9000组成的等差系列（图2-18）组合而成。

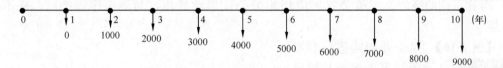

图2-18 某机器维修现金流量图中的等差系列

由式（2-8）和式（2-6）得等额支付系列的现值和终值分别为：

$$P_{A_1} = A_1(P/A, i, n) = A_1 \frac{(1+i)^n - 1}{i(1+i)^n} = 5000 \times 6.145 = 30725 \text{ 元}$$

$$F_{A_1} = A_1(F/A, i, n) = 5000 \times 15.937 = 79685 \text{ 元}$$

由式（2-12）、式（2-14）和式（2-16）得等差系列的现值、年值和终值分别为：

$$P_G = G \frac{(1+i)^n - ni - 1}{i^2(1+i)^n} = 1000 \times 22.892 = 22892 \text{ 元}$$

$$A_G = G \frac{(1+i)^n - ni - 1}{i(1+i)^n - i} = 1000 \times 3.725 = 3725 \text{ 元}$$

$$F_G = G \frac{(1+i)^n - ni - 1}{i^2} = 1000 \times 59.374 = 59374 \text{ 元}$$

综合以上两步，可得该问题的现值、年值和终值分别为：

$$P = P_{A_1} + P_G = 30725 + 22892 = 53617 \text{ 元}$$

$$A = A_1 + A_G = 5000 + 3725 = 8725 \text{ 元}$$

$$F = F_{A_1} + F_G = 79685 + 59374 = 139059 \text{ 元}$$

（2）等比序列现金流量等值换算公式

等比序列现金流量是指各时点的现金流量按一定速度、以某一固定比率 g 递增或递减，形成一个等比数列。其现金流量如图2-19所示。

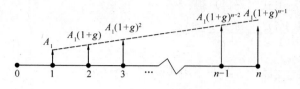

图 2-19 等比系列现金流量图

根据式（2-5），在第 k 期期末现金流量 A_k 的现值为：

$$P_k = A_k(1+i)^{-k} = A_1(1+g)^{k-1}(1+i)^{-k}$$
$$= A_1(1+g)^{-1}\left(\frac{1+g}{1+i}\right)^k$$

则整个现金流量的现值为：

$$P = P_1 + P_2 + \cdots\cdots + P_n = A_1(1+g)^{-1}\sum_{k=1}^{n}\left(\frac{1+g}{1+i}\right)^k$$

当 $g=i$ 时，$P = nA_1(1+g)^{-1}$；当 $g \neq i$，即 $\frac{1+g}{1+i} \neq 1$ 时，

$$P = A_1(1+g)^{-1} \frac{\left(\frac{1+g}{1+i}\right)^{n+1} - \frac{1+g}{1+i}}{\frac{1+g}{1+i} - 1} = A_1 \frac{1 - \left(\frac{1+g}{1+i}\right)^n}{i-g} \tag{2-18}$$

式（2-18）称为等比系列现值公式，其中 $\dfrac{1-\left(\dfrac{1+g}{1+i}\right)^n}{i-g}$ 称为等比系列现值系数。

等比系列的终值、年值公式可应用相关公式据此导出，与等差序列类同，故不再赘述。

【例 2-16】 某企业新购进一套半导体生产设备，预计第 1 年产品销售额可增加 10000 元，以后逐年年收入增加率达 5%，生产期为 15 年。若利率为 10%。问此套设备的购进价格应在什么范围才具有经济合理性？

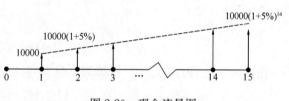

图 2-20 现金流量图

【解】 该问题属于等比系列现金流，如图 2-20 所示。

由式（2-18）可得

$$P = A_1 \frac{1-\left(\frac{1+g}{1+i}\right)^n}{i-g} = 10000 \times \frac{1-\left(\frac{1+5\%}{1+10\%}\right)^{15}}{10\%-5\%} = 100464.24 \text{ 元}$$

即该设备的购买价格必须小于 100464.24 元才有经济合理性。

【例 2-17】 某公司开发一项新技术，预计 5 年后研制成功，已知第 1 年研制费用为 100000 元，以后逐年增加 10%。若该项目研制成功后进行技术转让，银行贷款的年利率为 15%，问该技术的转让价格至少应为多少？

【解】 根据式（2-18）和式（2-4）得：

$$F = P(F/p,i,n) = A_1 \cdot \frac{1-\left(\frac{1+g}{1+i}\right)^n}{i-g} \cdot (1+i)^n = A_1 \frac{(1+i)^n - (1+g)^n}{i-g}$$

$$= 100000 \times \frac{(1+15\%)^5 - (1+10\%)^5}{15\% - 10\%} = 801800 \text{ 元}$$

即技术的转让价格至少应为 801800 元以上，才具有经济合理性。

(3) 一般不等额现金流量序列等值换算公式

若每期期末的现金收支不等,且无一定的规律可循,可利用复利公式 $F=P(1+i)^n$ 或 $P=F(1+i)^{-n}$ 分项计算后求和。例如,有一不等额现金流量序列,各期末现金流量分别为 K_1,K_2,K_3,……,K_{n-1},K_n,分别求其现值资金总额和终值资金总额,如图 2-21 所示。

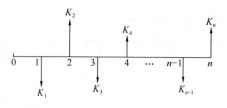

图 2-21 不等额现金流量序列

现值资金总额以 K_p 表示,终值资金总额以 K_f 表示,则

$$K_p = \frac{K_1}{(1+i)} + \frac{K_2}{(1+i)^2} + \cdots\cdots + \frac{K_{n-1}}{(1+i)^{n-1}} + \frac{K_n}{(1+i)^n} = \sum_{t=1}^{n} \frac{K_t}{(1+i)^t} \quad (2\text{-}19)$$

$$K_f = K_1(1+i)^{n-1} + K_2(1+i)^{n-2} + \cdots\cdots + K_{n-1}(1+i) + K_n$$

$$= \sum_{t=1}^{n} K_t (1+i)^{n-1} \quad (2\text{-}20)$$

注:式(2-21)及式(2-22)中 K_i 有"正负"之分,此处为表示方便而未标出。

【例 2-18】 某工程国家要求建成投产前的投资总额不能超过 3000 万元,3 年建成。按计划分配,第 1 年投资 1200 万元,第 2 年投资 1000 万元,第 3 年投资 800 万元,建设银行贷款年利率为 8%,则每年实际可用于建设工程的投资现值金额及实际应用建设的投资现值总额为多少?

【解】

$$K_p = \frac{1200}{(1+0.08)^3} + \frac{1000}{(1+0.08)^2} + \frac{800}{(1+0.08)}$$

$$= 952.599 + 857.34 + 740.74$$

$$= 2550.68 \text{ 万元}$$

由计算可知工程建设时所花的总投资为 3000 万元,实际用在工程建设上的只有 2550.68 万元,按规定值计算其中第 1 年 952.6 万元,第 2 年为 857.34 万元,第 3 年为 740.74 万元,其余 449.32 万元交了利息,占投资总额的 4.977%,可见缩短建设周期的重要性。

2.2.4 等值计算公式的应用

以上所介绍的资金时间价值等值计算公式中,一次支付复利终值公式、一次支付复利现值公式、等额支付终值公式、等额支付现值公式、等额支付偿债基金公式、等额支付资本回收公式等是六个常用的基本公式,必须熟练掌握;不等额现金流量序列复利公式则是在前述公式基础上的应用与推广。在六个基本公式中,又以复利终值(或现值)公式为最基本的公式,其他公式则是在此基础上经初等数学运算得到的。基本公式归纳如表 2-2 所示。

资金时间价值等值计算的基本公式　　　　表 2-2

支付方式	已知	求解	公　　式	系数名称及符号	现金流量图
整付	P	F	终值公式 $F=P(1+i)^n$	整付终值系数 $(F/P, i, n)$	
	F	P	现值公式 $P=F\dfrac{1}{(1+i)^n}$	整付现值系数 $(P/F, i, n)$	

31

续表

支付方式	已知	求解	公　式	系数名称及符号	现金流量图
等额付	A	F	等额付终值公式 $F = A\left[\dfrac{(1+i)^n - 1}{i}\right]$	等额付终值系数 $(F/A, i, n)$	
	F	A	等额付偿债基金公式 $A = F\left[\dfrac{i}{(1+i)^n - 1}\right]$	偿债基金系数 $(A/F, i, n)$	
	A	P	等额付现值公式 $P = A\left[\dfrac{(1+i)^n - 1}{i(1+i)^n}\right]$	等额付现值系数 $(P/A, i, n)$	
	P	A	等额付资本回收公式 $A = P\left[\dfrac{i(1+i)^n}{(1+i)^n - 1}\right]$	资本回收系数 $(A/P, i, n)$	

1. 应用公式时应注意的问题

由于公式是按照特定流量图推导因子，并据此表示为规格化代码和编制系数表，在具体运用公式时应注意下列问题：

(1) 方案的初始投资，假定发生在方案的寿命期初，即"零点"处；方案的经常性支出假定发生在计息期末；现值 P 是指折算到分析期期初的现金流量，终值 F 是指折算到分析期期末的现金流量，年值 A 是指折算到分析期内各年年末的等额现金流量；等差、等比的等值公式也是根据特定流量推导出来的。因此，只有满足这样的条件，才能直接套用公式。否则，必须进行适当的变换计算。

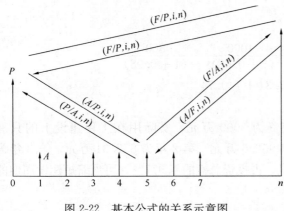

图 2-22　基本公式的关系示意图

(2) 理清公式的来龙去脉，灵活运用。公式之间存在内在联系，一些公式互为逆运算，其关系由图 2-22 显见，系数之间互为倒数，即

$$(P/F, i, n) = \frac{1}{(F/P, i, n)}, (F/A, i, n) = \frac{1}{(A/F, i, n)}, (P/A, i, n) = \frac{1}{(A/P, i, n)}$$

在等差序列现金流中，如果没有等额流量值 A，即 $A = 0$，则有

$$(P/G, i, n) = \frac{1}{(G/P, i, n)}$$

要注意的是，只有在 i 及 n 条件相同的情况下，且 P、F、A、G 等满足推导公式的假定条件下，上述系数之间的关系才能够成立。抓住各系数之间的关系，就抓住了计算公式的关键。

(3) 应用公式进行资金的等值计算时，要充分利用现金流量图。现金流量图不仅可以清晰准确地反映方案的现金收支情况，而且有助于准确确定计算期数，使计算不至于发生错误。

2. 未知计息次数或利率的计算

(1) 未知利率计算

在实践中，利率会有不是整数的情况，在已知其他变量求利率的情况下一般使用内插法。

【例 2-19】 某公司于第一年年初借款 20000 元，每年年末还本付息额为 4000 元，连续 9 年还清。问借款利率为多少？

【解】 根据题意，已知 $P=20000$，$A=4000$，$n=9$，求利率 i。

该题属于普通年金现值问题，$20000-4000(P/A, i, 9)=0$，通过计算普通年金现值系数应为 5。查复利系数表不能查到 $n=9$ 是对应的系数 5，但可以查到和 5 相邻的两个系数 5.3282（对应的利率为 12%）和 4.7716（对应的利率为 15%）。假设普通年金现值系数 5 对应的利率为 i，i 应在 12% 和 15% 之间，用内插法计算之，则有

$$i = 12\% + [(5.3282-5)/(5.3282-4.7716)] \times (15\%-12\%) = 13.8\%$$

(2) 未知计息次数计算

【例 2-20】 某投资项目每年有 10 万元的投资收益，在投资收益率在 10% 的条件下，企业希望最后一次回收资金 100 万元，则该投资项目投资年限不得少于多少年？

【解】 由题意可知 $(F/A, 10\%, n) = 100/10 = 10$

查复利系数表可知：$(F/A, 10\%, 7) = 9.4872$，$(F/A, 10\%, 8) = 11.4359$

求年限：$(n-7)/(10-9.4872) = (8-7)/(11.4359-9.4872)$

$n = 7.26$ 年

则该投资项目投资年限不得少于 7.26 年。

2.3 名义利率与实际利率

在工程项目经济分析中，通常是以年为计息周期。但在实际经济活动中，计算利息的周期与复利率周期可能会不完全相同，计算复利的次数会多于计息期数。也就是说，计算复利时，有时是一年计息一次，有时是半年计息一次，或每季度、每月计息一次。如伦敦、纽约、巴黎等金融市场上，短期利率通常以日计算。当利率的时间单位与计息周期的时间单位不一致时，就产生了名义利率与实际利率的区别。

所谓名义利率是指计息周期小于一年的年利率，即一年内的计息次数大于 1，用 $i_{名}$ 表示；所谓实际利率是指按实际计息期计息的利率，用 $i_{实}$ 表示。

若 1 年中计息周期数为 m，可知 $i_{实}$ 和 $i_{名}$ 的关系如下：

$$i_{实} = \frac{i_{名}}{m} \tag{2-21}$$

例如，每个计息周期的利率为 4%，计息周期为半年，在这种情况下，则名义利率为年利率 8%，即 $i_{名}=8\%$，而实际利率为半年利率 4%，即 $i_{实}=4\%$。

值得说明的是，通常名义利率 $i_{名}$ 指年利率，而实际利率并不一定是年利率。在进行工程经济分析时，每年计息期数不同的名利利率之间不具备可比性，应将它们化为实际利率后才能进行比较。

2.3.1 间断式计息期内的实际年利率

若名义利率为 $i_{名}$,1年中计息次数为 m,则计息周期的实际利率为 $i_{实}=i_{名}/m$;根据复利计息公式,本金 P 在1年后的本利和为:

$$F=P\left(1+\frac{i_{名,年}}{m}\right)^m,\text{其利息为 }I=F-P=P\left(1+\frac{i_{名,年}}{m}\right)^m-P_\circ$$

则根据国际"借贷真实性法"的规定:实际年利率是一年利息额与本金之比,因此实际年利率 $i_{实,年}$ 为:

$$i_{实,年}=\frac{F-P}{P}=\frac{P\left(1+\frac{i_{名}}{m}\right)^m-P}{P}=\left(1+\frac{i_{名}}{m}\right)^m-1 \quad (2-22)$$

由上述过程可知,名义利率的实质是,计息期小于1年的利率,化为年利率时,没有考虑前期计息周期中所产生利息的利息,忽略了时间因素;实际利率才真实地反映了资金的时间价值。若按单利计息,名义利率与实际利率是一致的;但按复利计算时往往是实际利率大于名义利率。

式(2-22)为从名义利率求实际年利率的公式,反映了复利条件下实际年利率和名义利率之间的关系。可以看出,当 $m=1$(即一年计息一次)时,名义利率 $i_{名}$ 等于实际年利率 $i_{实,年}$;实际计息周期短于一年时,实际年利率 $i_{实,年}$ 要高于名义利率 $i_{名}$。

【例2-21】 如果年利率为12%,则在按月计息的情况下,半年的实际利率为多少?实际年利率又是多少?

【解】 计息周期为一个月,则实际月利率为 12%//12=1%。

半年的计息次数为6次,则半年的实际利率为:

$$i_{实际}=\left(1+\frac{i_{名}}{m}\right)^m-1=(1+0.12/12)^6-1=0.0615=6.15\%$$

实际利率为

$$i_{实际}=\left(1+\frac{i_{名}}{m}\right)^m-1=(1+0.12/12)^{12}-1=12.683\%$$

即半年的实际利率为6.15%;实际年利率为12.683%。

名义利率为12%、不同计息周期的实际年利率见表2-3所示,不同名义利率和计息周期下的实际利率见表2-4所示。

不同计息周期下 $i_{名}$ 12%的年实际利率　　　　　　表2-3

计息周期	年计息次数	各期利率 r/m(%)	年实际利率 r/m(%)
年	1	12.000	12.000
半年	2	6.000	12.360
季度	4	3.000	12.551
月	12	1.000	12.683
周	52	0.2308	12.734
日	365	0.03288	12.747
连续	∞		12.750

不同名义利率和计息周期下的实际利率　　　　　　　　　　　　表 2-4

计息周期 （复利计算）	年复利周期数（n）	相应年名义利率下的年实际利率 i（%）				
		5	10	12	15	20
年度	1	5	10	12	15	20
半年	2	5.06	10.25	12.36	15.56	21
季度	4	5.09	10.38	12.55	15.81	21.55
月	12	5.12	10.47	12.68	16.08	21.94
日	365	5.13	10.52	12.75	16.18	22.13

从表 2-3 和表 2-4 中可以看出如下规律：名义利率越大，实际计息周期越短，实际年利率 $i_{实、年}$ 与名义利率 $i_名$ 的差值就越大。

【**例 2-22**】 某公司向国外银行贷款 200 万元，借款期五年，年利率为 15%，但每周复利计算一次。在进行资金运用效果评价时，该公司把年利率（名义利率）误认为实际利率。问该公司少算多少利息？

【**解**】 该公司原计算的本利和为：

$$F' = P(1+i)^n = 200(1+0.15)^5 = 402.27 \text{ 万元}$$

而实际利率为：

$$i_{实际} = \left(1+\frac{i_名}{m}\right)^m - 1 = \left(1+\frac{0.15}{52}\right)^{52} - 1 = 16.16\%$$

这样，实际的本利和应为：$F = P(1+i)^n = 200(1+0.1616)^5 = 422.97$ 万元

少算的利息为：$F - F' = 422.97 - 402.27 = 20.70$ 万元

即，该公司少算 20.70 万元的利息。

式（2-22）还可进一步推广为求任意计息周期的实际利率，只要知道计息周期内的计息次数。

2.3.2 连续式计息期内的实际年利率

在一个企业或工程项目中，要是收入和支出几乎是在不间断流动着的话，可以把它看作连续的现金流。当涉及连续现金流的复利问题时，就要使用连续复利的概念，即在一年中按无限多次计息，此时可以认为 $m \to \infty$，求此时的实际年利率，即对公式（2-22）求 $m \to \infty$ 时的极限

$$i_{实、年} = \lim_{m \to \infty}\left[\left(1+\frac{i_名}{m}\right)^m - 1\right]$$

容易证得 $i_{实、年} = e^r - 1$，式中 e 为自然对数的底。

2.3.3 名义利率和实际利率的应用

资金时间价值是工程经济分析的基本原理，资金的等值计算是这个原理的具体应用。进行资金等值计算中灵活应用公式时，当不能直接采用公式时，要作适当变换以使其符合基本公式。在变换过程中，名义利率与实际利率的关系是常用到的方法。

1. 计息期与支付期一致的计算

【**例 2-23**】 年利率为 8%，每季度计息一次，每季度末借款 1400 元，连续借 16 年，

求与其等值的第 16 年末的未来值为多少？

【解】 已知 $P=1400$ 元，$i_{实}=8\%/4=2\%$，$n=16\times4=64$
$$F=A(F/A,i,n)=1400\times(F/A,2\%,64)=178604.53 \text{ 元}$$

即，与其等值的第 16 年末的未来值为 178604.53 元。

2. 计息期短于支付期的计算

【例 2-24】 年利率为 10%，每半年计息一次，从现在起连续 3 年每年末等额支付 500 元，求与其等值的第 3 年末的现值为多少？

【解】 方法一：先求支付期的实际利率，支付期为 1 年，则年实际利率为：
$$i_{实际}=\left(1+\frac{i_名}{m}\right)^m-1=\left(1+\frac{10\%}{2}\right)^2-1=10.25\%$$
$$P=A\left[\frac{(1+i)^n-1}{i(1+i)^n}\right]=500\times\left[\frac{(1+10.25\%)^3-1}{10.25\%(1+10.25\%)^3}\right]=1237.97 \text{ 元}$$

方法二：可把等额支付的每次支付看作一次支付，利用一次支付现值公式计算，如图 2-23（a）所示。半年实际利率为 $10\%/2=5\%$。
$$P=500\times(1+5\%)^{-2}+500\times(1+5\%)^{-4}+500\times(1+5\%)^{-6}=1237.97 \text{ 元}$$

方法三：取一个循环周期，使这个周期的年末支付变成等值的计息期末的等额支付系列，从而使计息期和支付期完全相同，则可将实际利率直接代入公式计算，如图 2-23（b）所示。

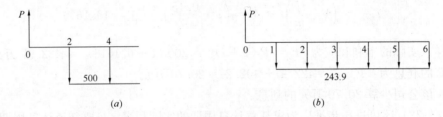

图 2-23 现金流量图

在年末存款 500 元的等效方式是在每半年末存入 243.9 元，则等额现值为：

$A=500\times(A/F,i,n)$ $\qquad P=A(P/A,i,n)$

$=500\times(A/F,10\%/2,2)$ $\qquad =243.9\times(P/A,5\%,6)$

$=500\times0.4878$ $\qquad =243.9\times5.0757$

$=243.9 \text{ 元}$ $\qquad =1237.97 \text{ 元}$

3. 计息期长于支付期的计算

当计息期长于支付期时，由于计息期内有不同时刻的支付，通常规定存款必须存满一个计息期时才计利息，即在计息周期间存入的款项在该期不计算利息，要在下期才计算利息。因此，原现金流量图应按以下原则进行处理：相对于投资方来说，计息期的存款放在期末，计息期的提款放在期初，计息期分界点处的支付保持不变。

【例 2-25】 现金流量图如图 2-24（a）所示，年利率为 12%，每季度计息 1 次，求年末终值 F 为多少？

【解】 按上述原则进行处理，得到等值的现金流量图如图 2-24（b）所示。

根据处理过的现金流量图求得终值

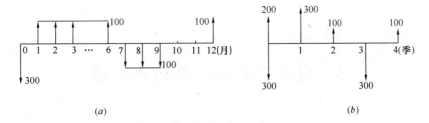

图 2-24 现金流量图

$$F = (-300+200) \times \left(1+\frac{3\%}{3}\right)^4 + 300 \times \left(1+\frac{3\%}{3}\right)^3$$
$$+ 100 \times \left(1+\frac{3\%}{3}\right)^2 - 300\left(1+\frac{3\%}{3}\right) + 100$$
$$= 112.36 \text{ 元}$$

复 习 思 考 题

1. 在经济评价中为什么要考虑资金的时间价值？
2. 如何衡量资金时间价值的大小？
3. 绘制现金流量图的目的及主要注意事项是什么？
4. 何谓资金的时间价值？如何理解资金的时间价值？
5. 等值计算中的基本要素有哪些？
6. 单利与复利有什么不同？试举例说明。
7. 常用的复利因子有哪些？它们之间有什么关系？
8. 什么是名义利率和实际利率？它们之间的关系是什么？

3 投资方案的经济效果评价

3.1 项目现金流量及构成

在工程经济分析中,通常将工程项目或技术方案视为一个独立的经济系统,来考察系统的经济效果。对一个系统而言,凡在某一时点上流出系统的货币称为现金流出或负现金流量;流入系统的货币称为现金流入或正现金流量;同一时间点上的现金流入和现金流出的代数和称为净现金流量。

3.1.1 项目经济分析中的现金

任何工程项目的建设与经营都离不开现金。现金是指企业库存现金以及可以随时用于支付的存款。与现金含义接近的另一个重要概念是现金等价物,它能够在很短的时间内变成支付手段且数额较为确定。概言之,现金是随时或者很快可以用于支付的资产,其最大特点是流动性很强。

3.1.2 项目现金流量

任何一个工程项目在建成之前都需要支出费用以论证决策、建设施工和管理等,这些费用的支出在实践中一般是以现金形式支付;而项目建成投产运营后,一般既有营业成本税金等现金的流出,也有营业活动等带来的现金流入。现金流量就是指工程项目的现金与现金等价物的流入与流出。工程项目现金流量的事前估计,是工程经济分析的主要研究内容。

3.1.3 项目现金流量的构成

构成经济系统现金流量的基本要素主要有投资、成本、收入、税金和利润等。现行的《建设项目经济评价方法》中共涉及项目投资现金流量表、项目资本金现金流量表、投资各方现金流量表和财务计划现金流量表等四个现金流量表。以其中的项目投资现金流量表为依据来阐述项目的现金流量构成。

项目投资现金流量表是站在项目全部投资的角度,对项目从开始论证直到项目结束期间各年现金流量所进行的系统、连续的表格式反映,包括以下主要内容,见表3-1所示。

1. 现金流入

现金流入由营业收入、补贴收入、回收固定资产余值和回收流动资金四项构成。

(1) 营业收入是项目建成后对外提供商业活动所取得的收入,是工程经济分析中现金流入的一个重要项目。它反映了工程项目的真实收益,其计算公式为:

$$营业收入=营业量\times销售单价 \qquad (3-1)$$

(2) 补贴收入是指获得的政府提供的各种现金补贴。

(3) 回收固定资产余值一般是在项目计算期的最后一年进行,其中固定资产余值回收额应按照项目选用的固定资产折旧方法计算。

(4) 回收流动资金也是在项目计算期最后一年,要注意流动资金回收额为项目的全部流动资金。

2. 现金流出

(1) 建设投资 即项目竣工验收前的全部投资,包括固定资产投资、预备金、建设期间利息以及固定资产投资方向调节税等内容。

(2) 流动资金 是指项目建成投产后购买原材料、支付工资等所需的现金。一般是在项目投产的第一年开始投入流动资金,当然以后的各年也需要投入。

(3) 经营成本 经营成本是工程经济分析中特有的术语。它是工程项目在生产经营期的经常性实际支出,是指总成本费用中扣除折旧费、摊销费、修理费和贷款利息后的余额,其计算公式为:

$$经营成本＝总成本费用－折旧费－摊销费－贷款利息支出 \quad (3-2)$$

项目投资现金流量表 表 3-1

序号	项目	合计	计算期					
			1	2	3	4	…	n
1	现金流入							
(1)	营业收入							
(2)	补贴收入							
(3)	回收固定资产余额							
(4)	回收流动资金							
2	现金流出							
(1)	建设资金							
(2)	流动资金							
(3)	经营成本							
(4)	营业税金及附加							
(5)	维持营运投资							
3	所得税前净现金流量 1－2							
4	累计所得税前净现金流量							
5	调整所得税							
6	所得税后净现金流量 3－5							
7	累计所得税后净现金流量							
	计算指标: 项目投资财务内部收益率(%)(所得税前) 项目投资财务内部收益率(%)(所得税后) 项目投资财务净现值(所得税前)(i) 项目投资财务净现值(所得税后)(i) 项目投资回收期(年)(所得税前) 项目投资回收期(年)(所得税后)							

需要注意的是,在经营成本中不包括利息支出。这是因为在项目投资现金流量表中,是以全部投资作为计算基础的,因此利息支出就不再作为现金流出;而在自有资金的现金流量表中因单有一项借款利息支出,所以经营成本中也不包括利息支出。

在项目投资现金流量表中,折旧费和摊销费并不构成现金流出;但是,在估算利润总额和所得税时，它们是总成本费用的组成部分。总成本费用是生产经营活动中活劳动与物化劳动消耗的货币表现，其计算公式为：

$$总成本费用 = 生产成本 + 销售费用 + 财务费用 + 管理费用 \quad (3-3)$$

工程经济分析中不严格区分费用与成本，而将它们均视为现金流出。根据经济用途，生产成本又可分为直接费用和制造费用，将销售费用、财务费用和管理费用统称期间费用，表3-2给出了总成本费用的构成。

在工程经济分析中，为了便于计算，通常按照各费用要素的经济性质及表现形态，把总成本费用分为九类，它们与总成本的关系如式(3-4)所示。

$$总成本费用 = 外购材料 + 外购燃料 + 外购动力 + 工资及福利费 + 折旧费$$
$$+ 摊销费 + 利息支出 + 修理费 + 其他费用 \quad (3-4)$$

(4) 营业税金及附加 是指项目所缴纳的流转税及其附加、资源税和土地增值税等。

(5) 维持营运投资 是指在项目运营期间所耗费的现金投资。

总成本费用的构成　　　　　　　　表 3-2

总成本费用	生产成本	直接费用	直接材料（在生产中用来形成产品主要部分的材料）、直接工资（在产品生产过程中直接对材料进行加工使之变成产品的人员的工资）和其他直接费用
		制造费用	为组织和管理生产所发生的各项间接费用，包括生产单位（车间或分厂）管理人员工资、职工福利费、折旧费、矿山维检费、修理费及办公费、差旅费、劳动保护费等
	期间费用	销售费用	在销售产品、自制半成品和提供劳务等过程中发生的费用，包括应由企业负担的运输费、装卸费、包装费、保险费、差旅费、广告费以及专设销售机构人员工资、福利费、折旧费及其他费用
		管理费用	企业行政管理部门为管理和组织经营活动发生的各项费用，包括管理部门人员工资及福利费、折旧费、修理费、物料消耗、办公费、差旅费、保险费、工会经费、职工教育经费、技术开发费、咨询费、诉讼费、房产税、车船税、土地使用税、无形资产和递延资产摊销费、业务招待费及其他管理费用
		财务费用	筹集资金等财务活动中发生的费用，包括生产经营期间发生的利息净支出、汇兑净损失、银行手续费以及为筹集资金发生的其他费用

3. 所得税前净现金流量

某一年度的上述全部现金流入与流出的差额，即工程投资项目投产后所获得的税前利润，是项目经济目标的集中表现。

4. 累计所得税前净现金流量

本年及以前各年所得税前净现金流量之和。

5. 调整所得税

当年实际缴纳的所得税，既可能有以前年度欠缴的，也可能预缴以后年度，而不是当年应该缴纳的所得税。

6. 所得税后净现金流量

当年的所得税前净现金流量减去以现金缴纳的所得税的余额，即税后利润。

7. 累计所得税后净现金流量

本年及以前各年度所得税后净现金流量的累计数额。

3.2 投资方案经济效果评价指标

3.2.1 投资方案的经济效果及评价原则

1. 工程项目的投资经济效果

人们为达到一定目的而进行的实践活动,都有"效果"和"经济效果"的问题。经济效果,是指效果和劳动消耗量的比较,是对实践活动的关于劳动消耗量的节约或浪费的评价。

工程项目的投资经济效果,是指投入工程项目建设的人力、物力和财力,经过工程项目建设活动所得到的效果,它反映了工程项目建设领域的劳动消耗(活劳动与物化劳动)和由此获得的固定资产之间的关系,直接体现在由工程项目建设创造出来的生产性和非生产性固定资产上。

2. 项目投资方案的经济效益

所谓经济效益,就是指实现了的经济效果,即有用的效果或所产生的效果,是被社会所承认和需要的,而且为产生这"效果"所消耗的劳动也是节约的。讲求经济效益,就是要以尽量少的活劳动消耗和物化劳动消耗,生产出更多符合社会需要的产品。作为工程项目投资来说,经济效益就是指投资建设的项目,是发展国民经济和改善人民生活所需要的,所付出的投资是节约的。

3. 投资方案经济效果的评价原则

工程项目投资的经济效果,不仅反映在工程造价上,也反映在工程质量、建设速度上,它是一个综合的、全面的经济效果。评价时,要考虑个别工程项目的投资经济效果和整个国民经济的投资经济效果,即包括微观经济效果和宏观经济效果;还要统一考虑建设过程中和投产使用后的效果,即包括近期效果与远期效果。此外,工程项目投资的经济效果,既包含可以计量的因素,也包含不可计量的因素,评价时都要给以考虑。

3.2.2 工程项目评价指标体系

用来评价投资方案经济性的指标很多,它们分别从不同角度反映了项目的经济性,又各有其优缺点。由于工程项目的复杂性和评价目标的多样性,因而在方案的经济性评价时,一要根据需要科学恰当地选用具体评价指标,以保证准确衡量方案的经济效益状况;二要把多个指标结合起来使用,从而使不同指标可取长补短,达到全面评价的目的。国内外提出的经济评价指标与方法相当多,在项目评价中常用的有10余种。工程项目的评价指标可从不同角度进行相应的划分,主要有:

1. 静态评价指标和动态评价指标

根据是否考虑资金的时间价值,可将项目经济评价指标分为静态评价指标和动态评价指标。前者不考虑资金时间价值,后者考虑资金时间价值。

静态评价指标的特点是计算简便、直观、使用方便,其主要缺点是不够精确、没有考虑资金时间价值和不能反映项目整个寿命周期的全面情况,故经常应用于可行性研究初始阶段的粗略分析和评价以及方案的初选阶段;而动态评价主要用于项目最后决策前的可行性研究阶段,是经济效益评价的主要评价方法。

2. 时间性评价指标、价值性评价指标、比率性评价指标

根据指标所反映的经济性质，可分为时间性、价值性和比率性等三类。

时间性评价指标是指以时间长短来衡量工程项目对其投资回收或清偿能力的指标，常用的有静态投资回收期、动态投资回收期、静态差额投资回收期和动态差额投资回收期等指标；价值性评价指标是反映工程项目投资净收益绝对量大小的指标，常用的有净现值、净年值、净未来值等指标；比率性评价指标是反映工程项目单位投资获利能力或工程项目对贷款利率的最大承受能力的指标，常用的有投资收益率、内部收益率、外部收益率、净现值率等指标。

3.2.3 静态评价指标

常用的静态评价指标主要有：投资回收期、投资收益率法（也称为投资效果系数法）、差额投资回收期（详见 3.3 节）等。

1. 静态投资回收期——P_t

所谓投资回收期，是指投资回收的期限，也就是用投资方案所产生的净现金收入回收初始全部投资所需的时间。对投资者来说，投资回收期越短越好。

静态投资回收期的计算不考虑资金的时间价值，其表达式为：

$$\sum_{t=0}^{P_t}(CI-CO)_t = 0 \qquad (3-5)$$

式中　P_t——静态投资回收期；

CI——第 t 年的现金流入量；

CO——第 t 年的现金流出量。

静态投资回收期一般以年为单位。对建设单位来说，投资回收期一般自项目建设开始年算起，即包括建设期。也可以自项目建设投产年算起，但应加以说明。计算静态投资回收期的方法有以下两种：

(1) 项目建成投产后各年的净收益均相同时，计算公式如下：

$$P_t = \frac{I}{A} \qquad (3-6)$$

式中　I——项目投入的全部资金；

A——每年的净现金流量，即 $A=(CI-CO)_t$。

例如，一笔 1000 万元的投资，当年产生收益，以后每年的净现金收入为 200 万元，则静态投资回收期为 $P_t=1000/200=5$ 年。

(2) 项目建成投产后各年的净收益不相同时，计算公式如下：

$$P_t = \left(\frac{累计净现金流量}{开始出现正值的年份}\right) - 1 + \frac{|上年累计净现金流量|}{当年的净现金流量} \qquad (3-7)$$

该方法通常用表格形式计算，根据方案的净现金流量从投资开始时刻（即零时点）依次求出以后各年的净现金流量之和（即累计净现金流量），直至累计净现金流量等于零的时刻为止。对应于累计净现金流量等于零的时刻，即为方案从投资开始算起的静态投资回收期。

【例 3-1】 用表 3-3 所示数据计算静态投资回收期。

某项目的投资及净现金收入　　　　　表 3-3

年份 项目	0	1	2	3	4	5	6
①总投资	600	400	—	—	—	—	—
②收入	—	—	500	600	800	800	750
③支出	—	—	200	250	300	350	350
④净现金流量（②-③-①）	-600	-400	300	350	500	450	400
⑤累计净现金流量	-600	-1000	700	-350	150	600	1000

【解】 由表 3-3 可知，静态投资回收期在 3 年和 4 年之间，按照公式（3-7）得：
该项目的静态投资回收期：

$$P_t = 4 - 1 + \frac{350}{500} = 3.7 \text{ 年}$$

与标准投资回收期 P_c 进行比较，若 $P_t \leqslant P_c$，表明项目投入的总资金能在规定的时间内收回，则方案可以考虑接受；若 $P_t > P_c$，则方案不可行。标准投资回收期 P_c 可以是国家或部门制定的标准，也可以是企业自己的标准，其确定的主要依据是全社会或全行业投资回收期的平均水平，或者是企业根据自己的目标所期望的投资回收期水平。

静态投资回收期经济意义明确、直观，计算简便，在一定程度上反映了方案经济效果的优劣和项目风险的大小；而且由于它选择方案的标准是回收资金的速度越快越好，迎合了部分怕担风险的投资者心理，是人们乐于接受和使用的方法。但是，一般认为静态投资回收期只能作为一种辅助指标，而不能单独使用。其原因是：第一，没有考虑资金的时间价值；第二，仅以投资的回收快慢作为决策的依据，没有考虑回收以后的情况，不能全面反映项目在整个寿命期内真实的经济效果。

2. 投资收益率法（投资效果系数）

投资收益率，也叫做投资效果系数，是指项目达到设计生产能力后的一个正常年份的净收益额与项目总投资的比率。对生产期内各年的净收益额变化幅度较大的项目，则应计算生产期内年平均净收益额与项目总投资的比率。它适用于项目处在初期勘察阶段或者项目投资不大、生产比较稳定的财务赢利性分析。其计算公式为：

$$R = \frac{NB}{K} \tag{3-8}$$

式中　K——投资总额，包括固定资产投资和流动资金等；

NB——项目达产后正常年份的净收益或平均净收益；

R——投资收益率；

投资收益率指标主要反映投资项目的盈利能力。评价方案经济效果时，需要与本行业的平均水平（行业平均投资收益率）对比，以判别项目的盈利能力是否达到本行业的平均水平。

根据分析目的的不同，NB 可以是利润、利税总额、年净现金流入等，也可以是全部投资额（即固定资产投资、建设期借款利息和流动资金之和）、投资者的权益投资额等，故投资收益率 R 常用的具体形式有投资利润率、投资利税率、资本金利润率等。

投资收益率指标未考虑资金的时间价值，且没有考虑项目建设期、寿命期等众多因素，故一般仅用于技术经济数据尚不完整的项目初步研究阶段。

【**例 3-2**】 某项目经济数据如表 3-4 所示。假定全部投资中没有借款，现已知行业平均投资收益率为 15%，达产年为第 7 年，试以投资收益率指标判断项目取舍。

某项目的投资及年净收入表　　　　　　（单位：万元）　表 3-4

年份 项目	0	1	2	3	4	5	6	7	8	9	10	合计
1. 建设投资	180	240	80									500
2. 流动资金			250									250
3. 总投资（1+2）	180	240	330									750
4. 收入				300	400	500	500	500	500	500	500	3700
5. 总成本				250	300	350	350	350	350	350	350	2650
6. 折旧				50	50	50	50	50	50	50	50	400
7. 净收入（4−5+6）				100	150	200	200	200	200	200	200	1450
8. 累积净现金流量	−180	−420	−750	−650	−500	−300	−100	100	300	500	700	

【**解**】 由表中数据可得

$R = 200/750 = 0.27 = 27\% > 15\%$，故项目可以考虑接受。

3.2.4 动态评价指标

常用的动态评价指标主要有：动态投资回收期法、现值法（或年值法）、内部收益率法、外部收益率法、净现值率法等。

1. 重要参数——基准收益率 i_c

讨论动态评价指标时，为考虑资金的时间价值，首先要了解基准收益率 i_c 这一由投资决策部门定的重要参数。

基准收益率，又称为基准贴现率、目标收益率、最低期望收益率，是决策者对技术方案投资的资金时间价值的估算或行业的平均收益率水平。它反映了投资者对相应项目上占用资金的时间价值的判断，应是投资者在相应项目上最低可接受的收益率。

作为行业或主管部门公布的重要经济参数，基准收益率的主要影响因素有企业或行业的平均投资收益率、产业政策、资金成本和机会成本、投资风险、通货膨胀、资金限制等。实际经济生活中，国家分行业确定并颁布基准收益率，并以此作为投资调整的手段。比如对某些高消耗、技术落后或对环境有较大影响的行业或部门，可以将其基准收益率定得高些，只有具备较好经济效益的项目才能通过；而对低消耗、技术进步或关系国计民生的某些行业或部门，可以将其基准收益率定得低些，这样就能使资金流向这些行业，有利于国家产业整体布局和建设节约型社会。基准收益率可以在本部门或行业范围内控制资金投向经济效益更好的项目。

基准收益率不同于贷款利率，通常要求基准收益率要高于贷款利率。这是因为投资方案大多带有一定风险和不确定性因素，若基准折现率低于贷款利率，就不值得投资。当前工程项目建设资金的来源有多种渠道，例如国外金融机构贷款、国内银行贷款、中央及地方政府专项拨款等，在确定基准收益率时，应充分考虑非贷款资金的机会费用。

2. 动态投资回收期 P'_t

动态投资回收期是指在给定的基准收益率下，用方案各年净收益现值来回收全部投资现值所需的时间。其计算表达式为：

$$\sum_{t=0}^{P'_t}(CI-CO)_t(1+i_c)^{-t}=0 \tag{3-9}$$

式中 P'_t——动态投资回收期；

CI——第 t 年的现金流入量；

CO——第 t 年的现金流出量；

i_c——基准收益率。

实际计算时，通常是根据方案的现金流量采用表格计算的方法，计算公式为：

$$P'_t = \left(\begin{array}{c}\text{累计净现金流量折现值}\\\text{开始出现正值的年份}\end{array}\right)-1+\frac{|\text{上年累计净现金流量折现值}|}{\text{当年的净现金流量}} \tag{3-10}$$

【例 3-3】 用例 3-1 的数据计算动态投资回收期。

【解】 从表 3-5 可见，该项目的动态投资回收期为：

$$P'_t = 5-1+\frac{|-111|}{279} = 4.4 \text{ 年}$$

动态投资回收期表明，在约定的折现率 $i_c=10\%$ 下，经过 4.4 年可以使累计的现金流入折现值抵消累计的现金流出折现值。动态投资回收期反映了投资回收的快慢。

通常，当 $P'_t \leqslant n$ 时，项目可行，其中 n 为项目的寿命期；反之，则不可行。

3. 净现值 NPV

净现值（NPV——Net Present Value），指建设项目按部门或行业的基准收益率，将各年的净现金流量折现到建设起点的现值之和。它是反映项目在计算期内获利能力的动态指标，其表达式为：

$$NPV = \sum_{t=0}^{n}(CI-CO)_t(1+i_c)^{-t} \tag{3-11}$$

式中 CI——第 t 年的现金流入量；

CO——第 t 年的现金流出量；

i_c——基准收益率；

n——项目的寿命期。

某项目的累计现金流量折现值　　　　（单位：万元）　　表 3-5

项目 \ 年份	0	1	2	3	4	5	6
①总投资	600	400	—				
②收入	—		500	600	800	800	750
③支出	—		200	250	300	350	350
④净现金流量（②-③-①）	-600	-400	300	350	500	450	400
⑤净现金流量折现值（i=10%）	-600	-364	248	263	342	279	226
⑥累计净现金流量折现值	-600	-964	-716	-453	-111	168	394

净现值表示在设定基准收益率 i_c 的情况下，方案在不同时点发生的净现金流量折现到期初时，整个寿命期内所能得到的净收益。

净现值等于零，表示项目刚好达到所预定的收益率；净现值大于零，表示除保证项目得到预定的收益率时,尚可获得更高的收益;而净现值小于零,表示项目达不到所预定的收益率水平。因此净现值法的评价标准是:当 $NPV \geqslant 0$,则可以考虑接受项目;若 $NPV < 0$,则项目应被否定。

净现值的计算,可以用现金流量表列表计算,也可以直接利用净现金流量折现公式计算;还可以用逐年销售收入现值总和与逐年支出现值总和的差额确定。

【例 3-4】 某企业基建项目设计方案总投资 1995 万元,投产后年经营成本 500 万元,年销售额 1500 万元,第三年年末工程项目配套追加投资 1000 万元,若计算期为 5 年,基准收益率为 10%,残值等于零。试计算投资方案的净现值。

【解】 现金流量图如图 3-1 所示。

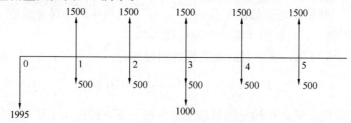

图 3-1 现金流量图(单位:万元)

$$NPV = -1995 + 1500 (P/A, 0.1, 5) - 500 (P/A, 0.1, 5) - 1000 (P/F, 0.1, 3)$$
$$= -1995 + 1500 \times 3.7908 - 500 \times 3.7908 - 1000 \times 0.7513$$
$$= -1995 + 3790.8 - 751.3$$
$$= 1045 \text{ 元} > 0$$

该基建项目净现值 1045 万元,说明该项目实施后的经济效益除达到 10% 的收益率外,还有 1045 万元的收益现值。

采用财务现金流量表计算的做法,如表 3-6 所示。

例 3-4 的现金流量表　　　　　　　(单位:万元)　表 3-6

年份 ①	现金流出		现金流入	净现金流量 ⑤=④-③-②	现值系数 $(P/F, 10\%, t)$ ⑥	净现金流量现值 ⑦=⑤×⑥	累计净现金流量现值 ⑧
	投资 ②	经营成本 ③	销售收入 ④				
0	1995	0	0	-1995	1.0000	-1995	-1995
1		500	1500	1000	0.909	909	-1086
2		500	1500	1000	0.826	826	260
3	1000	500	1500	0	0.751	0	-260
4		500	1500	1000	0.683	683	423
5		500	1500	1000	0.621	621	1044

显然,净现值的大小与折现率 i 有很大的关系,当 i 变化时,NPV 也随之变化,对于具有常规现金流量(即在计算期内,开始时有支出而后才有收益,且方案的净现金流量序列的符号只改变一次的现金流量)的投资方案,其净现值的大小随着折现率的增大而单调减小,两者的关系如图 3-2 所示。

按照净现值的评价准则,只要是 $NPV(i) \geqslant 0$,方案就可以接受;但由于是 $NPV(i)$ 是 i 的递减函数,故基准收益率定得越高,方案被接受的可能性也就越小。

NPV之所以随着 i 的增大而减小,是因为具有常规现金流量的投资项目正的现金流入总是发生在负的现金流量之后,使得随着折现率的增加,正的现金流入折现到期初的值比负的现金流出折现到期初的值折减得更多,这样现值的代数和就随着 i 的增加而不断减少。

净现值指标是反映方案投资赢利能力的一个重要动态指标,广泛应用于方案的经济评价中,其优点是考虑了资金的时间价值,

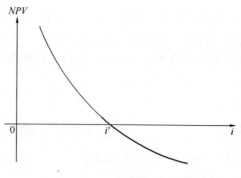

图 3-2 NPV 与 i 的关系

并全面考虑了项目在整个计算期内的经济状况,经济意义明确,可直接用货币表示项目的赢利水平,评价标准简单易行。净现值指标的不足之处是必须首先确定一个符合经济现实的基准收益率,而基准收益率的确定往往比较复杂;净现值不能说明项目运营期间各年的经营效果;此外,净现值也不能说明直接反映项目投资中单位投资的使用效率。

由资金的等值计算,可容易得到与净现值类似的指标,即净年值(NAV)及净未来值(NFV),其中:

$$NAV = NPV(A/P,i,n) = \sum_{t=0}^{n}(CI-CO)_t(1+i_c)^{-t}(A/P,i_c,n) \quad (3-12)$$

净年值(NAV)表示了项目净现值分摊到寿命期内各年的等额年值,可说明项目运营期内各年的经营效果;

$$NFV = NPV(F/P,i,n) = \sum_{t=0}^{n}(CI-CO)_T(1+i_c)^{-t}(F/P,i_c,n) \quad (3-13)$$

净未来值(NFV)则表示了项目净现值折算至寿命期末的等效未来值。

显然这三个指标在判别方案是否可行时是等效的,即 NPV$\geqslant$0,必有 NAV$\geqslant$0,NFV$\geqslant$0,项目可行。

尽管只是经简单等值换算得到的同类指标净年值(NAV)及净未来值(NFV),但净年值指标在多方案比选中有其独特优势;而净未来值指标则因其经济意义不明显而较少采用。

上述三项指标的计算中都考虑了项目的逐年收益值。但在许多情况下未来年份的收益值无法准确获得,或者所比较方案的收入状况判知是相同的,因此可不计算收益部分,而只计算支出部分,可得另一组同类指标,通常用的有成本现值 PC 及成本年值 AC,计算公式分别为:

$$PC = \sum_{t=0}^{n} CO_t(P/F,i_c,t) \quad (3-14)$$

$$AC = \sum_{t=0}^{n} CO_t(P/F,i_c,t)(A/P,i_c,n) \quad (3-15)$$

需要说明的是,式(3-14)和式(3-15)中,因未考虑现金流入,为简化工作,采取了将现金流出视为正值计算的做法。

4. 内部收益率 IRR

内部收益率（IRR ——Internal Rate of Return），是指在方案寿命期内，使净现金流量净现值为零时的折现率，即 $NPV(IRR)=0$；也就是说，在这个折现率时，项目的现金流入的现值和等于其现值流出的现值和。由此可知其表达式为：

$$\sum_{t=0}^{n}(CI-CO)_t(1+IRR)^{-t}=0 \tag{3-16}$$

或

$$\sum_{t=0}^{n}CI_t(1+IRR)^{-t}=\sum_{t=0}^{n}CO_t(1+IRR)^{-t} \tag{3-17}$$

式中 IRR——内部收益率；

其余符号意义同前。

内部收益率的几何意义可以在图 3-2 中得到解释。由图 3-2 可知，随基准收益率的不断增大，净现值不断减小；在某一个值上曲线与横坐标相交，即 $NPV(IRR)=0$，即为该项目的内部收益率 IRR；且当 $i<IRR$ 时，$NPV>0$；$i>IRR$ 时，$NPV<0$。一般而言，IRR 是 NPV 曲线与横坐标交点处对应的折现率。

内部收益率是项目投资的盈利率，由项目现金流量决定，反映了投资的使用效率。其经济含义是投资方案占用的尚未回收资金的获利能力，完全取决于项目内部，这是称其为"内部"收益率的原因所在。也就是说，当资金被投入到项目中后，其回收的方式是通过项目的年净收益，其中尚未回收部分将以 IRR 为尺度增值，到项目计算结束时正好回收全部投资额。

【例 3-5】 某投资方案的现金流量表如表 3-7 所示，其内部收益率为 $IRR=20\%$，试分析其内部收益率的含义。

例 3-5 现金流量表　　　　　　　　　　　　　　　表 3-7

第 t 期末	0	1	2	3	4	5	6
现金流量 A_t	-1000	300	300	300	300	300	307

【解】 由于已提走的资金是不能再生利息的，因此，设 F_t 为第 t 期尚未回收的投资余额。特殊地，F_0 即是项目计算期初的投资余额 A_0。从而第 t 期末的未回收投资余额为：

$$F_t=F_{t-1}(1+i)+A_t \tag{3-18}$$

将 $i=IRR=20\%$ 代入式（3-18），计算出表 3-6 所示项目的未回收投资在计算期内的恢复过程，与表 3-8 相应的现金流量图如图 3-3 所示。

未回收投资在计算期内的恢复过程表　　　　　　　　表 3-8

第 t 期末	0	1	2	3	4	5	6
现金流量 A_t	-1000	300	300	300	300	300	307
第 t 期初未回收投资 F_{t-1}	—	-1000	-900	-780	-636	-46320	25584
第 t 期末的利息 $i\times F_{t-1}$	—	-200	-180	-156	-127.20	-92.64	-51.16
第 t 期末未回收投资 F_t	-1000	-900	-780	-636	-463.20	-255.84	0

由此可见，项目的内部收益率是项目到计算期末正好将未收回的资金全部收回来的折现率，也可以理解为项目对贷款利率的最大承担能力。

对式（3-18）来讲，项目在整个寿命期内始终存在未被回收的投资，项目始终处于"偿付"未被收回投资的状况。IRR 正是反映了项目"偿付"未被收回投资的能力，即项

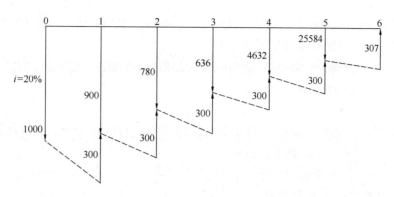

图 3-3 未回收投资现金流量示意图

目寿命期内没有回收投资的收益率,而不是初始投资在整个寿命期内的盈利率;在项目寿命期结束时,投资恰好被全部收回。IRR 值越高,方案的经济性越好。若项目属于贷款建设,则 IRR 就是项目对贷款利率的最大承担能力。

由内部收益率指标的经济含义知,用 IRR 评价单个方案的判别准则为:

若 $IRR \geq i_c$,则项目在经济效果上可以接受;若 $IRR < i_c$,则应予以否定。

由于内部收益率的计算式是一个高次方程,用一般方法不易求解。对于常规流量项目,通常用试算内插法求 IRR 的近似值,其原理如图 3-4 所示。易知 IRR 的近似解(直线与横轴的交点)一般大于 IRR 的精确解(曲线与横轴的交点)。一般计算步骤如下:

(1) 计算各年的净现金流量;

(2) 在满足下列条件的基础上预先估计两个适当的折现率 i_1 和 i_2:

$i_1 < i_2$ 且 $(|i_1 - i_2| \leq 5\%)$;$NPV(i_1) > 0$ 和 $NPV(i_2) < 0$。

如果预估的 i_1、i_2 不满足这两个条件要重新预估,直至满足条件。

(3) 用线性插值法求得内部收益率 IRR 的近似解。如图 3-4 所示,因为 △ABE 相似于 △DCE 可得:

$$IRR = i_1 + \frac{(i_2 - i_1)NPV_1}{(NPV_1 - NPV_2)} \quad (3-19)$$

式中 IRR——内部收益率;

i_1——较低的试算利率;

i_2——较高的试算利率;

NPV_1——与 i_1 对应的净现值(正值);

NPV_2——与 i_2 对应的净现值(负值)。

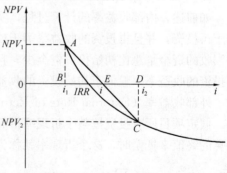

图 3-4 用内插法求 IRR 近似解示意图

【例 3-6】 某工程现金流量见表 3-9,基准收益率为 10%,试用内部收益率分析该方案是否可行。

现金流量表   (单位:万元)   表 3-9

年份	0	1	2	3	4	5
现金流量	−2000	300	500	500	500	1200

【解】

$i = 12\%$

$$NPV(i_1) = -2000+300(P/F,12\%,1)+500(P/A,12\%,3)(P/F,12\%,1)$$
$$+1200(P/F,12\%,5)$$
$$=-2000+300\times0.8929+500\times2.4018\times0.8929+1200\times0.5674$$
$$=21\,\text{万元}>0$$

$i_2=14\%$

$$NPV(i_2) = -2000+300(P/F,14\%,1)+500(P/A,14\%,3)(P/F,14\%,1)$$
$$+1200(P/F,14\%,5)$$
$$=-9\,\text{万元}<0$$

可见 IRR 在 $12\%\sim14\%$ 之间

$$IRR = i_1 + \frac{NPV(i_1)}{NPV(i_1)+|NPV(i_2)|}(i_1-i_2)$$
$$=12\%+\frac{21}{21+9}(14\%-12\%)$$
$$\approx 12.4\%$$

因为 $IRR=12.4\%>10\%$，所以该方案可行。

因内部收益率值只与项目的内在因素有关，不需事先给定折现率，免去了许多既重要而困难的经济界限的研讨，是计划部门比较强调的指标；但该指标的缺陷在于运算较为复杂，且对于一些非常规项目，这种解可能不是唯一的。

需要指出的是，IRR 属比率指标，基数不同，经济效果就会有所不同，产生的综合效益状况也不一样，因而宜与净现值结合观察；此外，内部收益率表现的是比率，与项目的绝对投资规模无关，不能反映表示项目的初期投资效益。

5. 外部收益率 ERR

如前述，内部收益率的计算过程，实际上隐含着项目寿命期内所获得的净收益可全部用于再投资，并且再投资的收益率等于项目的内部收益率。这种假定与实际情况不符。通常回收的资金量总比初始投资资金少，且可使用该资金的时间也较短，因此项目回收资金再投资的收益率一般低于初始投资的收益率。

外部收益率（External Rate of Return）则假定再投资的收益率等于基准收益率。

假定项目所有投资按某个折现率折算的终值恰好可用项目每年的净收益按基准收益率折算的终值来抵偿时，这个折现率就称为外部收益率，其表达式为：

$$\sum_{t=0}^{n}K_t(1+ERR)^{n-t}=\sum_{t=0}^{n}(CI-CO)_t(F/P,i_c,n-t) \qquad (3-20)$$

外部收益率的经济含义是，把一笔资金投资于某项目，相当于将这笔资金存入一个年利率为 ERR 且以复利计息的银行中所获得的价值。因而 ERR 越大，投资的经济性越好，投资效率越高。

将所得的 ERR 与基准收益率进行比较，若 $ERR \geqslant i_c$，则方案可以接受；否则应予以拒绝。

外部收益率考虑了资金的时间价值，考察了项目在整个寿命期内的经济状况，而且与内部收益率相比，其解具有唯一性，因而该指标在项目评价中也有其优越之处。

【例 3-7】 某项目的初始投资为 100 万元，寿命期为 10 年，10 年末残值回收 10 万元，每年收入为 35 万元，支出为 15 万元，用 ERR 来判断方案是否可行（基准收益率为 10%）。

【解】
$$100(1+ERR)^{10} = (35-15)(F/A,10\%,10) + 10$$
$$100(1+ERR)^{10} = (35-15)\left[\frac{1.1^{10}-1}{0.1}\right] + 10$$
$$(1+ERR)^{10} = 3.287485$$
$$ERR = 12.64\% > 10\%$$

所以方案可行。

6. 净现值率 NPVR

NPV 指标反映了所评价方案在基准收益率水平下超额或不足的现值，却不能反映出资金的利用效率，因而常用净现值率（NPVR）作为其辅助指标。

净现值率是项目净现值与项目投资总额现值绝对值 $|I_P|$ 之比，经济含义是单位投资净现值所能带来的净现值，其计算公式为：

$$NPVR = \frac{NPV}{|I_P|} = \frac{\sum_{t=0}^{N}(CI-CO)_t(1+i_c)^{-t}}{\left|\sum_{t=0}^{n}I_t(1+i_c)^{-t}\right|} \tag{3-21}$$

式中 I_t——第 t 年的投资额。

对于单一方案评价而言，NPV 与 NPVR 是同向的，即 NPV>0 时，NPVR>0，故评价时判别准则相同，二者是等效的。NPVR 主要用于多方案比较中，详见 3.3.2 节。

3.3 方案比选理论及方法

3.3.1 方案比选的基础知识

1. 方案间的相互关系

按其经济关系的不同，备选方案间可分为独立型、互斥型、依存型、资金约束条件下的相关型和混合型等多种关系。

(1) 独立型

指经济上互不相关的方案，即接受或舍弃某个方案，并不影响其他方案的取舍，方案可同时存在。如果决策对象是单一方案，则可认为是独立方案的特例。独立方案的采用与否，只取决于方案自身的经济性。只要能通过某些经济指标的检验，则方案在经济上就可以接受。

(2) 互斥型

方案间存在着互不相容、互相排斥的关系。在众多方案比选时，接受其中之一，就要放弃其他所有方案，方案不能同时存在。如，企业拥有的资金量只能实施改造老产品和开发新产品两个方案中的一个，那么这两个方案就是互斥方案。

(3) 依存型

如果两个方案或多个方案间，某一方案实施要以另外一个或多个方案实施为条件，那么这两个或多个方案为依存方案，或称互补方案。例如，开发陕西、山西、内蒙古西部煤炭基地项目和建设铁路、电厂项目需彼此适应，就是依存关系。在进行方案的经济性评价时，通常将依存方案作为一个项目群，视为一个整体。

（4）资金约束条件下的相关型

如果没有资金总量的约束，方案之间具备独立性。但由于资金限量，接受一些方案就意味着要舍弃其他方案，这就是资金约束条件下的相关方案。它实际上是由于客观条件（资金）约束，使方案由独立关系转化为相关关系的。

（5）混合型

在方案众多的情况下，方案间相关关系可能包括多种类型，称之为混合方案。

2. 方案经济效果的评价内容

各备选方案的经济效果评价包含了两部分的内容：一是考察各个方案自身的经济效果，即进行绝对效果检验，是指用经济效果评价标准检验方案自身的经济性；二是考察哪个方案相对最优，即进行相对效果检验。两种检验目的不同，缺一不可。

通过绝对效果检验的方案，可以进行比选；否则就应予以拒绝，不得参加下一环节的比选。即只有通过绝对效果检验的方案，才有资格进入比选阶段。3.2 节中的各项经济指标就是绝对效果检验的依据。

一般先以绝对经济效果方法筛选方案，然后以相对经济效果方法优选方案。优选方法正是本节所要讨论的问题。

3. 方案的可比性条件

各备选方案进行比较时，必须具备以下的可比性条件：

①被比较方案的费用及效益计算口径一致；

②被比较方案具有相同的计算期；

③被比较方案现金流量具有相同的时间单位；

④被比较方案应采用一致的经济参数（如基准收益率等）。

如果以上条件不能满足，各个方案之间不能直接比较，必须经过一定处理后方能进行。

3.3.2 互斥方案的经济性比较和选择

1. 互斥方案比选的差额分析法

互斥方案的比选可以采用不同的评价指标，有许多方法。其中，差额分析法是互斥方案比选的基本方法。这是由于互斥的备选方案常常投资额不等，其比选实质是判断差额投资的经济合理性，即投资大的方案相对于投资小的方案多投入的资金能否带来满意的差额收益。

【例 3-8】 方案 A、B 是互斥方案，其各年的现金流量及经济效果如表 3-10 所示，试对方案进行评价选择，$i_c=10\%$

互斥方案 A、B 的净现金流量及经济效果指标 （现金单位：万元） 表 3-10

年　份	0	1—10	NPV	IRR/%
A 的净现金流量	−2 300	650	1 693.6	25.34
B 的净现金流量	−1 500	500	1 572	31.22
增量净现金流（A−B）	−800	150	121.6	13.6

NPV_A、NPV_B 均大于零，IRR_A、IRR_B 均大于基准折现率，所以方案 A 和方案 B 都能通过绝对经济效果检验，且使用 NPV 指标和使用 IRR 指标进行绝对经济效果检验的结论是一致的。

由于 $NPV_A > NPV_B$，故按净现值最大准则方案 A 优于 B。但计算结果还表明 $IRR_A < IRR_B$，若以内部收益率最大比选准则，方案 B 优于 A，这与按净现值最大准则比选的结论相矛盾。到底按哪种准则进行互斥方案比选更合理，涉及经济指标特征和比选理论。基本原则是，不论按哪项指标进行方案的优选，结论应当是一致的。

对于投资额不等的互斥方案，其比选实质是，判断差额投资部分的经济合理性。即投资大的方案相对于投资小的方案多投入的资金是否经济上可行。若差额部分投资能够带来满意的差额收益，则投资额大的方案优于投资额小的方案，即选择投资大的方案；若差额投资不能带来满意的收益，则投资额小的方案优于投资额大的方案，即选择投资小的方案。

上述分析法中的"满意的收益"，一般可取方案的可行性标准。如本例中，差额投资部分，对（A-B）这个新方案，按其 $NPV=121.6>0$ 判断，尽管其数值远远低于 A、B 方案，但其投资仅有 800 万元，是可行的；按其比率指标 $IRR=13.6\% > i_c=10\%$ 判断，虽然比不上 A 或 B 的盈利能力，但仍是可行的；因此，值得将这部分资金投入使用，即判定选择投资大的方案。二指标的结论是一致的。

差额分析法的应用非常广泛。具体使用时，按照其在判定差额部分是否可行时所采用的不同指标，分别有差额投资回收期法、差额净现值法、差额内部收益率法等多种形式。当有多个互斥方案进行比较时，其步骤如下：

（1）按项目方案投资额从小到大将方案排序；

（2）以投资额最低的方案为临时最优方案，计算此方案的绝对经济效果指标，并与判别标准比较，直至找到一个可行方案；

（3）依次按差额分析法采用相应指标进行方案选择，每比较一次就淘汰一个方案，最终留下的即为最优方案。

2. 互斥方案比选的静态方法

常用的有差额投资回收期和差额投资收益率等，以差额投资回收期法为例说明如下。

一般地讲，在满足相同需要的情况下，投资相对大的方案，其生产成本要相对低一些。差额投资回收期是指投资多的方案所获得的超额收益或节约费用回收差额投资的期限。其计算公式为：

$$\Delta P_t = \frac{\Delta k}{\Delta c} = \frac{k_2 - k_1}{c_1 - c_2} \tag{3-22}$$

式中 ΔP_t——差额投资回收期；

Δk——投资差额，$\Delta k = k_2 - k_1$，k_1、k_2 分别为两方案的投资总额，$k_2 > k_1$；

Δc——年成本差额，$\Delta c = c_1 - c_2$，c_1、c_2 分别为两方案的年成本，$c_2 < c_1$。

当差额投资回收期 $\Delta P_t \leqslant$ 基准投资回收期 P_c 时，投资大的方案是合理的；反之则投资大的方案不可取。

【例3-9】 某建设项目有两个方案可供选择。甲方案采用中等水平工艺设备，投资 2400 万元，年生产成本 1400 万元；乙方案采用自动线，投资 3900 万元，年生产成本为

900万元。该部门的基准追加投资回收期为5年，应采用哪种方案？

【解】 $\Delta P_t = \dfrac{k_2 - k_1}{c_1 - c_2} = \dfrac{3900 - 2400}{1400 - 900} = 3$ 年

因为 $\Delta P_t = 3 < P_c = 5$，所以采用投资大的乙方案。

当两个方案的年产量不同时，即 $Q_2 \neq Q_1$，若 $\dfrac{k_2}{Q_2} > \dfrac{k_1}{Q_1}$，$\dfrac{c_2}{Q_2} < \dfrac{c_1}{Q_1}$，其差额投资回收期 ΔP_t 为：

$$\Delta P_t = \dfrac{\dfrac{k_2}{Q_2} - \dfrac{k_1}{Q_1}}{\dfrac{c_1}{Q_1} - \dfrac{c_2}{Q_2}} \tag{3-23}$$

【例3-10】 已知两建厂方案，方案A投资为1500万元，年经营成本400万元，年产量为1000件；方案B投资为1000万元，年经营成本360万元，年产量为800件。基准投资回收期 P_c 为6年。哪个方案为优？

【解】 第一步，计算各方案单位产量费用。

$$\dfrac{k_A}{Q_A} = \dfrac{1500}{100} = 1.5 \text{ 万元/件}, \quad \dfrac{k_B}{Q_B} = \dfrac{1000}{800} = 1.25 \text{ 万元/件}$$

$$\dfrac{c'_A}{Q_A} = \dfrac{400}{1000} = 0.40 \text{ 万元/件}, \quad \dfrac{c'_B}{Q_B} = \dfrac{360}{800} = 0.45 \text{ 万元/件}$$

第二步，计算差额投资回收期 ΔP_t

$$\Delta P_t = \dfrac{1.5 - 1.25}{0.45 - 0.4} = 5 \text{ 年}$$

第三步，评价。因为 $\Delta P_t \leqslant P_c$，所以A方案较优。

3. 互斥方案比选的动态方法

动态方法要区分方案的寿命期相同和不同两种情况，讨论互斥方案的比选。

(1) 相同寿命期的互斥方案比选

对于寿命相等的互斥方案，通常将它们的寿命期限作为共同分析期或计算期，这样能满足在时间上的可比性。动态经济指标净现值、内部收益率等都可用于差额分析。

①差额净现值 ΔNPV

设两互斥方案A的投资大于B的投资，其差额净现值由下式计算：

$$\begin{aligned}\Delta NPV &= \sum_{t=0}^{n} [(CI-CO)_A - (CI-CO)_B]_t (1+i_c)^{-t} \\ &= \sum_{t=0}^{n} (\Delta CI - \Delta CO)_t (1+i_c)^{-t}\end{aligned} \tag{3-24}$$

式中 ΔNPV——差额净现值；

$(CI-CO)_A$——投资大的方案的净现金流量；

$(CI-CO)_B$——投资小的方案的净现金流量；

ΔCI——差额现金流入，$\Delta CI = CI_A - CI_B$；

ΔCO——差额现金流出，$\Delta CO = CO_A - CO_B$。

其判别准则为：$\Delta NPV \geqslant 0$，表明增量投资可以接受，则选择投资大的方案；当 $\Delta NPV < 0$，表明增量投资不能接受，则选择投资小的方案。

【例 3-11】 有三个互斥型的投资方案，寿命周期均为 10 年，各方案的初始投资和年净收益如表 3-11 所示。试在基准收益率为 10%的条件下选择最佳方案。

互斥方案 A、B、C 的净现金流量表　　（单位：万元）　表 3-11

方　案	初始投资	年净收益	方　案	初始投资	年净收益
A	170	44	B−A	−90	15
B	260	59	C−B	−40	9
C	300	68			

【解】 投资方案按投资额从小到大排列顺序是 A、B、C。首先检验 A 方案的绝对效果，可看作是 A 方案与"不投资"方案进行比较。

$$NPV_{A-0}=-170+44\,(P/A,\,10\%,\,10)=100.34\ 万元$$

由于 NPV_{A-0} 大于零，说明 A 方案的绝对效果是好的。

$$NPV_{B-A}=-90+15\,(P/A,\,10\%,\,10)=2.17\ 万元$$

NPV_{B-A} 大于零，即方案 B 优于方案 A，淘汰方案 A。

$$NPV_{C-B}=-40+9\,(P/A,\,10\%,\,10)=15.30\ 万元$$

NPV_{C-B} 大于零，表明投资大的 C 方案优于投资小的 B 方案。

必须注意的是，差额净现值只能用来检验差额投资的效果，或者说是相对效果。差额净现值大于零只表明增加的投资是合理的，并不表明全部投资是合理的。因此，在采用差额净现值法对方案进行比较时，首先必须保证比选的方案都是可行方案。

实际上，ΔNPV 判别准则可以简化为：

$$\begin{aligned}\Delta NPV_{A-B}&=\sum_{t=0}^{n}[(CI_A-CO_A)-(CI_B-CO_B)_t](1+i_0)^{-t}\\&=\sum_{t=0}^{n}(CI_A-CO_A)_t(1+i_0)^{-t}-\sum_{t=0}^{n}(CI_B-CO_B)_t(1+i_0)^{-t}\\&=NPV_A-NPV_B\end{aligned} \quad (3-25)$$

由式（3-25）可知，$\Delta NPV \geqslant 0$ 与 $NPV_A \geqslant NPV_B$ 是等价的。即当 $\Delta NPV_{A-B} \geqslant 0$ 时，$NPV_A \geqslant NPV_B$，则 A 优于 B；当 $\Delta NPV_{A-B} < 0$ 时，$NPV_A < NPV_B$，则 B 优于 A。显然，用增量分析法计算 ΔNPV 进行互斥方案比选，与分别计算 NPV、根据 NPV 最大准则进行互斥方案比选，其结论是一致的。

上述简化做法的根本原因在于，净现值指标反映的是项目总投资在满足设定收益率增值期望下所获得的收益。若 $NPV=0$ 表明方案的盈利水平恰好等于所选定的标准折现率 i_c，即 $IRR=i_c$，IRR 表明的是方案的最高盈利率。因此采用净现值最大准则作为方案比选的决策依据，可以达到总投资的收益最大化，符合方案比选的基本目标。

故上例可采用更直接的简便方法，即用净现值来计算即可：

$$NPV_A=-170+44\,(P/A,\,10\%,\,10)=100.34\ 万元$$
$$NPV_B=-260+59\,(P/A,\,10\%,\,10)=102.51\ 万元$$
$$NPV_C=-300+68\,(P/A,\,10\%,\,10)=117.81\ 万元$$

因为 $NPV_A > NPV_B > NPV_C > 0$，所以 C 方案最好，B 次之，A 最差。

因此，实际工作中应根据具体情况选择比较方便的比选方法。当有多个互斥方案时，直接用净现值最大准则选择最优方案比两两比较的增量分析更为简便。

由上可知采用净现值指标比选同寿命的互斥方案时，判别准则可简化为：净现值最大且大于零的方案为最优方案，即 NPV 大者优。这实际上是经济效果评价中"利润最大化"原则的具体表现。

【例 3-12】 现有两种可选择的小型机床，其有关资料如表 3-12 所示，它们的使用寿命相同，都是 5 年，基准折现率为 8%，试用净现值法评价选择最优可行机床方案。

机床有关资料　　　　　（单位：元）　表 3-12

方案 \ 项目	投资	年收入	年支出	净残值
机床 A	10000	5000	2200	2000
机床 B	12500	7000	4300	3000

【解】 第一步，计算两方案的 NPV 值

$NPV_A = -10000 + (5000 - 2200)(P/A, 8\%, 5) + 2000(P/F, 8\%, 5)$
$\quad\quad = -10000 + 2800 \times 3.993 + 2000 \times 0.6806 \approx 2542 \text{ 元}$
$NPV_B = -12500 + (75000 - 4300)(P/A, 8\%, 5) + 3000(P/F, 8\%, 5)$
$\quad\quad = -12500 + 2700 \times 3.993 + 3000 \times 0.6806 \approx 323 \text{ 元}$

第二步，比较。因为 NPV_A，$NPV_B > 0$，所以机床 A、B 两个方案除均能达到基准收益率 8% 外，还能分别获得 2541 元和 323 元的超额净现值收益，说明两个方案在经济上都是合理的，都是可以接受的，但由于 $NPV_A > NPV_B$，故选择机床 A 为最优方案。

注意：净现值用于方案比选时，方案的寿命期必须相等。

需要指出的是，当净现值指标用于多方案比较时，没有考虑各方案投资额的大小，不直接反映资金的利用效率。因而在投资制约的条件下，方案净现值的大小一般不能直接评定投资额不同的方案的优劣，通常用净现值率（NPVR）作为辅助指标。

由净现值 NPV 指标的互斥方案比选可以得到以下两点引申知识：

第一，由净现值 NPV 与净年值 NAV、净未来值 NFV 的等值关系知，对于同寿命的互斥方案比选，可采用以上三项指标，判别准则依次为"NPV 大者优、NAV 大者优和净未来值大者优"，实际中净现值 NPV 与净年值 NAV 较为常用；

第二，根据"NPV 大者优"进行互斥方案择优时，是对方案的现金流入及现金流出都给予了考虑和计算。

在实际工作中，往往会遇到一些比较特殊的备选方案的比选。这些备选方案的效益基本相同或其具体的数值难以计算或无法用货币衡量，比如环保效果、教育效果、军事效果等，此时可以通过对各方案的费用现值或费用年值的比较进行选择。比如，建造一个储存仓库，无论采用钢结构还是砖混结构或者钢筋混凝土结构，其功能是一样的，只需要计算各个方案的费用，就可以比较优劣。

费用现值实质上是净现值的特殊形式，一般只用于多个方案的比较。就评价结论而言，它们是等价指标。除了在指标含义上有所不同外，就计算的简易程度而言，对不同类型的方案两者各有所长。在计算时的区别在于，为简化工作而不考虑现金流入，其费用一般取正值，见式（3-14）和式（3-15）。

当用于多个同寿命的互斥方案比选时，其判别准则是：费用现值或费用年值最小的方案为优。这实际上是经济效果评价中"成本最小化"原则的具体表现。

【例3-13】 两种设备A、B的使用情况数据见表3-13，寿命期均为5年，基准收益率为10%，使用费用现值和费用年值比较两设备的经济性。

两设备的使用成本数据　　　　（单位：万元）　表3-13

年份		0	1	2	3	4	5
设备A	购买和维修费用	80			10		
	年使用成本		5	5	6	6	7
设备B	购买和维修费用	70				15	
	年使用成本		6	8	8	10	10

【解】 由式（3-14）得：

$PC_A = 80+5(P/F, 10\%, 1)+5(P/F, 10\%, 2)+(6+10)(P/F, 10\%, 3)$
　　　$+6(P/F, 10\%, 4)+7(P/F, 10\%, 5)$
　　$=80+5×0.9091+5×0.8264+16×0.7513+6×0.6830+7×0.6209$
　　$=105.04$ 万元

$PC_B = 70+6(P/F, 10\%, 1)+8(P/F, 10\%, 2)+8(P/F, 10\%, 3)$
　　　$+(10+15)(P/F, 10\%, 4)+10(P/F, 10\%, 5)$
　　$=70+6×0.9091+8×0.8264+8×0.7513+25×0.6830+10×0.6209$
　　$=111.36$ 万元

因 $PC_A < PC_B$，PC_B 所以方案A较优。

由式（3-15）得：

$AC_A = PC_A(A/P, 10\%, 5) = 105.04×0.2638 = 27.71$ 万元
$AC_B = PC_B(A/P, 10\%, 5) = 111.36×0.2638 = 29.38$ 万元

可见 $AC_A < AC_B$，方案A较优。

②差额内部收益率法

差额内部收益率是指相比较的两个方案净现金流量差额的现值之和等于零时的折现率，即差额净现金流量的内部收益率；或者说两个方案净现值相等时的折现率。A、B为投资额不等的两个互斥方案，B方案的投资额大于A方案。则差额内部收益率的计算表达式为：

$$\Delta NPV(\Delta IRR) = \sum_{t=0}^{n}(\Delta CI-\Delta CO)_t(1+\Delta IRR)^{-t} = 0 \qquad (3-26)$$

或　　$\sum_{t=0}^{n}(CI_A-CO_A)_t(1+\Delta IRR)^{-t} = \sum_{t=0}^{n}(CI_B-CO_B)_t(1+\Delta IRR)^{-t}$ 　（3-27）

式中　ΔNPV——差额净现值；

ΔIRR——差额内部收益率；

ΔCI——方案A与方案B的差额现金流入，即 $\Delta CI = CI_B - CI_A$；

ΔCO——方案A与方案B的差额现金流出，即 $\Delta CO = CO_B - CO_A$。

采用 ΔIRR 的判别准则是：若 $\Delta IRR \geq i_c$（基准收益率），则投资大的方案为优；若 $\Delta IRR < i_c$，则投资小的方案为优。

差额内部收益率 $\Delta IRR \geqslant i_c$ 时，表明投资大的方案除了具有与投资的方案相同的收益能力外，差额投资也达到了起码的经济要求，因此投资大的方案为优；反之，若 $\Delta IRR < i_c$，则表明投资大的方案达不到投资小的方案的收益水平或差额投资在经济上不合理，因此投资小的方案优。

与差额净现值法类似，差额内部收益率只能说明增加投资部分的经济性，并不能说明全部投资的绝对效果。因此，采用差额内部收益率法进行方案评选时，首先必须要判断被比选方案的绝对效果，只有在某一方案的绝对效果通过情况下，才能用于比较对象。

【例 3-14】 两个互斥方案，寿命相同，资料见表 3-14。基准收益率为 15%，试用差额投资内部收益率法比较和选择最优可行方案。

项目有关数据表　　　　　　　　　表 3-14

方案 \ 项目	投资（万元）	年收入（万元）	年支出（万元）	净残值（万元）	使用寿命（年）
A	5000	1600	400	200	10
B	6000	2000	600	0	10

【解】 第一步，计算 NPV 值，判别可行性。

$NPV_A = -5000 + (1600-400)(P/A, 15\%, 10) + 200(P/F, 15\%, 10)$
$\qquad = -5000 + 1200 \times 5.019 + 200 \times 0.2472 \approx 1072$ 万元

$NPV_B = -6000 + (2000-600)(P/A, 15\%, 10)$
$\qquad = -6000 + 1400 \times 5.019 \approx 1027$ 万元

NPV_A，NPV_B 均大于零，所以方案 A、B 均可行，按净现值最大判断，方案 A 最优。当然也可以按内部收益率判别各方案的可行性，但计算较为繁琐。

第二步，计算差额投资内部收益率，比较、选择最优可行方案。

设 $i_1 = 12\%$，$i_2 = 14\%$

$\Delta NPV(i_1) = [-6000 + (2000-600)(P/A, 12\%, 10)]$
$\qquad\qquad\quad - [-5000 + (1600-400)(P/A, 12\%, 10) + 200(P/F, 12\%, 10)]$
$\qquad\quad \approx 66$ 万元

$\Delta NPV(i_1) = [-6000 + (2000-600)(P/A, 14\%, 10)]$
$\qquad\qquad\quad - [-5000 + (1600-400)(P/A, 14\%, 10) + 200(P/F, 14\%, 10)]$
$\qquad\quad \approx -10$ 万元

$$\Delta IRR = i_1 + \frac{\Delta NPV(i_1)}{\Delta NPV(i_1) + |\Delta NPV(i_2)|}(i_2 - i_1)$$

$$= 12\% + \frac{66}{66+10}(14\% - 12\%) \approx 13.7\%$$

因为 $\Delta IRR < i_0$，所以投资小的方案 A 为优。

可见按净现值和差额内部收益率的结论是一致的。

再看例 3-14，如果采用 ΔIRR 来评价方案，则

$\qquad\qquad \Delta NPV = -800 + 150(P/A, 10\%, 10) = 121.6$ 万元

由方程式 $\qquad\qquad -800 + 150150(P/A, 10\%, \Delta IRR) = 0$

可解得 $\qquad\qquad \Delta IRR = 13.6\%$

计算结果表明：$\Delta NPV>0$，$\Delta IRR>i_0$，增量投资有满意的经济效果，投资大的方案 A 优于投资小的方案 B，这两种方法的评价结果是一致的。

经数学分析知，ΔIRR 的求解是一个高次方程，它并不等于内部收益率之差，即 $\Delta IRR_{A-B}\neq IRR_A-IRR_B$。因此对内部收益率指标而言，差额分析的 $\Delta IRR\geqslant i_c$ 的判别准则并不能像 NPV 指标那样给予简化，即 "内部收益率最大" 并不能保证比选结论的正确性。关于这一点，可以借助净现值函数曲线来进一步说明的 ΔIRR 的几何意义及比选方案的原理。

考察投资额不等的 A、B 两个互斥方案，设 B 方案的投资额大于 A 方案。在图 3-5 中曲线 A、B 分别为方案 A、B 的净现值函数曲线，图中 $IRR_B>IRR_A$，a 点为 A、B 两方案净现值曲线的交点，在这一点两方案净现值相等。a 点所对应的折现率即为两方案的差额内部收益率 ΔIRR。

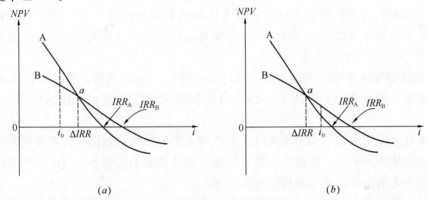

图 3-5 用于方案比较的差额内部收益率

由图 3-5（a）中可以看出，当 $\Delta IRR>i_c$ 时，$NPV_A>NPV_B$；由图 3-5（b）中可以看出，当 $\Delta IRR<i_c$ 时，$NPV_A<NPV_B$。由此可见，用 ΔIRR 与 NPV 比选方案的结论是一致的。即在对互斥方案进行比较选择时，"净现值最大" 准则是正确的；而 "内部收益率最大" 准则只在基准收益率大于被比较的两方案的差额内部收益率的条件下成立。也就是说，如果将投资大的方案相对于投资小的方案的增量投资用于其他投资机会，会获得高于差额内部收益率的盈利率时，用内部收益率最大准则进行方案比选的结论就是正确的；但是若基准收益率小于差额内部收益率，用内部收益率最大准则选择方案就会导致错误的决策，故用内部收益率最大准则比选方案是不可靠的。

另一个原因是，内部收益率 IRR 是一个比率指标。"内部收益率最大" 追求的是方案内资金的使用效率最高；而因为方案的不可分性，资金使用效率最高，未必意味着方案的总量经济效益最大。一般地，用内部收益率标准比较方案，对投资少且内部收益率大的方案有利；而对于投资者，其所追求的往往是总量经济效果的最大。因此，不能简单地用 "内部收益率最大" 作为比选方案的标准。

因此当采用 IRR 指标进行方案比选时，必须采用增量内部收益率 ΔIRR。

需要说明的是，当所比较的互斥方案投资额相等时，ΔIRR 判别准则失效，应改用 NPV 指标；另外，ΔIRR 也可用于仅有费用现金流的互斥方案比选（效果相同），此时，把增量投资所导致的其他费用的节约看成是增量效益即可，不再赘述。

（2）不同寿命期的互斥方案比选

实际工作中，备选方案的服务寿命常常是不同的。对于寿命期不同的互斥方案按动态方法进行比选，同样要求方案间具有时间可比性。满足这一要求需要解决两方面的问题：一是设定一个合理的共同分析期；二是给寿命期不等于分析期的方案选择合理的方案接续假定或残值回收假定。

① 共同分析期的确定方法

解决服务寿命不同的方法通常有以下四种：

a. 取各备选方案服务寿命的最小公倍数作为各方案比较的共同分析期，在此期间内，当某方案服务寿命终结时，继续用同一方案更替。

b. 取寿命最短的服务寿命作为各方案比较的共同分析期。这种情况下服务寿命长的方案在共同分析期末仍具有一定的"未使用价值"，应予以回收。

c. 取寿命最长方案的服务寿命为各方案比较的共同分析期。这种情况下服务寿命短的方案在其服务寿命终结时，继续以同一方案更替直到共同分析期末为止。可能也有一定的"未使用价值"，应予以回收。

d. 按具体情况规定统一的分析期。这样在达到统一分析期前，服务寿命短的方案以同一方案重复，服务寿命长的方案在统一分析期期末可能具有"未使用价值"，应予以回收。

上述重复更新的假设，均未考虑技术进步对方案的影响。共同分析期究竟取哪一种为宜，应根据具体情况而定。根据上述处理原则，即可解决不同服务寿命的互斥方案比选。

② 采用净现值法比选不等寿命的互斥方案

当互斥方案寿命不等时，一般情况下，各方案的现金流在各自寿命期内的现值不具有可比性。如果要使用现值指标进行方案比选，必须设定一个共同的分析期。采用净现值指标评选方案，应首先按上述办法解决时间可比问题。在取定共同分析期之后，即可按寿命相同方案的办法处理。

【例 3-15】 互斥方案 A、B 的有关数据如表 3-15 所示，设 $i_c=10\%$，试比较方案。

A、B 方案数据　　　　表 3-15

方案	初始投资（万元）	年净现金流量（万元）	服务寿命（年）	方案	初始投资（万元）	年净现金流量（万元）	服务寿命（年）
A	100	50	4	B	200	70	6

【解】 依据重复更新假设，取两方案服务寿命的最小公倍数 $T=12$ 年作为共同分析期，其现金流量如图 3-6 所示。

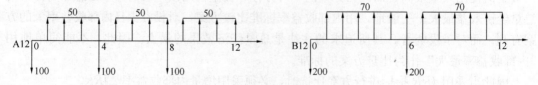

图 3-6　12 年服务期方案的现金流量图

分别计算两种方案在共同服务年限内的净现值，记作 NPV_{A12}，NPV_{B12}。

$NPV_{A12}=-100+50(P/A, 0.10, 12)-100(P/F, 0.10, 4)-100(P/F, 0.10, 8)$

$$= -100 + 50 \times 6.8137 - 100 \times 0.6830 - 100 \times 4.665 = 125.7 \text{ 万元}$$
$$NPV_{B12} = -200 + 70 (P/A, 0.10, 12) - 200 (P/F, 0.10, 6)$$
$$= -200 + 70 \times 6.8137 - 200 \times 0.564 = 364.1 \text{ 万元}$$

由于 $NPV_{A12} > 0$，$NPV_{B12} > 0$，而且 $NPV_{B12} > NPV_{A12}$，故方案 B 优于方案 A。

【例 3-16】 仍取例 3-15 中的两方案比较，但取 A 方案的服务寿命 4 年为共同分析期；B 方案在 4 年末的"未使用价值"为 40 万元，试比较方案。

【解】 共同分析期内方案的现金流量如图 3-7 所示。

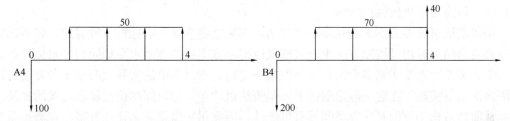

图 3-7 4 年服务期方案的现金流量图

共同分析期内各方案的净现值分别为：
$$NPV_{A4} = -100 + 50 (P/A, 0.10, 4) = -100 + 50 \times 3.1699 = 58.5 \text{ 万元}$$
$$NPV_{B4} = -200 + 70 (P/A, 0.10, 4) + 40 (P/F, 0.10, 4)$$
$$= -200 + 70 \times 3.1699 + 40 \times 0.6830 = 49.2 \text{ 万元}$$

由于 $NPV_{A4} > 0$，$NPV_{B4} > 0$，且 $NPV_{A4} > NPV_{B4}$，故方案 A 优于方案 B。

【例 3-17】 仍取例 3-15 中的两方案比较，但取 B 方案的服务寿命 6 年为共同分析期，经估算，A 方案重复更替时 6 年末的"未使用价值"为 15 万元，试进行方案比较。

【解】 共同分析期内方案的现金流量如图 3-8 所示。

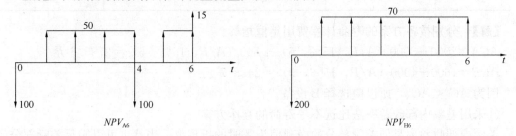

图 3-8 6 年服务期方案的现金流量图

共同服务年限内各方案的净现值分别为：
$$NPV_{A6} = -100 + 50(P/A, 0.10, 6) + 15(P/F, 0.10, 6) - 100(P/F, 0.10, 6) = 57.9 \text{ 万元}$$
$$NPV_{B6} = -200 + 70 (P/A, 0.10, 6) = 104.9 \text{ 万元}$$

由于 $NPV_{A6} > 0$，$NPV_{B6} > 0$，且 $NPV_{B6} > NPV_{A6}$，故方案 B 优于方案 A。

上述处理方案中，在比选寿命不同方案时，由于截取共同分析期，使若干方案在期末仍保留"未使用价值"，需要估价和回收。共同分析期的确定，取决于决策的需要和技术经济特征，因此"未使用价值"也就是在服务期末方案的资产尚存"余值"。通常采用账面价值来估价、市场估价、重置成本法等方法进行资产的估算。

费用现值用于不等寿命方案比选时,也应遵循共同分析期的处理原则;其判别准则为"费用现值最小的方案为优"。

可见,用净现值或费用现值指标评选方案时,为了满足时间可比性要求而开展的"共同分析期的确定"及"期末未使用价值的估计",使评选过程复杂化。若采用现值指标的等效指标——年值指标,则有着独特的便利优势,是不等寿命方案比选最为简便的方法。

其原因是,即将各方案在其计算期的收入及支出,按一定折现率换算为等值的年值,就可以用以比选不同寿命的方案。即只按各方案寿命周期计算相应年值指标就可以了。具体有净年值与费用年值两项指标。

用年值法进行寿命不等的互斥方案比选,实际上隐含着作出这样一种假定:各备选方案在其寿命结束时均可按原方案重复实施或以与原方案经济效果水平相同的方案接续。因为一个方案无论重复实施多少次,其年值是不变的,所以年值法实际上假定了各方案可以无限多次重复实施。在这一假定前提下,年值法以"年"为时间单位比较各方案的经济效果,从而使寿命不等的互斥方案间具有可比性。因此用年值指标来评选方案,在满足重复更新假设的条件下,只需计算各备选方案一个服务寿命周期的年值即可判断方案的优劣,极大地简化了实际工作。

遇到效益基本相同或其具体数值难以计算或无法用货币衡量的多个备选方案时,最便利的方法就是使用费用年值指标,其判别准则为"费用年值最小的方案为优"。

【例 3-18】 有两台功能相同的设备,所不同的部分指标如表 3-16 所示,试在 $i_c=15\%$ 的条件下进行决策选择。

设备 A、B 的数据　　　　　　　　　表 3-16

设 备	初始投资(元)	预期寿命(年)	残值(元)	年操作成本(元)
A	3000	6	500	2000
B	4000	9	0	1600

【解】 分别按各方案的寿命计算费用年值指标。

$AC_A=2000+3000(A/P,15\%,6)+500(A/F,15\%,6)=2735.6$ 元

$AC_B=1600+4000(A/P,15\%,9)=2438.7$ 元

因为 $AC_B<AC_A$,所以应选择 B 设备。

③采用差额内部收益率法比选不等寿命的互斥方案

差额内部收益率是使差额部分的净现值为零时的折现率,当然也可以满足差额部分的净年值为零的条件。因此求解寿命期不等互斥方案间差额内部收益率的方程可用令两方案净年值相等的方式建立,其中隐含了方案可重复实施的假定。设互斥方案的寿命期分别为 n_A、n_B,求解差额内部收益率 ΔIRR 的方程为:

$$\sum_{t=0}^{n_A}(CI_A-CO_A)_t(P/F,\Delta IRR,t)(A/P,\Delta IRR,n_A)$$
$$=\sum_{t=0}^{n_B}(CI_B-CO_B)_t(P/F,\Delta IRR,t)(A/P,\Delta IRR,n_B) \tag{3-28}$$

就一般情况而言,用差额内部收益率进行寿命不等的互斥方案比选,应满足下列条件之一:初始投资大的方案年均净现金流量大,且寿命长;初始投资小的方案年均净现金流

量小,且寿命短。年均净现金流量的表达式如下:

方案 j 的年均净现金值:

$$\sum_{t=0}^{n_j}(CI_j-CO_j)_t/n_j \qquad (3-29)$$

方案比选的判别准则为:在 ΔIRR 存在的情况下,若 $\Delta IRR>i_c$,则年均净现金流量大的方案为优;若 $0<\Delta IRR<i_c$,则年均净现金流量小的方案为优。

【例 3-19】 设互斥方案 A、B 的寿命分别为 5 年和 3 年,各自寿命期内的净现金流量如表 3-17 所示。若 $i_c=12\%$,试用差额内部收益率法比选方案。

A、B 方案的净现金流量　　　(单位:万元)　表 3-17

方案\年份	0	1	2	3	4	5
A	−300	96	96	96	96	96
B	−100	42	42	42		

【解】 首先进行绝对效果检验,计算每个方案在各自寿命内现金流的内部收益率。根据方程

$$-300+96(P/A, IRR_A, 5)=0 \qquad -100+42(P/A, IRR_B, 3)=0$$

可求得 $IRR_A=18.14\%$,$IRR_B=12.53\%$

由于 IRR_A,IRR_B 均大于基准折现率,故方案 A、B 均能通过绝对效果检验。

方案比选应采用差额内部收益率指标。初始投资大的方案 A 的年均净现金流($-300/5+96=36$)大于初始投资小的方案 B 的年均净现金流($-100/3+42=8.7$),且方案 A 的寿命 5 年长于方案 B 寿命 3 年,差额内部收益率可以使用。从方程

$$[-300+96(P/A,\Delta IRR,5)](A/P,\Delta IRR,5)-[-100+42(P/A,\Delta IRR,3)](A/P,\Delta IRR,3)=0$$

利用线性插入法,可求得 $\Delta IRR=20.77\%>i_c$,由判断准则可知,应选年均净现金流量大的方案 A。

对于仅有或仅需计算费用的寿命不等互斥方案比选,求解方案间差额内部收益的方程时,可用令两方案费用年值相等的方式来建立,即相当于净年值相等的基础上,在等式两边分别剔除相同收入部分的情况,其表达式为:

$$\sum_{t=0}^{n_A}(CO_A)_t(P/F,\Delta IRR,t)(A/P,\Delta IRR,n_A)$$
$$=\sum_{t=0}^{n_B}(CO_B)_t(P/F,\Delta IRR,t)(A/P,\Delta IRR,n_B) \qquad (3-30)$$

式中各表达符号意义同前。

(3) 寿命无限的互斥方案比较

一些公共工程项目,如桥梁、运河、铁路等,通常具有很长的服务期(大于 50 年)。一般而言,经济分析对遥远未来的现金流量是不敏感的。例如,当利率为 4% 时,50 年后的 1 元现值仅为 1 角 4 分;而利率为 8% 时,现值仅为 2 分。因此,对于服务寿命很长的工程方案,可以近似地当作无限服务寿命期来处理。按无限期计算出的现值,一般称为

"资金成本或资本化成本",计算公式为:

$$P = \frac{A}{i} \text{ 或 } A = P \cdot i \tag{3-31}$$

证明: $A = P(A/P, i, n) = P \cdot \frac{i(1+i)^n}{(1+i)^n - 1} = P[\frac{i}{(1+i)^n - 1} + i]$

当 $n \to \infty$ 时,上式括号中第一项趋近于零,于是 $\lim_{n \to \infty}(A/P, i, n) = i$

因此,$P = \frac{A}{i}$ 或 $A = P \cdot i$。式(3-31)在处理无限服务寿命的经济分析中有重要作用。

【例 3-20】 某桥梁工程,初步拟定两种结构类型方案供备选。A 方案为钢筋混凝土结构,初始投资 1500 万元,年维护费为 10 万元,每 5 年大修 1 次,费用为 100 万元;B 方案为钢结构,初始投资 2000 万元,年维护费为 5 万元,每 10 年大修 1 次,费用为 100 万元。若两方案效用相同,$i_c = 5\%$,哪一个方案经济?

【解】 (1) 现值法:

A 方案的费用现值为:

$$PC_A = 1500 + \frac{10}{5\%} + \frac{100 \times (A/F, 5\%, 5)}{5\%} = 2026 \text{ 万元}$$

B 方案的费用现值为:

$$PC_B = 2000 + \frac{5}{5\%} + \frac{100 \times (A/F, 5\%, 10)}{5\%} = 2259 \text{ 万元}$$

由于 $PC_A < PC_B$,则 A 方案经济。

(2) 年值法:

A 方案的年费用为:

$$AC_A = 10 + 100 \times (A/F, 5\%, 5) + 1500 \times 5\% = 103.10 \text{ 万元}$$

B 方案的年费用为:

$$AC_B = 5 + 100 \times (A/F, 5\%, 10) + 2000 \times 5\% = 112.95 \text{ 万元}$$

由于 $AC_A < AC_B$,则 A 方案经济。

3.3.3 独立方案的选择

1. 资金无限制的独立方案选择

当资金足够多时,只要备选方案经过单方案评价、经济上可行,即可入选,不必进行方案间的比选。即独立方案的采用与否,只取决于方案自身的经济性,只需检验它们是否能够通过净现值、净年值或内部收益等绝对效益评价指标。因此,多个独立方案与单一方案的评价方法是相同的,此处不再赘述。

2. 有资金约束的独立方案选择

这里讨论的独立方案是指方案之间虽然不存在相互排斥或相互补充的关系,但由于资金方面的约束,不可能满足所有方案投资的要求,或者由于投资项目的不可分性,这些约束条件意味着接受某几个方案必须要放弃另一些方案,使得局部看来独立的方案,由于资金的约束变成了相关方案。对这类方案评价的目的是在资金总额一定的条件下,寻求总体效益最好的方案组合。比选的方法有互斥组合法和效率指标排序法。

(1) 独立方案互斥化法。基本思想是把各个独立方案进行组合,其中每一个组合方案代表一个互斥方案,再利用互斥方案的评选方法选择最佳的方案组合。举例说明如下。

【例 3-21】 有 3 个独立的投资方案有 A、B、C,各方案的有关数据如表 3-18 所示。已知总投资限额是 800 万元,基准收益率为 10%,试选择最佳投资方案组合。

A、B、C 方案的有关数据　　　　（单位:万元）　表 3-18

方案	投资(万元)	年净收入(万元)	寿命期(年)	方案	投资(万元)	年净收入(万元)	寿命期(年)
A	350	62	10	C	420	76	10
B	200	39	10				

【解】 由于 3 个方案的总投资合计为 970 万元,超过了投资限额,因而不能同时选上。

独立方案互斥化法的基本步骤如下:

列出全部相互排斥的组合方案。如果有 m 个独立方案,那么组合方案数 $N=2^m-1$（不投资除外）。这 N 个组合方案相互排斥。本例中有 3 个独立方案,互斥组合方案共有 7 个,这 7 个组合方案互不相容,互相排斥。组合结果见表 3-19。

在所有组合方案中,除去不满足约束条件的 A、B、C 组合,并且按投资额大小顺序排列;采用净现值、差额内部收益率法选择最佳方案组合。本例采用净现值法,净现值最大的组合方案为最佳组合方案,结果见表 3-19。

用净现值法选择最佳组合方案　　　　（单位:万元）　表 3-19

序号	方案组合	投资	净现值	决策
1	B	200	39.6	
2	A	350	30.9	
3	C	420	46.9	
4	B、A	550	70.5	
5	B、C	620	86.5	最佳
6	A、C	770	77.8	
7	A、B、C	970		超出投资

由上表可知,按最佳投资决策确定选择方案 B 和 C。

当方案的个数增加时,其组合数将成倍增加。所以这种方法比较适用于方案数比较小的情况。当方案数目较多时,可采用效率指标排序法。

(2) 效率指标排序法。效率指标排序法是通过选取能反映投资效率的指标,用这些指标把投资方案按投资效率的高低顺序排列,在资金约束下选择最佳方案组合,使有限资金能获得最大效益。常用的排序指标有内部收益率与净现值率。

①内部收益率排序法。是将方案按内部收益率的高低依次排序,然后按顺序选取方案。这一方法的目标是达到总投资的效益最大。

②净现值率排序法。是将各方案的净现值率按大小顺序,并依此次序选取方案。这一方法的目标是达到一定总投资的净现值最大。

【例 3-22】 表 3-20 所示为 7 个相互独立的投资方案，寿命期均为 8 年。基准收益率为 10%，若资金总额为 380 万元，用净现值率法进行评选。

7 个投资方案的有关数据　　（单位：万元）　表 3-20

方　案	投资额	年净收益	方　案	投资额	年净收益
A	80	24.7	E	100	26
B	115	25.6	F	70	12.2
C	65	15.5	G	40	8
D	90	30.8			

【解】 各方案的净现值、净现值率及排序结果如表 3-21 所示。

各投资方案的有关指标　　（单位：万元）　表 3-21

方　案	净现值	净现值率	排序	方　案	净现值	净现值率	排序
A	51.77	0.65	2	E	38.71	0.38	3
B	21.58	0.19	5	F	−4.91	−0.07	7
C	17.69	0.27	4	G	2.68	0.07	6
D	74.34	0.83	1				

由表 3-20 可知，方案的优先顺序为 D—A—E—C—B—G，方案 F 净现值率小零，应淘汰。当资金总额为 380 万元，最优组合方案是 D、A、E、C、G。

值得注意的是，用内部收益率或净现值率排序来评选独立方案，并不一定能保证获得最佳组合方案。只有当各方案投资占总投资比例很小或者入选方案正好分配完总投资时才能保证获得最佳组合方案，因为未分配的投资无法产生效益。

3.3.4 混合方案的选择

当方案组合中既包含有互斥方案，也包含有独立方案时，就构成了混合方案。独立方案或互斥方案的选择，属于单项决策。但在实际情况下，需要考虑各个决策之间的相互关系。混合型方案的特点，就是在分别决策基础上，研究系统内诸方案的相互关系，从中选择最优的方案组合。

混合型方案选择的程序如下：

按组际间的方案互相独立、组内方案互相排斥的原则，形成所有各种可能的方案组合；以互斥型方案比选原则筛选组内方案；在总的投资限额下，以独立型方案比选原则选择最优的方案组合。

【例 3-23】 某投资项目有一组六个可供选择的方案，其中两个是互斥型方案，其余为独立型方案。基准收益率为 10%，其投资、净现值等指标如表 3-22 所示，试进行方案选择。分别假设：①该项目投资额为 1000 万元；②该项目投资限额为 2000 万元。

【解】 六个方案的净现值都是正值，表明方案都是可取的。

①在 1000 万元资金限额下，以净现值率为判断，选择 A、C 两个方案。A、C 方案的组合效益

$$NPV = 250 + 200 = 450 \text{ 万元}$$

②在 2000 万元资金限额时，选择 A、C、E、F 四个方案的组合效益

$$NPV = 250 + 200 + 175 + 150 = 775 \text{ 万元}$$

本例说明，先以 NPV 筛选方案淘汰一些不可取的方案，然后以 NPV 优选方案。

混合方案比选　　　　　　　　　　　表 3-22

投　资　方　案		投资（万元）	净现值（万元）	净现值率（%）
互斥型	A	500	250	0.500
	B	1 000	300	0.300
独立型	C	500	200	0.400
	D	1 000	275	0.275
	E	500	175	0.35
	F	500	150	0.300

3.4　设备更新方案的比较

3.4.1　设备的磨损与补偿

随着设备使用或闲置时间的延伸，设备的技术性能会发生绝对或相对劣化，其价值和使用价值也会相应降低，这一现象称为设备磨损。

设备磨损分为有形磨损和无形磨损两种形式。有形磨损，也称为物理磨损，是指设备在使用或闲置过程中所发生的实体磨损，它又分为使用磨损和自然磨损两种。无形磨损，也称为精神磨损，是指由于技术进步，生产同类型、同功能设备的必要劳动量减少，使得原有设备的价值相对降低；或由于出现更高功能、更高效率的设备而引起原有设备价值和使用价值的降低。

设备的上述磨损，必须以各种形式加以补偿才能维持企业的再生产。由于设备遭受的磨损形式不同，补偿方式也不一样。设备磨损的补偿方式一般有局部补偿和完全补偿两种。设备有形磨损的局部补偿是修理，设备无形磨损的局部补偿是改造。有形磨损和无形磨损的完全补偿是更新，即淘汰旧设备，更换新设备。补偿磨损的主要资金来源于原有设备提取的折旧。

3.4.2　设备更新及其策略

设备更新是设备综合磨损的一种补偿方式，是维护和扩大社会再生产的必要条件。设备更新，从广义上讲包括设备修理、设备更换和现代化改装；从狭义上讲是指以结构更先进、技术更完善、生产效率更高的新设备去代替不能继续使用及经济上不宜继续使用的旧设备。

设备更新有原型更新和新型更新两种形式。原型更新又称简单更新，它是用同型号设备以新换旧，主要是用于更换已损坏的或陈旧的设备。原型更新不具有更新技术的性质，不产生技术进步。新型更新又称技术更新，它是以结构更先进、技术更完善、性能更好、效率更高、能源和原材料消耗更少的新型设备，来换掉技术上陈旧落后、在经济上不宜继续使用的设备。它是实现企业技术进步、提高经济效益的主要途径。

设备更新策略应在系统、全面地了解现有设备的性能、服务年限、磨损程度、技术进步等情况下，有重点、有区别地对待。对于陈旧落后的设备，即消耗高、性能差、使用操作条件不好、对环境污染严重的设备，应当用较先进的设备尽早代替。对整机性能尚可、有局部缺陷、个别技术经济指标落后的设备，应选择技术改造。对较好的设备，要适应技术进步的发展需要，吸收国内外的新技术，不断加以改造和现代化改装。

确定设备更新必须进行经济分析。凡修复比较合理的，不应过早更新，可以修中有改；通过改进、改装就能满足生产技术要求的，不要急于更新；更新个别关键零部件就可以达到要求的，不必更换整台设备；更换单机能满足要求的，不必更换整个机群或整条生产线。

进行设备更新方案的经济性分析，主要涉及设备寿命的问题。从不同研究角度，设备的寿命一般有物理寿命、技术寿命、折旧寿命和经济寿命等几种概念。其中，物理寿命，是指设备从全新状态开始直至不堪再用而予以报废的全部时间过程，主要取决于设备有形磨损的速度，与设备使用时间的长短及维修保养有关；技术寿命，是指设备能够维持其使用价值的时间过程，其长短主要取决于设备无形磨损的速度，与技术进步有关；折旧寿命，是指国家有关部门规定的设备计提折旧费的年限，它一般介于技术寿命与物理寿命之间，其长短取决于国家的折旧政策；经济寿命，是指从经济角度看，设备的最合理使用期限，由有形磨损和无形磨损共同决定，具体是指一台设备的年平均总成本（包括一次投资的分摊和年使用成本）最低的年数。在设备更新的技术经济分析中，确定设备更新时机的主要依据是设备经济寿命。

3.4.3 设备更新方案选择原则

对管理者来说，更新决策是经常遇到的经济问题，即某台设备是否要更新、何时更新、选用何种设备更新。决策时既要考虑技术发展的需要，又要考虑经济效益，以确定经济合理的更新时机，选择合理的更新方案。

设备更新方案选择的基本原理和评价方法与互斥投资方案选择相同。但在实际选择中，还应遵循以下几条原则：

第一，不考虑沉没成本。

沉没成本是过去的成本支出，是项目投资决策评价前已经花费的、在目前的决策中无法改变的成本。在项目评价或决策中，目前决策所考虑的是未来可能发生的费用及所能带来的收益，沉没成本与当前决策无关，因此在下一次的决策中不予考虑。

也就是说，在更新方案选择中，拟更新设备的价值按目前它实际上值多少钱计算，而不管其原值或目前折旧余额是多少。

第二，不要简单地按照方案的直接现金流量进行比较，而应从一个客观的立场上去比较。

3.4.4 设备更新方案的一般程序

设备更新的经济分析，是多方案比较选优的过程，一般应遵循下列程序：

(1) 确定目标。目标可以是一台设备、某个生产装置或一条生产线等。

(2) 收集资料。收集设备的折旧、费用、性能、技术进步、设备磨损程度等资料。

(3) 计算经济寿命确定最佳更新时机。见 3.4.5 节所述。

(4) 制定更新方式。设备更新方式有多种，要根据不同的对象及具备的条件制定更新方式，且对不同更新方式制定出内部方案；首先对各更新方式的内部方案进行经济分析，选出各自的最佳方案后再进入下一步。

(5) 对各更新方式的最佳方案进行比较选优。

(6) 确定最佳方案并实施。

3.4.5 设备更新方案的选择

设备更新方案的选择一般采用总费用法,即先对各方案在不同工作年限内的总费用现值加以比较,然后根据工作所需年数,按照总费用现值最低依据进行方案选择。

1. 寿命不等的更新方案分析

通常,不同设备方案的使用寿命有所不同,且假定设备产生的收益相同,因此对于寿命期不等的更新方案比较,最简捷的方法是采用年费用比较法。

【例 3-24】 某厂 3 年前以 20000 元购置了机器设备 A,估计经济寿命为 8 年,8 年末的预计净残值为 2000 元,年运行成本为 1000 元。目前设备 A 在市场上的折卖价值为 10000 元。现在市场上出现了同类设备 B,其功能与 A 相同,其原始成本为 25000 元,估计可使用 8 年,8 年末的净残值为 3000 元,年度运行成本为 700 元。现有两个方案:方案一是继续使用 A 设备;方案二是把 A 设备出售,然后购买 B 设备。已知基准折现率为 12%,试对这两个方案进行比较。

【解】 根据方案比较原则,A 设备的原始成本是 3 年前发生的,是沉没成本,评价时不应计入。A 设备在第三年年末的折卖价值即为 A 设备继续使用的投资。

站在客观的立场上进行比较,方案一相当于以 10000 元购置 A 设备,使用 5 年,年运行成本 1000 元,使用期满预计净残值为 2000 元。

两方案的现金流量图见图 3-9 所示。

依照图 3-9 的现金流量情况,可以分别计算两个方案的平均年费用为:

$AC_1 = 10000 \times (A/P, 12\%, 5) - 2000 \times (A/F, 12\%, 5) + 1000 = 3459.28$ 元

$AC_2 = 25000 \times (A/P, 12\%, 8) - 3000 \times (A/F, 12\%, 8) + 700 = 5488.6$ 元

比较的结论是:$AC_2 > AC_1$,方案一优,平均每年可节约费用 2029.32 元。因此,选择方案一,即继续使用 A 设备,不作更新。

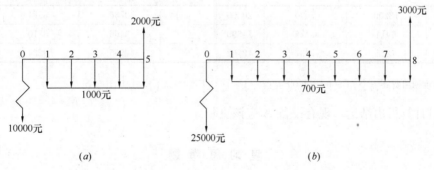

图 3-9 两方案现金流量图
(a) 方案一现金流量;(b) 方案二现金流量

2. 以经济寿命为依据的更新分析

通过计算设备的经济寿命来决定设备是否需要更新。在比较方案时应注意,如果一台设备在整个使用期内,其年度使用费固定不变、估计残值也固定不变,这时其使用年限越长、年度费用越低,应选定尽可能长的寿命;如果其年度使用费逐年增加且目前残值和未来估计的残值相等,这时其使用的年限越长、年度费用越高,则应选定尽可能短的寿命。

【例 3-25】 假定某企业 3 年前投资 30000 元购置了一套机器设备 A,这套设备估计还

可以使用5年，目前这套设备的年度使用费估计下一年度为15000元，以后逐年增加500元。现在市场上又出现一种新设备B，其原始费用为15000元，年度使用费第一年估计为7000元，以后每年增加1000元，新设备的使用寿命估计为12年。由于这两套设备都是专用设备，其任何时候的残值都等于零。如果$i_c=10\%$，分析该企业对现有设备是否应进行更新。

【解】 根据题意，首先，原设备A的原始费用30000投资是3年前发生的，是沉没成本，应不予考虑。

其次，计算原设备和新设备的经济寿命。

原设备目前的残值和未来的残值都相等且都等于零，因此没有资金恢复费用，其年度费用即为年度使用费。由于其年度使用费是逐年增加的，因而其年度费用也逐年增加。为了使年度费用最小，经济寿命必须尽可能取短的时间，即1年。所以，旧设备A保留使用1年，年度费用为15000元。

新设备B的经济寿命计算见表3-23所示。

从表3-22中可以看出，新设备在第五年的年度费用最低，即新设备的经济寿命为5年。旧设备的经济寿命1年，新设备经济寿命5年的年度费用比较：

$$AC_A = 15000 元/年$$

$$AC_B = \left\{ \sum_{k=1}^{5}[5000+1000\times(k-1)](P/F,10\%,k) \right\}(A/P,10\%,5)$$

$$= 11976 元/年$$

新设备的年度费用计算表 （单位：元） 表3-23

使用年限	资金恢复费用① 12000 (A/P, 10%, n)	年度使用 费用② （见注）	年度费用 ①+②	使用年限	资金恢复费用① 12000 (A/P, 10%, n)	年度使用 费用② （见注）	年度费用 ①+②
1	13200	7000	20200	4	3786	8381	12167
2	6914	7476	14390	5	3166	8810	11976
3	4825	7937	12762	6	2755	9224	11979

注：年度使用费 $= \left\{ \sum_{k=1}^{n}[5000+1000\times(k-1)](P/F,10\%,k) \right\}(A/P,10\%,n)$。

经过计算得出结论，现有设备A应该更新。

复习思考题

1. 简述项目现金流量的构成。
2. 简述常用工程项目评价指标的分类。
3. 总结并比较静态和动态评价指标。
4. 备选方案之间的相互关系有哪些？试举例说明。
5. 简述互斥方案比选的差额分析法原理及应用。
6. 如何进行不等寿命的互斥方案比选？
7. 如何进行设备更新方案的选择？

4 项目工程经济分析

4.1 项目资金筹措与融资

任何一个投资方案的存续都要有资金基础。资金筹集是项目建设和运行的起点，资金来源渠道、筹集方式、资金结构、资金配置等问题影响着项目的实施及其经济性。作为项目实施的一项重要工作，项目的资金筹措应该从项目前期阶段就开始进行，包括资金来源、资金成本、资金使用、债务偿还与资金效益估算等内容。

4.1.1 项目筹资的基本要求

1. 合理确定资金需要量，力求提高筹资效果

无论通过什么渠道、采取什么方式筹集资金，都应首先确定资金的需要量，即要求筹资有一个"度"的问题。资金不足会影响项目的生产经营和发展；资金过剩不仅是一种浪费，也会影响资金使用的效果。在实际工作中，必须采取科学的方法预测与确定未来资金的需要量，选择合适的渠道与方式筹集所需的资金，以防止筹资不足或筹资过剩，提高资金的使用效果。

2. 认真选择资金来源，力求降低资金成本

项目筹集资金可以采用的渠道和方式多种多样。不同渠道和方式筹资的难易程度、资金成本和风险各不一样。但任何渠道和方式的筹资都要付出一定的代价，在筹资中通常选择最经济方便的渠道和方式，以使综合的资金成本最低。

3. 适时取得资金，保证资金投放需要

筹集资金有时间上的安排，这取决于投资的时间。合理安排筹资与投资，使其在时间上互相衔接，避免取得资金过早而造成投放前的闲置或取得资金滞后而耽误投资的有利时机。

4. 适当维持自有资金比例，正确安排举债经营

举债经营即项目通过借债开展生产经营活动。举债经营可以给项目带来一定的好处，但负债的多少必须与自有资金和偿债能力的要求相适应。如负债过多，会发生较大的财务风险，甚至会由于丧失偿债能力而面临破产。因此，项目法人既要利用举债经营的积极作用，又要避免可能产生的债务风险。

4.1.2 工程项目资金的来源

1. 国内资金和国外资金

资金的来源可以有多种渠道，一般可从国内和国外来筹集，其筹资渠道见图 4-1。

2. 权益资金与负债资金

现代公司的资金来源构成分为两大部分：权益资金及负债资金，如图 4-2 所示。以权益方式筹集的资金，提供资金方取得公司的产权；以负债方式筹集的资金，提供资金方只取得对于公司的债权，债权人优先于股权受偿，但对公司没有控制权。

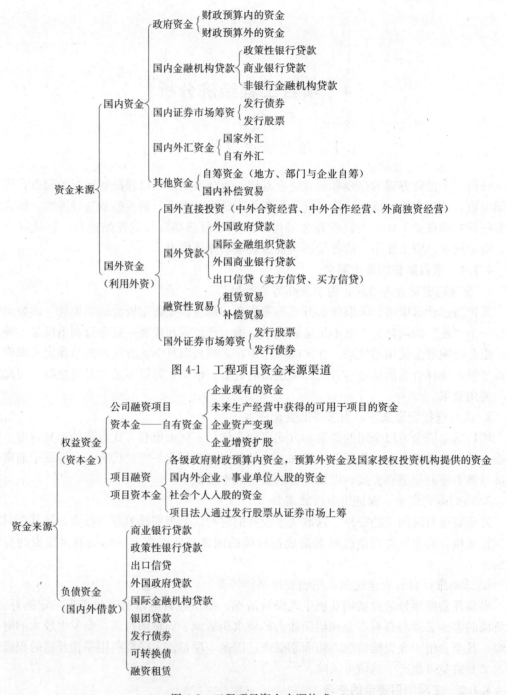

图 4-1 工程项目资金来源渠道

图 4-2 工程项目资金来源构成

4.1.3 工程项目资金的筹措

1. 资本金筹措

项目资本金是指由项目的发起人、股权投资人（以下称为"投资者"）以获得项目财产权和控制权的方式投入的资金。对于提供债务融资的债权人来说，项目的资本金是获得负债融资的一种信用基础，因为项目的资本金后于负债受偿，可以降低债权人的债权回收风险。为了建立投资风险约束机制，有效地控制规模、提高投资效益，国家对于固定资产投资实行资本金制度（公益性投资项目除外）。

(1) 公司融资项目资本金——自有资金

采取传统的公司融资方式进行项目的融资，项目资本金来自于公司的自有资金。一家公司用于一个投资项目的自有资金来自于四个方面：企业现有的现金、未来生产经营中获得的可用于项目的资金、企业资产变现和企业增资扩股。

①企业现有的现金

企业库存现金和银行存款可以由企业的资产负债表得以反映，其中可能有一部分可以投入项目，即扣除保持必要的日常经营所需货币资金额，多余的资金可以用于项目投资。

②未来生产经营中获得的可用于项目的资金

在未来的项目建设期间，企业可以从生产经营中获得新的现金经营开支及其日常开支之后，剩余部分可以用于项目投资。未来企业经营获得的净现金流量，需要通过对企业未来现金流量的预测来估算。

③企业资产变现

企业可以将现有资产转让变现，取得现金用于项目投资。企业可以采取单项资产、资产组合、股权转让、经营权、对外长期投资和证券资产等多种变现方式。资产的流动性强，变现较为容易和便捷。

④企业增资扩股

企业可以通过原有股东增资以及吸收新股东增资扩股，包括法人股、个人股和外资股的增资扩股。

(2) 项目融资项目资本金

项目的资本金是新建法人的资本金，是项目投资者（项目发起人一般也是投资者）为拟建项目提供的资本金。项目的投资者对新组建的企业或事业法人提供资金，可以采取多种形式：

企业法人的资本金通常以注册资金的方式投入；有限责任公司及股份公司的注册资金由企业的股东按股权比例认缴；合作制公司的注册资金由合作投资方按预先约定金额投入；有些情况下投资者还可以用准资本金方式投入资金，包括优先股、可转换债、股东借款等，这些投资是否视作项目的资本金，需要按照投资的回收或偿还方式考察。

资本金出资形态可以是现金，也可以是实物、工业产权、非专利技术、土地使用权、资源开采权作价出资，但必须经过有资格的资产评估机构评估作价。以工业产权和非专利技术作价出资的比例一般不超过项目资本金总额的20%（经特别批准，部分高新技术企业可以达到30%以上）。在项目决策分析与评价中，应对资本金的出资方、出资方式、资本金来源及比例数额和资本金认缴进度等进行分析。

(3) 在资本市场上募集股东资金

有些项目的资本金需要在资本市场上募集。在资本市场募集资本金可以采取私募与公开募集两种基本方式。私募是指将股票直接出售给投资者，不通过市场公开销售；公开募集是在证券市场上公开向社会发行股票。

(4) 准资本金

①优先股

优先股是一种介于股本资金与负债之间的融资方式。优先股股东不参与公司的经营管理，没有公司的控制权。发行优先股通常不需要还本，但要支付固定股息。固定的股息通常大大高于银行的贷款利息。对于其他的债权人来说，当公司发生债务危机时，优先股后于其他债权受偿，其他债权人可将其视为准股本；而对于一般股股东来说，优先股是一种负债。

②股东借款

股东借款是指公司股东对公司提供的贷款。对于借款公司来说，在法律上是一种负债。但在项目融资中，股东不愿意对项目公司提供更多的注册资金，常用附加股东借款对于项目的银行借款提供准资本金支持，这样一方面可以降低注册资金，另一方面可以获得利息在税前支付的优惠。

2. 负债资金筹措

负债筹资是指项目筹资中除资本金外，以负债方式取得资金。

(1) 商业银行贷款

银行贷款是企业和新建项目筹集债务资金的一个重要渠道，我国的银行贷款分为商业银行贷款及政策性银行贷款。

商业银行为了规避贷款风险、保证信贷资金的安全，需要审查借款人的偿债能力。借款人偿债能力不足时，需要提供必要的担保。项目使用银行贷款，需要建立资信、分散风险，才有希望获得银行的贷款支持。既有企业公司法人或者新建项目公司法人使用商业银行贷款，需要满足银行的要求，向银行提供必要的材料。按照目前国家的基本建设管理程序，政府的投资计划管理部门在审批项目可行性研究报告时，对使用银行贷款的项目，需要附有银行的贷款承诺函。

(2) 政策性银行贷款

我国的政策性银行有国家开发银行、进出口银行、农业发展银行等，其中国家开发银行主要提供基础设施建设及重要的生产性建设项目的长期贷款，一般贷款期限较长；进出口银行主要为产品出口提供贷款支持，提供的出口信贷通常利率低于一般的商业贷款利率；农业发展银行主要为农业、农村发展项目提供贷款，贷款利率通常较低。

(3) 出口信贷

项目建设需要进口设备的，可以使用设备出口国的出口信贷。即设备出口国政府为了支持和扩大本国产品的出口、提高国际竞争力，对本国的设备提供利率补贴并提供信贷担保的方法，鼓励本国的银行对出口商或设备进口国的进口商提供优惠利率贷款。

贷款资金的对象，出口信贷分为买方信贷与卖方信贷。出口信贷通常不能对设备价款全额贷款，通常只能提供设备价款85%的贷款，其余的15%价款需要由进口商以现金支付。出口信贷利率通常要低于国际上商业银行的贷款利率。出口信贷通常需要支付管理费、承诺费、信贷保险等附加费用。

(4) 外国政府贷款

政府贷款是一国政府向另一个国家的企业或政府提供的贷款，这种贷款通常在利率及期限上有很大优惠；但通常有限制性条件，限制贷款必须用于采购贷款国的设备。由于贷款使用受到限制，设备进口可能难以通过较大范围的招标竞价取得较低价格。项目使用外国政府贷款需要得到我国政府的安排和支持。外国政府贷款经常与出口信贷混合使用，有时还伴有一部分赠款。

（5）国际金融机构贷款

提供项目贷款的主要国际金融机构有世界银行、国际金融公司、欧洲复兴与开发银行、亚洲开发银行、美洲开发银行等全球性或地区性金融机构。国际金融机构的贷款通常带有一定的优惠性，贷款利率低于商业银行贷款利率，贷款期限可以安排得很长；同时，对于贷款资金的使用还附有设备采购对象限制性条件；但有可能需要支付某些附加费用，例如承诺费。

（6）银团贷款

大型建设项目融资中，由于融资金额巨大，一家银行难以承担巨额贷款的风险，可以由多家甚至几十家银行组成银团贷款。组成银团贷款通常需要由一家或数家牵头安排银行，负责联络其他的参加银行，研究考察项目，代表银团成员谈判和拟定贷款条件、起草法律文件。贷款银团中还需要由一家或数家代理银行，负责监管借款人的账户、监控借款人的资金、划收及划转贷款本息等。使用银团贷款，除了贷款利率之外，借款人还要支付一些管理费、安排费、代理费、承诺费、杂费等附加费用。

（7）发行债券

企业可以通过发行企业债券，筹集资金用于项目投资。企业债券融资是一种直接融资。债券融资可以从资金市场直接获得资金，资金成本（利率）一般低于向银行借款。国内发行的债券通常都是固定利率的。由于有较为严格的证券监管，只有实力很强并且有很好资信的企业才有能力发行企业债券。债券投资人不会愿意承担项目投资风险，因此新项目组建的新公司发行债券，必须有很强的第三方担保。

（8）可转换债

可转换债是企业发行的一种特殊形式的债券。在预先约定的期限内，可转换债的债券持有人有权选择按照预先规定的条件将债权转换为发行公司的股权。在公司经营业绩变好时，股票价值上升，可转换债券的持有人倾向于将债权转为股权；而当公司业绩下降或没有达到预期效益时，则倾向于兑付本息。

可转换债的发行条件与一般企业债券类似，但由于附加有可转换为股权的权利，通常可转换债的利率低于一般债券。

（9）融资租赁

机器设备等资产的出租人，在一定期限内将财产租给承租人使用，由承租人分期付给一定的租赁费，这样一种融物与融资相结合的筹资方式，就是融资租赁。融资租赁有别于经营性租赁，又称为金融租赁、财务租赁。采取这种租赁方式，通常由承租人选定需要的设备，由出租人购置后租赁给承租人使用；承租人向出租人支付租金，承租人租赁取得的设备按照固定资产计提折旧；租赁期满，设备一般要由承租人所有，由承租人以事先约定的很低的价格向出租人收购的形式取得设备的所有权。

通常，采用融资租赁，承租人可以对设备的全部价得到融资，融资额度比使用贷款要大；同时，租赁费中所含的利息也比贷款利率要高。

4.1.4 资金成本

1. 基本概念

资金成本是指项目或企业在筹集资金时所支付的一定代价，主要包括筹资费和资金的使用费。筹资费是指在筹集资金过程中发生的各种费用，如委托金融机构代理发行股票、债券而支付的注册费和代理费等，向银行借款而支付的手续费等；使用费是指因使用资金而向资金提供者支付的报酬，如使用发行股票筹集的资金、要向股东们支付红利，使用发行债券和银行贷款借入的资金、要向债权人支付利息，使用租入的资产、要向出租人支付租金，等等。

由于不同情况下筹集资金的总额不同，为了便于比较，资金成本通常以相对数来表示，即用资金成本数来表示：

$$K = \frac{D}{P - F} \tag{4-1}$$

或

$$K = \frac{D}{P(1-f)} \tag{4-2}$$

式中　K——资金成本率（一般通称为资金成本）；
　　　P——筹集资金总额；
　　　D——使用费；
　　　F——筹资费；
　　　f——筹资费费率（即筹资费占筹集资金总额的比率）。

资金成本是市场经济条件下企业财务管理中的一个重要概念，它在企业生产经营活动中有着广泛的用途：

(1) 资金成本是选择资金来源、拟定筹资方案的主要依据。利用不同的筹资方式，资金成本有高有低。筹资决策的核心就是通过选择利用各种筹资方式，在及时、充分满足企业生产经营对资金需要的前提下，力求资金成本达到最低水平。因此，正确地测算资金成本，是正确进行筹资决策的一个重要条件。

(2) 资金成本是评价投资项目可行性的主要经济标准。在市场经济条件下，只有资金利润率高于资金成本率的投资机会，才是有利可图的，才值得为之筹集资金并进行投资。

(3) 资金成本可作为评价企业财务经营成果的依据。

2. 债券资金成本计算

(1) 理论公式

借贷资本的使用费用就是支付的贷款利息。因此债务资金的资金成本就是利率，是项目接受的资金现值与未来资金流出（利息、本金偿还）的现值相等的一种折现率，定义如式 (4-3) 所示。

$$\sum_{t=0}^{n} \frac{F_t}{(1+i)^t} = \sum_{t=0}^{n} \frac{C_t}{(1+i)^t} \tag{4-3}$$

或

$$\sum_{t=0}^{n} \frac{F_t - C_t}{(1+i)^t} = 0 \tag{4-4}$$

式中　F_t——各年实际借贷资金流入额；
　　　C_t——各年实际借贷资金支出额，包括资金占用成本及筹资费用；
　　　i——资金成本；
　　　n——借贷期限。

考虑到借贷筹资费用和利息支出均在所得税前支付，对于股权投资方，可取得所得税抵减的好处，税后的借贷资金成本应为：

$$i_{后} = i(1-T) \tag{4-5}$$

式中　$i_{后}$——税后借贷资金成本；

　　　T——所得税率。

【例 4-1】　面值 100 元的债券，发行价格 100 元，票面利率年率 5%，3 年期，到期一次还本付息，发行费 0.5%，在债券发行时支付；兑付手续费 0.5%，计算债券资金成本和税后债务资金成本。

【解】　计算债券资金成本，由式（4-4）知：

$$100 - 100 \times 0.5\% - \frac{100 \times (1+3 \times 5\%)}{(1+i)^3} - \frac{100 \times 0.5\%}{(1+i)^3} = 0$$

由此式可得：$i = 5.096\%$

计算税后债务资金成本：

$$i_{后} = 5.096\%(1-33\%) = 3.414\%$$

所以，债务资金成本和税后债务资金成本分别为 5.096%，3.414%。

(2) 简化计算公式

我国发行的公司债券一般采用"利随本清"的到期一次性偿付，实际中常采用下列简化公式计算借贷资金成本：

$$i = \frac{i_{实} + a/n}{F - a} \tag{4-6}$$

式中　i——资金成本；

　　　$i_{实}$——借贷资金实际年利率；

　　　a——筹资费费率，包括律师费、审计费、评估费、贷款承诺费、管理费等；

　　　n——借贷偿还期限；

　　　F——实际筹得资金额与名义借贷资金额的比率，即发行价格与面值的比率。

对于上例，按此式计算：

$$i = \frac{[(1+5\% \times 3)^{1/3} - 1] + (0.5\% + 0.5\%)/3}{100/100 - (0.5\% + 0.5\%)} = 5.699\%$$

税后资金成本为 5.669% × (1-33%) = 3.798%。

(3) 银行及金融机构贷款的资金成本

企业借款按契约利率支付的利息，可从总收入中扣除（即在所得税前支付），因而减少了应纳税收入（即取得了所得税抵减的好处）。所以企业向银行及金融机构借款资金成本为：

$$i = i_{约}(1-T) \tag{4-7}$$

式中　i——借款资金成本；

　　　$i_{约}$——借款契约利率，如果贷款计息一年数次，应将契约利率转化为实际年利率；

　　　T——所得税率。

【例 4-2】　某企业向银行贷款 1000 万元，年贷款利率为 5%，一年计息两次。计算该项借款的资金成本。

【解】 该项借款的资金成本为:

$$i = \left[\left(1+\frac{5\%}{2}\right)^2 - 1\right] \times (1-33\%) = 3.392\%$$

3. 自有资金的资金成本计算

企业的自有资金的主要来源是发行股票和利润留成。

(1) 普通股资金成本

普通股持有者拥有公司的普通股权,公司的资产及经营收益扣除负债与优先股后,归普通股股权所有,公司的权益归公司的普通股股东所有。从筹集资金要满足的条件角度,普通股股东对于公司的预期收益要求,也可看作为普通股筹资的资金成本。

普通股股东对于公司投资的预期收益要求,可以征询投资方的意见得知;不具备征询意见的条件时,通常可采取资本定价模型,根据同行业类似项目的投资收益确定。采取风险系数 β 的资本定价模型为:

$$i = i_0 + \beta(i_m - i_0) \tag{4-8}$$

式中 i——普通股资金成本,即普通股股东的预期收益要求;

i_0——社会无风险投资收益率;

i_m——社会平均投资收益率。

β——行业、公司或项目的资本投资风险系数。

(2) 利润留成的资金成本

利润留成(又称保留利润)是指企业从税后利润总额中扣除股利后的剩余部分,它属于企业投资者所有。由于企业属股东所有,保留利润也属于股东所有,因此可认为这些未分配保留利润的最低成本是股票本身的资金成本 i_s,也可以采用类似于普通股资金成本确定的方法确定。

(3) 优先股资金成本

对于优先股,类似于负债融资,资金成本按照优先股股息对发行优先股取得的资金之比计算,即:

$$i = \frac{优先股股息}{优先股发行价格 - 发行成本} \tag{4-9}$$

【例 4-3】 某优先股面值 100 元,发行价格 105 元,发行成本 3%,每年付息一次,固定股息率 5%,计算该优先股资金成本。

【解】
$$资金成本 = \frac{5}{105-3} = 4.902\%$$

(4) 资金的综合资金成本

当各种不同资金来源的资金成本求得之后,如把企业在某一计划时期内的全部投资项目作为一个整体来考虑的话,就应当在分别计算得到各类资金的资金成本的基础上,用加权平均法计算出资金的综合资金成本值,即:

$$i_w = \sum i_k f_k \tag{4-10}$$

式中 i_w——加权平均资金成本；

i_k——第 k 种融资的资金成本；

f_k——第 k 种融资的资金额与项目总融资金额的比例，$\Sigma f_k = 1$。

综合资金成本（税前加权平均资金成本）可作为项目的最低期望收益率，也可称为基准收益率，作为项目财务内部收益率的判别标准。项目财务内部收益率高于综合资金成本，则项目的投资收益水平可以满足项目筹资的资金成本要求。

【例 4-4】 某项目总融资 5000 万元，具体情况：向银行借款 2000 万元，利率 7%，每年计息两次；发行优先股 1000 万元，股息 8%，发行成本 2%，平价发行，每年付息一次；发行普通股 2000 万元，据调查社会无风险投资收益 5%（长期国债利率），社会平均收益 12%，公司投资风险系数 1.2。试确定该项目的基准收益率。

【解】 (1) 计算各种资金的税前资金成本：

① 银行借款资金的资金成本 $= \left(1 + \dfrac{7\%}{2}\right)^2 - 1 = 7.123\%$

② 优先股资金的资金成本 $= \dfrac{8\%}{1-2\%} \div (1-33\%) = 12.184\%$

③ 普通股资金的资金成本 $= [5\% + 1.2(12\% - 5\%)] \div (1-33\%) = 20\%$

(2) 计算各种资金的税前加权平均资金成本，即该项目的基准收益率：

$$i_w = 7.123\% \times \dfrac{2000}{5000} + 12.184\% \times \dfrac{1000}{5000} + 20\% \times \dfrac{2000}{5000} = 13.286\%$$

4.1.5 项目融资

1. 基本概念

项目融资是相对于传统融资而言的新型融资方式。所谓传统融资是指一个公司利用本身的资信能力所进行的融资，包括取得银行贷款、发行公司股票、公司债券等。投资方在提供资金时侧重于对公司整体情况的考核，而把对于该公司所要投资的某个具体项目的认识和控制放在较为次要的位置。

项目融资主要不是以项目业主的信用或者项目有形资产的价值作为担保来获得贷款，而是依赖于项目本身良好的经营状况和项目建成、投入后的现金流量作为偿还债务的资金来源；同时将项目的资产，而不是项目业主的其他资产作为借入资金的抵押。也就是说，项目融资将归还贷款资金来源限定在特定项目的收益和资产范围之内，在一定程度上依赖于项目的资产和现金流量，投资方自始至终着眼于控制和积极影响项目运行的全过程，并且能够根据项目的特点设计出多种多样的融资结构，使一些在传统融资条件下可能无法取得资金的项目得以开发。项目融资适用于资源开发、基础设施建设及制造业等大型工程项目。

由于项目融资借入的资金是一种无限追索权或仅有有限追索权的贷款，而且需要的资金量又非常大，故其风险也较传统融资方式大得多。在实践中，项目融资被分为无追索权项目融资和有限追索权项目融资两种类型。

2. 基本内容

工程项目融资从项目的投资决策到选择具体的项目融资方式，再到最后完成项目融资，一般要经过五个阶段和步骤。各个阶段的基本内容详见图 4-3。

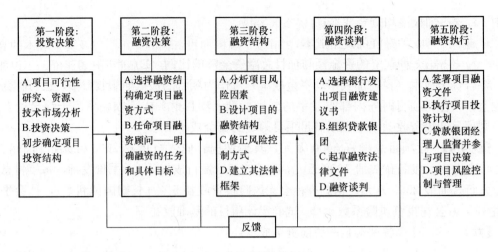

图 4-3 完成项目融资的阶段和步骤

4.2 项目财务评价

4.2.1 工程项目财务评价的含义与作用

1. 工程项目财务评价的含义

工程项目财务评价（亦称财务分析），是根据国家现行的财税制度和价格体系，分析计算工程项目直接发生的财务效益和费用，编制报表，计算评价指标，考察项目的盈利能力、清偿能力以及外汇平衡状况，并且还要进行不确定性分析，以判别工程项目的投资在财务上是否可行。

作为工程项目经济评价的重要组成部分，财务评价拟解决的主要问题是：

（1）从项目或企业的角度和范围，按照现行财税制度和市场价格计算项目的费用和效益，衡量项目的盈利大小、竞争能力和抗风险能力，据以判断项目财务评价的可行性；

（2）为项目制定资金规划，通过不同的资金筹措、使用和偿还方案比较，选择最佳资金规划方案，分析清偿能力；

（3）为协调企业利益和国家利益提供参考建议。

财务评价与企业的日常财务分析存在着根本区别。日常财务分析是事后评价，而工程项目的财务评价是事前评价；日常财务分析是针对企业会计期的生产经营活动，而财务评价是针对项目整个计算期的投资和生产经营活动；日常财务分析主要对企业财务收支进行静态分析，而财务评价既要进行静态分析，又要做动态分析，还要开展不确定性分析。

2. 工程项目财务评价的作用

（1）财务评价可衡量工程项目的财务盈利能力

投资者在投资时，必须对工程项目的策划、筹资、建设直至生产经营、归还贷款和债券本息以及资产保值增值，实行全过程的负责，在享受投资利益的同时承担投资风险；在符合产业政策的前提下，企业对投资项目具有自主决策权。因此，投资者必须十分关注投资项目的盈利能力；此外，中央和地方各级决策部门对项目盈利能力也很重视。为了全面准确地把握投资项目的财务盈利能力，保证其财务可行性，应当进行投资项目的财务评价。

(2) 财务评价有助于工程项目资金的筹措

一般地,进行项目投资首先需要知道投资规模即投资额的大小,以及资金成本的高低和投资资金的来源构成,然后按计划进行资金筹措。对工程项目进行财务评价,不仅能使投资者了解投资项目的盈利能力,而且还可以掌握投资规模的大小以及投资资金的构成。因此为了保证投资资金的供给,使投资项目顺利建设,进行财务评价是十分必要的。

(3) 财务评价对非盈利项目也可进行比较权衡

对于一些非盈利性项目或微利项目,如基础设施投资项目,在经过有关部门批准的情况下,可以实行还本付息价格或微利价格。在这类项目决策中,为了权衡项目所需中央或地方财政支持的程度,例如政策性补贴或减免税等,也需要进行财务评价。

(4) 财务评价是进行国民经济评价的基础

国民经济分析与财务分析都是试图判别一个项目的费用和效益,并以此计算其盈利能力。对大多数工业建设项目而言,国民经济评价都是在财务评价的基础上,对其费用和效益范围、价格、折现率等进行适当调整而进行的。因此财务评价是进行国民经济评价的基础。

4.2.2 工程项目财务评价的内容与程序

1. 工程项目财务评价的内容

工程项目财务评价一般包括财务盈利能力评价、财务清偿能力分析和不确定性分析三个部分。涉及外汇收支的项目,必要时还需进行外汇平衡分析。

财务盈利能力评价是衡量项目投资的盈利率,是对所提供资金潜在收益能力的一种评价,旨在判别投资项目是否值得投资;财务清偿能力分析则主要是考察计算期内各年的财务状况及偿债能力,旨在研究最佳的资金来源,解决投资项目的资金供应问题,以使可利用资金能够保证项目的顺利实施和运营。

2. 工程项目财务评价的程序

(1) 财务评价前准备。通过熟悉拟建工程项目基本情况,收集整理基础数据,为进行项目财务评价做好准备。该阶段工作内容主要包括项目财务预测和基本财务报表编制两项内容。

(2) 进行财务效益评价。通过基本财务报表计算各项评价指标及财务比率,进行各项财务分析,以确定项目的财务可行性。

(3) 进行不确定性分析。通过分析不确定性因素对工程项目各项经济评价指标的影响,以估计项目可能承担的风险,确定项目经济上的可靠性。进行不确定性分析的方法主要有盈亏平衡分析、敏感性分析和概率分析。

4.2.3 工程项目财务评价的基础数据及测算

1. 工程项目财务评价基础数据测算的概念

工程项目财务评价基础数据测算,是指在对市场、资源以及工程技术条件分析评价的基础上,从项目(或企业)角度出发,依据现行的经济法规和价格政策,对一系列有关的财务基础数据进行调查、搜集、整理和测算;编制有关的财务基础数据估算表格的工作。

工程项目财务评价基础数据测算是工程项目财务效益分析、国民经济效益分析和不确定性分析的基础和重要依据。它不仅为财务效益分析提供必需的财务数据,而且对财务效益分析的结果、所采取的分析方法以及最后的决策意见产生决定性的影响。

2. 工程项目财务评价基础数据测算的内容

工程项目财务评价基础数据的测算，应包括工程项目计算期内各年的经济活动情况及全部财务收支和结果。具体包括对项目总投资和投资资金来源与筹资、项目生产期、总成本费用、销售收入与税金、利润总额及其分配以及借款的还本付息等方面内容的估算和预测。

3. 工程项目财务评价基础数据测算的程序

（1）熟悉项目概况，制定财务基础数据估算工作计划。由于各个建设项目的背景、条件、项目内部因素以及外部配套条件等各不相同，分析评价人员必须对项目的基本概况作一个全面的了解，针对其特点，制定出财务基础数据估算计划，以明确审查分析的重点、时间安排以及人员分配等。

（2）收集资料。财务基础数据测算工作所涉及的范围很广，需要收集大量的资料，包括批准的项目建议书和项目可行性研究报告，政府有关部门制定的政策、法令、规章制度、条例以及办法、标准等，同类项目的有关基础资料。

（3）进行财务基础数据估算。在搜集、整理资料的基础上，测算各项财务基础数据，并编制相应的估算表格。

4. 项目计算期的选取

财务评价计算期，也叫方案的经济寿命期，是指对拟建方案进行现金流量分析时应确定的项目服务年限。对建设项目来说，项目（或方案）计算期包括项目的建设期和生产运营期（也可能是经营期或使用期，下同），不宜定得太长，一般不超过20年。

项目生产期是指项目从建成到固定资产报废为止所经历的时间，应根据项目的性质、技术水平、技术进步及实际服务期的长短合理确定。除建设期应根据实际需要确定外，一般来说，生产期不宜超过20年。对于某些水利、交通等服务年限很长的特殊项目，经营期的年限可适当延长，比如25年、甚至30年以上。具体计算期，可由部门或行业根据本部门或行业的特点自行确定。

5. 财务评价价格的确定

收益和费用的计算都涉及价格，财务分析中的价格一律采用预期价格，即以现行价格体系为基础的预测价格。它是通过项目评价人员根据项目的实际情况，实事求是地通过分析、论证加以确定的。

预期价格应考虑各种产品的相对价格变动和价格总水平变动（通货膨胀或通货紧缩）。建设期和生产运营期的投入产出情况不同，其预期价格也应区别对待，即建设期由于预留了涨价预备费，可以采用不变价格；生产运营期的投入物和产出物的价格应视具体情况选用不变价格或变动价格。所谓不变价格，是指项目生产经营期内不考虑价格相对变动和通货膨胀影响的价格；所谓变动价格，是指项目生产经营期内考虑价格相对变动或者同时考虑价格相对变动和通货膨胀影响的价格。

6. 基准投资收益率的确定

基准投资收益率又称基准收益率、基准贴现率、目标收益率、最低期望收益率，是决策者对技术方案投资的资金的时间价值的估算或行业的平均收益率。其确定，可按资金的来源和构成，也可按资金的需求与供给确定，还可以简单选择方案投资所在行业或主管部门的平均收益率（由国家公布的重要经济参数）或社会折现率。

7. 工程项目财务预测

(1) 工程经济预测分类

①定性预测

主要是研究和探讨预测对象在未来所表现的性质。预测者通过对历史资料的分析、加工和整理，结合对未来条件的研究，凭借主观经验和逻辑推理能力去推测事物未来的性质。常用的定性预测技术有市场调查法、专家调查法、德尔菲法、主观概率法等。

②定量预测

是对预测对象未来的数量加以确定，如对投资额、总产值、销售量、利润额的预测等。一般是在历史数据和统计资料的基础上，运用数学或其他分析手段，通过建立模型来计算得出预测对象在未来可能的数量。常用的定量技术有回归法、时间序列法等。

(2) 工程经济预测的步骤

①预测目标的确定。预测是为决策服务的，因此要根据决策目标来规定预测目标（预测内容、精度要求以及期限）。

②搜集分析资料。资料是预测的依据，因此首先要根据预测目标来搜集预测对象本身的以及有关影响因素的历史资料和现状。务必使搜集的资料系统、全面。其次是对资料进行分析、加工，剔除那些不可靠的（异常的）和无用的资料，对尚缺的必要资料进行补选。

③选择预测技术。预测方法很多，对某一预测项目常可用不同方法得出预测结果。由于预测方法各有特点，对资料的要求以及预测给出结果的精度也各不相同，在所有实际工作中应当从预测目标的要求和具体的工作条件出发，根据"经济、实用、效果好"的原则选择合适的预测方法。

④建立预测模型。预测模型是对预测对象发展规律的模拟，数学模型是反映经济现象过去和未来之间、原因和结果之间相互联系和发展变化规律的数学方程式。预测模型的正确选择，是涉及预测结果准确度的关键。

⑤预测模型的评价。模型是利用历史资料得出的，因此要对模型加以分析研究。如用回归技术得到的数学模型，要通过有关检验，评价其是否与实际经济现象相吻合和能否用以对未来进行预测。

⑥利用模型进行预测。

⑦分析情况作出预测。通过经济活动及有关经济理论的对比，作出合理性分析；有时还应对用不同方法和不同模型预测所得的结果加以对比，作出可信度判断。

(3) 工程经济预测方法

①抽样调查法

调查是一切预测工作的先行工序。调查分普查和抽样调查。当研究对象繁杂时，普查工作耗时、费力，经费开支又大，常用抽样调查。抽样调查是从所研究的对象（总体）中，抽取一个有代表性的样本来进行调查，通过统计推理对总体量值及其误差作出估计和判断的一种方法。抽样调查在社会、经济领域内应用广泛，如人口普查、市场需求预测、价格预测等。抽样调查一般分为随机抽样调查和非随机抽样调查两类。

②回归分析法

事物的变化和发展都不是孤立的，而是与其他事物的发展变化存在着或大或小的相互影响、相互制约的关系。经济现象之间的这种相互影响、相互制约的关系，往往不能用一个确定的函数关系来描述，它们大多是随机的，要通过统计观察才能找出其中的规律。回归分析是研究某一随机变量（因变量）与其他一个或几个变量（自变量）间的数量变动关系，建立数学模型（回归模型），用以预测当一个或几个自变量变动时对应的因变量未来值。根据自变量的个数，可以是一元回归，也可以是多元回归。根据数学模型，可以是线性回归，或是非线性回归。

③时间序列法

时间序列即某一变量（或指标）按时间先后次序、间隔时间相同而排列的一组数据。时间序列法是根据预测对象的时间序列数据，找出预测对象随时间推移的变化规律，从而用趋势外推来预测未来的一种方法。

4.2.4　工程项目财务评价的指标及报表

1. 工程项目财务评价指标体系的构成

财务分析结果的好坏，除了要准确地估计基础数据，编制完整、可靠的财务报表之外，还要采用合理的评价指标体系。工程项目财务效益分析指标体系根据不同的标准，可作不同的分类。

（1）根据财务效益分析的目标，可分为反映财务盈利能力的指标、反映清偿能力的指标和反映外汇平衡分析的指标（见图 4-4）。

（2）根据是否考虑资金时间价值，可分为静态评价指标和动态评价指标（见图 4-5）。

- 财务效益分析指标
  - 盈利能力指标
    - 财务内部收益率
    - 财务净现值
    - 投资回收期
    - 投资利税率
    - 资本金利润率
  - 清偿能力指标
    - 借款偿还期
    - 财务比率
      - 资产负债率
      - 流动比率
      - 速动比率
  - 外汇平衡能力指标

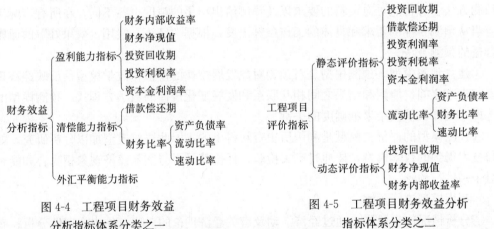

图 4-4　工程项目财务效益分析指标体系分类之一

- 工程项目评价指标
  - 静态评价指标
    - 投资回收期
    - 借款偿还期
    - 投资利润率
    - 投资利税率
    - 资本金利润率
    - 流动比率
      - 资产负债率
      - 财务比率
      - 速动比率
  - 动态评价指标
    - 投资回收期
    - 财务净现值
    - 财务内部收益率

图 4-5　工程项目财务效益分析指标体系分类之二

（3）根据指标的性质，可分为时间性评价指标、价值性比评价指标和比率性评价指标（见图 4-6）。

- 项目财务评价指标
  - 时间性评价指标
    - 投资回收期
    - 借款偿还期
  - 价值性评价指标
    - 财务净现值
    - 财务内部收益率
  - 比率性评价指标
    - 投资利润率
    - 投资利税率
    - 资本金利润率
    - 资产负债率
    - 流动比率
    - 速动比率

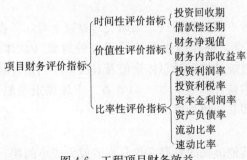

图 4-6　工程项目财务效益分析指标体系分类之三

2. 费用与收益的识别

识别费用与收益是计算评价指标以及编制财务报表的前提。企业对项目投资，其目的是在向社会提供有用产品或劳务的同时追求自身发展或最大利润。因此，可以根据项目现金流量对项目盈利性的影响方向来识别费用与收益。对工业投资项目来说，建设投资、流动资金投资、销售税、经营成本等是费用，而销售收入、资产回收、补贴等是收益。

3. 工程项目财务评价基础数据估算表及其相互联系

为了计算评价指标，考察项目的盈利能力、清偿能力以及抗风险能力等财务状况，需要编制一系列的财务报表。

工程项目财务评价基础数据估算表的主要内容包括：建设投资估算表、投资使用计划与资金筹措表、流动资金估算表、总成本费用估算表、外购材料及燃料动力估算表、固定资产折旧估算表、无形资产与递延资产摊销估算表、销售收入和税金及附加估算表、损益表、借款还本付息计算表。

财务基础数据估算的有关内容是连贯的，其中心是将投资费用、产品成本与销售收入的预测数据进行对比，求出项目利润总额，在此基础上估算借款的还本付息情况。因此编制上述估算表时，应按一定程序及其内在联系使其相互衔接。具体来讲可按以下三类进行：

(1) 分析项目建设期的建设投资和生产期的流动资金以及资金筹措和使用计划的估算表。

编制时，要根据项目分析评价人员调查收集到的资料，经过项目概况的分析、市场和规模分析、建设条件和工艺技术分析，加以判别调查后计算编制。顺序是先编制投资估算表（建设投资、流动资金），然后再编制投资使用计划和资金筹措表。

(2) 分析项目投产后的总成本、销售收入、税金和利润的估算表。

为编制总成本估算表，还附设了材料和能源成本估算表、固定资产折旧估算表以及无形资产与递延资产摊销估算表等三张附表，只要能满足财务效益分析对基本数据的需要即可，有的附表也可合并列入总成本费用估算表之中，或作文字说明；然后根据总成本费用表、销售收入和税金估算表的数据，综合估算出项目利润总额列入损益表。

(3) 分析项目投产后归还建设投资借款本息情况的估算表，即借款还本付息计算表。把前两类表中的主要数据经过综合计算，按照国家现行规定，综合编制成项目借款还本付息计算表。

各类财务数据估算之间的关系如图 4-7 所示。

4. 盈利能力分析

(1) 全部投资回收期。项目的全部投资包括自有资金投资部分和债务资金的投资，对应的投资收益是税后利润、折旧与摊销以及利息。在研究全部投资的盈利能力时，按全部投资现金流量表计算投资回收

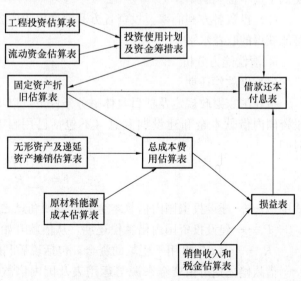

图 4-7 工程项目财务数据估算关系图

期，根据基准投资回收期做出方案可行与否的判断。全部投资的盈利能力指标基本上不受融资方案的影响，可以反映项目方案本身的盈利水平。

(2) 投资利润率。是指项目达到设计生产能力后的一个正常生产年份的年利润总额或

年平均利润总额与项目总投资的比率。对生产期内各年的利润总额变化幅度较大的项目，应计算生产期的年平均利润总额与项目总投资的比率。

$$投资利润率 = \frac{年利润总额（或年平均利润总额）}{项目总投资} \times 100\% \quad (4-11)$$

投资利润率可根据损益与利润分配估算表中的有关数据求得，并与行业平均投资利润率对比，以判别项目的单位投资盈利能力是否达到本行业的平均水平。

（3）投资利税率。是指项目达到设计生产能力后的一个正常生产年份的年利税总额或项目生产期内的年平均利税总额与项目总投资的比率。

$$投资利税率 = \frac{年利税总额（或年平均利税总额）}{项目总投资} \times 100\%$$

$$年利税总额 = 年利润总额 + 销售税金及附加$$
$$= 年销售收入 - 年总成本费用 \quad (4-12)$$

投资利税率可由损益与利润分配估算表中有关数据求得，并与行业平均投资利税率对比，以判别项目的单位投资对国家积累的贡献水平是否达到本行业的平均水平。

（4）资本金利润率。是项目的利润总额与资本金总额的比率，有所得税前与所得税后之分。资本金是项目吸收投资者投入企业经营活动的各种财产物资的货币表现。

$$资本金利润率 = \frac{年利润总额}{资本金总额} \times 100\% \quad (4-13)$$

资本金利润率是衡量投资者投入项目的资本金获利能力。在市场经济条件下，投资者关心的不仅是项目全部资金所提供的利润，更关心投资者投入的资本金所创造的利润；资本金利润率还是向投资者分配股利的重要参考依据，一般情况下，向投资者分配的股利率要低于资本金利润率。

（5）投资各方利润率。投资各方利润率以投资各方出资额为计算基础，考察投资各方可能获得的收益水平。

5. 清偿能力分析

（1）借款偿还期

指在国家财政规定及项目具体财务条件下，以项目投产后可用于还款的资金偿还建设投资国内借款本金和建设期利息（不包括已用自有资金支付的建设期利息）所需要的时间。

$$I = \sum_{t=1}^{P_t} R_t \quad (4-14)$$

式中 I——建设投资国内借款本金和建设期利息之和；

P_t——建设投资国内借款偿还期，从借款开始年计算；

R_t——第 t 年可用于还款的资金，包括税后利润、折旧费、摊销费及其他还款资金。

借款偿还期可由资金来源与运用表及国内借款还本付息表的数据直接推算，通常用"年"表示。从开始借款年份算起的偿还期的详细计算公式是：

$$借款偿还期 = \left[\begin{array}{c} 逐年偿还借款，首次 \\ 出现欠款为零的年份数 \end{array} \right] - 开始借款年份数 + \frac{当年偿还借款额}{当年可用于还款的金额} \quad (4-15)$$

当借款偿还期小于或等于贷款机构的要求期限时,即认为项目有清偿能力。

(2) 资产负债率

指负债总额与资产总额之比,如式(4-16)所示,它用于衡量企业利用债权人提供的资金进行经营活动的能力,能够反映项目各年所面临的财务风险程度及债务清偿能力,因此也反映债权人发放贷款的安全程度。计算资产负债率所需要的相关数据可在资产负债表中获得。

$$资产负债率 = \frac{负债总额}{资产总额} \times 100\% \tag{4-16}$$

一般认为资产负债率为 0.5~0.7 是合适的。资产负债率越高,项目风险也越大。该指标太高时,可通过增加自有资金出资和减少利润分配等途径来调节。

(3) 流动比率

是反映项目各年偿付流动负债能力的指标,衡量项目流动资产在短期债务到期前可变为现金用于偿还流动负债的能力,所需相关数据可在资产负债表中获得。

一般认为,流动比率应不小于 1.2~2.0。

$$流动比率 = \frac{流动资产总额}{流动负债总额} \times 100\% \tag{4-17}$$

(4) 速动比率

是反映项目快速偿付(用可以立即变现的货币资金偿付)流动负债的能力。因为存货是一类不易变现的流动资产,所以流动比率不能确切反映项目的瞬时偿债能力。一般认为,速动比率应不小于 1.0~1.2。

$$速动比率 = \frac{流动资产总额 - 存货}{流动负债总额} \times 100\% \tag{4-18}$$

(5) 利息备付率

利息备付率表示项目利润偿付利息的保证倍率,是指项目在借款偿还期内各年可用于支付利息的税息前利润与当期应付利息费用的比值。即

$$利息备付率 = \frac{税息前利润}{当期应付利息费用} \tag{4-19}$$

其中税息前利润为利润总额与计入总成本费用的利息费用之和;当期应付利息是指计入总成本费用的全部利息。

对于正常运营的企业,利息备付率应当大于 2;否则,表示付息能力保障不足。

(6) 偿债备付率

表示可用于还本付息的资金偿还借款本息的保证倍率,是指项目在借款偿还期内,各年可用于还本付息资金与当期应还本付息金额的比值,即

$$偿债备付率 = \frac{可用于还本付息资金}{当期应还本付息金额} \tag{4-20}$$

可用于还本付息资金包括折旧和摊销、成本中的利息及可用于还款的利润,当期应还本付息金额包括当期应还贷本金及成本中的利息。

正常情况下,偿债备付率应大于 1。指标小于 1 表示当年资金来源不足以偿付当年债务,需要通过短期借款偿付已到期债务。

6. 工程项目财务外汇平衡能力的分析

涉及外汇收支的项目，应进行外汇平衡分析，考察各年外汇余缺程度。首先根据各年的外汇收支情况，编制财务外汇平衡表；然后进行分析，考察计算期内各年的外汇余缺程度。一般要求，涉及外汇收支的项目要达到外汇的基本平衡；如果达不到外汇的基本平衡，工程项目投资分析人员要提出具体的解决办法。

7. 几个主要的财务评价报表

（1）财务现金流量表

财务现金流量表反映项目计算期内各年的现金收支（现金流入、现金流出和净现金流量），用以计算各项评价指标（如财务内部收益率、财务净现值等），进行项目财务盈利能力分析。按投资计算基础的不同，现金流量表又分为全部投资现金流量表、自有资金现金流量表和投资各方财务现金流量表。

全部投资现金流量表也称项目投资现金流量表，如表 3-1 所示（见第 3 章）。该表不分投资资金来源，以全部投资作为计算基础，用以计算全部投资所得税前及所得税后的财务内部收益率、净现值及投资回收期等评价指标，考察项目全部投资的盈利能力，为比较各个投资方案建立共同基础。

自有资金现金流量也称资本金现金流量表，如表 4-1 所示。该表从直接投资者角度出发，以投资者的出资额作为计算基础，把借款本金偿还和利息支付作为现金流出，用以计算资本金内部收益率、净现值和投资回收期等评价指标，考察项目资本金的盈利能力。

自有现金流量表　　　　　　　　　　（单位：万元）　表 4-1

序号	年份 / 科目	建设期		投产期		达到设计能力生产期				合计
		0	1	2	3	4	5	…	n	
	生产负荷（%）									
1	现金流入									
1.1	产品销售（营业）收入									
1.2	回收固定资产余值									
1.3	回收流动资金									
2	现金流出									
2.1	自有资金									
2.2	借款本金偿还									
2.3	借款利息支付									
2.4	经营成本									
2.5	销售税金及附加									
2.6	所得税									
3	净现金流量（1-2）									

投资各方财务现金流量表如表 4-2 所示。该表分别以投资各方的出资额作为计算基础，编制各方的财务现金流量表，用于计算各方的投资收益率。

投资各方财务现金流量表　　　　（单位：万元）　表 4-2

序号	项目	计算期				合计
		1	2	…	n	
1	现金流入					
1.1	股利分配					
1.2	资产处置收益分配					
1.3	租赁费收入					
1.4	技术转让收入					
1.5	其他现金流入					
2	现金流出					
2.1	股权投资					
2.2	租赁资产支出					
2.3	其他现金流出					
3	净现金流量（1-2）					

（2）借款还本付息计划表

借款还本付息计划表如表 4-3 所示，主要用于反映项目计算期内各年的借款、还本付息、偿债资金的来源，计算借款偿还期或者偿债备付率、利息备付率等指标。

借款还本付息计划表　　　　（单位：万元）　表 4-3

序号	项目	计算期				合计
		1	2	…	n	
1	借款					
1.1	年初本息余额					
1.2	本年借款					
1.3	本年应计利息					
1.4	本年还本付息					
	其中：还本					
	付息					
1.5	年末本息余额					
2	债券					
2.1	年初本息余额					
2.2	本年发行债券					
2.3	本年应计利息					
2.4	本年还本付息					
	其中：还本					
	付息					
2.5	年末本息余额					
3	借款和债券合计					
3.1	年初本息余额					
3.2	本年借款					
3.3	本年应计利息					
3.4	本年还本付息					
	其中：还本					
	付息					

续表

序号	项目	计算期				合计
		1	2	…	n	
3.5	年末本息余额					
4	还本资金来源					
4.1	当年可用于还本的未分配利润					
4.2	当年可用于还本的折旧和摊销					
4.3	以前年度结余可用于还本资金					
4.4	用于还本的短期借款					
4.5	可用于还款的其他资金					

(3) 资金来源与运用表

资金来源与运用表见表 4-4。该表反映项目计算期各年的投资、融资及生产经营活动的资金流入和流出情况，考察资金平衡和余缺情况。通过"累计盈余资金"项反映项目计算期内各年的资金是盈余还是短缺，是否有足够的能力清偿债务等。若累计盈余大于零，表明当年有资金盈余；若累计盈余小于零，则表明当年会出现资金短缺，需要筹措资金或调整借款及还款计划。因此，该表可用于选择资金的筹措方案，制定适宜的借款及偿还计划，并为编制资产负债表提供依据。

资金来源与运用表　　　　　　（单位：万元）　表 4-4

序号	年份 科目	建设期	生产经营期				合计	期末余值
		0	1	2	…	n		
1	资金来源							
1.1	利润总额							
1.2	折旧与摊销费							
1.3	长期借款							
1.4	短期借款							
1.5	自有资金							
1.6	回收固定资产余值							
1.7	回收流动资金							
1.8	其他							
2	资金运用							
2.1	固定投资							
2.2	建设期利息							
2.3	流动资金							
2.4	所得税							
2.5	应付利润							
2.6	长期借款本金偿还							
2.7	短期借款本金偿还							
3	盈余资金 (1-2)							
4	累计盈余资金							

(4) 资产负债表

资产负债表和现金流量表（包括利润表、损益表、资金来源与运用表）的根本区别在于，资产负债表记录的是现金存量，是指某一时刻的累计值；而现金流量表记录的是某一时段（通常为一年）发生的现金流量（即现金存量的增量），如表 4-5 所示。资产负债表综合反映项目计算期内各年年末资产、负债和所有者权益的增减变化及对应关系，以考察项目资产、负债、所有者权益的结构是否合理，用以计算资产负债率、流动比率及速动比率，进行清偿能力和资金流动性分析。

资 产 负 债 表　　　　　　　（单位：万元）　表 4-5

序号	科目＼年份	建设期		生产经营期				
		0	1	2	3	4	…	n
1	资产							
1.1	流动资产总额							
1.1.1	应收账款							
1.1.2	存货							
1.1.3	现金							
1.1.4	累计盈余资金							
1.2	在建工程							
1.3	固定资产净值							
1.4	无形资产及递延资产净值							
2	负债及所有者权益							
2.1	流动负债总额							
2.1.1	应付账款							
2.1.2	短期借款							
2.2	长期负债							
	负债合计							
2.3	所有者权益							
2.3.1	资本金							
2.3.2	资本公积金							
2.3.3	累计盈余公积金							
2.3.4	累计未分配利润							

上述有关财务效益分析内容及财务基本报表和财务效益分析指标体系之间的对应关系见表 4-6。

财务效益分析指标与基本报表的关系　　　　表 4-6

分析内容	基本报表	静态指标	动态指标
盈利能力分析	现金流量表（全部投资）	全部投资回收期	财务内部收益率 财务净现值 动态投资回收期
	现金流量表（自有资金）		财务内部收益率 财务净现值
	利润表	投资利润率 投资利税率 资本金利润率	
清偿能力分析	借款还本付息计算表 资金来源与运用表 资产负债表	借款偿还期 资产负债率 流动比率 速动比率	
外汇平衡能力分析	财务外汇平衡表		
其他		价值指标或实物指标	

4.3 国民经济评价

4.3.1 国民经济评价与财务评价的关系

1. 国民经济评价的目的和作用

(1) 国民经济评价是宏观上合理配置国家资源的需要。

国家的资源（包括资金、外汇、土地、劳动力及其他自然资源）总是有限的，必须在资源的各种相互竞争的用途中作出选择。而这种选择必须借助于国民经济评价，从国家整体的角度来考虑。通常把国民经济作为一个大系统，项目的建设作为这个大系统中的一个子系统，分析项目从国民经济中所吸取的投入以及项目产出对国民经济这个系统的经济目标的影响，从而选择对大系统目标最有利的项目或方案。

(2) 国民经济评价是真实反映项目对国民经济净贡献的需要。

我国和大多数发展中国家一样，不少商品的价格不能反映价值，也不能反映供求关系。在这种商品价格严重"失真"的条件下，按现行价格计算项目的投入或产出，不能确切地反映项目建设给国民经济带来的效益与费用。因此，就必须运用能反映资源真实价值的影子价格，借以计算建设项目的费用和效益，以便得出该项目的建设是否对国民经济总目标有利的结论。

(3) 国民经济评价是投资决策科学化的需要。

这主要体现在以下三个方面：第一，有利于引导投资方向。运用经济净现值、经济内部收益率等指标及影子价格、影子汇率等参数，可以起到鼓励或抑制某些行业或项目发展的作用，促进国家资源合理分配；第二，有利于控制投资规模。最明显的是国家可以通过调整社会折现率这个重要的国家参数调控投资规模。当投资规模膨胀，可以适当提高社会折现率，控制一些项目的通过；第三，有利于提高计划质量。

2. 国民经济评价与财务评价的关系

项目财务评价和国民经济评价构成一个完整的投资项目经济评价。

(1) 二者之间的共同之处在于：

①评价目的相同。两者都是寻求以最小的投入获得最大的产出。

②评价的基础工作相同。两者都是在完成产品需求预测、厂址选择、技术路线和工程技术方案论证、投资估算和资金筹措基础上进行的。

③基本分析方法和主要指标的计算方法类同，两者都采用现金流量分析方法，通过基本报表计算净现值、内部收益率等指标。

(2) 二者之间的区别在于：

①研究的经济系统的边界不同。财务评价从项目自身利益出发，分析项目的盈利能力和贷款偿还能力等内部经济效果，系统分析的边界就是项目自身；国民经济分析从国民经济的整体利益出发，分析项目对整个国民经济以至整个社会产生的效益. 也就是分析国民经济对这个项目付出的代价（成本），以及这个项目建成之后可能对国民经济做出的贡献（效益）。国民经济分析不仅需要识别项目自身的内部经济效果，而且需要识别项目对国民经济其他部门和单位产生的外部效果。既要识别可用货币计量的有形效果. 而且应当识别难以用货币计量的无形效果，其系统分析的边界是整个国家。

②追踪的对象不同。财务分析追踪的对象是货币的流动。凡是由项目外流入项目的货币就是财务收益；凡是由项目内流出项目的货币就是财务费用。国民经济分析追踪的对象是资源的变动，实现资源的最优配置和国民收入的最大增长。对一个投资项目来说，项目资源的投入减少了这些资源在国民经济其他方面的可用量，从而减少了国民经济其他方面的最终产品产出量，即该项目对资源的使用产生了国民经济费用。同理，项目的产出品能够增加社会资源，即项目的产出是国民经济收益。由此不难理解，凡是减少社会资源的项目投入都产生国民经济费用；凡是增加社会资源的项目产出都产生国民经济收益。

③净收益内涵不同。财务评价的净收益是项目的"利润"。国民经济评价的净收益是项目的国民收入或"纯收入"（即税金和利润）。

④采用的价格体系不同。财务评价对投入物和产出物采用财务价格。财务价格是以现行价格（市场交易价格）体系为基础的预测价格。国民经济评价采用影子价格体系来代替不合理的国内市场价格。这种影子价格反映资源（货物）的价值及稀缺程度，可使有限的资源得到最佳分配，从而带来最大的经济增长，或者说实现最佳的经济效益。

⑤采用的主要参数不同。财务评价采用官方汇率和行业基准收益率。国民经济评价采用国家统一测定的影子汇率和社会折现率。

4.3.2 国民经济评价的费用和效益识别

1. 基本原则

费用和效益都是相对于目标而言的。效益是对目标的贡献，费用是对目标的负贡献。国民经济分析以实现社会资源的最优配置，从而使国民收入最大化为目标，凡是增加国民收入的就是国民经济收益，凡是减少国民收入的就是国民经济费用。

2. 直接效益与直接费用

（1）直接效益。项目的直接效益是指由项目本身产生的，由其产出物提供的，并用影子价格计算的产出物的经济价值。

项目直接效益的确定分为两种情况：

①如果项目的产出物用以增加国内市场的供应量需求，用消费者支付意愿来确定；

②如果国内市场的供应量不变，则应分以下三种情况考虑：第一，若项目产出物增加了出口量，其收益为所获得的外汇；第二，若项目产出物减少了总进口量，即替代了进口货物，其收益为节约的外汇；第三，若项目产出物代替了原有项目的生产，致使其减产或停产的，其效益为原有项目减产或停产向社会释放出来的资源，其价值也就等于这些资源的支付意愿。

（2）直接费用。项目的直接费用主要指国家为满足项目投入（包括固定资产投资、流动资金及经常性投入）的需要而付出的代价。这些投入物用影子价格计算的经济价值即为项目的直接费用。

项目直接费用的确定，也分为两种情况：

①如果拟建项目的投入物来自国内供应量的增加，即增加国内生产来满足拟建项目的需求，其费用就是增加国内生产所消耗的资源价值。

②如果国内总供应量不变，则应分以下三种情况考虑：第一，若项目投入物来自国外，即增加进口来满足项目需求，其费用就是所花费的外汇；第二，若项目的投入物本来可以出口，为满足项目需求，减少了出口量，其费用就是减少的外汇收入；第三，若项目

的投入物本来用于其他项目,由于改用于拟建项目将减少对其他项目的供应因此而减少的效益,也就是其他项目对该投入物的支付意愿。

3. 间接费用与间接效益

项目的费用和效益不仅体现在它的直接投入物和产出物中,还会在国民经济相邻部门及社会中反映出来。这就是项目的间接费用(外部费用)和间接效益(外部效益),也可统称为外部效果。

工程项目的外部效果通常有以下几种情况:

(1) 由价格"失真"造成的外部效果。

例如,一项节能水泵的技术改造项目,使用水泵的项目将节省可观的能源,而水泵制造厂需要为此付出一定的费用(研制费和制造成本的增加等)。如果水泵在使用期内所节省能源的费用足以补偿制造厂增加的各种费用,显然这是有利于国民经济的。由于制度上的原因,新水泵的销售价格还是与老水泵一样,或者是新水泵的销售价格的增加不能补偿制造厂增加的各种费用在每件产品上的分摊额,那么新水泵的效益就不能全部反映到工程项目的效益上,因而会对使用水泵的项目产生正的外部效果。

(2) 由价格的合理升降造成的外部效果。

例如,实施某一生产化纤原料的大型工程项目,项目产出物增加化纤原料市场供给,使这种化纤原料的价格下降;采用这种化纤原料的化纤纺织部门的利润会因此增加,服装加工部门、服装销售商直至服装消费者都因此得到好处(消费者剩余)。这一系列的价格连锁效益并没有全部反映到该项目的直接效益中,却增加了整个社会的效益。同理,项目投产使投入品需求增加,所带来的一系列价格连锁也没有全部反映到直接费用中。

(3) 技术性外部效果。

例如,在建设一个钢铁厂的同时,又修建了一套厂外运输系统。它除了为钢铁厂服务外,还使当地的工业生产和人民生活得益,产生技术外溢效益;工业项目产生的废水、废气和废渣引起的环境污染及对生态平衡的破坏,项目并不支出任何费用,而国民经济付出了代价,产生技术外溢费用。

(4) 乘数效果(相邻部门效果)。

乘数效果是指由于某一类工程项目上马后,可使其前继部门或后续部门的资源或生产能力得到充分利用而产生的外部效果。例如,某地区的电机加工厂生产能力过剩,设备劳力闲置;由于建立了一个电风扇厂,对电机的需求增加,使原来的电机工厂生产能力得以充分利用,产生了前继效益;如果电风扇工厂原来就有,但因电机供应不足,使生产不饱满,那么建个电机厂就有一个后续的相邻效益。这种由项目导致的一系列相关部门启用过剩生产能力以及由此带来的一系列资源节约效果,就是项目的乘数效果。

外部效果通常难以计量,为了减少计量上的困难,应力求明确项目的"边界"。一般情况下可扩大项目的范围,特别是一些相互关联的项目可合在一起作为"联合体"进行评价,这样可使外部费用和效益转化为直接费用和效益。另外,在确定投入物和产出物的影子价格时,已在一定范围内考虑了外部效果。用影子价格计算的费用和效益在很大程度使外部效果在项目内部得到了体现,通过扩大项目范围和调整价格两步工作,实际上已将很多外部效果内部化了。因此,在国民经济评价中,既要考虑项目的外部效果,又要防止外部效果扩大化。

4. 转移支付

在识别费用与效益范围的过程中，将会遇到税金、国内借款利息和补贴的处理问题，这些都是财务经济评价中的实际收入或支出。但是从国民经济的角度看，企业向国家缴纳税金，向国内银行支付利息，或企业从国家得到某种形式的补贴，都未造成资源的实际耗费或增加，它们只是国民经济各部门之间的转移支付，因此不能作为项目的费用或效益。常见的转移支付有税金、补贴和利息。

（1）税金。包括产品税、增值税、资源税、关税等。税金从拟建项目来说是一项支出，从国家财政来说就是一项收入。这是企业与国家之间的一项资金转移。税收并未减少国民收入，也未发生社会资源的变动。因此，所有财政性的税金，既不是经济费用也不是经济收益。

（2）补贴。补贴是一种货币流动方向与税金相反的转移支付，包括出口补贴、价格补贴等。补贴虽然增加了拟建项目的财务收益，但从社会资源变动的角度看，补贴既未增加社会资源，也未减少社会资源，国民收入并不因补贴的存在而发生变化，而是国家从国民收入中拨出一部分资金转给了企业。所以，国家提供的各种形式的补贴都不能视为国民经济分析中的费用和收益。

（3）利息。利息是利润的转化形式，是企业与银行之间的一种资金转移，并不涉及资源的增减变化，所以利息也不能作为经济成本或经济收益。

4.3.3 国民经济评价的价格

1. 影子价格的概念

影子价格是指当社会经济处于某种最优状态时，能够反映社会劳动消耗、资源稀缺程度和最终产品需求情况的价格。因此，影子价格是人为确定的、比交换价格更为合理的一种价格。从定价原则来看，这个"合理"的标志能更好地反映产品价值、市场供求状况、资源稀缺程度；从价格产生的效果来看，"合理"的标志是使资源配置向优化的方向发展。

影子价格反映在项目的产出物上是一种消费者"支付意愿"。只有在供求完全均衡时，市场价格才代表愿付价格。影子价格反映在项目的投入物上是资源不投入该项目，而投在其他经济活动中所能带来的效益。这表明项目的投入物是以放弃了本来可以得到的效益为代价的，西方经济学家把它称作"机会成本"。根据"支付意愿"或"机会成本"的原则确定影子价格后，就可以测算出拟建项目要求经济整体支付的代价和为经济整体提供的效益，从而得出拟建项目的投资能给社会带来的国民收入增加额或纯收入增加额。

进行国民经济评价时，原则上应使用影子价格计量项目的主要投入物和产出物。

2. 市场定价货物的影子价格

随着我国市场经济的发展和贸易范围的扩大，大部分货物的价格由市场形成，价格可以近似反映其真实价值。进行国民经济评价可将这类货物的市场价格加上或者减去国内运杂费等，作为投入物或产出物的影子价格。

一个项目的产出和投入，必然会对国民经济产生各种影响。就产出物的产量来看，可能会增加国民经济对这个产出物的总消费、减少国民经济其他企业的生产、减少进口或增加出口。就投入物的消耗来看，可能会减少国民经济其他部门对该投入物的消费、增加国民经济内部该投入物的产量、增加进口或减少出口。如果主要影响国家的进出口水平，应划为外贸货物；如果主要影响国内供求关系，应划为非外贸货物。

(1) 外贸货物的影子价格。外贸货物的影子价格以口岸价为基础加上或者减去国内运杂费和贸易费用。

投入物影子价格(项目投入物的到厂价格)
$$=\text{到岸价}(CIF)\times\text{影子汇率}+\text{国内运杂费}-\text{贸易费用} \quad (4-21)$$
产出物影子价格(项目产出物的出厂价格)
$$=\text{离岸价}(FOB)\times\text{影子汇率}-\text{国内运杂费}-\text{贸易费用} \quad (4-22)$$

贸易费用是指外经贸机构为进出口货物所耗用的、用影子价格计算的流通费用，包括货物的储运、再包装、短途运输、装卸、保险、检验等环节的费用支出，以及资金占用的机会成本，但不包括长途运输费用。一般用货物的口岸价乘以贸易费用率估算贸易费用。

(2) 非外贸货物影子价格。一种货物之所以成为非外贸货物，大多是由于运输费用太高，以致它的出口成本将高于可能的离岸价格，或者运到使用地的进口成本将高于当地的生产成本；也有的是受到国内或国外贸易政策限制的产品，还有一些是边远地区的自给产品和低质产品，所以不同地区非外贸货物的比重也不同。一般越往内地，非外贸货物的比重越大。

非外贸货物影子价格以市场价格加上或者减去国内运杂费作为影子价格。投入物影子价格为到厂价，产出物影子价格为出厂价。

3. 政府调控价格的货物的影子价格

有些货物或服务不完全由市场机制形成价格，而是由政府调控价格。如由政府发布指导价、最高限价和最低限价等，这些货物或服务的价格不能完全反映其真实价值，因此在进行国民经济评价时，应对这些货物或服务的影子价格采用特殊方法确定。一般原则是：投入物按机会成本分解定价，产出物按消费者支付意愿定价。例如：

(1) 电价。电价作为项目投入物的影子价格，一般按完全成本分解定价，电力过剩时按可变成本分解定价；电价作为项目产出物的影子价格，可按电力对当地经济边际贡献率定价。

(2) 铁路运价。铁路运价作为项目投入物的影子价格，一般按完全成本分解定价，对运能富裕的地区，按可变成本分解定价。铁路项目产出品的国民经济效益有特殊性，通常采用"有无对比法"计算其国民经济效益。

(3) 水价。水价作为项目投入物的影子价格，按后备水源的边际成本分解定价，或者按恢复水功能的成本计算。水价作为项目产出物的影子价格，按消费者支付意愿或者按消费者承受能力加政府补贴计算。

4. 特殊投入物的影子价格

项目的特殊投入物是指在建设和生产运营中使用的劳动力、土地及自然资源等。

(1) 土地的影子价格。

土地影子价格反映土地用于该拟建项目后，不能再用于其他目的所放弃的国民经济效益，以及国民经济为其增加的资源消耗。

在我国，投资项目占用的土地可能具有、也可能不具有直接费用（征购费等），但是占用土地的经济费用几乎总是存在的。因为项目占用土地，将致使这些土地对国民经济的其他潜在贡献不能实现，这种固有了项目而不能实现的贡献就是项目占用土地的经济费用。因此，土地的影子价格是建立在被放弃的收益这一机会成本的概念上的，同时还要考虑国民经济为其增加的资源消耗。

一般来说，土地的影子价格包括两个部分：土地用于建设项目而使社会放弃的原有收益；土地用于建设项目而使社会增加的资源消耗。

土地的影子价格应区分农用土地和城镇土地，并分别计算。农用土地影子价格，指项目占用农用土地后国家放弃的收益，由土地的机会成本和占用该土地而引起的新增资源消耗两部分构成。农用土地的机会成本可以根据土地的农业生产率来计算，新增资源消耗一般包括拆迁费用和劳动力安置费用等。

城镇土地影子价格通常按市场价格计算，主要包括土地出让金、征地费、拆迁安置补偿费等。项目占用城镇地区的土地所支付的费用一般远高于农村地区，而且差别很大。因为城市地块的机会成本取决于它在某个可供选择的非农用途上的生产率。大多数城市项目的发展初期占用农业土地，地价比较低，随着人口的逐渐增多，地价会不断地上升。因此，典型的城市地区地价含有历史的因素，作价基础可能不同。对于一个荒山的矿物资源，初始开发时的地价可能为零。矿山建成发展以后，地价会上升，矿区都市化以后，矿区的地价应按某个非农业用途上的生产率来推算。

（2）劳动力的影子价格。是项目工资成本的影子价格，即影子工资。

影子工资反映国民经济为项目使用劳动力所付出的真实代价，由劳动力机会成本和劳动力转移而引起的新增资源耗费两部分构成。劳动力机会成本是指劳动力如果不就业于拟建项目而从事于其他生产经营活动所创造的最大效益，它与劳动力的技术熟练程度和供求状况（过剩与稀缺）有关，技术越熟练，稀缺程度越高，其机会成本越高，反之越低。新增资源消耗费是指项目使用劳动力，由于劳动就业或者迁移而增加的城市管理费用和城市交通等基础设施投资费用等。

影子工资一般通过影子工资换算系数计算，由两部分组成：一是项目所雇用的职工在被雇以前对国民经济其他部门所作的贡献，即职工从别处转移到项目中来而使别处放弃的劳动力边际产出价值，亦即别处所减少的国民收入，可见，影子工资是从项目招收职工会使国民经济其他部门付出多大代价这一机会成本的角度而被视作国民经济费用；二是项目使用或转移劳动力所增加的社会资源消耗。

（3）自然资源的影子价格。各种自然资源是一种特殊的投入物，项目使用的矿产、水、森林等都是对国家资源的占用和消耗。矿产等不可再生自然资源的影子价格按资源的机会成本计算，水和森林等可再生自然资源的影子价格按资源再生费用计算。

4.3.4 国民经济评价参数

国民经济评价参数是国民经济评价的基础。正确理解和使用评价参数，对正确计算费用、效益和评价指标，以及比选优化方案具有重要作用。国民经济评价参数体系有两类，一类是通用参数，如社会折现率、影子汇率和影子工资等，这些通用参数由有关专门机构组织测算和发布；另一类是货物影子价格等一般参数，由行业或者项目评价人员测定。

1. 社会折现率

社会折现率是社会对资金时间价值的估计，代表投资项目的社会资金所应达到的按复利计算的最低收益水平，即资金的影子利率。对以优化配置资源为目的的国民经济分析来说，社会折现率是从整个国民经济角度对资金的边际投资内部收益率的估值。它主要用作计算净现值时的折现率,或用作评判项目国民经济内部收益率高低的基准。

社会折现率作为一个基本的国家经济参数,是国家评价和调控投资活动的重要杠杆之一。社会折现率取值的高低对国民经济的发展具有不可忽视的作用。与财务评价的基准贴现率类似,社会折现率的取值直接影响项目经济可行性判断的结果和项目的优选及方案的排序结果。因此,可以作为国家总投资规模的控制参数,需要缩小投资规模时,就提高社会折现率。

根据对我国国民经济运行的实际情况、投资收益水平、资金供求状况、资金机会成本以及国家宏观调控等因素综合分析,目前我国的社会折现率取值为10%。

2. 影子汇率

影子汇率是指不同于官方汇率的、能反映外汇转换国民经济真实价值的汇率。实际上,影子汇率也就是外汇的机会成本,即项目投入或产出所导致的外汇的减少或增加给国民经济带来的损失或收益。

影子汇率是一个重要的经济参数,由国家统一制定并定期调整。国家可以利用影子汇率作为杠杆,影响项目投资决策,影响项目方案的选择和项目的取舍。

当项目要引进国外设备或零部件时,都要与国内设备、技术或零部件进行对比。因此,影子汇率直接影响进口设备、技术或零部件的影子价格计算,从而影响对比结果。外汇影子价格较高时,不利于引进方案,但有利于国产设备的方案;而对于产出物为外贸货物的建设项目,外汇影子价格较高时,则有利于这些项目获得批准实施。

在国民经济评价中,影子汇率通过影子汇率换算系数计算。影子汇率换算系数是影子汇率与国家外汇牌价的比值,其影响因素是国家外汇收支状况、主要进出口商品的国内价格与国外价格的比较、出口换汇成本以及进出口关税等。投资项目投入物和产出物涉及进出口的,应采用影子汇率换算系数调整计算影子汇率。目前我国的影子换汇换算系数取值为1.08。

3. 影子工资换算系数

影子工资是社会为项目使用的劳动力付出的代价。影子工资由劳动力的边际产出和劳动就业或者转移而引起的社会资源消耗两部分组成。

影子工资一般通过影子换算系数计算。影子工资换算系数是影子工资与项目财务评价中劳动力的工资和福利费的比值。我国目前技术性工种劳动力的影子工资换算系数取值为1,非技术性工种劳动力的影子工资换算系数取值为0.8。

4.3.5 国民经济评价报表及指标

国民经济评价的主要报表有项目国民经济效益费用流量表和国内投资国民经济效益费用流量表。前者以全部投资(包括国内投资和国外投资)作为分析对象,考察项目全部投资的盈利能力;后者以国内投资作为分析对象,考察项目国内投资部分的盈利能力。

国民经济效益费用流量表一般在项目财务评价基础上进行调整编制,有些项目也可以直接编制。根据国民经济效益费用流量表计算经济内部收益率和经济净现值等评价指标。

1. 经济净现值(ENPV)

经济净现值是反映项目对国民经济净贡献的绝对指标,是用社会折现率将项目计算期内各年的净效益流量折算到建设期初的现值之和,计算公式为:

$$ENPV = \sum_{t=0}^{n}(CI-CO)_t(P/F,i_s,t) \tag{4-23}$$

式中　i_s——社会折现率；

　　　CI——效益流量；

　　　CO——费用流量；

　　　n——计算期。

项目经济净现值等于或大于零，就认为项目是可以接受的。经济净现值等于或大于零的经济意义是：国家为拟建项目付出的代价可以得到符合社会折现率要求的社会盈余，或者除得到符合社会折现率要求的社会盈余外，还可以得到以现值计算的超额社会盈余。

2．经济内部收益率（EIRR）

经济内部收益率是反映项目对国民经济净贡献的相对指标，表示项目占用资金所获得的动态收益率。它是项目在计算期内各年经济净效益流量的现值累计等于零时的折现率。其表达式为：

$$\sum_{t=0}^{n}(CI-CO)_t(P/F,IRR,t) = 0 \tag{4-24}$$

经济内部收益率等于或大于社会折现率，表示项目对国民经济的净贡献达到或者超过要求的水平，应认为项目可以接受。

按分析效益费用的口径不同，可分为整个项目的经济内部收益率和经济净现值、国内投资经济内部收益率和经济净现值。如果项目没有国外投资和国外借款，全投资指标与国内投资指标相同；如果项目有国外资金流入与流出，应以国内投资的经济内部收益率和经济净现值作为项目国民经济评价的评价指标。

3．经济节汇成本（EFC）

经济节汇成本是指项目生产出口产品或替代进口产品时，用影子价格、影子工资和社会折现率计算的为生产而投入的国内资源现值（以人民币表示）与产出品的经济外汇净现值（通常以美元表示）的比值，即获取 1 美元净外汇收入或节省 1 美元耗费所需消耗的国内资源价格（人民币元）。其计算公式为：

$$EFC = \frac{\sum_{t=0}^{n}DR_t(P/F,i_s,t)}{\sum_{t=0}^{n}(FI-FO)_t(P/F,i_s,t)} \tag{4-25}$$

式中　DR_t——项目在第 t 年为生产出口产品或替代进口产品所投入的国内资源价格（按影子价格计算）；

　　　FI_t——第 t 年的外汇流入量（美元）；

　　　FO_t——第 t 年的外汇流出量（美元）。

经济节汇成本若小于影子汇率，表明项目生产出口品或替代进口品的经济效益好。经济节汇成本用于分析评价项目实施后其产品在国际上的竞争力，进而判断其产品是否应出口或进口。

4.4 不确定性经济评价

前面各节所述内容都属于工程项目的确定性分析。在经济环境比较确定的情况下，确定性分析无疑是减少投资风险的一种科学分析方法；但是变动着的未来经济环境，往往具有不确定性。这里讲的不确定性，一是指影响工程方案经济效果的各种因素（如各种价格）的未来变化带有不确定性；二是指测算工程方案现金流量时各种数据（如投资额、产量等），由于缺乏足够的信息或测算方法上的误差，使得方案经济效果评价指标值带有不确定性。

不确定性评价主要分析各种外部条件发生变化或者测算数据误差对方案经济效果的影响程度，以及方案本身对不确定性的承受能力。常用的不确定性分析包括盈亏平衡分析、敏感性分析、概率分析三种方法。对项目进行不确定性分析的内容和方法，要在综合考虑项目的类型、特点、决策者的要求、相应的人力财力以及项目对国民经济的影响程度等条件下来选择。一般来讲，盈亏平衡分析只适用于项目的财务评价，而敏感性分析和概率分析则可同时用于财务评价和国民经济评价。

4.4.1 盈亏平衡分析法

投资项目的经济效果，会受到许多因素的影响；当这些因素发生变化时，可能会导致原来盈利的项目变为亏损项目。盈亏平衡分析的目的，是通过分析产品产量、成本和盈利之间的关系，找出方案盈利和亏损在产量、单价、成本等方面的临界点，判断不确定性因素对方案经济效果的影响程度，说明方案实施风险的大小。

产品的产量、成本、利润这三种因素之间的关系，主要有线性和非线性两种情况，对应的有线性和非线性盈亏平衡分析。

1. 线性盈亏平衡分析

产品的产量、成本、利润呈线性关系，意味着投资项目的生产销售活动不会明显影响市场的供求状况，即在市场其他条件不变的情况下，产品价格不随其销售量的变动而变动，可以看作一个常数；若产品的产量与销售量的变化是一致的，则年销售收入与年产量之间呈线性关系，即

$$TR = PQ \tag{4-26}$$

式中 TR——年销售收入；

P——单位产品价格；

Q——产品年产量。

项目投产后产品的年成本可分为固定成本与可变成本两部分。固定成本是在一定范围内不随产量变动而变动的生产费用（即为常数）；可变成本是随产量变动而变动的生产费用，一般情况下可近似看作可变成本随产量作正比例变动。则总成本与产量的关系也可近似地看作线性关系，即

$$TC = C_f + C_v Q \tag{4-27}$$

式中 TC——总成本；

C_f——年固定成本；

C_v——单位产品可变成本；

Q——产品年产量。

企业年利润是年销售收入与年成本的差额，即

$$\text{年利润} = B - C = PQ - (C_f + C_v Q) \tag{4-28}$$

式中各符号意义同前。

当年利润为零时，年总销售收入等于年总成本，表示该项经济活动盈亏平衡，这个临界点称为盈亏平衡点（Break Even Point，简称 BEP）。该状态下的产量即为盈亏平衡产量，记为 Q^*，则由

$$PQ^* = C_f + C_v Q^* \tag{4-29}$$

可知

$$Q^* = \frac{C_f}{P - C_v} \tag{4-30}$$

同理，若项目的设计生产能力为 Q_0，则盈亏平衡点也可以用盈亏平衡生产能力利用率 E^* 来表示，由式（4-29）可得

$$E^* = \frac{Q^*}{Q_0} = \frac{C_f}{(P - C_v)Q_0} \tag{4-31}$$

若按照设计生产能力 Q_0 进行生产和销售，盈亏平衡点还可以用盈亏平衡销售价格 P^* 来表示，由式（4-29）可知盈亏平衡销售价格 P^* 为：

$$P^* = \frac{C_f + C_v Q_0}{Q_0} = C_v + \frac{C_f}{Q_0} \tag{4-32}$$

若按照设计生产能力 Q_0 进行生产和销售，且单位产品销售价格 P 已定，则由式（4-29）还可得到盈亏平衡单位产品变动成本 C_v^* 为：

$$C_v^* = P - \frac{C_f}{Q_0} \tag{4-33}$$

将（4-26）、式（4-27）和式（4-28）在同一坐标系中表达出来，则如图 4-8 所示。

从图 4-8 可见，Q^* 是 BEP 的一个重要表达。当企业在小于 Q^* 的产量下组织生产，该项目亏损；反之在大于 Q^* 的产量下组织生产，该项目盈利。因此，Q^* 越低，说明项目造成亏损的可能性越小，其抗风险能力越强。

【例 4-5】 某工程方案的设计生产能力 12 万 t/年，单位产品销售价为 510 元/t，年总固定成本 1500 万元，单位成本 250 元/t，并与产量成正比例关系。求以产量、生产能力利用率、销售价格、单位产品变动成本表示的盈亏平衡点。

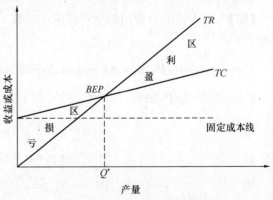

图 4-8 线性盈亏平衡分析图

【解】 由式（4-30）、式（4-31）、式（4-32）、式（4-33）得

$$Q^* = \frac{1500 \times 10^4}{510 - 250} = 5.77 \times 10^4 \text{ t} \quad E = \frac{5.77 \times 10^4}{12 \times 10^4} \times 100\% = 48\%$$

$$P^* = 250 + \frac{1500 \times 10^4}{12 \times 10^4} = 375 \text{ 元}/t \quad C_v^* = 510 - \frac{1500 \times 10^4}{12 \times 10^4} = 385 \text{ 元}$$

通过计算 BEP，还可以对方案发生亏损的可能性作出大致的判断，如产量和价格允许的变化率：

产量允许的降低率为：

$$1 - \frac{Q^*}{Q_0} = 1 - \frac{5.77 \times 10^4}{12 \times 10^4} = 52\%$$

价格允许的降低率为：

$$1 - \frac{P^*}{P} = 1 - \frac{375}{510} = 26\%$$

也就是说，其他条件不变时，只要产量降低幅度不超过生产能力的 52%，项目就不会发生亏损；同样在售价上也可降低 26% 而不至于亏损。

2. 线性盈亏平衡分析的应用

对单个方案进行盈亏平衡分析，通过求得 BEP 可分析方案的盈利与亏损的可能性。当不确定性因素同时对两个以上的方案，如对互斥方案的经济效果产生不同程度的影响时，可通过盈亏平衡分析方法开展互斥方案在不确定性条件下的比选，也称为优劣平衡分析。它可以对决策者确定项目的合理经济规模及对项目工艺技术方案的投资抉择起到一定的参考与帮助作用。

【例 4-6】某建筑工地需抽除积水保证施工顺利进行，现有 A、B 两个方案可供选择。

A 方案：新建一条动力线，需购置一台 2.5kW 电动机并线运转，其投资为 1400 元，第 4 年末残值为 200 元；电动机每小时运行成本为 0.84 元，每年预计的维护费 120 元。

B 方案：购置一台 3.68kW 柴油机，其购置费为 550 元，使用寿命为 4 年，设备无残值；运行每小时燃料费为 0.42 元，平均每小时维护费 0.15 元，每小时的人工成本为 0.8 元。

若寿命都为 4 年，基准折现率为 10%，试比较 A、B 方案的优劣。

【解】两方案的总费用都与年开机小时数 t 有关，故两方案的年成本均可表示为 t 的函数：

$$C_A = 1400(A/P, 10\%, 4) - 200(A/F, 10\%, 4) + 120 + 0.84t = 518.56 + 0.84t$$

$$C_B = 550(A/P, 10\%, 4) + (0.42 + 0.15 + 0.8)t = 175.51 + 1.37t$$

令 $\qquad\qquad\qquad\qquad C_A = C_B$

即 $\qquad\qquad\qquad 518.56 + 0.84t = 173.51 + 1.37t$

得 $\qquad\qquad t = 651h$，即 $t = 651$ 这一点上，$C_A = C_B = 1065.4$ 元

A、B 方案的年成本函数曲线如图 4-9 所示。

由图 4-9 可见，当年开机小时数低于 651h，选 B 方案有利；当年开机小时数高于 651h，选 A 方案有利；当年开机小时数等于 651h 时，A、B 方案效果相同。

【例 4-7】拟兴建某工程项目，现有三种方案，机械化程度高时投资大，固定成本高，可变成本低。其具体参数见表 4-7，试评价三种方案的优劣。

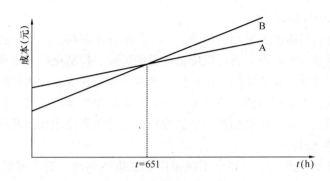

图4-9 A、B方案年成本函数曲线

项目参数汇总表　　　　　　　　　　表4-7

方案费用项目	A	B	C
产品可变成本（元/件）	100	60	40
产品年固定成本（元）	1000	2000	3000

【解】 当产量达到某一值时，几个方案的销售收入应一致，故评价指标应是成本大小，而成本又与产量有关，所以列出产量与成本关系式进行评价。

设预计产量为 Q，则各方案的生产成本为：

$$TC_A = 1000 + 100Q, \quad TC_B = 2000 + 60Q, \quad TC_C = 3000 + 40Q$$

各方案的成本曲线如图4-10。

当 $TC_A = TC_B$ 时，得 $Q_1 = 25$；当 $TC_A = TC_C$ 时，得 $Q_2 = 33.3$；当 $TC_B = TC_C$ 时，得 $Q_3 = 50$。

由上可以看出，每种方案在不同的产量范围内有不同的相应效果，即产量越大，对方案C越有利，而对方案A越不利。故当产量 $Q < Q_1 = 25$ 件时，A方案成本最低，故应选择A方案；当产量 Q 介于 $Q_1 = 25 \sim Q_3 = 50$ 范围之内时，B方案成本最低，故应选择B方案；当产量 $Q > Q_3 = 50$ 时，C方案成本最低，故应选择C方案。

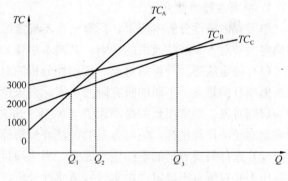

图4-10 盈亏平衡分析图

3. 非线性盈亏平衡分析

线性盈亏平衡分析方法简单明了，能方便地全面把握决策。但其局限性在于，在实际生产经营过程中，产品的销售收入与销售量之间、成本费用与产量之间，并不一定呈现出线性关系。如当项目的产量在市场中占有较大的份额时，其产量的高低可能会明显影响市场的供求关系，从而使市场价格发生变化；再如根据报酬递减规律，变动成本随着生产规模的不同而与产量呈非线性的关系，在生产中还有一些辅助性的生产费用（通常称为半变动成本）随着产量的变化而呈梯形分布。这样，产品的销售收入和总成本与产量之间存在着非线性的关系，应进行非线性盈亏平衡分析，其基本原理与线性盈亏平衡分析大致相同，不再赘述。

4. 盈亏平衡分析的局限性

盈亏平衡分析虽然能够度量项目风险的大小,但并不能揭示产生项目风险的根源。比如说虽然知道降低盈亏平衡点,就可以降低项目的风险、提高项目的安全性,也知道降低盈亏平衡点可采用降低固定成本的方法;但如何降低固定成本、应该采取哪些可行的方法或通过哪些有利途径来达到目的,盈亏平衡分析并未给出答案,还需采用其他一些方法来开展进一步的分析。因此,在应用盈亏平衡分析时,应注意使用场合及目标。

4.4.2 敏感性分析

敏感性分析是研究当一个或多个不确定因素发生变化时,对方案经济效果的影响程度,以分析当外部条件发生不利变化时投资方案的承受能力。

一个项目,在其建设与生产经营的过程中,许多因素都会发生变化,如投资、价格、成本、产量、工期等,都可能随项目内、外部环境的变化而变化,与在项目经济评价中对其所作的预测值(估计值)之间存在差异,不可避免地会对项目的经济评价指标产生影响;但这种影响的程度又各不相同:有些因素可能仅发生较小幅度的变化,就能引起经济评价指标发生了较大变动,而另一些因素虽然变化幅度较大,但对经济评价指标的影响却并不明显。前一类因素称为敏感性因素,后一类因素称为非敏感性因素。从评价项目风险的角度出发,敏感性因素及其对项目经济评价指标的影响程度更值得关注。敏感性分析的目的就在于,通过分析各个因素对项目经济评价指标的影响程度大小,找出敏感性因素,以便为采取必要的风险防范措施提供依据。

按所考虑因素的数目多少,敏感性分析可以分为单因素和多因素两种。

1. 单因素敏感性分析

单因素敏感性分析中假定,只有一个不确定因素发生变化、其他因素都不变,分析该不确定因素对方案经济效果的影响。其基本步骤如下:

(1) 确定敏感性分析的对象。敏感性分析的对象就是前述的各项经济评价指标。一般是根据项目的特点、不同的研究阶段、实际需求情况和指标的重要程度来选择一至两种指标为研究对象,经常用到的是净现值(NPV)和内部收益率(IRR)。一般敏感性分析中所确定的经济评价指标,应与方案的经济评价指标一致,不宜设立新指标。

(2) 选择需要分析的不确定性因素。影响项目经济评价指标的不确定性因素很多,但实际中不必对所有不确定性因素进行敏感性分析,一般是选择一些主要影响因素,如项目总投资、建设年限、经营成本、产品价格、标准折现率等。选择因素时主要考虑:

① 预计这些因素在其可能的变化范围内对经济评价指标的影响较大;

② 这些因素本身发生变化的可能性比较大。

(3) 计算各不确定性因素对经济评价指标的影响程度。对所选定的需要进行分析的不确定性因素,按照一定的变化幅度(如5%、10%、20%等)改变其数值,然后计算该变化所对应的经济评价指标(如NPV、IRR等)值,并将其与该指标原始值相比较,从而得出该指标的变化率,可用下式表示:

$$变化率(\beta) = \frac{|评价指标变化幅度|}{|变量因素变化幅度|} = \frac{|\Delta Y_j|}{|\Delta X_i|} = \frac{\left|\frac{Y_{j1} - Y_{j0}}{Y_{j0}}\right|}{|\Delta X_i|} \quad (4-34)$$

式中 ΔX_i——第 i 个变量因素的变化幅度(变化率);

Y_{j1}——第 j 个指标受变量因素变化影响后所达到的指标值；

Y_{j0}——第 j 个指标未受变量因素变化影响时的指标值；

ΔY_j——第 j 个指标受变量因素变化影响的差额幅度（变化率）。

式中的 β 又称灵敏度，是衡量变量因素敏感程度的一个指标。

(4) 确定敏感因素。敏感因素是指会对经济评价指标产生较大影响的因素，根据分析问题的目的不同一般可通过两种方法来确定。

第一种称为相对测定法。即设定要分析的因素均从初始值开始变动，且假设各个因素每次变动的幅度均相同，分别计算在同一变动幅度下各个因素的变动对经济评价指标的影响程度，然后按灵敏度高低对各个因素进行排序，灵敏度越高的因素越敏感。

第二种称为绝对测定法。即假定要分析的因素均向只对经济评价指标产生不利影响的方向变动，并设该因素达到可能的最差值；然后计算在此条件下的经济评价指标；如果计算出的经济评价指标已超过项目可行的临界值、以致使项目可行性发生了改变，则该因素敏感性较高。

2. 单因素敏感性分析图

敏感性分析图是通过在坐标图上作出各个不确定性因素的敏感性曲线，进而确定各因素敏感程度的一种图解方法。

(1) 以纵坐标表示项目的经济评价指标（项目敏感性分析的对象），横坐标表示各个变量因素的变化幅度（以%表示）。

(2) 根据敏感性分析的计算结果绘出各个变量因素的变化曲线，其中与横坐标相交角度较大的变化曲线所对应的因素就是敏感性因素。

(3) 在坐标图上作出项目经济评价指标的临界曲线（如 $NPV=0$、$IRR=i_c$ 等），求出变量因素变化曲线与临界曲线的交点，则交点处的横坐标就是表示该变量因素允许变化的最大幅度，即项目由盈到亏的极限变化值。

3. 单因素敏感性分析的应用

【例 4-8】 某投资方案设计年生产能力为 10 万台，计划总投资为 1200 万元，期初一次性投入，预计产品价格为 35 元/台，年经营成本为 140 万元，方案寿命期为 10 年，到期时预计设备残值收入为 80 万元，标准折现率为 10%。试就投资额、单位产品价格、经营成本等影响因素对该投资方案作敏感性分析。

【解】 选择净现值为敏感性分析的对象。根据其计算公式，可计算出项目在初始条件下的净现值：

$NPV_0 = -1200 + (35 \times 10 - 140)(P/A, 10\%, 10) + 80(P/F, 10\%, 10) = 121.21$ 万元

由于 $NPV_0 > 0$，知该项目是可行的。

对项目进行敏感性分析，取定三个因素：投资额、产品价格和经营成本，然后令其逐一在初始值的基础上按 ±10%、±20% 的变化幅度变动，分别计算相对应的净现值变化情况，得出结果如表 4-8 及图 4-11 所示。

由表 4-8 和图 4-11 可以看出，在各个变量因素变化率相同的情况下：首先，产品价格的变动对净现值的影响程度最大，当其他因素均不发生变化时，产品价格每下降 1%，净现值下降 17.75%；并且当产品价格下降幅度超过 5.64% 时，净现值将由正变负，即项目由可行变为不可行；其次，对净现值影响较大的因素是投资额，当其他因素均不变化

时,投资额每增加1%,净现值下降9.90%,当投资额增加的幅度超过10.10%时,净现值由正变负,项目变为不可行;最后,对净现值影响最小的因素是经营成本,在其他因素均不发生变化的情况下经营成本每上升1%,净现值下降7.10%,当经营成本上升幅度超过14.09%时,净现值由正变负,项目变为不可行。由此可见,按净现值对各个因素的敏感程度来排序,依次是产品价格、投资额、经营成本,最敏感的因素是产品价格。因此,从方案决策的角度,应对产品价格进行进一步的测算。从项目风险的角度来讲,如果未来产品价格发生变化的可能性较大,则意味着这一投资项目的风险性亦较大。

单因素敏感性分析表　　　　　　　　　　（单位:万元）　　表 4-8

变化幅度 项　目	−20%	−10%	0	10%	20%	平均+1%	平均−1%
投资额	361.21	241.21	121.21	1.21	−118.79	−9.90%	9.90%
产品价格	−308.91	−93.85	121.21	336.28	551.34	17.75%	−17.75%
经营成本	293.26	207.24	121.21	35.19	−50.83	−7.10%	7.10%

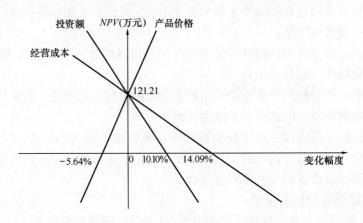

图 4-11　单因素敏感性分析图

4. 多因素敏感性分析

多因素敏感性分析测量考查多个因素同时变动时对方案经济效果的影响,以判断方案的风险程度。分析时要考虑被分析的各因素可能的不同变化幅度的多种组合,计算起来比单因素敏感性分析要复杂得多。当同时变化的因素不超过 3 个时,一般可采用解析法和作图法相结合的方法进行分析。

【例 4-9】　某投资方案的基础数据如表 4-9,试对该方案中的投资额和产品价格进行双因素敏感性分析。

投资方案基础数据表　　　　　　　　　　　表 4-9

项　目	初始投资	寿命期	残值	价格	年经营费	贴现率	年生产能力
参　数	1200万元	10 年	80 万元	35 元/台	140 万元	10%	10 万台

【解】　以净现值作为分析指标,设投资变化百分率为 X,产品价格变化率为 Y,则:
$$NPV = -1200 \times (1+X) + [35 \times (1+Y) \times 10 - 140] \times (P/A, 10\%, 10) + 80(P/F, 10\%, 10)$$

$$=-1200-1200X+(350+350Y-140)\times[(1+i)^n-1]/[i(1+i)^n]+80\times1/(1+i)^n$$
$$=-1200-1200X+210\times(1.1^{10}-1)/0.1\times1.1^{10}+350Y\times(1.1^{10}-1)/0.1\times1.1^{10}$$
$$+80\times1/1.1^{10}$$
$$=-1200-1200X+1290.36+2150.65Y+30.84$$
$$=121.21-1200X+2150.60Y$$

取 NPV 的临界值，即令 $NPV=0$，则：$1200X=121.21+2150.60Y$
$X=0.101+1.79Y$（实际是一条线性函数）

取 X 和 Y 两因素的变动量均为 $\pm10\%$ 和 $\pm20\%$ 作图，可得到图 4-12 所示的双因素敏感性分析图。从图 4-12 可以看出：$X=0.101+1.79Y$ 为 $NPV=0$ 临界线，当投资与价格同时变动时，所影响的 NPV 值落在直线的右上方区域，投资方案可行；若落在临界线右下方的区域，表示 $NPV<0$，投资方案不可行；若落在临界线上，$NPV=0$，方案勉强可行。还可看出，在各个正方形内净现值小于零的面积所占整个正方形面积的比例，反映了因素在此范围内变动时方案风险的大小。例如在 $\pm10\%$ 的区域内，净现值小于零的面积约占整个正方形面积的 20%，这就表明当投资额和价格在 $\pm10\%$ 的范围内同时变化时，方案盈利的可能性为 80%，出现亏损的可能性为 20%。

5. 敏感性分析的局限性

敏感性分析是项目经济评价时经常用到的一种方法，它在一定程度上对不确定因素的变动对项目投资效果的影响作了定量的描述，得到了维持投资方案经济可行所允许的不确定因素发生不利变化的最大幅度。但敏感性分析的局限性在于，它不能说明不确定因素发生变动的情况的可能性是大还是小，即没有考虑不确定因素在未来发生变动的概率，而这种概率是与项目的风险大小密切相关的。经常会碰到这样的情况，某些因素在未来发生不利变动的可能性很小，虽然它可能是一个敏感性较强的因素，但实际上它给项目带来的风险并不大；而另外有一些因素，虽然并不是十分敏感，但由于它们在未来发生不利变化的可能性很大，实际上给项目带来的风险可能比敏感因素还要大。对于此类问题，尚需借助于概率分析。

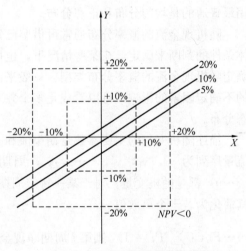

图 4-12 多因素敏感性分析图

4.4.3 概率分析

《建设项目评价方法与参数》指出，在完成盈亏平衡分析和敏感性分析之后，根据项目特点和实际需要，有条件时还应进行概率分析。这是因为各个不确定因素在未来发生某一幅度变动的概率是不尽相同的，而盈亏平衡分析和敏感性分析中都隐含着"各个不确定因素发生变动的可能性相同"这样一个假设。

概率分析又称风险分析，是利用概率来研究和预测不确定因素对项目经济评价指标的影响的一种定量分析方法。概率分析的基本原理：假设影响方案经济效果的各种不确定因素是服从某种分布的随机变量，则以这些不确定因素为参数的经济效果函数，也必然是一个随机变量。在进行概率分析时,先对各个不确定因素作出概率估计,并以此为基础计算方案的经济效果,最后通过经济效果的期望值、累计概率、标准差及离差系数等来表示方案的风险和不确定程度。

概率分析的方法很多,常用的方法有解析法、图示法、蒙特卡罗模拟法、决策树法等。

其中最常用的是决策树法,它也是利用树形决策网络来描述和求解风险型决策问题的一种主要方法。

1. 随机现金流的概率描述

严格来说,影响方案经济效果的大多数因素(如投资额、销售量、销售价格、生产成本、项目寿命期等)都是随机变量。即人们可以通过以往的统计资料,预测其未来可能的取值范围、估计各种取值或值域发生的概率,但不可能肯定地预知它们取什么值。投资方案的现金流量序列正是由这些因素所决定的,所以说,方案的现金流量序列也是随机变量,称之为随机现金流。

要完整地描述一个随机变量,需要确定其概率分布的类型和参数。常见的概率分布类型有均匀分布、二项分布、泊松分布、指数分布和正态分布等。在经济分析与决策中,使用最普通的是均匀分布和正态分布。

随机现金流的概率分布通常可借鉴已发生过的类似情况的实际数据,并结合对各种具体条件的判断来确定。在某些情况下,也可以根据各种典型分布的条件,通过理论分析来确定随机现金流的概率分布类型。一般来说,投资项目的随机现金流要受多种已知或未知的不确定因素的影响,可以看成是多个独立的随机变量之和,在多数情况下近似地服从正态分布。

描述随机变量的主要参数是期望值和方差。假设某方案的寿命期为 n 个周期,净现金流量序列为 y_0,y_1,y_2,……,y_n,周期数 n 和各周期的净现金流量 y_t($t=0$,1,2,……n)都是随机变量。对于某一特定周期 t 的净现金流量 y_t 可能有无限多个取值,可将其简化为若干个离散值 $y_t^{(1)}$,$y_t^{(2)}$,……,$y_t^{(m)}$,这些离散值发生的概率分别为 P_1,P_2,……P_m,($\sum_{j=1}^{m} P_j = 1$),则第 t 周期净现金流量 y_t 的期望值为:

$$E(y_t) = \sum_{j=1}^{m} y_t^{(j)} \cdot P_j \tag{4-35}$$

第 t 周期净现金流量 y_t 的方差为:

$$D(y_t) = \sum_{j=1}^{m} [y_t^{(j)} - E(y_t)]^2 \cdot P_j \tag{4-36}$$

2. 方案净现值的期望值、方差与变异系数

以净现值为例来讨论方案经济效果的概率描述。在各个周期的净现金流量均为随机变量的情况下,由各个周期净现金流量现值之和构成的方案净现值必然也是一个随机变量,称之为随机净现值。在多数情况下,可以认为随机净现值近似地服从正态分布。

设各周期的随机现金流为 y_t($t=0$,1,2,……n),则随机净现值为:

$$NPV = \sum_{t=0}^{n} y_t (1+i_0)^{-t} \tag{4-37}$$

(1) 期望值

假设方案寿命期的周期数 n 为一常数，根据各周期随机现金流的期望值 $E(y_t)$（$t=0, 1, 2, \cdots\cdots n$），可得方案净现值的期望值：

$$E(NPV) = \sum_{t=0}^{n} E(y_t) \cdot (1+i_0)^{-t} \tag{4-38}$$

对净现值指标来讲，期望值大的方案优于期望值小的方案。

(2) 方差

方案净现值的方差与各周期随机现金流之间的相关性有关。如果方案寿命期内任意两个随机现金流之间不存在相关关系或相关关系可以不考虑，则方案净现值的方差为：

$$D(NPV) = \sum_{t=0}^{n} D(y_t) \cdot (1+i_0)^{-2t} \tag{4-39}$$

在实际工作中，如果能通过统计或主观判断给出在方案寿命期内不确定因素可能出现的各种状态及其发生概率，就可以通过对各不确定因素的不同状态进行组合，求出所有可能出现的方案净现金流量序列及其发生概率，从而可不必计算各年净现金流量的期望值与方差，而是直接计算方案净现值的期望值与方差。

如果影响方案现金流量的不确定因素，在方案寿命期内可能出现的各种状态均可视为独立事件，则由各因素的某种状态组合所形成的方案净现金流量序列的发生概率，应为各因素相应状态发生概率之积；对各个不确定因素的各种可能出现状态进行组合后，便可得到所有可能出现的方案现金流量状态及其发生概率；在此基础上，计算方案净现值的期望值与方差。

为了便于分析，通常使用与净现值具有相同量纲的标准差，来反映随机净现值取值的离散程度，记为 $\sigma(NPV)$，其计算式为：

$$\sigma(NPV) = \sqrt{D(NPV)} \tag{4-40}$$

对于期望值相同的方案，标准差越大说明其偏离期望值的程度越大，因而风险越大。

(3) 变异系数

为了比较期望值不同的投资项目之间的风险程度大小，需要引进"变异系数"的概念。变异系数是用标准差除以期望值的商，通常用"V"表示：

$$V = \frac{\sigma}{E(NPV)} \tag{4-41}$$

变异系数越大，则该投资项目的风险越大。

【例 4-10】 某新产品生产项目，影响未来净现金流量的不确定因素主要是产品的市场销售情况和原材料价格水平。据分析，市场销售状态有畅销、一般、滞销三种可能（分别记作 θ_{m1}，θ_{m2}，θ_{m3}），原材料价格水平状态有高、中、低三种可能（分别记作 θ_{p1}，θ_{p2}，θ_{p3}）。市场销售状态与原材料价格水平状态之间是相互独立的。各种市场销售状态和原材料价格水平状态的发生概率如表 4-10 所示，各种可能的状态组合所对应的方案现金流量如表 4-11 第(3)、第(4)列所示。试计算方案净现值的期望值与方差（$i_0=12\%$）。

【解】 对各个不确定因素的各种可能出现状态进行组合，分别计算各组合的净现值 $NPV^{(j)}$，并按各因素相应状态发生概率之积求得某种组合方案净现金流量序列的发生概率 P_j（$j=1, 2, \cdots\cdots, 9$），见表 4-11 第(5)、(6)列。

某项目信息 表 4-10

市场销售情况	状态	θ_{m1}	θ_{m2}	θ_{m3}
	发生概率	$P_{m1}=0.3$	$P_{m2}=0.5$	$P_{m3}=0.2$
原材料价格水平	状态	θ_{p1}	θ_{p2}	θ_{p3}
	发生概率	$P_{p1}=0.4$	$P_{p2}=0.4$	$P_{p3}=0.2$

各种可能的状态组合 表 4-11

序号	状态组合	现金流量（万元） 0年	现金流量（万元） 1～5年	净现值 $NPV^{(j)}$（万元）	发生概率 P_j
(1)	(2)	(3)	(4)	(5)	(6)
1	$\theta_{m1} \cap \theta_{p1}$	−1000	390	405.86	0.12
2	$\theta_{m1} \cap \theta_{p2}$	−1000	450	622.15	0.12
3	$\theta_{m1} \cap \theta_{p3}$	−1000	510	838.44	0.06
4	$\theta_{m2} \cap \theta_{p1}$	−1000	310	117.48	0.20
5	$\theta_{m2} \cap \theta_{p2}$	−1000	350	261.67	0.20
6	$\theta_{m2} \cap \theta_{p3}$	−1000	390	405.86	0.10
7	$\theta_{m3} \cap \theta_{p1}$	−1000	230	−170.90	0.08
8	$\theta_{m3} \cap \theta_{p2}$	−1000	250	−98.81	0.08
9	$\theta_{m3} \cap \theta_{p3}$	−1000	270	−26.71	0.04

按式（4-38）计算方案净现值的期望值：

$$E(NPV) = \sum_{t=0}^{n} E(y_t) \cdot (1+i_0)^{-t} = \sum_{t=0}^{n} \sum_{j=1}^{m} y_t^{(j)} \cdot P_j \cdot (1+i_0)^{-t}$$

$$= \sum_{j=1}^{m} \sum_{t=0}^{n} y_t^{(j)} (1+i_0)^{-t} \cdot P_j = \sum_{j=1}^{m} NPV^{(j)} \cdot P_j = 267.44 \text{ 万元}$$

按式（4-39）计算方案净现值的方差：

$$D(NPV) = \sum_{t=0}^{n} D(y_t) \cdot (1+i_0)^{-2t} = \sum_{t=0}^{n} \sum_{j=1}^{m} [y_t^{(j)} - E(y_t)]^2 \cdot P_j \cdot (1+i_0)^{-2t}$$

$$= \sum_{j=1}^{m} \sum_{t=0}^{n} [y_t^{(j)} - E(y_t)]^2 \cdot (1+i_0)^{-2t} \cdot P_j = \sum_{j=1}^{m} [NPV^{(j)} - E(NPV)]^2 \cdot P_j$$

$$= 72943.69 \text{ 万元}$$

方案净现值的标准差为：

$$\sigma(NPV) = \sqrt{D(NPV)} = 270.08 \text{ 万元}$$

3. 方案风险估计

通过上述计算得到方案经济效果指标（如净现值）的期望值与方差后，便可估计方案的风险。概率分析中，在已知方案经济效果指标（如净现值）的概率分布及其期望值与方差的情况下，一般采用解析法进行方案风险估计。

【例 4-11】 假定例 4-10 中方案净现值服从正态分布，利用例 4-10 的计算结果求：

(1) 净现值大于等于 0 的概率；
(2) 净现值小于−100 万元的概率；

(3) 净现值大于等于 500 万元的概率。

【解】 由概率论理论可知，连续型随机变量 X 的标准正态分布：

$$F(x) = \frac{1}{\sqrt{2\pi}} \int_{-\infty}^{\frac{x-\mu}{\sigma}} e^{-\frac{1}{2}u^2} du = \Phi\left(\frac{x-\mu}{\sigma}\right)$$

式中，μ，σ 分别为随机变量 X 的期望值和标准差。

令 $Z = \frac{x-\mu}{\sigma}$，由表可以直接查出 $x < x_0$ 的概率值为：

$$P(x < x_0) = P\left(Z < \frac{x-\mu}{\sigma}\right) = \Phi\left(\frac{x-\mu}{\sigma}\right)$$

在本例中，若将方案净现值视为连续型随机变量，且

$$\mu = E(NPV) = 267.44 \text{ 万元} \qquad \sigma = \sigma(NPV) = 270.08 \text{ 万元}$$

则

$$Z = \frac{NPV - E(NPV)}{\sigma(NPV)} = \frac{NPV - 267.44}{270.08}$$

由此可以计算出各项待求概率。

(1) 净现值大于等于 0 的概率

$$\begin{aligned} P(NPV \geqslant 0) &= 1 - P(NPV < 0) \\ &= 1 - P\left(Z < \frac{0 - 267.44}{270.08}\right) \\ &= 1 - P(Z < -0.9902) \\ &= P(Z < 0.9902) \end{aligned}$$

由标准正态分布表可查得 $P(Z < 0.9902) = 0.8389$，所以 $P(NPV \geqslant 0) = 0.8389$

(2) 净现值小于 -100 万元的概率

$$\begin{aligned} P(NPV < -100) &= P\left(Z < \frac{-100 - 267.44}{270.08}\right) \\ &= P(Z < -1.360) \\ &= 1 - P(Z < 1.360) \\ &= 1 - 0.9131 \\ &= 0.0869 \end{aligned}$$

(3) 净现值大于等于 500 万元的概率

$$\begin{aligned} P(NPV \geqslant 500) &= 1 - P(NPV < 500) \\ &= 1 - P\left(Z < \frac{500 - 267.44}{270.08}\right) \\ &= 1 - P(Z < 0.8611) \\ &= 1 - 0.8054 = 0.1946 \end{aligned}$$

从以上计算结果可知，本方案能够取得满意经济效果（$NPV > 0$）的概率为 83.89%；不能取得满意经济效果（$NPV < 0$）的概率为 16.11%；净现值小于 -100 万元的概率为 8.69%；净现值大于等于 500 万元的概率为 19.46%。

在正态分布条件下，随机变量的实际取值在 $\mu \pm \sigma$（μ 为净现值，σ 为标准差）范围内的概率为 68.3%，在 $\mu \pm 2\sigma$ 范围内的概率为 95.4%，在 $\mu \pm 3\sigma$ 范围内的概率为 99.7%。因此，对于随机净现值服从正态分布的投资方案，只要计算出了净现值的期望值和标准

差，就可以根据正态分布的特点，对方案的风险程度作出大致判断。如例 4-9，实际净现值在 $-2.64 \sim -537.52$ 万元范围内的概率为 68.3%，实际净现值在 $-272.72 \sim -807.6$ 万元范围内的概率为 95.4%，实际净现值小于 -542.8 万元和大于 1077.68 万元的情况几乎不可能（概率小于 0.3%）。

4. 概率分析的步骤

（1）列出各种要考虑的不确定性因素，如投资、收益、成本等；

（2）根据历史资料或经验估计不确定因素的概率分布，或直接确定各种不确定因素的取值及其相应概率；

（3）计算净现值的期望值；

（4）计算净现值的标准差或变异系数；

（5）判断项目的风险大小。

【例 4-12】 某房地产开发项目的现金流量如表 4-12 所示。根据预测、经验判断，开发成本、销售收入（互相独立）可能发生的变化及其概率如表 4-13 所示。试对项目进行概率分析。标准折现率为 12%。

某项目现金流量表　　　　　　　（单位：万元）　　表 4-12

年份	1	2	3	4	5
租售收入	1600	6400	8800	8800	8800
开发成本	4500	5900	6900	1800	200
其他支出	—	—	—	2500	3000
净现金流量	−2900	500	1900	4500	5000

开发成本和销售收入变化的概率表　　　　　　表 4-13

因素 \ 概率 \ 变幅	−20%	0	+20%
租售收入	0.3	0.6	0.1
开发成本	0.1	0.4	0.5

【解】（1）列出本项目净现金流量的全部可能状态，共 9 种，如表 4-14 所示。

现金流量序列计算表　　　　　　表 4-14

开发成本变幅	租售收入变幅	方案状态序号	相应概率 P_i	期望值 NPV_i	$NPV_i \cdot P_i$
+20%	+20%	1	0.05	7733.2	386.66
	0	2	0.30	2106.3	631.89
	−20%	3	0.15	−3054.7	−458.21
0	+20%	4	0.04	10602.7	424.11
	0	5	0.24	5441.7	1306.01
	−20%	6	0.12	280.8	33.70
−20%	+20%	7	0.01	13938.1	139.38
	0	8	0.06	8777.2	526.63
	−20%	9	0.03	3616.2	108.49
合计			1.00		3098.66

(2) 分别计算项目净现金流量序列状态的概率 P_i（$i=1, 2, \cdots\cdots, 9$）：
$$P_1 = 0.5 \times 0.1 = 0.05$$
$$P_2 = 0.5 \times 0.6 = 0.30$$
其余类推。

(3) 分别计算各状态下的项目净现值 NPV_i（1, 2, ……, 9）：
$$NPV_1 = \sum_{t=1}^{5} (CI-CO)_t (1+12\%)^{-t} = 7733.2 \text{ 万元}$$
$$NPV_2 = \sum_{t=1}^{5} (CI-CO)_t (1+12\%)^{-t} = 2106.3 \text{ 万元}$$
其余类推。

(4) 计算 $NPV_i \cdot P_i$。

(5) 求项目净现值的期望值和标准差：
$$E(NPV) = \sum_{i=1}^{9} NPV_i P_i = 3098.66 \text{ 万元}$$
$$\sigma = \sqrt{\sum_{i=1}^{9} [NPV_i - E(NPV)]^2 \times P_i} = 3832.69$$

(6) 方案风险的判断。

在单方案的判断中，一般可以利用期望值和累计概率的方法综合判断方案风险的大小。在本例中：$E(NPV) > 0$，且 $P(NPV \geqslant 0) = 1 - 0.15 = 0.85$，说明该项目是可行的；但标准差较大，说明各方案收益的变动性较大（计算过程见表 4-14）。

4.4.4 方案决策

1. 决策问题及其构成

【例 4-13】 有一河面上增建一座公路桥，某建筑公司考虑是否承包这项工程。如果承包，在整个建桥过程中，遇河水为低水位，则可省工省料，公司可挣 4 万元；若在施工过程中遇河水上涨，就会损失 1 万元，如果不承包，未来这段时间公司也会因工程任务少而亏损 4000 元。据气象及水文资料分析得知，未来这段时间出现低水位的概率为 0.7，出现高水位的概率为 0.3。试根据以上资料对是否承包该工程做出决策。

在本例中，河水出现低水位或高水位事先不能肯定，叫做自然状态，为不可控因素；公司可能采取的行动有两种——承包或不承包，叫做行动方案，为可控因素；对应不同的自然状态和行动方案的损失或收益叫做损益值，也叫做风险值，如表 4-15 所示。

修建公路桥资料表 表 4-15

自然状态	概 率	行 动 方 案	
		承 包	不承包
低水位	0.7	4	-0.4
高水位	0.3	-1	-0.4

由上述例子可以看到，构成一个决策问题通常应具备以下条件：

(1) 存在着决策人希望达到的一个明确目标，如收益较大或损失最小；
(2) 存在着两个以上不以决策人的主观意志为转移的自然状态；

(3) 存在着两个以上可供选择的行动方案；

(4) 在各自然状态下，不同行动方案将导致不同的结果，其损益值可以计算出来；

(5) 在几种不同的自然状态中今后将出现哪种自然状态，决策人不能肯定。

2. 决策的分类

按决策所处的条件不同，有确定型决策、非确定型决策和风险型决策等。

(1) 确定型决策

确定型决策是指在自然状态的发生为已知情况下进行的决策。一个方案的确立只有一种结果，通过比较、计算、选优，即可做出决策。在例 4-13 中，如果确认在将来一段时期内肯定是低水位，则公司应选择承包方案，可获利 4 万元。严格来讲，确定型决策只是单纯的数学计算，不属于决策论的研究范畴。

(2) 非确定型决策

非确定型决策是在各自然状态出现的概率完全未知情况下的决策，即决策者对自然状态是否发生事先不能肯定、被决策的事物具有两种以上客观存在的自然状态、同时具有可供决策人选择的两个以上方案。常用的方法，按决策的标准主要分为以下四种：

①乐观准则（或称大中取大法）

这种方法的特点是：决策人对客观情况抱乐观态度，总是认为会出现最好的自然状态。

决策过程是：先从各种情况下选出每个方案的最大损益值，然后对各个方案进行比较，以收益值最大的方案为选择方案，其表达式为 $\max\limits_{j} \{\max\limits_{i} [a_{ij}]\}$，式中 a_{ij} 为方案 j 在状态 i 下的损益值。

②悲观准则（或称小中取大法）

这种方法的特点是：决策人对现实方案的选择持保守态度，为了保守起见，总是根据最坏的客观条件来选择行动方案。

决策过程是：先从各种情况下选出每个方案的最小损益值，以最小损益值为最大的方案为选择方案，其表达式为 $\max\limits_{j} \{\min\limits_{i} [a_{ij}]\}$，式中 a_{ij} 为方案 j 在状态 i 下的损益值。

③折中准则（或称乐观系数法）

它的特点是，决策人对客观条件的估计及选择方案既不像悲观者那样保守、也不像乐观者那样冒险，而是从中找出一个折中的标准。

其决策过程是：决策人先要根据历史数据和经验确定一个乐观系数 α，来表达乐观程度，且 $0 \leq \alpha \leq 1$，然后用下式计算结果：

$$CV_i = \alpha \cdot \max\limits_{j}[a_{ij}] + (1-\alpha) \cdot \min\limits_{j}[a_{ij}] \tag{4-42}$$

也就是先找出每个方案在各自然状态下的最大损益值，并乘以 α；再加上最小损益值乘 $(1-\alpha)$，最后选出其中最大的 CV_i 值，其对应的方案即为最佳方案。显然 $\alpha=1$ 时是乐观准则；$\alpha=0$ 时是悲观准则。这种方法中，α 的取值是决策的关键，要根据具体情况合理确定。

④等可能性准则

折中准则只是考虑了每一种方案的最大和最小损益值的影响，对于中间的情况没有考虑。等可能性准则则是认为将来各种情况出现的概率都相同，在此基础上计算出每一种方案收益值的平均数，选取平均收益最大的方案。平均收益可用下式表示：

$$\bar{a}_i = \frac{\sum_{j=1}^{n} a_{ij}}{n} \tag{4-43}$$

式中 $\bar{a}_i$——各方案的平均收益；

n——自然状态数。

⑤后悔值准则（或称大中取小法）

后悔值准则又称为最小机会损失准则。后悔值是指每种情况下方案中最大收益值与各方案收益值之差。如果决策者选择了某一个方案，但后来事实证明他所选择的方案并非最优方案，他就会少得一定的收益或承受一些损失，于是他会后悔把方案选错了，或者感到遗憾。这个因选错方案可得而未得到的收益或遭受的损失，称为后悔值或遗憾值。应用时先计算出各方案的最大后悔值，进行比较，以最大后悔值最小的方案作为最佳方案。

【例 4-14】 某建筑制品厂拟生产一种新产品，由于没有资料，只能设想出三种方案以及各种方案在市场销路好、一般、差三种情况下的损益值，如表 4-16。每种情况出现的概率也无从知道，试进行方案决策。

对于这种非确定型决策，可用乐观准则、悲观准则、折中准则和后悔值准则进行决策，并以损益矩阵表示，如表 4-16。

损 益 矩 阵 表　　　　　　　　表 4-16

损益值（万元）\决策方案	产品销售情况			决 策 准 则				
	销路好	销路一般	销路差	max $[a_{ij}]$	min $[a_{ij}]$	CV_i	$\bar{a}$	后悔值
A_1	36	23	−5	36	−5	19.6	18	14
A_2	40	22	−8	40	−8	20.8	18	17
A_3	21	17	9	18	9	16.2	15.67	19
选取方案				A_2	A_3	A_2	A_1 或 A_2	A_1

【解】 ①乐观准则

$$\max_j\{\max_i[a_{ij}]\} = \max\{36, 40, 18\} = 40，故选取方案 A_2。$$

②悲观准则

$$\max_j\{\min_i[a_{ij}]\} = \max\{-5, -8, 9\} = 9，故选取方案 A_3。$$

③折中准则

如果根据具体情况分析，设乐观系数 $\alpha=0.6$，则各方案的折中损益值为：

$$CV_1 = 0.6 \times 36 + 0.4 \times (-5) = 19.6$$
$$CV_2 = 0.6 \times 40 + 0.4 \times (-8) = 20.8$$
$$CV_3 = 0.6 \times 21 + 0.4 \times (9) = 16.2$$

④等可能性准则

$$\bar{a}_1 = \frac{\sum_{j=1}^{n} a_{ij}}{n} = \frac{36+23-5}{3} = 18$$

$$\overline{a_2} = \frac{\sum_{j=1}^{n} a_{ij}}{n} = \frac{40+22-8}{3} = 18$$

$$\overline{a_3} = \frac{\sum_{j=1}^{n} a_{ij}}{n} = \frac{21+17+9}{3} 15.6$$

⑤后悔值准则

用每种自然状态下的最大收益值减去该自然状态下各方案的损益值,即得到该方案在该自然状态下的后悔值;找出每一种方案的最大后悔值;从中选取最大后悔值最小的方案即为决策方案。后悔值的计算及决策过程如表4-17。因此选择 A_1 方案。

后悔值计算表 表4-17

产品销售情况		销路好	销路一般	销路差	各方案最大后悔值
最理想收益值(万元)		40	23	9	
后悔值(万元)	A_1	40-36=4	23-23=0	9-(-5)=14	14
	A_2	40-40=0	23-22=1	9-(-8)=17	17
	A_3	40-21=19	23-17=6	9-9=0	19
选取方案					A_1

(3) 风险型决策

风险型决策也叫统计型决策或随机型决策。它除具备非确定型决策的四个条件外,还应具备第五个条件,即在几种不同的自然状态中未来究竟将出现哪种自然状态,决策人不能肯定,但是各种自然状态出现的可能性(即概率),决策人可以预先估计或计算出来。这种决策具有一定的风险性,所以称为风险型决策。决策的正确程度与历史资料的占有数量有关,与决策者的经验、判断能力以及对风险的看法和态度有关。

风险型决策可用期望值准则、最大可能准则,决策方法有决策树法。

①期望值准则。把每个行动方案看成是一个随机变量,其取值就是每个行动方案在各种自然状态下相应的损益值,而各方案的损益期望值则是各自然状态发生的概率与该方案对应的损益值乘积之和。其公式如下:

$$E(A_i) = \sum_{j=1}^{n} P(\theta_j) \cdot \alpha_{ij} \tag{4-44}$$

式中 $E(A_i)$——A_i 方案的损益期望值;

$P(\theta_j)$——自然状态 θ_j 的发生概率;

α_{ij}——A_i 方案在自然状态 θ_j 下的损益值;

n——自然状态数。

所谓期望值准则,就是以期望值最大的行动方案作为最佳方案。

【例4-15】 以例4-13为背景,按期望值准则应如何决策?

【解】 按期望值准则求解

承包方案: $E(A_1) = 4 \times 0.7 + (-1) \times 0.3 = 2.5$ 万元

不承包方案: $E(A_2) = (-0.4) \times 0.7 + (-0.4) \times 0.3 = -0.4$ 万元

显然是承包方案优于不承包方案,开工可得最大期望值2.5万元。

②最大可能准则。风险型决策还可用最大可能准则求解。自然状态的概率越大,表明发生的可能性越大,该法取概率最大自然状态下最大损益值大对应的方案为最优方案。

在例 4-13 中,低水位的概率大,这样就不考虑高水位这个自然状态;在低水位自然状态下,承包方案的损益值大于不承包方案,所以承包方案是最优方案。与期望值准则决策结果保持一致。

由于考虑问题的出发点不同,最大可能准则与期望值准则的决策结果有时会出现不一致的情况。一般来讲,最大可能准则以自然状态发生的可能性作为决策的唯一标准,作为一次性决策有其合理性的一面,尤其是在一组自然状态中,某一状态出现的概率明显高于其他状态出现的概率,且它们相应的损益值差别不很大时,该法的效果良好;如果在一组自然状态中,各状态发生的概率都很小、且互相很接近,再采用最大可能准则就效果不佳,决策方法效果不好,有时甚至会引起严重错误。

对于多次反复的决策问题,采用期望值准则更为科学合理。

3. 决策树法

决策树法是一种利用树型决策网络来描述与求解风险型决策问题的方法,也是概率分析的一种图解方法。它是将决策过程中各种可供选择的方案、可能出现的自然状态及其概率和产生的结果,用一个像树枝的图形表示出来,把一个复杂的多层次的决策问题形象化。其优点是能使决策问题形象直观,便于思考与集体讨论,特别在多级决策活动中,能起到层次分明、一目了然、计算简便的作用。

(1) 决策树的结构及其绘制方法

决策树是以方框与圆圈为节点,由直线连接而形成的一种树形图,包含决策点、机会点、方案枝、概率枝等要素,如图 4-13 所示。其绘制方法如下:

①先画一个方框作为出发点,称为决策点;

②从决策点引出若干直线,表示该决策点有若干可供选择的方案,在每条直线上标明方案名称,称为方案分枝;

③在方案分枝的末端画一圆圈,称为方案节点或机会点;

④从方案节点再引出若干直线,表示可能发生的自然状态,并标明可能出现的概率,称为状态分枝或概率分枝;

⑤在概率分枝的末端画若干个小三角形,写上各方案在每种自然状态下的收益值或损失值,称为结果点。

风险型决策问题一般都具有多个备选方案,每个方案又有多种客观状态,因此决策树都是由左向右、由简入繁,形成一个树形的网络图,要把决策方案、自然状态及其概率期望损益值系统地在图上反映出来,供决策者抉择。

(2) 决策树法的解题步骤

运用决策树进行决策通常分为两个阶段:首先是从左向右的建树过程,即根据决策问题的内容(备选方案、客观状态及其概率、损益值等)从左向右逐步分析,绘制决策树;

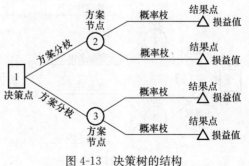

图 4-13 决策树的结构

其次,决策树建好后,再从右向左,计算各个方案在不同状态下的期望损益值,然后根据不同方案的期望损益值的大小作出选择,"剪去"被淘汰的方案枝、最后决策点留下的唯一一条方案枝即代表最优方案。具体工作内容为:

①列出方案。通过资料的整理和分析,提出决策要解决的问题,针对具体问题列出方案,并绘制成表格。

②根据方案绘制决策树。画决策树的过程,实质上是拟订各种抉择方案的过程,是对未来可能发生的各种事件进行周密思考、预测和预计的过程。决策树按从左到右的顺序绘制。

③计算各方案的期望值。计算时从决策树最右端的结果点开始。

④方案选择即决策。在各决策点上比较各方案的期望值,以其中最大者为最佳方案。在被舍弃的方案分枝上画两杠表示剪枝。

(3) 单级决策

只需要进行一次决策就可以选出最优方案的决策,称为单级决策。

【例 4-16】 某投资者欲投资兴建一工厂,建设方案有两种:①大规模投资 300 万元;②小规模投资 160 万元。两个方案的生产期均为 10 年,其每年的损益值及销售状态的概率见表 4-18。试用决策树法选择最优方案。

某项目信息表　　　　　　　　　表 4-18

销售状态	概　率	损益值(万元/年)	
		大规模投资	小规模投资
销路好	0.7	100	60
销路差	0.3	−20	20

【解】 a. 绘制决策树,见图 4-14。

b. 计算各状态点的期望收益值。

节点②:$[100\times0.7+(-20)\times0.3]\times10-300=340$ 万元

节点③:$(60\times0.7+20\times0.3)\times10-160=320$ 万元

将各状态点的期望收益值标在圆圈上方。

c. 决策。比较节点②与节点③的期望收益值可知,大规模投资方案优于小规模投资方案,故应选择大规模投资方案,用符号"//"在决策树上"剪去"被淘汰的方案。

(4) 多级决策

一个决策问题,如果需要进行两次或两次以上的决策,才能选出最优方案,达到决策目的的,称为多级决策。在多级决策中,决策树更加形象、直观。

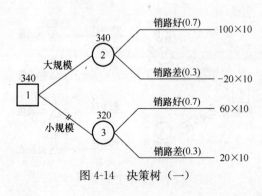

图 4-14 决策树(一)

【例 4-17】 接例 4-16,为了适应市场的变化,投资者又提出了第三个方案,即先小规模投资 160 万元;生产 3 年后,如果销路差,则不再投资,继续生产 7 年;如果销路好,则再作决策是否再投资 140 万元扩建至大规模（总投资 300 万元），生产 7 年。前 3 年和后七年销售状态的概率见表 4-19 所示，大小规模投资的年损益值同例 4-14。试用决策树法选择最优方案。

某项目各年销售状态概率表　　　　　　　　表 4-19

	前 3 年销售状态概率		后 7 年销售状态概率	
	好	差	好	差
概　率	0.7	0.3	0.9	0.1

【解】　a. 绘制决策树，见图 4-15 所示。

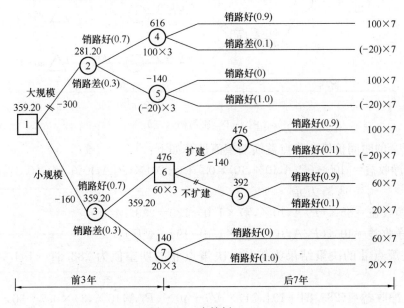

图 4-15　决策树（二）

b. 计算各节点的期望收益值并选择方案。

节点④：$[100×7×0.9+(-20)×7×0.1]=616$ 万元

节点⑤：$[100×7×0+(-20)×7×1.0]=-140$ 万元

节点②：$(616+100×3)×0.7+[(-140)+(-20)×3]×0.3-300=281.20$ 万元

节点⑧：$[100×7×0.9+(-20)×7×0.1]-140=476$ 万元

节点⑨：$(60×7×0.9+20×7×0.1)=392$ 万元

节点⑧的期望收益值为 476 万元，大于节点⑨的期望损益值 392 万元，故选择扩建方案，"剪去"不扩建方案。因此，节点⑥的期望损益值取扩建方案的期望损益值。

【例 4-18】　某建筑公司拟建一预制构件厂，一个方案是建大厂，需投资 300 万元，建成后如销路好，每年可获利 100 万元，如销路差，每年要亏损 20 万元，该方案的使用期均为 10 年；另一个方案是建小厂，需投资 170 万元，建成后如销路好，每年可获利 40 万元，如销路差每年可获利 30 万元；若建小厂，则考虑在销路好的情况下 3 年以后再扩建，扩建投资 130 万元，可使用 7 年，每年盈利 85 万元。假设前 3 年销路好的概率是 0.7，销路差的概率是 0.3；后 7 年的销路情况完全取决于前 3 年；试用决策树法选择方案。

【解】 这个问题可以分前 3 年和后 7 年两期考虑，属于多级决策类型，如图 4-16 所示。

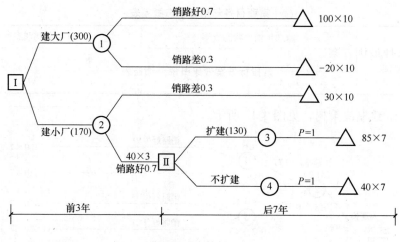

图 4-16 决策树（三）

考虑资金的时间价值，各点益损期望值计算如下：

点①：净收益=[100×(P/A,10%,10)×0.7+(-20)×(P/A,10%,10)×0.3]-300
　　　　　=93.35 万元

点③：净收益=85×(P/A,10%,7)×1.0-130=283.84 万元

点④：净收益=40×(P/A,10%,7)×1.0=194.74 万元

可知决策点Ⅱ的决策结果为扩建，决策点Ⅱ的期望值为 283.84+194.74=478.58 万元

点②：净收益=(283.84+194.74)×0.7+40×(P/A,10%,3)×0.7+30×
　　　　　(P/A,10%,10)×0.3-170=345.62 万元

由上可知，最合理的方案是先建小厂，如果销路好，再进行扩建。在本例中，有两个决策点Ⅰ和Ⅱ，在多级决策中，期望值计算先从最小的分枝决策开始，逐级决定取舍到决策能选定为止。

【例 4-19】 某投标单位面临 A、B 两项工程投标，因受本单位资源条件限制，其中一项工程投标，或者两项工程都不投标。根据过去类似工程投标的经验数据，A 工程投高标的中标概率为 0.3，投低标的中标概率为 0.6，编制投标文件的费用为 3 万元；B 工程投高标的中标概率为 0.4，投低标的中标概率为 0.7，编制投标文件的费用为 2 万元。各方案承包的效果、概率及损益情况如表 4-20 所示。试运用决策树法进行投标决策。

【解】 （1）画出决策树，标明各方案的概率和损益值（如图 4-17 所示）。

（2）计算图 4-17 中各机会点的期望值，将计算结果标在各机会点的上方。

点⑦：150×0.3+100×0.5+50×0.2=105 万元

点②：105×0.3-3×0.7=29.4 万元

点⑧：110×0.2+60×0.7+0×0.1=64 万元

点③：64×0.6-3×0.4=37.2 万元

点⑨：110×0.4+70×0.5+30×0.1=82 万元

点④：82×0.4－2×0.6＝31.6万元

点⑩：70×0.2＋30×0.5－10×0.3＝26万元

点⑤：26×0.7－2×0.3＝17.6万元

点⑥：0

(3) 选择最优方案。

各投标方案效果概率及损益表　　　　　　　　　　　　　表 4-20

方　案	效　果	概　率	损益值（万元）
A高	好	0.3	150
	中	0.5	100
	差	0.2	50
A低	好	0.2	110
	中	0.7	60
	差	0.1	0
B高	好	0.4	110
	中	0.5	70
	差	0.1	30
B低	好	0.2	70
	中	0.5	30
	差	0.3	－10
不投标			0

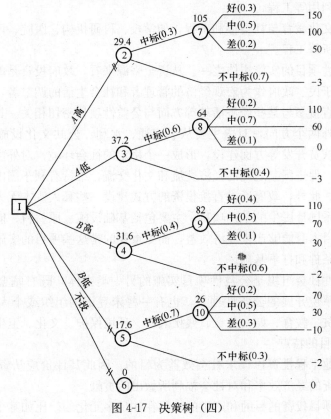

图 4-17　决策树（四）

因为点③的期望值最大，故应投 A 工程低标。

4.5 公益性项目评价

对于公益性项目，除经济目标外，还有其他社会政治目标，如地区或各阶层之间的利益分配、就业、环境改进和社会安定、军事作用等方面，需要采用特定的方法——费用效益分析进行评价。

4.5.1 公益性项目概述

公益性项目是指为巩固国防、保障社会安全、满足人民物质文化生活需要而兴办的工程，主要指交通、水利、扶贫开发、防灾减灾、国家安全、教育、文化、卫生、体育、环保等，是各级政府及非政府社会组织承建的、以增进社会福利为目的的非盈利性项目，有别于一般生产性固定资产投资。不同组织实施的项目水平和质量参差不齐，不同项目产生的效果差异较大，且公益性项目与盈利性、竞争性项目在运营上的差别，决定了其评价的特殊性。

1. 公益性项目的类别

公益性项目按其满足社会需要的不同，可分为以下几类：

（1）国防事业与社会安全工程，如军事工程、城市消防和治安系统工程；

（2）生产与生活服务工程，如供电、供水、供气、邮政、通信与交通运输工程；

（3）环境保护与灾害防治工程，如防洪、防涝、水土保持、污染治理、野生资源保护与水利资源综合利用等工程；

（4）科学、文化教育与社会福利工程，如学校、科研机构、医院、博物馆、体育设施及娱乐和游览场所等工程。

政府是公益性项目的实施主体之一。从资金来源来看，政府投资是取之于民；从服务对象看，是用之于民。政府作为宏观经济的管理者和社会生活的调节者，其主要职能中的提供公共服务、直接参与某些经济活动等方面与公益性项目密切相关。具体来说，公共服务包括对内和对外两个方向，对内主要从事交通、水利、公共文化设施、公共卫生、教育、国家安全、扶贫开发等方面建设，形成一个稳定的社会环境；对外主要包括维护领土完整和国家主权，促进国家之间的经济交流和文化交流，维持有利于国内经济发展和政治稳定的国际环境。此外，政府通过直接投资的方式建设一些私人资本无力或不愿投资的项目，以及一些关系国计民生的基础项目，主要包括基础设施、原材料、能源、交通、水利等产业。这些项目本身能够产生经济效益，而更重要的是这些项目的实施能为国家或地区经济的发展提供条件和打下基础。

各种非盈利性社会组织是公益性项目实施的另一类主体，既有基金会、协会、促进会、民办非企业单位开展的公益性项目，也有一些未登记的组织或个人开展的公益性项目，主要涉及扶贫、教育、妇女儿童、残疾人口、环境保护、文化、卫生等领域。

2. 公益性项目的特点

（1）公用事业工程投资以谋求社会效益为目的。因此其评价应从资源合理配置的角度，分析项目投资的经济效率和对社会福利所做出的贡献。

（2）公益性项目投资的目的和产生的效果往往是多元化的。比如某个地区修建水力发电设施，除了发电产生的经济效益外，其服务的目标还有缓解当地的电力紧张局面，并促进当地农业的灌溉、提供就业岗位等；某综合体育场建设项目，除了可以组织大型运动会、足球比赛等体育项目，还可以为文化演出、公众集会、全民健身提供场所，丰富大众的业余生活。

（3）公用事业投资项目的兴办者、投资者与受益者一般是分离的，这是与生产性投资明显不同的特点。比如防灾减灾项目，兴办者一般为政府，投资者可以是各级政府，也可以是基金会、各种救灾捐款等，直接的受益者就是当地的老百姓。

（4）公益性项目一般具有规模大、投资多、受益面广、服务年限长、影响深远等特点。公益性项目也会面临各种风险，由于项目的时间跨度长，不可避免地会受到政治经济社会环境变化的影响，这些变化均有可能影响项目目标的完成。

3. 公益性项目的费用效益分析

由公益性项目的特点可知，公益性项目的投资目的是谋求社会效益，因此其评价应从资源合理配置的角度，分析项目投资的经济效益和对社会福利所作出的贡献。上述工作称为费用效益分析，是对公益性项目进行评价的方法之一。其主要目的包括：

（1）全面识别整个社会为项目付出的代价，以及项目为提高社会福利所做出的贡献，评价项目投资的经济合理性；

（2）分析项目费用效益流量与财务现金流量存在的差别，以及造成这种差别的原因，提出相关的政策调整建议；

（3）对于市场化运作的基础设施等项目，通过费用效益分析来论证项目的经济价值，为制定财务方案提供依据；

（4）分析各利益相关者为项目付出的代价及获得的利益，通过对受损者及受益者的费用效益分析，为社会评价提供依据。

对公益性项目而言，由于存在外部效果、不可计量的效果以及可能发生的价格偏离等因素，以及其本身固有的特点，因此评价有别于一般盈利性项目的评价。二者的区别主要在于评价指标不同、费用和效益度量不同、评价结论协调难度不同等方面。

一般盈利性项目采用财务评价指标判断项目的优劣，主要以盈利能力评价指标为主，满足企业最大限度获取经济利益的要求；公益性项目投资的目的是谋求社会效益，一般采用费用效益分析法，在区分并计量费用和效益（效果）的基础上，比较费用和效益（效果）的大小，以此来判断项目的优劣；财务评价中使用的基准收益率是建立在可接受的最小报酬率基础上的，而公益性项目评价中应使用社会折现率。

一般盈利性项目评价，现金流入和现金流出针对的是一个投资主体，收益和支出比较容易区分和度量，一般都采用货币化的数量关系，直接应用各种财务评价指标计算即可；公益性项目评价，效益和费用针对不同的主体，效益主要是社会公众享受到的好处，费用主要是投资主体对项目的投入；且公益性项目几乎都有多方面的无形效果，比如就业、文教、卫生、国家安全、收入分配、社会稳定等。由于不存在相应的市场和价格，无形效果一般很难赋予货币价格，只能寻找其他方法对项目的无形效果进行评价。

对一般盈利性项目进行财务评价时，尽管各利益主体之间也会出现不一致的情况，但协调的难度并不是很大，往往不会影响总的结论，从各个盈利能力指标来看，它们之间的关系基本上也是协调的；然而不同的社会群体对公益性项目的关注点往往不同，公益性项目对其产生的影响也不同，有时为了大部分人的利益可能会牺牲小部分人的利益，这可能导致评价指标之间具有显著的冲突，并且协调的难度也较大，由此增加了项目评价的复杂程度。

4.5.2 费用—效益分析的基本方法

费用—效益分析的基本原则同净现值法、年值法本质上一致，还是用货币作为统一尺度，也考虑资金的时间因素，属于贴现法的一种，只是在费用和效益的具体计算上有差异，其中方案所得是指方案的社会效益，方案所失是指社会费用。譬如，工程建设和运行中所支付的税金，对投资者来说是一笔支出，但对国家和社会来说，则是一笔收入。

实际使用中，按方案效益是否可用货币计量，具体有收益—成本分析法和效用—成本分析法两种方法。当收益可用货币计量时，用收益—成本分析法；反之，用效用—成本分析法。

1. 收益—成本分析法

收益—成本分析法分为两种：一种是从方案总成本角度进行的收益—成本分析，其中总成本是指工程项目的开发、建设、投资与运行的成本之和；另一种是从方案追加成本角度进行的收益—成本分析，其中追加成本是指相互对比两方案总成本的差额。此外，按照货币时间价值和换算形式不同，收益—成本分析可采用现值计算，也可用年值计算。

（1）总成本的收益—成本分析，有如下两种形式

第一种形式为：

$$\frac{B}{C} = \frac{\sum_{t=1}^{n} B_t (1+i)^{-t}}{C_0 + \sum_{t=1}^{n} C_t (1+i)^{-t}} \tag{4-45}$$

$$B - C = \sum_{t=1}^{n} (B_t - C_t)(1+i)^{-t} - C_0 \tag{4-46}$$

式中　B_t——方案第 t 年的净收入现值，即社会受益收入与社会损失支出的差额的现值；
　　　C_0——投资额；
　　　C_t——方案第 t 年净经营成本的现值，即兴办者的经营成本与经营收入的差额的现值；
　　　i——最低期望盈利率；
　　　t——年次；
　　　B/C——收益与成本之比，工程项目经济效益的相对数，即单位成本所获得的收入；
　　　$B-C$——收入与成本之差。

对单一方案而言，只要 $B/C>1$ 或者 $B-C>0$，就可以认为方案在经济上是可行的。

在应用上述公式时，应注意"收益"项与"成本"项的计算范围。式中的收益是指方案给社会带来的收入或节约值减去损失值后的余额。同样，成本是指项目兴办者支付的全部投资和经营成本扣除所获收入或节约值后的净额。例如，政府兴建的公路可能发生以下的收益与成本：

社会收益的收入，如车辆运行成本降低、事故减少、运输时间缩短所产生的节约；社会所受的损失，如农田改作公路的损失、空气污染和环境干扰造成的损失等；政府的成本支出，如路基勘探、设计费用、筑路费用、养路费用及公路管理费用等；政府的收入，如车辆通行税收入、由土地提价与商业活动增加带来的税收增加。

第二种形式为：

$$\frac{B}{C} = \frac{\sum_{t=1}^{n}(B_t - C_t)(1+i)^{-t}}{C_0} \tag{4-47}$$

$$B - C = \sum_{t=1}^{n}(B_t - C_t)(1+i)^{-t} - C_0 \tag{4-48}$$

比较上述第一种形式与第二种形式可知，对同一种方案来说，其经济效益绝对值的计量结果是相同的，而经济效益相对数的结果却不同。按第一种形式，兴办者支付的成本扣除所获收入和节约额后的净额 C_t 计入分母，而按第二种形式则将 C_t 计入分子。不过，无论采用哪种形式，只要方案的净现金流量不变，其评价结论是一致的。

(2) 追加成本的收益—成本分析

方案比较的实质是对方案之间的差异进行分析比较。通常，成本高的方案其收入也高，故可通过比较一方案较另一方案增加的收入和追加的成本来评价方案的优劣。以追加成本角度进行收益—成本分析也需要计算追加成本的经济效益相对数和绝对数。其表达式如下：

$$\frac{\Delta B}{\Delta C} = \frac{\sum_{t=1}^{n}(B_{2t} - B_{1t})(1+i)^{-t}}{(C_{20} - C_{10}) + \sum_{t=1}^{n}(C_{2t} - C_{1t})(1+i)^{-t}} \tag{4-49}$$

$$\Delta B - \Delta C = \sum_{t=1}^{n}[(B_{2t} - B_{1t}) - (C_{2t} - C_{1t})](1+i)^{-t} - (C_{20} - C_{10}) \tag{4-50}$$

式中　ΔB——两方案收入差的现值；

ΔC——两方案成本差的现值；

C_{10}——第一方案的投资；

C_{20}——第二方案的投资；

B_{1t}——第一方案的收入；

B_{2t}——第二方案的收入；

C_{1t}——第一方案的运行成本；

C_{2t}——第二方案的运行成本。

收益—成本分析法是贴现法中的一种，体现了公用事业工程投资的特点。对于公用事业工程投资来说，如果采用现值法、年值法等进行评价，其结论与采用收益—成本分析法所得的结论一致。

【例 4-20】　某地因洪水危害平均每年损失 2000 万元。为控制洪水泛滥，当地政府提出 3 个防洪工程方案，这些方案实施后可以不同程度地减少受灾面积和洪水造成的损失。

此外,"维持现状"也作为备选方案之一。有关数据如表 4-21 所列,试从方案总成本与方案追加成本两个角度进行收益—成本分析。

各方案数据表 （单位：万元） 表 4-21

方 案	投资与运行成本年值	水灾损失年值	方案收入年值
A. 维持现状	0	2000	0
B. 筑堤	400	1300	700
C. 建小水库	1200	400	1600
D. 建大水库	1600	100	1900

【解】 各方案收益—成本分析的计算结果汇总于表 4-22 中。表中方案 B 的 ΔB 与 ΔC 是与方案 A 相比的差额,方案 C 的 ΔB 与 ΔC 是与方案 B 相比的差额,方案 D 的 ΔB 与 ΔC 是与方案 C 相比的差额。

各方案分析表 （单位：万元） 表 4-22

方案	收入年值	成本年值	总成本收益—成本分析		ΔB	ΔC	追加成本收益—成本分析	
			B/C	$B-C$			$\Delta B/\Delta C$	$\Delta B-\Delta B$
A	0	0	0					
B	700	400	1.75	300	700	400	1.750	300
C	1600	1200	1.33	400	900	800	1.125	100
D	1900	1600	1.19	300	300	400	0.250	−100

由表 4-23 所列计算结果可知：

从总成本的收益—成本分析结果来看,除方案 A 外,B、C、D 都列为备选。

从追加成本的收益—成本分析来看,方案 D 的 $\Delta B/\Delta C=0.25$, $\Delta B-\Delta C=-100$,说明其收入的增加不足以补偿追加的成本,所以尽管其 $B/C>1$,也应舍去；方案 C 与 B 比较,$\Delta B/\Delta C=1.125$,说明其收入的增加超过了追加成本,故方案的 $B-C=400$（最大）,所以只要资金来源没有困难,应选方案 C。

2. 效用—成本分析法

当方案效益不便计量时,如对工程质量、可靠性、效能等的评价,效用—成本分析法可作为收益—成本分析法的补充,同收益—成本分析法结合起来对项目进行综合评价,选出成本低、收入多、效用高的投资方案。其应用步骤如下：

(1) 明确规定工程项目应实现的效用。例如,交通信号指挥系统的效用目标是运行可靠；军事后勤运输系统的效用目标是在规定内将一定数量的人员、装备运到指定地点等。如被评价项目有多种效用目标,可选择其基本效用目标作为效用—成本分析的对象。

(2) 确定反映效用水平的计量指标。明确了效用目标后,就要选择一定的计量指标来度量效用的大小或效用水平的高低。不同的效用需选择不同的指标来计量：如交通信号指挥系统的运行可靠性可采用可靠度指标,即不发生错误信号的概率来度量；军用后勤运输系统的运载能力可用日运载吨位指标来度量等。

(3) 提出具有预定效用的备选方案,并把各方案成本与效用相应的计量指标表示出来。

（4）采用成本固定法或效用固定法筛选方案。成本固定法是指被评价项目可利用的资金或成本开支是固定有限的，以一定的资金或成本为条件，根据效用高低来评选方案；效用固定法是指对被评价项目必须达到的最低效用水平作出规定后，以一定效用水平为条件，根据成本高低来评选方案。

【例 4-21】 某城市为改善交通秩序，提高车辆通行效率，投资新建交通自动信号控制系统。系统以可靠度为效用计量指标，可靠度用预定期限和条件下系统不发生失误的概率来表示。已知这个项目的投资与运行费用限额为 24 万元，效用水平要求不低于 97%，备选方案有 4 个，有关方案如表 4-23。试用效用—成本分析法作方案选择。

有关方案数据表　　表 4-23

方　案	投资与运行费用年值（万元）	系统可靠度
A	24	0.99
B	24	0.98
C	20	0.98
D	20	0.97

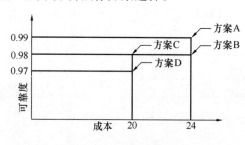

图 4-18　费用成本关系图

【解】（1）首先根据已知数据作图，如图 4-18 所示，表示方案的效用成本关系。

（2）根据图进行方案效用—成本分析。由于 4 个方案成本都不超过限额 24 万元，且效用都能达到最低水平，故可综合考虑效用、成本两项因素进行方案优选：

①比较方案 A 与方案 B。两方案成本相同，都为 24 万元，但方案 A 的效用大于方案 B（0.99＞0.98），故选择方案 A，舍去方案 B。

②比较方案 C 与方案 D。两方案成本相同，都为 20 万元，但方案 C 的效用大于方案 D（0.98＞0.97），故选择方案 C，舍去方案 D。

③比较方案 A 和方案 C。两方案成本与效用均不相同，故通过效用—成本比进行方案的比较：

方案 A：效用/成本＝0.99/24＝0.041

方案 C：效用/成本＝0.98/20＝0.049

通过上述比较，表明方案 C 是成本不超过限额条件，且单位成本可获得最大效用的方案。

复 习 思 考 题

1. 工程项目的资金来源及其筹措方式有哪些？
2. 什么是资金的综合资金成本？
3. 简述工程项目财务评价的含义及其作用。
4. 简述工程项目财务评价指标体系及其分类。
5. 简述国民经济评价的含义及作用。
6. 简述国民经济评价与财务评价的关系。

7. 在国民经济评价中识别费用、收益的原则是什么？
8. 国民经济评价有哪些参数？
9. 盈亏平衡分析能为决策者提供哪些信息？
10. 敏感性分析的作用是什么？它的局限性表现在哪里？
11. 什么是概率分析？如何实施？
12. 简述决策树法的原理及应用。
13. 什么是公益性项目？其有何特点？
14. 简述公益性项目的费用效益分析及其应用。

5 价 值 工 程

5.1 价值工程的基本理论

5.1.1 价值工程的产生

价值工程（VE）又称价值分析（VA），是第二次世界大战以后发展起来的一种现代化的科学管理技术，一种新的技术经济分析方法。它们都是通过产品的功能分析以节约资源和降低成本为目的的一套有效方法，在建筑工程领域内也被广泛采用。价值工程起源于 20 世纪 40 年代的美国，当时叫做价值分析（VA），后来在世界上一些工业先进国家中都称为价值工程（VE）。今天的 VE 和 VA 是一回事，但严格地说它们是有区别的。从产品投产到制造进行的价值活动分析即事后分析，称价值分析；在科研、设计、生产、准备、试制新产品的生产过程之前进行价值活动分析即事前分析，称价值工程（VE）。

我国也非常重视价值工程的推广应用。价值工程方法目前在我国经济建设中已处于应用阶段。价值工程更适宜于量大的功能产品上，如大批住宅等，近年来世界各先进国家住宅功能项目的开发和成本信息现代体系的建立，都有利于价值工程方法在建筑业中的应用。价值工程开始于材料的采购和代用品的研究，继而扩展到产品的研究和设计，零部件的生产和改进，工具、装备的改进等方面，后来又发展到改进工作方法、作业方法、管理体系等方法。总之，凡是有功能要求和需要付出代价的地方，都可以用这种方法进行分析。

5.1.2 价值工程的含义

所谓价值，在价值工程中具有特定的含义，可用下面数学公式表达：

$$V = \frac{F}{C} \tag{5-1}$$

式中，V 代表产品或服务的价值（Value）；F 代表产品或服务的功能（Function）；C 代表产品或服务的成本（Cost）。

因此，一种产品价值的高低，取决于它所具有的功能与为取得这种功能所花费的成本二者之比值。凡是成本低而功能大的产品其价值就高，反之则价值低。价值高的产品是好产品，价值低的产品是需要改进的或淘汰的产品。价值工程的目的，就是通过对产品进行系统的分析，寻求提高产品价值的途径和方法，以提高产品的功能，降低产品成本。

首先，我们必须认识到，使用者购买一种产品，并不是购买产品实体，而是购买产品的功能。例如人们购买灯泡，是因为它能发光，所以购买的是灯泡发光的功能。如果灯泡失去发光的功能，就不会有人去购买它。同时，人们在购买灯泡时必然要考虑付出的代价，对于具有相同发光功能的两种灯泡，如果成本不同，人们总是购买成本较低者。对于生产者来说，希望生产的产品质量高而消耗低；对于使用者来说，希望购买的产品物美价廉。因此，用价值来衡量产品的优劣，对于二者都是适用的。

根据以上的价值定义，如欲提高产品的价值，不外乎以下几种途径：
(1) 提高功能，同时降低成本，则价值提高（$F\uparrow$，$C\downarrow$）；
(2) 功能不变，若降低成本，则价值提高（$F\rightarrow$，$C\downarrow$）；
(3) 成本不变，若提高功能，则价值提高（$F\uparrow$，$C\rightarrow$）；
(4) 功能略有下降，而成本大幅度降低，则价值提高（$F\downarrow$，$C\downarrow\downarrow$）；
(5) 成本略有上升，而功能有大幅度增大，则价值提高（$F\uparrow\uparrow$，$C\uparrow$）。

上述第（1）、（2）两种方法属于降低成本，（3）、（5）两种方法属于提高功能。第（1）种是功能及成本同时改善，是最积极的方法。

5.1.3 价值工程中的功能与费用

价值工程的目标就是以最低的寿命周期费用来实现产品或作业的必要功能。寿命周期费用是指一个产品从开发设计、制造、使用到报废为止所发生的一切费用。其中设计制造产品所需要费用称为生产费用，用户在使用产品过程中所支付的费用称为使用费用。价值工程中的成本即指寿命周期费用。寿命周期费用与产品的功能之间的关系曲线如图5-1所示。

要提高产品功能，就要增加生产费用，但提高了产品功能，使用费用就会降低。这样，生产费用和使用费用之和必然存在一个最小值C_B，B点就表示了最适宜的功能水平和成本水平。如果用A点表示价值工程开发前的费用和功能水平，则

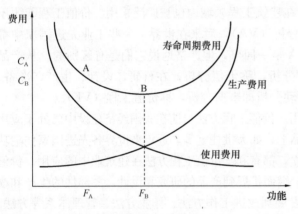

图5-1 功能与寿命周期费用关系

（C_A-C_B）为价值工程活动可降低寿命周期费用的幅度；

（F_B-F_A）为价值工程活动可提高产品功能的幅度。

价值工程的核心是功能分析，价值工程的一个突出观点是："用户需要的是产品的功能，而不是物"。如人们需要住宅楼，并不是需要楼房这个物，而是需要楼房的居住功能和挡风功能等。因而对产品进行分析时，首先要进行功能分析，通过功能分析，明确哪些是必要功能和不足功能，哪些是不必要功能和过剩功能。再通过改进方案，去掉不必要的功能，削减过剩功能，补充不足功能，实现必要功能，实现产品功能结构合理化。

5.1.4 价值工程的工作阶段

价值工程整个过程大致可划分3个阶段：分析、综合和评价。

通常把上述三阶段分为3个基本步骤（见表5-1）。

5.1.5 价值工程的特点

价值工程有如下特点：

价值工程以使用者的功能需求为出发点；

价值工程是以功能分析为核心，并系统研究与成本之间的关系；

价值工程是致力于提高价值的创造性活动；

价值工程应有组织、有计划地按一定的工程程序进行。

价值工程的实施程序　　　　　　　　　　　　　表 5-1

一般程序	实　施　程　序		对　应　问　题
	基本程序	操作程序	
分　析	功能定义	对象选择收集信息	这是什么
		功能定义	它是做什么用的
		功能整理	
	功能评价	功能成本分析	它的成本是多少
		功能评价选择对象范围	它的价值是多少
综合评价	改进方案	改造	有无其他方法实现同样的功能
		初步评价	新方案的成本是多少
		具体化、调整详细评价提案	新方案能满足要求吗

价值工程是贯穿于产品整个寿命周期的系统方法,从产品的研究、设计到原材料的采购、生产制造以及推销和维修,都有价值的工作可做。而且涉及方面广,需要一个单位的许多部门和各种专业人员相互配合。因此,必须依靠有组织的、集体的努力来完成。开展价值工程活动,要组织设计、工艺、供应、加工、管理、财务、销售以至用户等各方面的人员参加,运用各方面的知识,发挥集体智慧,博采众家之长,从产品生产的全过程来确保功能,降低成本。

5.2　价值工程的工作程序

价值工程是一种有组织、有计划的活动,需要将设计、生产、采购、销售和财务等各方面的专业人员组织起来,相互配合协作,以求得最理想的设计方案或达到某一预定的目标。它的一般实施步骤可归纳为:

选择 VE 对象;

调查研究,收集信息资料;

功能分析;

制定改善方案;

方案评估,验证实施;

VE 活动的成果评价。

5.2.1　VE 对象的选择

VE 对象的选择是关系到价值工程能否收效的第一步,只有正确地选择 VE 对象,才能收到事半功倍的效果;如果 VE 对象选择不当,可导致入不敷出。所以,必须正确选择 VE 对象,常用方法有如下四种。

1. ABC 分析法

ABC 分析法的实质就是选择工程中成本比重大的部分作为 VE 对象。一个项目通常由若干个分项工程组成,由于每个分项工程负担的功能不同,成本的分配也很不均匀,其中少数重要分项工程的成本占了产品总成本的绝大部分。根据统计,对于建筑产品来说,主要分项工程占全部分项工程数目的 10%~20%,其成本占建筑产品总成本的 60%~80%,这类分项工程称为 A 类;还有 60%~80% 的分项工程,其成本还占不到总成本的

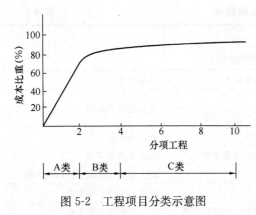

10%～20%，称其为 C 类；其余部分的分项工程，其数目和成本所占比重都较低，称 B 类。如图 5-2 所示。A 类占成本比重大，数目少，容易收到效果，所以是 VE 重点对象。C 类数目多，成本比重小，即使进行 VE 活动，可降低成本幅度也有限，而工作量却很大，有可能得不偿失，所以，C 类不作为 VE 对象。B 类仅作为一般分析对象。ABC 分析法的步骤如下：

图 5-2 工程项目分类示意图

(1) 按成本大小将分项工程顺序排列。

(2) 计算累计分项工程比率。

$$累计分项工程比率 = \frac{累计分项工程数}{分项工程总数} \times 100\%$$

(3) 计算累计成本比率。

$$累计成本比率 = \frac{累计成本}{总成本} \times 100\%$$

确定 VE 对象。选择累计分项工程比率在 10%～20%，累计成本比率在 60%～80% 的分项工程为 VE 重点对象。

2. 01 评分法

01 评分法是同时考虑分项工程成本和分项工程功能两方面的影响，选择 VE 对象的方法。其计算步骤如下：

(1) 求功能系数

首先将分项工程排列起来，各分项工程轮番比较，即每一项分项工程分别与其他分项工程比较，重要的得 1 分，次要的得 0 分，然后把各分项工程得分加起来，得出分项工程得分；再除以总得分，得出分项工程功能系数。计算得分时应注意：分项工程自己相比时不得分，且不能认为两个分项工程都重要各得 1 分，也不能认为两个分项工程都不重要各给 0 分。

$$功能系数 = \frac{分项工程得分}{总得分}$$

(2) 求成本系数

$$成本系数 = \frac{分项工程成本}{总成本}$$

(3) 求价值系数

$$价值系数 = \frac{功能系数}{成本系数}$$

(4) 确定 VE 对象

选择价值系数远离 1 者为 VE 重点对象。

3. 最合适区域法

这种方法是由日本的田中教授提出的，是一种通过求算价值系数选择 VE 对象的方法。求算价值系数的思路为：成本系数或功能系数大的分部工程对项目的影响较大，所以应从严控制，允许其价值系数偏离 1 的范围应小；而成本系数或功能系数较小的分部工程对项目的影响较小，所以可放宽控制，允许其价值系数偏离1的范围可稍大。而在最终选取 VE 对象时，提出了一个选用价值系数的最合适区域，该区域由围绕 $V=1$ 的两条曲线组成。凡价值系数落在该区域之内的点都认为是比较满意的；价值系数落在区域之外的点作为 VE 对象。

在图 5-3 中，以纵坐标表示功能评价系数，横坐标表示成本系数，则价值系数 $V=1$ 的点均在同坐标轴呈 45°的直线上。由两条曲线所围成斜线区域即为"最合适区域"。凡落在区域内的点（如 c）被认为是合理的，可以不作为分析重点；凡落在区域外较远的点，则应重点加以分析（如 a 点）。

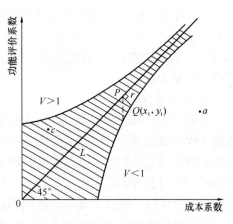

图 5-3 最适合区域图

最合适区域的确定方法如下：

设 Q 为曲线上任意一点，其坐标为 (x_t, y_t)，$OP \perp QP$，则 P 点的坐标可表示为 $\left(\dfrac{x_t+y_t}{2}, \dfrac{x_t+y_t}{2}\right)$。

$$r = \frac{|x_t - y_t|}{\sqrt{2}}$$

$$\begin{cases} x_p = x_t - \dfrac{1}{\sqrt{2}}r \\ y_p = y_t + \dfrac{1}{\sqrt{2}}r \end{cases} \Rightarrow （设 Q 在 y=x 下侧曲线上）$$

$$\begin{cases} x_p = x_t - \dfrac{|x_t - y_t|}{2} = x_t - \dfrac{x_t - y_t}{2} = \dfrac{x_t + y_t}{2} \\ y_p = y_t + \dfrac{|x_t - y_t|}{2} = y_t + \dfrac{x_t - y_t}{2} = \dfrac{x_t + y_t}{2} \end{cases}$$

$\therefore P$ 点坐标为 $\left(\dfrac{x_t+y_t}{2}, \dfrac{x_t+y_t}{2}\right)$

（Q 点在 $y = x$ 上侧曲线上结果相同）

因此（Q 在 $y = x$ 下侧）

$$L = \frac{1}{\sqrt{2}}(x_t + y_t)$$

$$r = \frac{1}{\sqrt{2}}(x_t - y_t)$$

$$L \cdot r = \frac{1}{2}(x_t^2 - y_t^2) = b$$

$$\therefore y_t = \sqrt{x_t^2 - 2b}$$

若 Q 点在 $y = x$ 上侧
可得：$y_t = \sqrt{x_t^2 + 2b}$
综上 $y_t = \sqrt{x_t^2 \pm 2b}$

此式即为"最合适区域"边缘曲线方程式。式中，b 为设定的常数，b 值越大，区域越宽，此图取 $b=50$。区域越宽，价值工程的对象就可以选得少些；反之，曲线接近标准线（$V=1$），选定的 VE 对象就多一些。在应用时可通过试验，代入不同的 b 值，直到获得满意结果为止。

4. 经验分析法

经验分析法是一种对象选择的定性分析方法，是目前企业较为普遍使用、简单易行的价值工程对象选择方法。它实际上是利用一些有丰富实践经验的专业人员和管理人员对企业存在问题的直接感受，经过主观判断确定价值工程对象的一种方法。运用该方法进行对象选择，要对各种影响因素进行综合分析，区分主次轻重，既考虑需要也考虑可能，以保证对象的合理性。所以，该方法也叫因素分析法。

经验分析法的优点是简便易行，考虑问题综合全面；缺点是缺乏定量分析，在分析人员经验不足时易影响结果的准确性，但用于初选阶段是可行的。

运用这种方法选择对象时，可以从设计、施（加）工、制造、销售和成本等方面综合分析。任何产品的功能和成本都是由多方面的因素构成的，关键是找出主要因素，抓住重点。一般情况，具有下列特点的产品和零件可以作为价值分析的重点对象：

产品设计年代已久、技术已显陈旧；

重量、体积很大，会增加材料用量和工作量大的产品；

质量差、用户意见大或销售大、市场竞争激烈产品；

成本高、利润率低的产品；

组件或加工工序复杂影响产量的产品；

成本占总费用比重大、功能不重要而成本较高的产品。

总之，运用这种方法要求抓住主要矛盾，选择成功概率大、经济效益差的产品和零部件作为价值工程的重点分析对象。

5.2.2 信息资料的收集

在价值工程中，信息是指对实现 VE 目标有益的知识、情况和资料。VE 目标是提高价值，为达到或实现这一目标所作出的决策，这些都离不开必要的信息，一般说来，必要的或有益的信息越多，价值提高的可能性就越大，但错误的信息会导致错的决策。因此，VE 成果的大小一般取决于信息收集的质量、数量和时间。

1. 收集信息的原则

目的性。收集信息要事先明确所收集的信息是用来实现 VE 特定目标的，不要盲目地碰到什么就收集什么，要避免无的放矢。

可靠性。信息是正确决策所必不可少的依据。若信息不可靠、不准确，将严重影响 VE 的预测结果，还可能最终导致 VE 的失效。

计划性。在收集信息之前应预先编制计划，加强该工作的计划性，使这项工作具有明确的目的和确定的范围，以便提高工作效率。

时间性。在收集信息时要收集近期的、较新的情况。此外，收集信息应适时，决策之后提供的信息是毫无用处的。

2. 信息收集的内容

（1）用户要求方面的信息。用户使用产品的目的、环境、条件，用户所要求的功能和性能，用户对产品外观的要求。

（2）销售方面的信息。产品产销数量的演变及目前产销情况、市场需求量及市场占有率的预测、产品竞争的情况。

（3）成本方面的信息。包括产品机构配件的定额成本、工时定额、材料消耗定额、各种费用定额、企业历年来各种有关的成本费用数据，国内外其他厂家与 VE 对象有关的成本费用资料。

（4）科学技术方面信息。与产品有关的学术研究或科研成果、新结构、新工艺、新材料、新技术以及标准化方面的资料。

（5）生产及供应方面信息。产品生产方面的信息、原材料及外协或外购件种类、质量、数量、价格、材料利用率等情报，供应与协作部门的布局、生产经营情况、技术水平、价值、成本、利润等。

（6）政策、法令、条例、规定方面的信息。

5.2.3 功能分析

作为价值工程核心的功能分析，有功能定义、功能分类、功能整理和功能评价四部分。

1. 功能定义

功能定义就是用简明准确的语言来表达功能的本质内容。

功能定义在实践中常用一个动词和一个名词的简单语句来完成。如隔墙的功能是分隔空间，地板的功能是承受荷载。

2. 功能分类

为了便于分析功能，需对功能进行分类，一般有如下三种：

（1）按功能重要程度分，有基本功能和辅助功能。基本功能是产品达到使用目的不可缺少的功能。辅助功能是为了实现基本功能而起辅助作用的功能。如承受荷载是承重外墙的基本功能，保温、隔热、隔声是承重外墙的辅助功能。

（2）按功能满足要求的性质分，有使用功能和美学功能。使用功能是在产品使用上直接必需的功能。它通过产品的基本功能和辅助功能表现出来。如承重外墙的使用功能就是承受荷载、隔热、隔声、保温等。

美学功能是指产品所具有的以视觉美观为代表的功能。如建筑物上面的图案浮雕，就是为了使建筑物美观大方而增加的部分，其功能就是美学功能。

（3）按功能整理要求分，有上位功能和下位功能。上位功能是指作为目的的功能，下位功能是指作为手段的功能。例如，为了实现通风目的，必须使室内有穿堂风，则通风是上位功能，而组织穿堂风是下位功能。

上位功能和下位功能的划分是相对的。例如，为组织穿堂风，必须提供进、出风口（如设置门窗），设置进、出风口是手段，属下位功能；而组织穿堂风又是目的，则属上位功能。也就是说，对于某个特定功能来讲，从它所实现的目的来看，是上位功能；从实现它的手段来看，又是下位功能。

3. 功能整理

通过功能整理，找出基本功能和辅助功能，明确必要功能和不必要功能以及功能之间的因果关系，以便在实现功能过程中选择更合理的方案。功能整理的方法为功能系数图

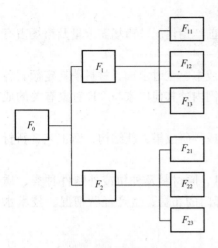

图 5-4 功能系统图

法,其实施步骤为:

(1) 明确基本功能和辅助功能谁是最基本的功能。

(2) 明确功能之间的关系:是上下关系还是并列关系。

(3) 绘制功能系统图。将上位功能摆在左边,下位功能摆在右边,最上位功能摆在最左边。并列关系功能并排排列。通过"目的—手段"关系把功能之间关系系统化,绘制功能系统图。功能系统图的一般形式如图 5-4 所示。

5.2.4 功能评价

通过功能分析与整理明确必要功能后,价值工程的下一步工作就是功能评价。功能评价,即评定功能的价值,是指找出实现功能的最低费用作为功能的目标成本(又称功能评价值),以功能目标成本为基准,通过与功能现实成本的比较,求出两者的比值(功能价值)和两者的差异值(改善期望值),然后选择功能价值低、改善期望值大的作为价值工程活动的重点对象。功能评价工作可以更准确地选择价值工程的研究对象,同时,通过制定目标成本,有利于提高价值工程的工作效率,并增加工作人员的信心。

功能评价的程序如图 5-5 所示。

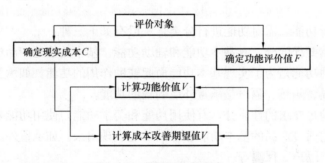

图 5-5 功能评价的程序

1. 功能现实成本的计算

(1) 功能现实成本的计算

功能现实成本的计算与一般的传统成本核算既有相同点,也有不同之处。两者相同点是指它们在成本费用的构成项目上是完全相同的,如建筑产品的成本费用都是由人工费、材料费、施工机械使用费、其他直接费、现场经费、企业管理费等构成;而两者的不同之处在于功能现实成本的计算是以对象的功能为单位,而传统的成本核算是以产品或零部件为单位。因此,在计算功能现实成本时,就需要根据传统的成本核算资料,将产品或零部件的现实成本换算成功能的现实成本。具体地讲,当一个零部件只具有一个功能时,该零部件的成本就是它本身的功能成本;当一项功能要由多个零部件共同实现时,该功能的成本就等于这些零部件的功能成本之和;当一个零部件具有多项功能或同时与多项功能有关时,就需要将零部件成本根据具体情况分摊给各项有关功能。表 5-2 所示即为一项功能由若干零部件组成或一个零部件具有几个功能的情形。

功能现实成本计算表　　　　　　　　　　　　　表 5-2

零部件			功能区或功能领域					
序号	名称	成本（元）						
1	甲	300	100		100			100
2	乙	500		50	150	200		100
3	丙	60				40		20
4	丁	140	50	40				
		C						
合计		1000	150	90	250	240	50	220

（2）成本指数的计算

成本指数是指评价对象的现实成本在全部成本中所占的比率。其计算式如下：

$$\text{第} i \text{个评价对象的成本指数} C_1 = \frac{\text{第} i \text{个评价对象的现实成本} C_i}{\text{全部成本}} \quad (5-2)$$

2. 功能评价值 F 的计算

对象的功能评价值 F（目标成本），是指可靠地实现用户要求功能的最低成本，它可以理解为是企业有把握，或者说应该达到的实现用户要求功能的最低成本。从企业目标的角度来看，功能评价值可以看成是企业期望的、理想的成本目标值。功能评价值一般以功能货币价值形式表达。

功能的现实成本较易确定，而功能评价值较难确定。求功能评价值的方法较多，这里仅介绍功能重要性系数评价法。

功能重要性系数评价法是一种根据功能重要性系数确定功能评价值的方法。这种方法是把功能划分为几个功能区（即子系统），并根据各功能区的重要程度和复杂程度，确定各个功能区在总功能中所占的比重，即功能重要性系数。然后将产品的目标成本按功能重要性系数分配给各个功能区作为该功能区的目标成本，即功能评价值。

（1）确定功能重要性系数

功能重要性系数又称功能评价系数或功能指数，是指评价对象（如零部件等）的功能在整体功能中所占的比率。确定功能重要性系数的关键是对功能进行打分，常用的打分方法有强制打分法（0-1 评分法或 0-4 评分法）、多比例评分法、逻辑评分法、环比评分法等。这里主要介绍环比评分法和强制打分法。

①环比评分法。又称 DARE 法。这是一种通过确定各因素的重要性系数来评价和选择创新方案的方法。具体做法如下：

a. 根据功能系统图（参见图 5-6）决定评价功能的级别，确定功能区 F_{A1}、F_{A2}、F_{A3}、F_{A4}，如表 5-3 的第（1）栏。

b. 对上下相邻两项功能的重要性进行对比打分，所打的分作为暂定重要性系数。如 5-3 表中第（2）栏中的数据。假如将 F_{A1} 与 F_{A2} 进行对比，如果 F_{A1} 的重要性是 F_{A2} 的 1.5 倍，就将 1.5 计入第（2）栏内，同样，F_{A2} 与 F_{A3} 对比为 2.0 倍，F_{A3} 与 F_{A4} 对比为 3.0 倍。

c. 对暂定重要性系数进行修正。首先将最下面一项功能 F_{A4} 的重要性系数定为 1.0，

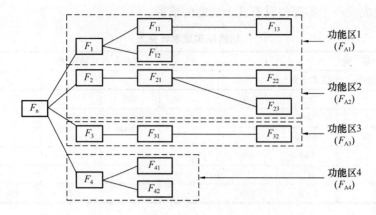

图 5-6 定量评分法确定功能区示意图

称为修正重要性系数，填入第（3）栏。由第（2）栏知道，由于 F_{A3} 的暂定重要性是 F_{A4} 的 3 倍，故应得 F_{A3} 的修正重要性系数定为 3.0（=3.0×1.0），而 F_{A2} 为 F_{A3} 的 2 倍，故 F_{A2} 定为 6.0（=3.0×2.0），同理 F_{A1} 的修正重要性系数为 9.0（=6.0×1.5），填入第（3）栏。将第（3）栏的各数相加，即得全部功能区的总得分 19.0。

d. 将第（3）栏中各功能的修正重要性系数除以全部功能总得分 19.0，即得各功能区的重要性系数，填入第（4）栏中。如 F_{A1} 的功能主要性系数为 9.0/19.0=0.47，F_{A2}、F_{A3} 和 F_{A4} 的功能重要性系数依次为 0.32、0.16 和 0.05。

功能重要性系数计算表　　　　　　　　　　　　　　　　　　　　　表 5-3

功能区	功能重要性评价		
	暂定重要性系数	修正重要性系数	功能重要性系数
（1）	（2）	（3）	（4）
F_{A1}	1.5	9.0	0.47
F_{A2}	2.0	6.0	0.32
F_{A3}	3.0	3.0	0.16
F_{A4}		1.0	0.05
合　计		19.0	1.00

环比评分法适用于各个评价对象之间有明显的可比关系，能直接对比，并能准确地判定功能重要度比值的情况。

②强制评分法。又称 FD 法，包括 0-1 法和 0-4 法两种方法。它是采用一定的评分规则，采用强制对比打分来判定对象的功能重要性。

a. 0-1 法。0-1 评分法是请 5~15 名对产品熟悉的人员参加功能的评价。首先按照功能重要性程度一一对比打分，重要的打 1 分，相对不重要的打 0 分，如表 5-4 所示。表中，要分析的对象（零部件）自己与自己相比不得分，用"×"表示。最后，根据每个参与人员选择该零部件得到的功能重要性系数，可以得到该零部件的功能重要性系数平均值 W。

$$W = \frac{\sum_{i=1}^{k} W_i}{k} \tag{5-3}$$

式中 k——参加功能评价的人数。

为避免不重要的功能得 0 分,可将各功能累计得分加 1 分进行修正,用修正后的总分分别去除各功能累计得分即得到功能重要性系数。

功能重要性系数计算表　　　　　表 5-4

零部件	A	B	C	D	E	功能总分	修正得分	功能重要性系数
A	×	1	1	0	1	3	4	0.25
B	0	×	1	0	1	2	3	0.19
C	0	0	×	1	1	2	3	0.19
D	1	1	1	×	1	4	5	0.31
E	0	0	0	0	×	0	1	0.06
合　计						11	16	1.00

b. 0-4 评分法。0-1 评分法中的重要程度差别仅为 1 分,不能拉开档次。为弥补这一不足,将分档扩大为 4 级,其打分矩阵仍同 0-1 法。档次划分如下:

F_1 比 F_2 重要得多:F_1 得 4 分,F_2 得 0 分;F_1 比 F_2 重要:F_1 得 3 分,F_2 得 1 分;F_1 与 F_2 同等重要:F_1 得 2 分,F_2 得 2 分;F_1 不如 F_2 重要:F_1 得 1 分,F_2 得 3 分;F_1 远不如 F_2 重要:F_1 得 0 分,F_2 得 4 分。

强制确定法适用于被评价对象在功能重要程度上的差异不太大,并且评价对象子功能数目不太多的情况。

以各部件功能得分占总分的比例确定各部件功能评价指数:

$$\text{第} i \text{个评价对象的功能指数} F_1 = \frac{\text{第} i \text{个评价对象的功能得分值} F_i}{\text{全部功能得分值}} \quad (5-4)$$

如果功能评价指数大,说明功能重要。反之,功能评价指数小,说明功能不太重要。

(2) 确定功能评价值 F

功能评价值的确定分以下两种情况:

①新产品评价设计。一般在产品设计之前,根据市场供需情况、价格、企业利润与成本水平,已初步设计了目标成本。因此,在功能重要性系数确定之后,就可将新产品设定的目标成本(如为 1000 元)按已有的功能重要性系数加以分配计算,求得各个功能区的功能评价值,并将此功能评价值作为功能的目标成本,如表 5-5 所示。

新产品功能评价计算表　　　　　表 5-5

功能区 (1)	功能重要性系数 (2)	功能评价值 (F) (3)=(2)×1000	功能区 (1)	功能重要性系数 (2)	功能评价值 (F) (3)=(2)×1000
F_{A1}	0.47	470	F_{A4}	0.05	50
F_{A2}	0.32	320	合计	1.00	1000
F_{A3}	0.16	160			

如果需要进一步求出各功能区所有各项功能的功能评价值时,则采取同样的方法,先求出各项功能的重要性系数,然后按所求出的功能重要性系数将成本分配到各项功能,求出功能评价值,并以此作为各项功能的目标成本。

②既有产品的改进设计。既有产品应以现实成本为基础求功能评价值，进而确定功能的目标成本。由于既有产品已有现实成本，就没有必要再假定目标成本。但是，既有产品的现实成本原已分配到各功能区中去的比例不一定合理，这就需要根据改进设计中新确定的功能重要性系数，重新分配既有产品的原有成本。从分配结果看，各功能区新分配成本与原分配成本之间有差异。正确分析和处理这些差异，就能合理确定各功能区的功能评价值，求出产品功能区的目标成本。现设既有产品的现实成本为500元，即可计算出功能评价值或目标成本，如表5-6所示。

表5-6中第（3）栏是把产品的现实成本 $C=500$ 元，按改进设计方案的新功能重要性系数重新分配给各功能区的结果。此分配结果可能有三种情况：

a. 功能区新分配的成本等于现实成本。如 F_{A3} 就属于这种情况。此时应以现实成本作为功能评价值 F。

b. 新分配成本小于现实成本。如 F_{A2} 和 F_{A4} 就属于这种情况，此时应以新分配的成本作为功能评价值 F。

既有产品功能评价值计算表 表5-6

功能区	功能现实成本 C（元）	功能重要性系数	根据产品现实成本和功能重要性系数重新分配的功能区成本	功能评价值 F（或目标成本）	成本降低幅度 $\Delta C=(C-F)$
	(1)	(2)	(3)=(2)×500元	(4)	(5)
F_{A1}	130	0.47	235	130	—
F_{A2}	200	0.32	160	160	40
F_{A3}	80	0.16	80	80	—
F_{A4}	90	0.05	25	25	65
合 计	500	1.00	500	395	105

c. 新分配的成本大于现实成本。如 F_{A1} 就属于这种情况。为什么会出现这种情况，需要进行具体分析。如果是因为功能重要性系数定高了，经过分析后可以将其适当降低。如因成本确实投入太少，可以允许适当提高一些。

3. 功能价值 V 的计算及分析

通过计算和分析对象的价值 V，可以分析成本功能的合理匹配程度。功能价值 V 的计算方法可分为两大类——功能成本法与功能指数法。

（1）功能成本法（绝对值法）

功能成本法是通过一定的测算方法，测定实现应有功能所必须消耗的最低成本，同时计算为实现应有功能所耗费的现实成本，经过分析、对比，求得对象的价值系数和成本降低期望值，确定价值工程的改进对象。其表达式如下：

$$\text{第} i \text{个评价对象的价值系数} V = \frac{\text{第} i \text{个评价对象的功能评价值} F}{\text{第} i \text{个评价对象的现实成本} C} \quad (5-5)$$

一般可采用表5-7进行定量分析。

功能评价值与价值系数计算表 表 5-7

序号 项目	子项目	功能重要性系数①	功能评价值 ②=目标成本×①	现实成本 ③	价值系数 ④=②/③	改善幅度 ⑤=③−②
1	A					
2	B					
3	C					
…	…					
合计						

功能的价值计算出来以后,需要进行分析,以揭示功能与成本的内在联系,确定评价对象是否为功能改进的重点,以及其功能改进的方向及幅度,从而为后面的方案创造工作打下良好的基础。

根据上述计算公式,功能的价值系数计算结果有以下三种情况:

①$V=1$。即功能价值等于功能现实成本,这表明评价对象的功能现实成本与实现功能所必需的最低成本大致相当。此时评价对象的价值为最佳,一般无需改进。

②$V<1$。即功能现实成本大于功能评价值。表明评价对象的现实成本偏高,而功能要求不高,这时一种可能是由于存在着过剩的功能,另一种可能是功能虽无过剩,但实现功能的条件或方法不佳,以致使实现功能的成本大于功能的实际需要。这两种情况都应列入功能改进的范围,并且以剔除过剩功能及降低现实成本为改进方向,使成本与功能比例趋于合理。

③$V>1$。说明该部件功能比较重要,但分配的成本较少,即功能现实成本低于功能评价值。此时应进行具体分析,功能与成本的分配可能已较理想,或者有不必要的功能,或者应该提高成本。

应注意一个情况,即 $V=0$ 时,要进一步分析。如果是不必要的功能,该部件则取消;但如果是最不重要的必要功能,则要根据实际情况处理。

(2) 功能指数法(相对值法)

在功能指数法中,功能的价值用价值指数来表示,它是通过评定各对象功能的重要程度,用功能指数来表示其功能程度的大小,然后将评价对象的功能指数与相对应的成本指数进行比较,得出该评价对象的价值指数,从而确定改进对象,并求出该对象的成本改进期望值。其表达式如下:

$$\text{第}i\text{个评价对象的价值指数}V_I = \frac{\text{第}i\text{个评价对象的功能指数}F_I}{\text{第}i\text{个评价对象的成本指数}C_I} \quad (5-6)$$

功能指数法的特点是用分值来表达功能程度的大小,以便使系统内部的功能与成本具有可比性,由于评价对象的功能水平和成本水平都用它们在总体中所占的比率来表示,这样就可以采用上面的公式方便地、定量地表达评价对象价值的大小。因此,在功能指数法中,价值指数是作为评定对象功能价值的指标。

根据功能重要性系数和成本系数计算价值指数可以通过列表进行,其表达式如表 5-8 所示。

价值指数计算表 表 5-8

零部件名称	功能指数①	现实成本（元）②	成本指数③	价值指数④＝①/③
A				
B				
C				
…				
合计	1.00		1.00	

价值指数的计算结果有以下三种情况：

①$V_I=1$。此时评价对象的功能比重与成本比重大致平衡，合理匹配，可以认为功能的现实成本是比较合理的。

②$V_I<1$。此时评价对象的成本比重大于其功能比重，表明相对于系统内的其他对象而言，目前所占的成本偏高，从而会导致该对象的功能过剩。应将评价对象列为改进对象，改善方向主要是降低成本。

③$V_I>1$。此时评价对象的成本比重小于其功能比重。出现这种结果的原因可能有三种：第一，由于现实成本偏高，不能满足评价对象实现其应具有的功能要求，致使对象功能偏低，这种情况应列为改进对象，改善方向是增加成本；第二，对象目前具有的功能已经超过了其应该具有的水平，即存在过剩功能，这种情况也应列为改进对象，改善方向是降低功能水平；第三，对象在技术、经济等方面具有某些特征，在客观上存在着功能很重要而需要消耗的成本却很少的情况，这种情况一般就不应列为改进对象。

从以上分析可以看出，对产品部件进行价值分析，就是使每个部件的价值系数尽可能趋近于 1。换句话说，在选择价值工程对象的产品和零部件时，应当综合考虑价值系数偏离 1 的程度和改善幅度，优先选择价值系数远小于 1 且改进幅度大的产品或零部件。

4. 确定 VE 对象的改进范围

VE 对象经过以上各个步骤，特别是完成功能评价之后，得到其价值的大小，就明确了改进的方向、目标和具体范围。确定对象改进范围的原则如下：

（1）F/C 值低的功能区域。计算出来的 $V<1$ 的功能区域，基本上都应进行改进，特别是 V 值比 1 小得较多的功能区域，应力求使 $V=1$。

（2）$C-F$ 值大的功能区域。通过核算和确定对象的实际成本和功能评价值，分析、测算成本，改善期望值，从而排列出改进对象的重点及优先次序。成本改善期望值的表达式为：

$$\Delta C = C - F \tag{5-7}$$

式中 ΔC——成本改善期望值，即成本降低幅度。

当 n 个功能区域的价值系数同样低时，就要优先选择 ΔC 数值大的功能区域作为重点对象。一般情况下，当 ΔC 大于零时，ΔC 大者为优先改进对象。

（3）复杂的功能区域。复杂的功能区域，说明其功能是通过采用很多零件来实现的。一般地，复杂的功能区域其价值系数也较低。

综上所述，表 5-6 第（4）栏的功能区域评价值总和为 395 元，这可以作为产品改进设计方案的目标成本，而成本降低幅度为：$\Sigma(C-F)=105$ 元。

5.2.5 制定改善方案

1. BS法

BS（Brain Storm）法就是通过会议形式，针对一个问题，无拘无束地提出改进方案的方法。

根据所要解决的问题，召集10名左右专家，前来开会讨论。选择10名左右，是考虑发言机会和代表性而确定的。会议开始时，首先由会议主持人提出四条会议原则：不相互开展批评；欢迎自由奔放的联想；希望结合别人意见提出设想；提出方案越多越好。然后提出所要解决的问题；最后，会议参加者围绕要解决问题展开联想，提出改进方案。

2. 哥顿法

哥顿（Gordom）法是通过会议形式，先讨论抽象问题后讨论具体问题，提出改进方案的方法。

根据所要解决的问题，召集10名左右的专家前来开会。会议开始时，只向专家提出一个抽象化问题，要求大家展开讨论。当讨论到一定程度后，再提出具体问题。这样利于开拓思路，打破框框。

3. 专家函询法

这种方法不采用开会形式，而是由主管人员或部门把预想方案以信函的方法分发给有关的专业人员，征询他们的意见，然后将意见汇总，统计和整理之后再分发下去，希望再次补充修改。如此反复若干次，即经过几上几下，把原来比较分散的意见在一定程度上使其内容集中一致，形成统一的集体讨论，作为新的代替方案。

4. 专挑毛病法

专挑毛病法就是组织有关人员对原方案专挑毛病，然后分类整理，最后提出改进方案的方法。

5. 列举法

列举法就是先针对两个不同问题提出几个解决方案，然后把这些方案分别组合归纳，形成改进方案的方法。

5.2.6 方案评估

方案评估可分为概略评估和详细评估两种。概略评估是对方案进行初步筛选，将一些价值明显不高的方案先行排除，保留价值较高的少数方案，以减少进一步评价所耗费的人力和时间。详细评估是对概略评估后保留的方案，通过进一步的调查研究和技术经济分析，从中选出最优方案。无论是概略评估或详细评估，均包括三部分内容，即技术评价、经济评价和社会评价。技术评价是围绕"功能"所进行的评价，主要是评价方案能否满足功能的要求，以及技术上的完善性和可能性。经济评价是围绕经济效果所进行的评价，主要是评价有无降低成本的可能和能否实现预定的目标成本。社会评价是对新产品投产后给社会带来的利益和影响的估计，包括方案是否符合国家规定的各项政策、法令及标准，方案实施后对环境的影响，对社会其他事业的影响等。在从三个方面的评价的基础上，再对方案作出综合评估。常用的综合评价方法有下述两种。

1. 优缺点对比法

将各方案的优缺点逐一列出，通过对比择优。这种方案简便易行，但是缺乏定量依据，不同指标之间可能存在矛盾。

2. 定量评分法

首先拟定评价指标，再将每一评价指标分成若干等级，对每一等级规定一个评分标准。对拟定的各种方案均按照同样的评分标准打分，最后将所得分数连加或连乘，得出总分。总分最高者为最优方案。表 5-9 及表 5-10 分别为得分连加、得分连乘两种评价方法的示例。可以看出，连乘得到的总分能使方案之间的分差拉大，对比醒目。

5.2.7 VE 活动的成果评价

1. 全年成本净节约额 P

$$P = (C - C')Q - P' \tag{5-8}$$

式中 P——全年成本净节约额；
　　　C——改进前的单位产品成本；
　　　C'——改进后的单位产品成本；
　　　Q——年产量；
　　　P'——VE 活动费用。

2. 成本降低率 R

$$R = \frac{C - C'}{C} \tag{5-9}$$

式中 R——成本降低率。

得分连加定量评价法　　　　　　　　　　　表 5-9

指标	评价项目		评分标准	评价方案			
	评价等级			A	B	C	D
产品功能	①能圆满实现用户所需功能		30	30	20		20
	②功能水平不低于外场同类产品，但不满足①		20				
	③实现所需功能有缺陷，但尚能满足用户的基本使用需求		15			15	
产品销售	①销路大，地区广		15	15	8	8	
	②销路中等		8				
	③销路小		4				4
预计盈利率	①30%以上		20	20			
	②25%以上		18		18	15	
	③20%以上		15				
	④15%以上		10				10
全年净节约额	①大于20万元		10	10	7	7	
	②大于10万元		7				
	③大于5万元		3				3
对现有生产条件适应程度	①利用现有条件就能成批生产		15				15
	②采用少量措施就能成批生产		10		10	10	
	③需要较多投资和较长时间才能投产		3	3			
环境污染	①无污染或确定能消除污染		10	10	10	0	0
	②不能将污染控制在规定范围内		0				
总 评				88	73	55	52

得分连乘定量评价法　　　　　　　　　　　　　　　　　　　表 5-10

指标	评价项目 评价等级	评分标准	A	B	C	D
产品功能	①满足用户要求	3	3			
	②基本满足用户要求	2		2		2
	③功能不全，仅能满足用户的最低要求	1			1	
成本	①低于外企业同类产品	3				
	②低于本企业原有产品	2	2	3		2
	③与本企业原有成本相等	1			1	
产品销路	①未来市场销路很广	3	3			
	②市场销路广，但竞争产品多	2		2		2
	③市场规模不大	1			1	
方案投资	①实施方案所需投资回收期短	3	3		3	3
	②投资较多，回收期较长	2		2		
	③投资多且资金来源困难	1				
产品方向	①符合国家规划及企业经营目标	3	3			
	②符合当前社会需要	2		2		
	③与国家要求及长远规划不符	1			1	1
	连乘合计		162	48	3	24

5.3 价值工程的应用

在工程建设中，价值工程的应用是广泛的。同一建设项目，同一单项、单位工程可以有不同的设计方案，方案不同，造价也会有差异，这时，设计人员可通过价值工程活动进行方案的优选。根据功能系统图分析，对上位功能进行分析和改善比对下位功能效果好；对功能领域进行分析和改善比单个功能效果好。因此，价值工程既可用于工程项目设计方案的分析选择，也可用于单位工程设计方案的分析选择。同时，价值工程在工程施工组织设计中也广泛应用。

5.3.1 价值工程在设计方案优选中的应用

建设项目设计主要是对项目的功能及其实现手段进行设计，因此，整个设计方案可以作为价值工程的研究对象。在设计阶段实施价值工程的步骤一般为：

（1）功能分析。建筑功能是指建筑产品满足社会需要的各种性能的总和。不同的建筑产品有不同的功能；建筑产品的功能一般分为社会性功能、适用性功能、技术性功能、物理性功能和美学功能。功能分析首先应明确项目各类功能具体有哪些，哪些是主要功能，并对功能进行定义和整理，绘制功能系统图。

（2）功能评价。功能评价主要是比较各项功能的重要程度，用 0-1 评分法、0-4 评分法、环比评分法等，计算各项功能的功能评价系数，作为该功能的重要度权数。

（3）方案创新。根据功能分析的结果，提出各种实现功能的方案。

（4）方案评价。对方案创新提出各种方案的各项功能的满意程度打分，然后以功能评价系数作为权数计算各方案的功能评价得分，最后再计算各方案的价值系数，以价值系数最大者为最优。

5.3.2 价值工程在设计阶段工程造价控制中的应用

价值工程在设计阶段工程造价控制中应用的程序为：

（1）对象选择。在设计阶段应用价值工程控制工程造价，应以对影响工程造价较大的项目作为价值工程的研究对象。因此，将设计方案的成本进行分解，将成本比重大、品种数量少的项目作为实施价值工程的重点。

（2）功能分析。分析研究对象具有哪些功能，确定各项功能之间的关系。

（3）功能评价。评价各项功能，确定功能评价系数，并计算实现各项功能的现实成本是多少，从而计算各项功能的价值系数。价值系数小于1的，应该在功能水平不变的条件下降低成本，或在成本不变的条件下，提高功能水平；价值系数大于1的，如果是重要的功能，应该提高成本，保证重要功能的实现。如果该项功能不重要，可以不做改变。

（4）分配目标成本。根据限额设计的要求，确定研究对象的目标成本，并以功能评价系数为基础，将目标成本分摊到各项功能上，与各项功能的现实成本进行对比，确定成本改进期望值，成本改进期望值大的，应重点改进。

（5）方案创新及评价。根据价值分析结果及目标成本分配结果的要求，提出各种方案，对方案进行比选，使设计方案更加合理。

5.3.3 案例分析

某工程项目设计人员根据业主的使用要求，提出了三个设计方案。有关专家决定从五个方面（分别以 $F_1 \sim F_5$ 表示）对不同方案的功能进行评价，并对各功能的重要性分析如下：F_3 相对于 F_4 很重要，F_3 相对于 F_1 较重要，F_2 和 F_5 同样重要，F_4 和 F_5 同样重要。各方案单位面积造价及专家对三个方案满足程度的评分结果见表5-11。

方案评分结果　　　　　　　　表5-11

得分＼方案 功能	A	B	C	得分＼方案 功能	A	B	C
F_1	9	8	9	F_4	7	6	8
F_2	8	7	8	F_5	10	9	8
F_3	8	10	10	单位面积造价	1680	1720	1590

各分部工程评分值及目前成本　　　　　　　　表5-12

功能项目	功能评分	目前成本（万元）	功能项目	功能评分	目前成本（万元）
A. ±0.000以下工程	21	3854	C. 装饰工程	28	4364
B. 主体结构工程	35	4633	D. 水电安装工程	32	3219

问题：

1. 试用0-4评分法计算各功能的权重；
2. 用功能指数法选择最佳设计方案；
3. 在确定某一设计方案后，设计人员按限额设计要求，确定建安工程目标成本额为

14000 万元。然后以主要分部工程为对象进一步开展价值工程分析。各分部工程评分值及目前成本见表 5-12。试分析各功能项目的功能指数、目标成本及应降低额，并确定功能改进顺序。

【解】 1. 各功能的权重如图 5-13 所示。

功能权重计算表 表 5-13

功　能	F_1	F_2	F_3	F_4	F_5	得分	权重
F_1	×	3	1	3	3	10	0.250
F_2	1	×	0	2	2	5	0.125
F_3	3	4	×	4	4	15	0.375
F_4	1	2	0	×	2	5	0.125
F_5	1	2	0	2	×	5	0.125
合　计						40	1.000

2. 计算各方案的加权得分：

$W_A = 9 \times 0.25 + 8 \times 0.125 + 8 \times 0.375 + 7 \times 0.125 + 10 \times 0.125 = 8.375$

$W_B = 8 \times 0.25 + 7 \times 0.125 + 10 \times 0.375 + 6 \times 0.125 + 9 \times 0.125 = 8.500$

$W_C = 9 \times 0.25 + 8 \times 0.125 + 10 \times 0.375 + 8 \times 0.125 + 8 \times 0.125 = 9.000$

总得分：$W_A + W_B + W_C = 25.875$

计算各方案的功能系数：

$F_A = 8.375/25.875 = 0.324$

$F_B = 8.500/25.875 = 0.329$

$F_C = 9.000/25.875 = 0.348$

计算各方案的成本系数：

$C_A = 1680/(1680+1720+1590) = 1680/4990 = 0.337$

$C_B = 1720/(1680+1720+1590) = 1720/4990 = 0.345$

$C_C = 1590/(1680+1720+1590) = 1590/4990 = 0.319$

计算各方案的价值系数：

$V_A = 0.324/0.337 = 0.961$

$V_B = 0.329/0.345 = 0.954$

$V_C = 0.348/0.319 = 1.091$

方案 C 的价值系数最高，故 C 为最佳设计方案。

3. 计算各功能项目的功能指数：

$F_A = 21/(21+35+28+32) = 21/116 = 0.181$

$F_B = 35/(21+35+28+32) = 35/116 = 0.302$

$F_C = 28/(21+35+28+32) = 28/116 = 0.241$

$F_D = 32/(21+35+28+32) = 32/116 = 0.276$

计算各功能项目的目标成本：

A. ±0.000 以下工程：$14000 \times 0.181 = 2534$ 万元

B. 主体结构工程：　　$14000 \times 0.302 = 4228$ 万元

C. 装饰工程：　　　　$14000 \times 0.241 = 3374$ 万元

D. 水电安装工程：　　14000×0.276＝3864 万元

计算各功能项目的降低额：

A. ±0.000 以下工程：3854－2534＝1320 万元
B. 主体结构工程：　　4633－4228＝405 万元
C. 装饰工程：　　　　4364－3374＝990 万元
D. 水电安装工程：　　3219－3864＝－645 万元

根据各功能项目的降低额，确定功能改进顺序为：A. ±0.000 以下工程→B. 主体结构工程→C. 装饰工程→D. 水电安装工程。

复 习 思 考 题

1. 价值工程的含义是什么？有哪些特点？核心是什么？
2. 价值工程的实施步骤是什么？
3. VE 对象的选择有哪些常用方法？各有何特点？
4. 功能价值 V 的计算方法有哪两种？简述其计算结果的含义。
5. 方案评价有哪些方法？各有何特点？

6 工程项目组织与人力资源管理

组织是工程项目管理的基本职能之一。组织有两种含义：一是指组织机构，即按一定的领导体制、部门设置、层次划分、职责分工、规章制度和信息系统等构成的人的结合体；二是指组织行为，即通过一定的权力和影响力，对所需资源进行合理配置，以实现一定的目标。组织构成的要素一般包括管理层次、管理跨度、管理部门和管理职责四个方面。各要素之间密切相关、相互制约，在组织结构设计时，必须考虑各要素间的平衡与衔接。

6.1 工程项目管理组织机构形式

工程项目管理组织机构的形式应根据工程项目规模和特点、工程项目承包模式、项目管理单位自身情况等确定。常见的项目管理组织形式如下。

6.1.1 直线制

直线制是一种最简单的组织机构形式。在这种组织机构中，各种职能均按直线垂直排列，项目经理直接进行单线垂直领导。直线制组织机构如图 6-1 所示。

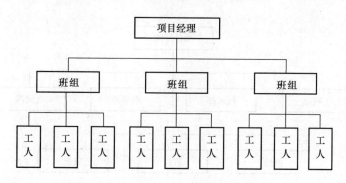

图 6-1 直线制组织机构示意图

直线制组织机构的主要优点是结构简单，权力集中，易于统一指挥，隶属关系明确，职责分明，决策迅速。但由于不设职能部门，领导没有参谋和助手，要求领导者通晓各种业务，成为"全能式"人才。无法实现管理工作专业化，不利于管理水平的提高。

6.1.2 职能制

职能制组织机构是在各个管理层次之间设置职能部门，各职能部门分别从职能角度对下级执行者进行业务管理。在职能制组织机构中，各级领导不直接指挥下级，而是指挥职能部门。各职能部门可以在上级领导的授权范围内，就其所辖业务范围向下级执行者发布命令和指示。职能制组织机构如图 6-2 所示。

职能制组织机构的主要优点是强调管理业务的专门化，注意发挥各类专家在项目管理中的作用。由于管理人员工作单一，易于提高工作质量，同时可以减轻领导者的负担。但是，由于这种机构没有处理好管理层次和管理部门的关系，形成多头领导，使下级执行者接受多方指令，容易造成职责不清。

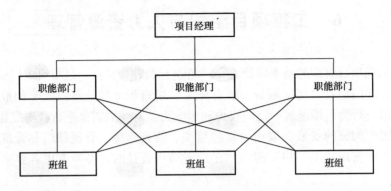

图 6-2　职能制组织机构示意图

6.1.3　直线职能制

直线职能制是吸收了直线制和职能制两种组织机构的优点而形成的一种组织机构形式。与职能制组织机构形式相同的是，在各管理层次之间设置职能部门，但职能部门只作为本层次领导的参谋，在其所辖业务范围内从事管理工作，不直接指挥下级，和下一层次的职能部门构成业务指导关系。职能部门的指令，必须经过同层次领导的批准才能下达。各管理层次之间按直线制的原理构成直接上下级关系。直线职能制组织机构如图 6-3 所示。

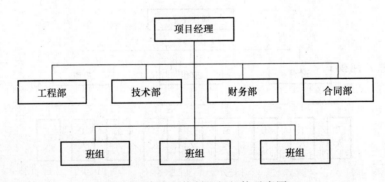

图 6-3　直线职能制组织机构示意图

直线职能制组织机构既保持了直线制统一指挥的特点，又满足了职能制对管理工作专业化分工的要求。其主要特点是集中领导、职责清楚，有利于提高管理效率。但这种组织机构中各职能部门之间的横向联系差，信息传递路线长，职能部门与指挥部门之间容易产生矛盾。

6.1.4　矩阵制

矩阵制组织机构是把按职能划分的部门和按工程项目（或产品）设立的管理机构，依照矩阵方式有机地结合起来的一种组织机构形式。这种组织机构以工程项目为对象设置，各项目管理机构内的管理人员从各职能部门临时抽调，归项目经理统一管理，待工程完工交付后又回到原职能部门或到另外工程的组织机构中工作。矩阵制组织机构如图 6-4

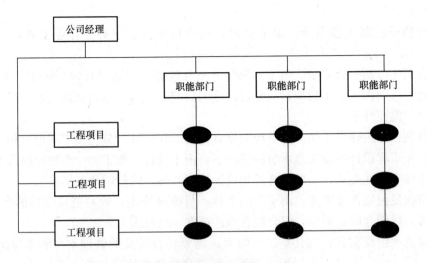

图 6-4 矩阵制组织机构示意图

所示。

矩阵制组织机构的优点是能根据工程任务的实际情况灵活地组建与之相适应的管理机构,具有较大的机动性和灵活性。它实现了集权与分权的最优组合,有利于调动各类人员的工作积极性,使工程项目管理工作顺利地进行。但是,矩阵制组织机构经常变动,稳定性差,尤其是业务人员的工作岗位频繁调动。此外,矩阵中的每一个成员都受项目经理和职能部门经理的双重领导,如果处理不当,会造成矛盾,产生扯皮现象。

6.2 工程项目组织管理模式

6.2.1 总分包模式

将工程项目全过程或其中某个阶段(如设计和施工)的全部工作发包给一家资质条件符合要求的承包单位,由该承包单位再将若干专业性较强的部分工程任务发包给不同的专业承包单位去完成,并统一协调和监督各分包单位的工作。这样,业主只与总包单位发生直接关系,而不与各专业分包单位发生关系,如图 6-5 所示。

总分包模式中还有一种特殊的项目组织管理模式——项目总承包管理模式。它是指业主将项目设计与施工的主要部分发包给专门从事设计与施工组织管理的项目管理公司,该公司自己既没有设计力量,也没有施工队伍,而是将其所承接的设计和施工任务全部分包给其他设计单位和施工单位,项目管理公司专心致力于工程项目管理工作。

采用总分包模式的特点:

(1) 有利于项目的组织管理。由于业主只与总承包商签订合同,合同结构简单,有利于合同管理。同时,由于合同数量少,使得业主的组织管理和协调工作量小,可发挥总承包商多层次协

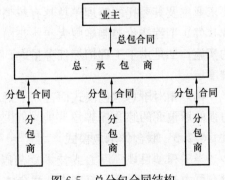

图 6-5 总分包合同结构

调的积极性。

（2）有利于控制工程造价。由于总包合同价格可以较早确定，业主可以承担较小风险。

（3）有利于控制工程质量。由于总承包商和分包商之间通过分包合同建立了责、权、利关系，在承包商内部，工程质量既有分包商的自控，又有总承包商的监督管理，从而增加了工程质量监控环节。

（4）有利于缩短建设工期。总承包商具有控制的积极性，分包商之间也有相互制约作用。此外，在工程设计与施工总承包的情况下，由于设计与施工由一个单位统筹安排，使两个阶段能够有机地融合，一般均能做到设计阶段和施工阶段的相互搭接。

（5）招标发包工作难度大。由于合同条款不易准确确定，容易造成较多的合同纠纷。对业主而言，尽管合同量最少，但合同管理的难度一般较大。

（6）对总承包商而言，责任重、风险大，需要具有较高的管理水平和丰富的实践经验。当然，获得高额利润的潜力也比较大。

6.2.2 平行承包模式

业主将工程项目的设计、施工以及设备和材料采购的任务分别发包给多个设计单位、施工单位和设备材料供应厂商，并分别与各承包商签订合同。这时，各承包商之间的关系是平行的，如图6-6所示。

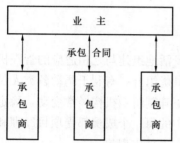

图6-6 平行承包合同结构

采用平行承包模式的特点：

（1）有利于业主择优选择承包商。由于合同内容比较单一、合同价值小、风险小，对不具备总承包管理能力的中小承包商较为有利，使他们有可能参与竞争。业主可以在更大的范围内进行选择，为择优选择承包商创造了条件。

（2）有利于控制工程质量。整个工程经过分解分别发包给各承包商，合同约束与相互制约使每一部分能够较好地实现质量要求。如主体工程与装修工程分别由两个施工单位承包，当主体工程不合格时，装修单位不会同意在不合格的主体工程上进行装修，这相当于有了他人控制，比自己控制更有约束力。

（3）有利于缩短建设工期。由于设计和施工任务经过分解分别发包，设计和施工阶段有可能形成搭接关系，从而缩短整个项目的建设工期。

（4）组织管理和协调工作量大。由于合同数量多，使项目系统内结合部分数量增加，要求业主及其委托的监理单位具有较强的组织协调能力。

（5）工程造价控制难度大。一是由于总合同价不易短期确定，从而影响工程造价控制的实施；二是由于工程招标任务量大，需控制多项合同价格，从而增加了工程造价控制的难度。

（6）相对于总承包模式而言，平行承包模式不利于发挥那些技术水平高、综合管理能力强的承包商的综合优势。

6.2.3 联合体承包模式

当工程项目规模巨大或技术复杂以及承包市场竞争激烈，由一家公司总承包有困难时，可由几家公司联合起来成立联合体（JointVenture，简称JV）去竞争承揽工程建设任务，以发挥各公司的特长和优势。联合体通常由一家或几家公司发起，经过协商确定各自投入联合体的资金份额、机械设备等固定资产及人员数量等，签署联合体章程，建立联合体组织机构，产生联合体代表，以联合体的名义与业主签订工程承包合同。其合同结构如图6-7所示。

采用联合体承包模式的特点：

（1）对业主而言，与总分包模式相同，合同结构简单，组织协调工作量小，而且有利于工程造价和建设工期的控制。

（2）对联合体而言，可以集中各成员单位在资金、技术和管理等方面的优势，克服单一公司力不能及的困难，不仅增强了竞争能力，同时也增强了抗风险能力。

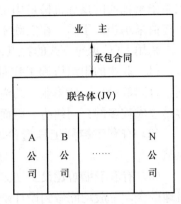

图6-7 联合体承包合同结构

6.2.4 合作体承包模式

当工程项目包含工程类型多、数量大，或专业配套需要时，一家公司无力实行总承包，而业主又希望承包方有一个统一的协调组织时，就可能产生几家公司自愿结成合作伙伴，成立一个合作体，以合作体的名义与业主签订工程承包意向合同（也称基本合同）。达成协议后，各公司再分别与业主签订工程承包合同，并在合作体的统一计划、指挥和协调下完成承包任务。其合同结构如图6-8所示。

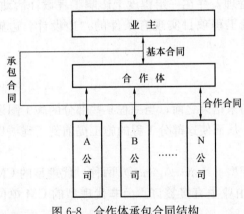

图6-8 合作体承包合同结构

采用合作体承包模式的特点：

（1）业主的组织协调工作量小，但风险较大。由于承包单位是一个合作体，各公司之间能相互协调，从而减少了业主的组织协调工作量。但当合作体内某一家公司倒闭破产时，其他成员单位及合作体机构不承担项目合同的经济责任，这一风险由业主承担。

（2）各承包商之间既有合作的愿望，又不愿意组成联合体。参加合作体的各成员单位都没有与建设任务相适应的力量，都想利用合作体增强总体实力。他们之间既有合作的愿望，但又出于自主性的要求，或彼此之间信任度不够，不采取联合体的捆绑式经营方式。

6.2.5 EPC承包模式

EPC承包也可称为项目总承包，是指一家总承包商或承包商联合体对整个工程的设计（Engineering）、材料设备采购（Procurement）、工程施工（Construction）实施全面、全过程的"交钥匙"承包。

由于工程项目本身具有实施时间长、合同各方关系复杂及一次性等特点，使得业主需要获得全面服务，业主更多的是要求承包商提供工程项目的一揽子解决方案。从另一个角度看，绝大多数业主投资某一项目的目的是为了获得经济效益（虽然有时也考虑政治影响），其投资的前提是基于项目的一个固定投资额和开始投产的确定时间。只要在预计的投资金额和投产时间范围内，业主就会盈利。对业主来说，该项目就是可行的。因此，业主希望承包商的投标价格是固定不变的包干总价,并将工程实施过程中的绝大部分风险让承包商来承担。于是,在实践中就逐渐出现了 EPC 承包模式。

采用 EPC 承包模式的特点:

(1) 业主的组织协调工作量少,但合同管理难度大。由于业主只与总承包商签订合同,合同数量少,使得业主的组织管理和协调工作量小。但由于合同条款不易准确确定,容易造成较多的合同纠纷,因而合同管理的难度一般较大。

(2) 有利于控制工程造价。由于总包合同价格可以较早确定,业主可以承担较少风险。

(3) 有利于缩短建设工期。由于设计与施工由一个单位统筹安排,使两个阶段能够有机地融合,一般均能做到设计阶段与施工阶段的相互搭接。

(4) 对总承包商而言,责任重、风险大,需要具有较高的管理水平和丰富的实践经验。当然,获得高额利润的潜力也比较大。

6.2.6 CM 承包模式

CM 承包模式是美国人 Charles B. Thomsen 于 1968 年首先提出并开始实施的,其全称为 Fast—Track—Construction Management。它是由业主委托一家 CM 单位承担项目管理工作,该 CM 单位以承包商的身份进行施工管理,并在一定程度上影响工程设计活动,组织快速路径(Fast—Track)的生产方式,使工程项目实现有条件的"边设计、边施工"。

1. CM 承包模式的特点

CM 承包模式的主要特点是:

(1) 采用快速路径法施工。即在工程设计尚未结束之前,当工程某些部分的施工图设计完成时,就开始进行该部分工程的施工招标,从而使这部分工程的施工提前到工程项目的设计阶段。

(2) CM 单位有代理型(Agency)和非代理型(Non—Agency)两种。代理型的 CM 单位不负责工程分包的发包,与分包商的合同由业主直接签订。而非代理型的 CM 单位直接与分包商签订分包合同。

(3) CM 合同采用成本加酬金方式。代理型和非代理型的 CM 合同是有区别的。由于代理型合同是业主和分包商直接签订,所以采用简单的成本加酬金合同形式。而非代理型合同则采用保证最大工程费用(GMP)加酬金的合同形式。这是因为 CM 合同总价是在 CM 合同签订之后,随着 CM 单位与各分包商签约而逐步形成的。只有采用保证最大工程费用,业主才能控制工程总费用。

2. 实施 CM 承包模式的价值

CM 承包模式特别适用于那些实施周期长、工期要求紧迫的大型复杂建设工程。采用 CM 承包模式的基本指导思想是缩短工程项目的建设周期,但其价值远不止于此,它在工程质量、进度和造价控制方面都有很大的价值。

(1) 工程质量控制方面的价值。

①设计与施工的结合,有利于提高工程质量。采用 CM 承包模式,实现了工程设计与施工的结合和协调,从而使工程项目采用新的施工工艺和方法,尽量提高工程项目的施工质量成为可能。CM 单位根据以往的施工经验,在材料和设备的选择方面提出合理化建

议，也为保证和提高工程质量提供了可能。

②严格的工程质量控制程序，为控制工程质量提供了保证。按照CM合同规定，CM单位在施工阶段要设立专门的现场控制及质量监督班子，建立质量控制和检查程序，编制质量保证计划，监督分包商的施工质量，检查设备材料供应商的产品质量，严格按质量标准和合同进行检查、验收，这一系列措施为控制工程项目的施工质量提供了保证。

（2）工程进度控制方面的价值。

①由于采取分阶段发包，集中管理，实现了有条件的"边设计、边施工"，使设计与施工能够充分地搭接，有利于缩短建设工期。

②尽管工程建设总承包也是在工程设计前期或设计早期进行发包，但由于CM承包模式的招标不需要编制项目功能描述书，因而缩短了招标准备工作时间。因此，采用CM承包模式，比工程建设总承包的招标时间更短。

③CM单位在工程项目设计早期即可参与项目的实施，并对工程设计提出合理化建议，使设计方案的施工可行性和合理性在设计阶段就得到考虑和证实，从而可以减少施工阶段因修改设计而造成的实际进度拖后。

④为了实现设计和施工以及施工与施工的合理搭接，CM承包模式将项目的进度安排看作一个完整的系统工程，一般在项目实施早期即编制供货期长的设备采购计划，并提前安排设备招标、提前组织设备采购，从而可以避免因设备供应工作的组织和管理不当而造成的工程延期。

⑤CM单位一般都拥有一套先进的计算机进度控制系统，充分利用现代化管理方法和手段，卓有成效地进行工程项目的进度安排和控制。

（3）工程造价控制方面的价值。

①与施工总承包相比，采用CM承包模式时的合同价更具合理性。采用CM承包模式时，施工任务要进行多次分包，施工合同总价不是一次确定，而是有一部分完整施工图纸，就分包一部分，将施工合同总价化整为零。而且每次分包都通过招标展开竞争，每个分包合同价格都通过谈判进行详细讨论，从而使各个分包合同价格汇总后形成的合同总价更具合理性。

②CM单位不赚取总包与分包之间的差价。与总分包模式相比，CM单位与分包商或供货商之间的合同价是公开的，业主可以参与所有分包工程或设备材料采购招标及分包合同或供货合同的谈判。CM单位不赚取总包与分包之间的差价，其在进行分包谈判时，会努力降低分包合同价。经谈判而降低合同价的节约部分全部归业主所有，CM单位可获得部分奖励，这样，有利于降低工程费用。

③应用价值工程方法挖掘节约投资的潜力。CM承包模式不同于普通承包模式的"按图施工"，CM单位早在工程设计阶段就可凭借其在施工成本控制方面的实践经验，应用价值工程方法对工程设计提出合理化建议，以进一步挖掘节省工程投资的可能性。此外，由于工程设计和施工的早期结合，使得设计变更在很大程度上得到减少，从而减少了分包商因设计变更而提出的索赔。

④GMP大大减少了业主在工程造价控制方面的风险。当采用非代理型CM承包模式时，CM单位将对工程费用的控制承担更直接的经济责任，必须承担GMP的风险。如果实际工程费用超过GMP，超出部分将由CM单位承担；如果实际工程费用低于GMP，节

约部分全部归业主所有。由此可见，业主在工程造价控制方面的风险将大大减少。

⑤采用现代化管理方法和手段控制工程费用。与普通承包商相比，CM单位不是单"为自己控制成本"，还要承担"为业主控制工程费用"的任务。CM单位要制定和实施完整的工程费用计划和控制工作流程，并不断向业主报告工程费用情况。在国外，许多成功的CM承包商都拥有一套先进的计算机费用控制系统，以便在项目实施过程中编制和调整不同版本的费用预算，进行费用计划值与实际值的动态跟踪比较，发现实际费用超过计划值时，及时采取纠偏措施。

6.2.7 Partnering 模式

Partnering模式于20世纪80年代中期首先在美国出现，到20世纪90年代中后期，其应用范围逐步扩大到英国、澳大利亚、新加坡等国家及我国香港地区，近年来日益受到建设工程管理界的重视。

Partnering一词看似简单，但要准确地译成中文却比较困难。我国大陆有的学者将其译为伙伴关系，台湾学者则将其译为合作管理。

1. Partnering 模式的主要特征

Partnering模式的主要特征表现在以下几个方面：

（1）出于自愿。Partnering协议并不仅仅是业主与承包商双方之间的协议，而需要工程项目建设参与各方共同签署，包括业主、总承包商或主承包商、主要的分包商、设计单位、咨询单位、主要的材料设备供应单位等。参与Partnering模式的有关各方必须是完全自愿，而非出于任何原因的强迫。Partnering模式的参与各方要充分认识到，这种模式的出发点是实现工程项目建设的共同目标以使参与各方都能获益。只有在认识上达到统一，才能在行动上采取合作和信任的态度，才能愿意共同承担风险和有关费用，共同解决问题和争议。

（2）高层管理的参与。Partnering模式的实施需要突破传统的观念和组织界限，因而工程项目建设参与各方高层管理者的参与以及在高层管理者之间达成共识，对于该模式的顺利实施是非常重要的，由于Partnering模式需要参与各方共同组成工作小组，要分担风险、共享资源，因此，高层管理者的认同、支持和决策是关键因素。

（3）Partnering协议不是法律意义上的合同。Partnering协议与工程合同是两个完全不同的文件。在工程合同签订后，工程建设参与各方经过讨论协商后才能签署Partnering协议。该协议并不改变参与各方在有关合同中规定的权利和义务。Partnering协议主要用来确定参与各方在工程建设过程中的共同目标、任务分工和行为规范，它是工作小组的纲领性文件。当然，该协议的内容也不是一成不变的，当有新的参与者加入时，或某些参与者对协议的某些内容有意见时，都可以召开会议经过讨论对协议内容进行修改。

（4）信息的开放性。Partnering模式强调资源共享，信息作为一种重要的资源，对于参与各方必须公开。同时，参与各方要保持及时、经常和开诚布公的沟通，在相互信任的基础上，要保证工程投资、进度、质量等方面的信息能为参与各方及时、便利地获取。

2. Partnering 模式的组成要素

Partnering模式的成功运作所不可缺少的元素包括以下几个方面：

（1）长期协议。虽然Partnering模式也经常用于单个工程项目，但从各国实践情况看，在多个工程项目上持续运用Partnering模式可以取得更好的效果。这也是Partnering

模式的发展方向。通过与业主达成长期协议、进行长期合作，承包商能够更加准确地了解业主的需求；同时能保证承包商不断地获取工程任务，从而使承包商将主要精力放在工程项目的具体实施上，充分发挥其积极性和创造性。这样既有利于对工程投资、进度、质量的控制，同时也降低了承包商的经营成本。对业主而言，一般只有通过与某一承包商的成功合作，才会与其达成长期协议，这样不仅使业主避免了在选择承包商方面的风险，而且可以大大降低"交易成本"，缩短建设周期，取得更好的投资效益。

（2）资源共享、风险共担。工程建设参与各方共享有形资源（如人力、机械设备等）和无形资源（如信息、知识等）、共享工程实施所产生的有形效益（如费用降低、质量提高等）和无形效益（如避免争议和诉讼的产生、工作积极性提高、承包商社会信誉提高等）；同时，参与各方共同分担工程的风险和采用 Partnering 模式所产生的相应费用。

（3）相互信任。相互信任是确定工程建设参与各方共同目标和建立良好合作关系的前提，是 Partnering 模式的基础和关键。只有对参与各方的目标和风险进行分析和沟通，并建立良好的关系，彼此间才能更好地理解；只有相互理解，才能产生信任，而只有相互信任，才能产生整体性的效果。Partnering 模式所达成的长期协议本身就是相互信任的结果，其中每一方的承诺都是基于对其他参与方的信任。只有相互信任，才能将工程项目组织管理其他模式中常见的参与各方之间相互对立的关系转化为相互合作的关系，才能够实现参与各方的资源和效益共享。

（4）共同的目标。在一个确定的工程项目中，参与各方都有其各自不同的目标和利益，在某些方面甚至还有矛盾和冲突。尽管如此，工程建设参与各方之间还是有许多共同利益的。例如，通过设计、施工、业主三方的配合，可以降低工程的风险，对参与各方均有利；还可以提高工程的使用功能和使用价值，这样不仅提高了业主的投资效益，而且也提高了设计单位和施工承包单位的社会声誉，等等。工程建设参与各方要充分认识到，只有工程建设项目实施结果本身是成功的，才能实现他们各自的目标和利益，从而取得双赢或多赢的结果。

（5）合作。工程建设参与各方要有合作精神，并在相互之间建立良好的合作关系。但这只是基本原则，要做到这一点，还需要有组织保证。Partnering 模式需要突破传统的组织界限，建立一个由工程参与各方人员共同组成的工作小组。同时，要明确各方的职责，建立相互之间的信息流程和指令关系，并建立一套规范的操作程序。

值得指出的是，Partnering 模式不是一种独立存在的模式，它通常需要与工程项目其他组织模式中的某一种结合使用，如总分包模式、平行承包模式、CM 承包模式等。

6.3 工程项目人力资源管理

6.3.1 人力资源的基本概念

自从 1979 年诺贝尔经济学奖获得者西奥多·舒尔茨在 20 世纪 60 年代初提出人力资本理论之后，越来越多的经济学家都认识到人力资源已成为第一资源，成为企业、国家和社会财富的根本源泉。21 世纪，人类进入了一个以知识为主导的时代，在这样一个日新月异的时代，人力资源成为企业核心能力的源泉。

1. 人力资源的含义

资源是"资财的来源"(《辞海》)。在经济学上，资源是为了创造财富而投入到生产活动中的一切要素。当代经济学家把资源分为四类：自然资源，指用于生产活动中的一切未经加工的自然物；资本资源，指一般用于生产活动的一切经人工加工的自然物，如资金、机器、厂房、设备等；信息资源，指对生产活动及与其有关的一切活动的事、物描述的符号集合；人力资源，它是一切资源中最重要的资源，是生产活动中最活跃的因素，被经济学家称为第一资源。

人力资源在宏观意义上的概念是以国家和地区为单位进行划分和计量的；在微观意义上的概念则是以部门和企、事业单位进行划分和计量的。

2. 人力资源的构成

人力资源由数量和质量两个方面构成。

(1) 人力资源的数量

人力资源的数量又分为绝对量和相对量两种。人力资源绝对量，指的是一个国家或地区拥有的具有劳动能力的人口资源，亦即劳动力人口的数量。劳动力人口数量的统计与不同国家对"劳动适龄人口"或"劳动年龄人口"的界定有关。值得注意的是，在劳动适龄人口内部，存在着一些丧失劳动能力的病残人口；在劳动年龄人口之外，也存在着一批具有劳动能力，正在从事社会劳动的人口。因此，在计量人力资源数量时，应当对上述情况加以考虑，对劳动适龄人口和劳动年龄人口的数量加以修正。

人力资源相对量即人力资源率，它是指人力资源的绝对量占总人口的比例，是反映经济实力的重要的指标。一个国家或地区的人力资源效率越高，表明该国家或地区的经济越具有某种优势。因为在劳动生产率和就业状况既定的条件下，人力资源率越高，表明可投入到生产过程中的劳动人口数量越多，从而创造的国民收入就越多。

(2) 人力资源的质量

人力资源的质量指人力资源所具有的体质、智力、知识和技能水平以及劳动者的劳动态度，一般体现在劳动者的体质、文化、专业技术水平及劳动积极性上。在统计和使用中，可以用平均寿命、婴儿死亡率、每万人口拥有的医务人员数量、人均日摄入热量等指标来衡量健康卫生状况；可以用劳动者的人均受教育年限、每万人中大学生拥有量、大中小学入学比例等指标来衡量教育发展程度；可以用劳动者技术职称等级的现实比例、每万人中高级职称人员所占的比例等指标来衡量劳动者的技术状况；可以用对工作的满意程度、工作的努力程度、工作负责程度、与他人的合作性等指标来衡量劳动态度。

企业的人力资源也是由数量和质量两个方面构成。与宏观意义上的人力资源不同的是企业中的人力资源的绝对数量是由企业聘用的员工和潜在员工（企业能在劳动力市场招聘的员工）两部分组成。其相对量就是企业人力资源率。企业人力资源率是企业人力资源总量与企业总员工数的比率，它反映了企业的竞争力。这个比率越高，企业人力资源可利用率就越高，企业的竞争力就越强；反之，这个比率越低，企业人力资源可利用率就越低，企业的竞争力就越弱。目前，我国许多企业特别是国有企业普遍存在着人力资源率过低的问题。

与企业人力资源数量相比，人力资源质量更重要。因为人力资源的质量对数量具有较强的替代作用，而人力资源数量对质量的替代作用较差。社会的发展、科学的进步对人力资源的质量提出越来越高的要求。人力资源开发的目的在于提高人力资源的质量，提高企业工作效率，为社会经济的发展作出更大的贡献。

3. 人力资源的特点

(1) 生物性

人力资源存在于人体之中,是有生命的"活"的资源,与人的自然生理特征相联系,具有生物性。

(2) 能动性

人不同于自然界其他生物的根本标志之一是人具有主观能动性。人具有思想、感情,有主观能动性,能够有目的、有意识地认识和改造客观世界。在改造世界的过程中,人能通过意识对所采取的行为、手段及结果进行分析、判断以及预测。由于人的社会意识和在社会生产过程中的主体地位,使得人力资源具有能动作用,如自我强化、选择职业及积极劳动等。因此,人力资源管理要充分重视人的主观能动性,激发人的工作积极性。

(3) 两重性

人力资源既是投资的结果,又能创造财富,两者不可分离。人力资源的投资来源于个人与社会两个方面,包括教育培训、卫生健康、迁移等方面。人力资本投资的程度高低决定了人力资源质量的高低。人力资本的投资实质上是一种必不可少的消费行为,而这种消费行为先于人力资本的收益。研究证明,对人力资源的投资具有高增值性,无论从社会还是从个人角度来看,都远远大于对其他资源投资所产生的收益。

(4) 智力性

人类在劳动过程中创造了机器和工具,从而使得自身的能力无限扩大,获得丰富的生活资料。人类的智力具有继承性,人力资源所具有的智力能够随着时间的推移得以积累、延续和增强。

(5) 时效性

人力资源的形成、开发和利用都受到时间方面的限制。从个体角度看,作为生物有机体的人,有其生命的周期,如幼年期、青壮年期、老年期,其各阶段的劳动能力各不相同;从社会角度看,人才的培养和使用也有培训期、成长期、成熟期和老化期。

(6) 再生性

人力资源是一种可再生性资源。它基于人口的再生产和劳动力的再生产,通过人口总体内个体的不断更替和"劳动力耗费—劳动力生产劳动力—再次耗费劳动力—再次生产"的过程得以实现。当然,人力资源的再生产不同于一般生物资源的再生产,除了遵守一般生物学规律之外,它还受人类意识的支配和人类活动的影响。

(7) 社会性

人生活在社会和团体之中,每一个团体或民族都有自身的文化特征与价值取向,这又通过团体中的个人表现出来。个人价值观的不同,会影响到其在生产经营以及社会活动中的行为。这些行为反过来可能与团体文化所倡导的行为准则发生冲突,或与团体中其他人的行为发生冲突。这又给人力资源管理提出了新要求,既要注重人与人、人与团体、人与社会的关系的协调,又要注重组织中团队建设的重要性。

6.3.2 人力资源管理及其职能

1. 人力资源管理的职能

(1) 获取

人力资源管理工作的第一步是获取人力资源。它主要包括人力资源战略规划、招聘与录用。首先，人力资源管理部门必须根据企业发展战略，审视组织内外部环境，制定人力资源战略，进行工作分析，并制定与组织目标相适应的人力资源需求和供给计划，然后开展一系列的招聘、选拔、录用与配置等工作。

(2) 保持

主要指建立并维持有效的工作关系。包括：协调员工之间、个人与组织之间的关系；建立共同愿景；改善劳资关系，使员工得到公平对待；确保组织信息沟通顺畅；改善工作的硬件环境，保障员工的安全与健康。

(3) 开发

这是人力资源开发与管理的重要职能。人力资源开发是指对组织内员工的素质与技能的培养和提高，以此增强员工的工作能力，使他们的潜能得以充分发挥，最大限度地实现其个人价值并提高组织绩效。它主要包括组织与个人开发计划的制订、组织与个人对培训和继续教育的投入、培训与继续教育的实施、员工职业生涯开发及员工的有效使用。

(4) 奖酬

它是指为员工对组织所作出的贡献而给予奖励的过程，是人力资源管理的激励与凝聚职能，也是人力资源管理的核心。其主要内容为：根据对员工绩效进行考评的结果，公平地向员工提供合理的、与他们各自的贡献相称的工资、奖励和福利。

(5) 调控

这是对员工实施合理、公平的动态管理的过程，是人力资源管理的控制与调整职能。它主要包括：科学合理地对员工进行绩效考核与素质评估；以评估结果为依据，对员工实行动态管理，如晋升、调动、奖惩、离退休、解雇等。

2. 人力资源管理的活动内容

(1) 人力资源规划

人力资源规划是根据企业总体战略目标，科学地分析，预测企业在变化的环境中人力资源供给和需求的情况，从而制定必要的政策和措施，以确保企业在需要的时间和需要的岗位上获得需要的人力，为实现企业战略提供服务。其内容主要包括：企业人力资源现状分析、未来人员的供需预测以及制定相应的人力资源政策等。人力资源规划可以增强企业对环境变化的适应能力，优化人力资源结构，充分调动员工的工作积极性。

(2) 工作分析

工作分析是人力资源管理的基础性工作。工作分析通过对组织中各个职位的分析，获取有关工作的详细信息，如工作内容、工作职责、工作权限、工作环境以及对任职者素质、知识技能的要求等。工作分析是企业人力资源规划、人员招聘、甄选、培训、绩效评估和薪酬管理等工作有效开展的基础。

(3) 招聘与录用

根据人力资源的规划或供需计划而开展的招聘和选拔、录用与配置等工作是人力资源管理的重要活动之一。要完成组织的目标，企业用招聘来定位和吸引申请具体职位的人，可能从内部（即晋升或变换工作）或从外部招聘候选人。招聘的目标在于迅速地、合法地和有效地找到企业需要的合适求职者。在这个过程中，企业需要采用科学的方法和手段对所需要的人员进行测评和选拔。

(4) 培训和开发

培训是为了实现企业目标，提高员工绩效；企业有计划地给员工传授知识、技能和态度的过程。培训重在目前的工作技能，而开发则是对员工未来的工作技能以及员工职业的开发。培训与开发是人力资源管理的最基本的职能，随着环境变化的日益加剧，培训和开发职能的重要性也不断增强。有效的培训与开发能够帮助企业适应环境的变化，满足企业参与市场竞争与员工自身发展的需要，另外培训与开发也是提高企业效益的重要途径。

（5）绩效管理

绩效管理是管理者为确保员工工作行为及成果与组织战略相一致的过程。绩效评估信息可以帮助员工提高工作绩效，进行自我开发，同时它也是组织人事决策（如晋升、任免、调任、加薪、培训等）的重要参考指标。因此，绩效管理是提高企业生产力和竞争力的重要手段。

（6）薪酬管理

薪酬管理是通过建立一套完整系统的薪酬体系，实现激励员工的目的的管理活动。它是人力资源管理活动中最敏感、最被人关注、技术性最强的部分。薪酬管理是组织吸引和留住人才、激励员工努力工作、发挥人力资源效能的最有力的杠杆之一。

（7）职业管理

职业管理是企业根据员工的性格、气质、能力、兴趣、价值观等特点，结合组织的需要，为员工制定职业发展计划。职业管理把员工个人职业发展目标与企业发展目标统一起来，使员工不断获得成长，产生强烈的归属感、忠诚感和责任心，从而最大限度地发挥其工作积极性。

（8）劳动关系

为使员工努力工作，组织应创造一种积极的工作环境，即良好的员工关系。公司必须保证员工健康和安全的法律性、社会性等。通过建立有效的预防方案以保证员工身体健康和心理健康；在公司中建立员工与组织有效沟通的渠道。

人力资源管理的活动内容如图 6-9 所示。

图 6-9 人力资源管理活动

6.3.3 工程项目的人力资源管理

美国的李·亚科卡以自己在美国福特和克莱斯勒公司管理的切身体会指出：企业成功的关键在于人，在于那些富有激情和敬业精神的管理人才。同样道理，富有创新性的工程项目的成功也在很大程度上决定于人，决定于人的主观创造能力、敬业精神和整个项目团队的凝聚力。因此，人力资源（Human Resource）管理是工程项目管理中一种重要的、不可忽视的管理职能。

1. 工程项目人力资源管理的概念

工程项目人力资源管理（Project Human Resource Management）就是对工程项目开

发建设过程中所需的人力资源进行策划、选聘和合理配置，并定期对他们的工作业绩进行评价和激励，以提高他们对工程项目开发建设的敬业精神、积极性和创造性，最终保证工程项目目标的实现。

工程项目人力资源管理的对象包括项目团队的所有成员和项目团队本身，由于工程项目的一次性或临时性及系统性特征，工程项目人力资源管理在遵循企业组织人力资源管理的原理的同时，还有以下特点：

（1）工程项目人力资源管理强调高效快捷。高效快捷主要体现在项目团队成员的选拔和培训上，项目团队成员的选拔和培训通常是针对完成项目任务所需的知识和技能进行的，也就是说，选拔项目团队成员尤其是骨干成员时主要是看其是否已具有相关知识和技能，以及是否有一定的实践经验，而且项目团队成员也要具有挑战精神，敢于承担责任，对于项目团队成员的激励也要强调高效性和及时性。因此，工程项目人力资源管理中所使用的激励手段一般是以短期激励效果为主，如物质激励等。

（2）工程项目人力资源管理强调团队建设。工程项目目标的实现需要一个跨职能团队的共同努力才能完成，因此项目团队的建设意义尤为重大。它是工程项目人力资源管理的中心任务。这不但要求工程项目人力资源管理中的项目团队成员尤其是项目经理的挑选和确定要考虑项目团队建设的需要，即项目团队成员要具有合作精神，项目经理要具有较强的个人影响力和组织管理能力，而且要求在工作业绩的评价、员工激励和项目问题或冲突解决方式方法等方面也要考虑项目团队建设的需要。

2. 工程项目人力资源管理的主要内容

（1）工程项目组织的工作分析

工程项目组织的工作分析就是对达到工程项目目标所需进行的各项任务和活动进行分析研究，以确定工程项目管理与实施需要安排哪些具体的职务和岗位，以及这些岗位和职务的任职条件和知识、技能与专业要求。显然，工作分析的成果主要是工作说明书（Statement of Work）和工作规范（Specification of Work）。工作说明书详细描述了某职务或岗位的工作内容、环境及工作条件，而工作规范则详细说明了从事该项工作的人员所需具备的最低资格。

（2）工程项目的人员的获得和配备

工程项目组织根据前述工作分析结果，采用招聘等方式从一定的渠道获得合适的人员，并根据工程项目工作的特点和人员的知识、技能进行安排和配备。

项目人员的获得是指项目人员的招聘工作，这是项目人力资源管理工作中非常重要的一项工作。项目人员的获得工作的主要目标是确保项目组织能够获得所需的人力资源。

工程项目人员的获得主要有两种方式：外部招聘和内部选拔。这里所谓的内外部是针对工程项目所依存的企业组织而言的。内部选拔的方式一般有查阅档案法、主管推荐法和布告法三种，外部招聘的渠道一般有广告招聘、就业中介和信息网络招聘三种。

（3）工程项目人员的培训

工程项目人员的培训是为了使员工获得或改善与工作有关的知识、技能和动机、态度，以利于提高员工的绩效和对工程项目目标的贡献。

（4）绩效评估和激励

绩效评估是通过对项目团队成员工作绩效的评价，反映员工的实际工作能力和对某种工作职位的适应程度。激励则是通过满足员工的某种需要，以激发员工充分发挥其潜能，为实现工程项目目标服务。

3. 项目的核心人管理

项目中的核心人主要是指项目经理（有的地方把公司总经理、项目职能经理和大项目经理都看做是项目中的核心人物）。项目经理的产生有三条途径：一是从职能经理来，但在实际工作中，要防止职能经理兼任项目经理，而把项目看成是自己职能工作的一部分；二是项目经理从项目办公室来，项目办公室的人员经过一定时间的培养，由通才变帅才；三是从项目实践中来，在一个具体的项目中负一定技术责任的高级工程技术人员，经过在项目活动中的各级参与，由专才变通才。

不论从什么途径成长起来的项目经理，都要具备一定的素质和能力。从素质上看，总体上有五点：身体素质、心理素质、知识技能、实践经验和道德素质。从能力上看，总体有四点：领导能力、沟通能力、人力开发能力和决策能力。科兹纳认为，项目经理有十处特殊的技能：团队组建、领导、冲突处理、专业技术知识、计划编制、组织能力、企业家的才干、行政管理、管理支持、资源配置。

21世纪，一个优秀的项目经理应该掌握的技能已经与20世纪80年代有所不同了。以前，只有工程师才有机会成为项目经理。这主要是因为项目经理只有精通技术才能作出技术决策。随着管理的发展成熟，随着项目规模的增大和复杂化，项目经理逐渐变得只需要了解技术而不需要精通就行了，除了诸如RD项目管理之类的特殊情况外，真正的技术知识由技术经理来提供。

随着项目管理的发展和成熟，项目经理的职能也不断从技术经理向业务经理转变，而且这一趋势在21世纪表现得更加明显。对于一个21世纪优秀的项目经理来说，他必须掌握以下基本技能：业务知识；风险管理；综合技能/协调能力。其中，最关键的是风险管理能力。

复习思考题

1. 职能制、直线制、矩阵制项目组织形式分别有哪些优缺点？适用范围如何？
2. 工程项目组织管理模式有哪些？各有哪些特点？
3. 什么是人力资源？人力资源由哪些方面构成？
4. 人力资源管理活动的主要内容包括哪几个方面？

7 工程项目合同管理

7.1 合同管理概述

7.1.1 工程项目施工合同的概念

建设工程施工合同是发包人和承包人为完成商定的建筑安装工程，明确相互权利、义务关系的合同。建筑是指对工程进行营造的行为，安装主要是指与工程有关的线路、管道、设备等设施的装配。依照施工合同，承包方应完成一定的建筑、安装工程任务，发包方应提供必要的施工条件并支付工程款。施工合同是一种诺成合同，合同订立生效后，双方应当严格履行。同时它也是一种有偿合同，当事人双方在合同中都有各自的权利和义务，在享有权利的同时必须履行义务。

建设工程施工合同是建设工程合同中最重要也是最复杂的合同。它在工程项目中持续时间长、标的物特殊、价格高。在整个建设工程合同体系中，它起主干合同的作用。施工合同与其他建设工程合同一样，是一种双务合同，在订立时也应遵循自愿、公平、诚实信用等原则。

建设工程施工合同是工程建设质量控制、投资控制、进度控制的主要依据。通过合同关系，可以确定建设市场主体之间的相互权利义务关系，在建设领域加强施工合同的管理对规范建筑市场有重要作用。

施工合同的当事人是发包人和承包人，双方是平等的民事主体，双方签订施工合同，必须具备相应资质条件和履行施工合同的能力。发包人必须具备组织协调能力或委托给具备相应资质的监理单位承担；承包人必须具备有关部门核定的资质等级并持有营业执照等证明文件。

7.1.2 工程项目施工合同的分类

(1) 根据合同所包括的工程或工作范围

建设工程施工合同按合同所包括的工程或工作范围可以划分为：

①施工总承包合同，即承包商承担一个工程的全部施工任务，包括土建、水电安装、设备安装等。

②专业承包合同，即单位工程施工承包和特殊专业工程施工承包。单位工程施工承包是最常见的工程承包合同，包括土木工程施工合同、电气与机械工程承包合同等。在工程中，业主可以将专业性很强的单位工程分别委托给不同的承包商。这些承包商之间为平行关系。例如管道工程、土方工程、桩基础工程等。但在我国不允许将一个工程肢解成分项工程分别承包。

③分包合同。它是施工承包合同的分合同。承包商将施工承包合同范围内的一些工程或工作委托给另外的承包商来完成。他们之间签订分包合同。

(2) 根据合同的付款方式

建设工程施工合同按照付款方式进行划分，基本可分为总价合同、单价合同和成本加酬金合同。

①总价合同，是指在合同中确定一个完成建设工程的总价，承包人据此完成项目全部。

②单价合同，是指承包人在投标时，按招标文件就分部分项工程所列出的工程量表确定各分部分项工程费用的合同类型。

③成本加酬金合同，是由业主向承包人支付建设工程的实际成本，并按事先约定的某一种方式支付酬金的合同类型。

(3) 根据合同的计价方式

①固定价格合同，固定价格合同是指在约定的风险范围内价款不再调整的合同。这种合同的价款并不是绝对不可调整的，而是约定范围内的风险由承包人承担。双方应当在专用条件内约定合同价款包含的风险范围和风险费用的计算方法，以及风险范围以外的合同价款调整方法。如果发包人对施工期间可能出现的价格变动采取一次性付给承包人一笔风险补偿费用办法的，可在专用条款内写明补偿的金额和比例，写明补偿后是全部不予调整还是部分不予调整，以及可以调整项目的名称。

②可调整价格合同，合同价款可根据双方的约定而调整，双方在专用条款内约定合同价款的调整方法。通常，可调价格合同中合同价款的调整因素包括：法律、行政法规和国家有关政策变化影响合同价款；工程造价管理部门（指国务院有关部门、县级以上人民政府建设行政主管部门或其委托的工程造价管理机构）公布的价格调整；一周内非承包人原因停水、停电、停气造成停工累计超过 8 小时；双方约定的其他因素。对于可调价格合同，双方可在专用条款中写明调整的范围和条件，除材料费外是否包括机械费、人工费、管理费等，对通用条款中所列出的调整因素是否还有补充，如对工程量增减和工程变更的数量有限制的，还应写明限制的数量；调整的依据，写明是哪一级工程造价管理部门公布的价格调整文件；写明调整的方法、程序，承包人提出调价通知的时间，工程师批准和支付的时间等。承包人应当在上述情况发生后 14 天内，将调整原因、金额以书面形式通知工程师，工程师确认调整金额后作为追加合同价款与工程款同期支付。工程师收到承包人通知后 14 天内不予确认也不提出修改意见，视为已经同意该项调整。

③成本加酬金合同，成本加酬金合同是由发包人向承包人支付工程项目的实际成本，并按事先约定的某一种方式支付酬金的合同类型。合同价款包括成本和酬金两部分，合同双方应在专用条件中约定成本构成和酬金的计算方法。按酬金的不同计算方法又可分为：成本加固定百分比酬金合同、成本加固定酬金合同、成本加浮动酬金合同和目标成本加奖罚合同四种类型。

7.1.3 工程项目施工合同的特点

(1) 合同标的物的特殊性

施工合同的标的物是特定的建筑产品，合同的标的物不同于其他一般商品。建筑产品具有固定性、单件性、体积庞大的特点，这也是建筑产品区别于其他商品的根本特点。建筑产品的特点决定了建筑产品施工生产的特点，即建筑产品施工生产具有单件性、流动性、周期长的特点。每个建筑产品有其特定的功能要求，不同的区域、不同的时期、不同的用途，其实物形态千差万别，要求每一个建筑产品都需单独设计和施工，即使可重复利用的标准设计或重复使用的图纸，也应采取相应的修改设计才能施工（如场地地质条件的变化等），说明建筑产品的施工生产具有单件性；建筑产品属于不动产，其基础部分与大地相连，不能移动，施工队伍、施工机械必须围绕建筑产品移动，说明建筑产品施工生产具有流动性；建筑产品体积庞大，消耗的人力、物力、财力多，一次性投资额大，也说明建筑产品施工生产的周期长。以上这些特点，必然在施工合同中表现出来，每个施工合同的标的都是特殊的，相互间具有不可替代性。

（2）合同履行期限的长期性

建筑物的施工由于结构复杂、体积大、建筑材料类型多、工作量大，使得工期都较长（与一般工业产品的生产相比），而合同履行期限肯定要长于施工工期，因为工程建设的施工应当在合同签订后才开始，且需加上合同签订后到正式开工前的一个较长的施工准备时间和工程全部竣工验收后，办理竣工结算及保修期的时间。在工程施工过程中，还可能因为不可抗力、工程变更、材料供应不及时等原因而导致工期的顺延。所有这些情况，决定了施工合同的履行期限具有长期性。

（3）合同内容的多样性和复杂性

虽然施工合同的当事人只有两方，但其涉及的主体却有多种。与大多数合同相比，施工合同的履行期限长、标的额大，涉及的法律关系（包括劳动关系、保险关系、运输关系等）具有多样性和复杂性。这就要求施工合同的内容尽量详尽。施工合同除了应当具备合同的一般内容外，还应对安全施工、专利技术使用、发现地下障碍物和文物、工程分包、不可抗力、工程设计变更、材料设备的供应、运输、验收等内容作出规定。所有这些都决定了施工合同的内容具有多样性和复杂性。

（4）合同监督的严格性

由于施工合同的履行对国家的经济发展、公民的工作和生活都有重大的影响，因此，国家对施工合同的监督是十分严格的。具体体现在以下几方面：

①对合同主体监督的严格性

建设工程施工合同主体一般只能是法人。发包人一般是经过批准进行工程项目建设的法人，必须有国家批准的建设项目，落实投资计划，并且应当具备相应的协调能力。承包人则必须具备法人资格，而且应当具备相应的从事施工的资质。无营业执照或无承包资质的单位不能作为建设工程施工合同的承包人，资质等级低的单位不能越级承包建设工程。

②对合同订立监督的严格性

订立建设工程施工合同必须以国家批准的投资计划为前提，即使是国家投资以外的、以其他方式筹集的投资也要受到当年的贷款规模和批准限额的限制，纳入当年投资规模的平衡，并经过严格的审批程序。建设工程施工合同的订立还必须符合国家关于建设程序的规定。同时，考虑到建设工程的重要性和复杂性，在施工过程中经常会发生合同履行的纠纷，《合同法》要求建设工程施工合同的订立应采取书面形式。

③对合同履行监督的严格性

在施工合同的履行过程中，除了合同当事人应当对合同进行严格管理外，合同的主管机关（工商行政管理机构）、金融机构、建设行政主管机关等，都要对施工合同的履行进行严格的监督。

7.2 工程项目施工合同的签订

7.2.1 工程项目施工合同的签订原则

由于建筑产品具有生产周期长、价值量大、涉及范围广的特点，使得建筑市场不同于其他产品市场。施工合同主要是通过对建筑市场两个主要主体即发包人和承包人的责任、权利和义务进行明确规定，约束双方的行为，同时对建筑市场客体即建筑产品和建筑生产过程进行相应规定，进而促进形成公平、规范、有序的有形建筑市场。基于施工合同的这些目标，合同在签订过程中必须遵循以下基本原则：

(1) 遵守国家法律法规和国家计划原则

国家立法机关、国务院、国家建设行政管理部门都十分重视施工合同的规范工作，工程合同管理有许多涉及建设工程施工合同的强制性管理规定，这些法律、法规、规定是我国建设工程施工合同订立和管理的依据。建设工程施工对经济发展、生活环境产生多方面的影响。订立施工合同的当事人，必须遵守国家法律、法规，必须遵守国家强制性规定，也应遵守国家的建设计划和其他计划（如贷款计划）。

(2) 平等、自愿、公平的原则

签订施工合同当事人双方都具有平等的法律地位，任何一方都不得强迫对方接受不平等的合同条件。合同内容应当是双方当事人真实意思的体现，合同内容还应当是公平的，不能单纯损害一方的利益。对于显失公平的施工合同，当事人一方有权决定是否订立合同和合同内容，有权申请人民法院或仲裁机构予以变更或撤销。

(3) 诚实信用的原则

当事人订立施工合同应该诚实信用，不得有欺诈行为，双方应当如实将自身和工程的情况介绍给对方。在施工合同履行过程中，当事人也应恪守信用，严格履行合同。

7.2.2 合同签订的依据及程序

《中华人民共和国建筑法》、建设部颁布的《建设工程施工合同管理办法》以及1999年3月15日第九届全国人大第二次会议通过、1999年10月1日生效实施的《中华人民共和国合同法》，它们是建设工程施工合同签订的主要法律法规依据。

施工合同的订立同样包括要约和承诺两个阶段。其订立方式有直接发包和招标发包两种。对于必须进行招标的建设项目，工程建设的施工都应通过招标投标确定承包人。中标通知书发出后，中标人应当与招标人及时签订合同。《招标投标法》规定：招标人和中标人应当自中标通知书发出之日起30天内，按照招标文件和中标人的投标文件订立书面合同。招标人和中标人不得另行订立背离合同实质性内容的其他协议。具体程序如下：

(1) 要约邀请：即发包人采取招标通知或公告的方式，向不特定人发出的，以吸引或邀请相对人发出要约为目的的意思表示。在通知或公告规定的时间内，潜在投标人报名参加并通过资格预审的，以投标人身份，按照招标文件的要求，参加发包人的招标活动。招标文件一般包括以下内容：

①投标须知。包括工程概况、工程资金来源或者落实情况、标段划分、工期和质量要求、现场踏勘和答疑安排、投标文件编制提交修改撤回的要求、投标报价的要求、投标有效期、开标的时间地点、评标的方法和标准等。

②招标工程的技术要求和设计文件。
③采用工程量清单招标的,应当提供工程量清单。
④投标函的格式及附录。
⑤拟签订合同的主要条款。
⑥要求投标人提供的其他材料。

(2) 要约:指投标人按照招标人提出的要求,在规定的期间内向招标人发出的,以订立合同为目的的,包括合同的主要条款的意思表示。在投标活动中,投标人应当按照招标文件的要求编制投标文件,对招标文件提出的实质性要求和条件做出响应。投标文件应当包括投标函、施工方案或者施工组织设计、投标报价及招标文件要求提供的其他材料。

(3) 承诺:即中标通知,指由招标人通过评标后,在规定期限内发出的,表示愿意按照投标人所提出的条件与投标人订立合同的意思表示。

(4) 签约:根据《合同法》规定,在承诺生效后,即中标通知产生法律效力后,工程合同就已经成立。但是,由于工程建设的特殊性,招标人和中标人在此后还需要按照中标通知书、招标文件和中标人的投标文件等内容经过合同谈判,订立书面合同后,工程合同方可成立并生效。需要注意的是,《招标投标法》及《房屋建筑和市政基础设施工程施工招标投标管理办法》规定,书面合同的内容必须与中标通知书、招标文件和中标人的投标文件等内容基本一致,招标人和中标人不得再订立背离合同实质性内容的其他协议。

7.2.3 合同签订的条件及主体资格审查

(1) 合同签订的前提条件

合同的签订需要具备一定的前提,一般认为以下条件是合同签订的前提:初步设计、概算已经批准;项目已列入年度建设计划;已办理用地许可;设计已完成,有能够满足施工需要的设计文件和技术资料;如在城市,已经取得规划许可;项目建设资金已落实;招投标工作,已完成招投标程序,并且中标通知书已经下达。其中最重要的是项目建设资金必须落实,建设资金落实是指建设工期不足一年的,到位资金原则上不得少于工程合同价的50%,建设工期超过一年的,到位资金原则上不得少于工程合同价的30%。建设单位应当提供银行出具的到位资金证明,有条件的可以实行银行付款保函或其他第三方担保。如是重点项目,其建设资金已列入年度建设计划。

(2) 合同当事人的主体资格

从发包人方面来说:可以是具备法人资格的国家机关、事业单位、国有企业、集体企业、私营企业、经济联合体和社会团体,也可以是依法登记的个人合伙、个体经营户或个人。但必须承认全部合同文件,而且能够并愿意履行合同规定义务的合同当事人。发包人必须具备项目招标的人员及技术力量,否则必须请招标代理机构进行招标组织工作。

从承包人方面来说:应是具备与工程相适应的资质和法人资格的、并被发包人接受的合同当事人。承包人不得将工程转包或出让,如进行分包,必须事前征得发包人同意。

具备以上主体资格,所签订的合同才具备法律效力。从具体操作来说,合同签订时,双方须出示法定代表人证书或授权书和委托代理人相关证书,双方代表必须签字并加盖合同专用章,必要时请公证机关进行合同公证。

7.2.4 建设工程施工合同的主要内容

根据资金来源不同,建设工程施工合同的主要形式也不尽相同,如国际贷款及投资项目，基本上以 FIDIC 土木工程施工合同条件为蓝本，国内资金项目，如房屋建筑及大部分交通土建项目基本上以建设部和国家工商行政管理总局 1999 年 12 月 24 日发布的《建设工程施工合同（示范文本）》为蓝本，其他特殊领域，如铁路、港口、航空等则以其行业部门规定的示范文本为蓝本。无论是哪种形式，其必须包括的基本内容有：工程项目基本情况，包括项目名称、地点、承包范围等；工期、质量、安全、材料供应、环境保护、文物保护、文明施工等方面的规定；合同价款及价款调整、支付方式；保函的提供；双方权利和义务；违约、索赔和争议的解决。

以建设部和国家工商行政管理总局 1999 年 12 月 24 日发布的《建设工程施工合同（示范文本）》为例：它分为两大部分，第一部分是通用条款，第二部分是专用条款。其通用条款共有十一部分 47 条组成。这十一部分内容是：词语定义及合同文件；双方一般权利和义务；施工组织设计和工期；质量与检验；安全施工；合同价款与支付；材料设备供应；工程变更；竣工验收与结算；违约、索赔和争议；其他。专用条款则是根据具体工程情况对通用条款进行必要的修改和补充。专用条款一般是发包人事先起草完毕，经承包人确认，如有异议，则经双方磋商，达成一致意见。所以它是双方意愿的具体体现。鉴于此，在合同签订前，根据建设工程施工合同的主要内容，组织对施工合同签订前的全面评审工作就显得异常重要，它是企业规避风险，确保施工合同顺利履行的一项不可缺少的工作。由于一份建设工程施工合同涉及施工企业的方方面面，应由施工部门、物资设备部门、财务部门、经营开发部门、法律事务部门参加评审。他们在评审工作中的主要职责是：

施工部门：主要从工期是否合理，企业自身能力能否满足项目进度、质量、安全、环境保护、文物保护、文明施工的要求，是否满足施工组织设计要求等方面进行评审。

物资设备部门：自身供应渠道是否满足业主（甲方）物资供应方面的要求。如是甲方供料，则在材料检测要求、验收、交接地等方面在合同中做出明确规定，以约束业主（甲方），确保工程的质量及合同的顺利履行。

财务部门：主要从合同价款的支付方式包括付款比例、时间等是否合理进行评审，尽量避免局部大量垫资的出现，以确保主动权，尤其在国际项目中，必须争取预付款。

经营开发部门：主要从合同价款组成进行分析，确保合同价款组成合理。同时结合招投标文件，对全部合同条款进行全面把关审核。

法律事务部门：主要从合同是否符合国家相关法律、法规方面进行评审，同时对违约的约定、索赔、争议的解决等条款进行评审。

经过全面评审后，形成具体意见，再与业主（甲方）进行磋商修改，未能达成统一意见的条款，报经领导集体决议，权衡利弊，做出决策，最后决定是否签订正式合同。

7.3 工程项目施工合同管理

7.3.1 承包商的合同管理

承包商合同管理是指从承包商角度来看待合同管理工作，即按照合同的要求组织实施有关的管理。承包商的目标是在合同规定的质量标准、工期和造价范围内完成合同规定的工程项目和依据合同履行自己的合同义务，取得经济效益。合同管理从时间过程可以分为三个阶段：招投标阶段、合同签订阶段、工程项目实施阶段。

招投标阶段的合同管理：主要在于承包商如何理解招标文件的内容，根据自己的条件，在合理的预算价格内，选用合理的技术方案和报价来最大限度满足招标人的要求，以求得中标。

合同签订阶段的合同管理：在接到中标通知书后，即进入合同签订阶段。在合同签订阶段，对于即将采用的合同条件应充分理解，进行合同谈判，使自己的风险减少到最小。在平等互利、协商一致的原则上签订合同。

工程项目实施阶段的合同管理：工程项目实施阶段的合同管理十分重要，承包商通过前两阶段的合同管理，能否赢利完全体现在工程项目实施阶段。承包商以合同为最高准则进行一系列的工作，履行自己的义务，使工程项目达到对质量、进度、造价三方面控制的目的。

（1）招投标阶段的合同管理

①承包商在招投标阶段的合同管理工作

承包商在招投标阶段按时间顺序主要工作如图7-1所示，大体上可以分成三个阶段：

第一阶段：市场开发阶段，通过市场调查收集工程招标信息，再综合分析工程的特点、自己的实力、承包市场的外部环境以及公司的发展战略，以便选择自己的投标方向。

第二阶段：投标阶段，当承包商通过资格预审取得招标文件后进入投标文件的准备阶段，与此同时，合同管理工作也正式启动。此阶段项目团队的组建工作已经完成，项目经理首先要解决的问题之一是合同组织管理模式的设置，常见主要有两种形式：直线式组织结构和矩阵式组织结构。每一种组织模式都各有优缺点，选择时还要考虑企业内部和工程项目的实际情况，比如项目的规模和复杂程度等影响因素，选择适宜的组织方式是合同管理工作顺利开展的基础。根据合同组织管理模式设置的实际情况，项目内部应该建立起有效的沟通渠道，确保合同管理与其他职能部门工作之间的有效沟通，因为合同管理工作与传统的职能部门的管理工作略有不同，不是仅靠合同部的专家就可以单独完成的，必须有技术部、成本控制部以及其他的职能部门的密切配合，作为项目经理应该充分认识到为合同管理提供支持并确保他们之间的有效沟通显得尤为重要，以便提高合同管理水平，为合同质量提供保障。

第三阶段：评标和决标阶段，通过评审委员会初步评选出最有可能被接受的几家承包商，以个别邀请的方式要求承包商进行澄清和答辩，最终选定中标者。收到中标函后双方还要进行合同签订前的谈判，这也是最为关键的一步，之前所有谈判所取得的成果将形成一套完整的合同文件并最终签署具有法律效力的合同。

可以看到前期合同管理工作的责任非常重大，主要负责三方面的工作：首先是对招标文件的分析和合同的总体策划；其次是合同的风险分析；最后是合同的谈判工作。目前的工程承包市场是"卖方市场"，业主掌握主动权，在招投标过程中承包商常常处于十分被动的境地，业主起草的招标文件常会提出十分苛刻的合同条件。所以要签订一个有利的合同是十分困难的，承包商要面临合同文件中的许多显性和隐性风险，这就对合同管理提出了更高的要求，团队成员必须目标明确，共同努力完成投标文件和最终合同文件的签订工作。

②招标、评标、决标及合同签署阶段合同管理要点

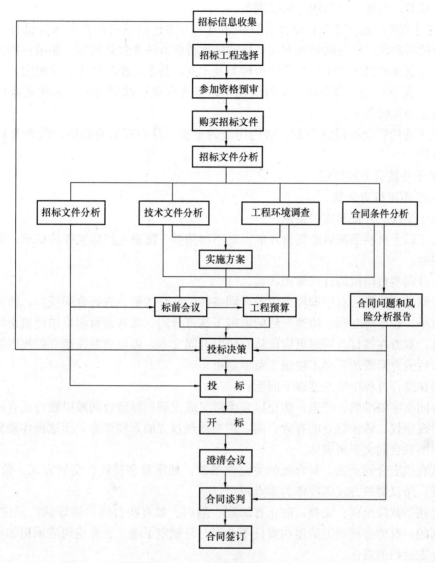

图 7-1 招投标程序

招标文件是合同文件的重要组成，是业主对投标者就该合同工程发出要约邀请，也是投标者对其响应的依据，是选择中标者的条件要求，是选择施工队伍、控制变更、索赔的主要依据。招标文件应包括招标设计、投标须知、合同格式、商务条款（一般合同条款、专用合同条款）、投标书格式、工程量报价单以及投标报价所需的辅助资料、技术条款及该合同的标段划分说明等，若招标文件中合同条款不齐全、不完整、文字不简洁，在合同执行中对合同条款的解释甲乙双方会出现异议和纠纷。要充分消化内容丰富的招标文件应该重点抓住以下问题：

a. 要核准下列准确日期：投标截止日期和时间、报价有效期、招标文件中规定的由合同签订到开工的允许时间、工期、保修期。

b. 关于保函要求：投标保函、履约保函、保留金保函。

c. 保险要求：明确合同条件中的保险条款；掌握业主要求的保险险种及其最低保险

金额、工期等;明确工程当地的保险规范。

　　d. 支付条件:搞清是否有预付款及扣还时间与方法;搞清是否有永久设备、成品和施工材料的备料款;设备的付款方式;搞清进度付款方法和付款比例、期限;扣留保留金比例、最高限额和退还办法;支付货币种类及比例;外汇兑换规定和汇款规定。

　　e. 关于税收:搞清营业税、所得税税率;是否有免税或部分免税的优惠条件;临时进口设备是否征收关税。

　　f. 关于违约罚金的规定条款:违约罚金的金额,是否有最高限额;是否有提前竣工奖励的条款。

　　g. 关于外籍劳务的规定。

　　h. 关于不可抗力条款。

　　i. 关于争议、仲裁和索赔条款。

　　明确了以上这些条款后的报价才能保证不出偏差,既满足招标文件的要求,又能确保自身的权益。

　　(2) 合同签订阶段的合同管理

　　在合同签订阶段,对于即将采用的合同条件应充分理解,进行合同谈判,使自己的风险减到最小。在平等互利、协商一致的原则下签订合同。尤其是目前我国建筑市场逐渐与国际接轨,双方在签订合同时更应该认真研究合同文本,以免遗漏关键性的技术要求等条款,给今后的合同管理乃至工程施工留下隐患。

　　合同在签订过程中应注意以下问题:

　　①合同文字要准确、严谨,防止因发生歧义或误解而导致合同难以履行或合同在竣工结算时出现争议。依法订立的有效合同,应当体现双方的真实意思,而这种体现只有依靠准确、明晰的合同文字来表达。

　　②认真拟定合同条款。对合同的关键性条款,如质量和验收、交货方式、价金支付、违约责任、争议解决方式等应作为重点拟定。

　　③合同条款应全面、完整,防止有缺陷、漏洞。如有些合同只讲好话,只讲正面的,不讲反面的;有的合同规定的违约责任不全面,只规定了施工企业违约应承担的责任,而不涉及业主违约的责任。

　　④要防止只有从合同而没有主合同。主合同是指能够独立存在的合同,如建筑工程总承包合同等;从合同是指以主合同的存在为前提才能成立的合同,如建筑工程分承包合同及保证合同、抵押合同等。没有主合同的从合同事实上是没有根据的合同,是不能存在的。

　　⑤要防止违反法律法规签订的无效合同。违反法律、行政法规的合同属于无效合同,而无效合同是不受法律保护的。

　　⑥建立必要的合同管理制度。签约过程中的合同管理制度主要有:合同会签审批制度、合同专用章制度、合同档案制度等。

　　(3) 工程项目实施阶段的合同管理

　　合同签订以后,合同管理人员必须对各级项目管理人员和各工作小组负责人进行合同交底,组织大家学习合同,对合同的主要内容作出解释和说明,使大家熟悉合同中的主要内容、各种规定和管理程序,了解承包人的合同责任和工程范围。同时建立合同的保证体系，以保证合同在实施过程中的一切日常工作有秩序地进行，使工程项目的全部合同事件处于控制之中，保证合同目标的实现。要对合同的实施情况进行跟踪；收集合同实施的信息，收集各种工程资料，并作出相应的信息处理，将工程的实际情况与合同进行分析、对比，找出其中的偏离，对合同履行情况提出意见、建议，甚至警告。

工程施工过程中合同管理的重点是抓好合同变更的管理、书函的管理、签证管理等工作。在履约过程中合同变更是正常的事情，问题在于不少负责履约的管理人员缺乏对这种变更及时进行管理的意识，结果导致了损失。施工过程所遇到并发生的一切事项都与合同存在着紧密的关系；项目的管理要以工程项目合同条款规定的工期、质量为目标，科学有效地组织施工；在施工过程中完全响应合同，如有与合同条件不符的事项，应及时与业主、监理及设计单位联系，进行商洽并做好记录及办好相应的签证，为工程索赔提供最必需的证据，没有足够的文字证据和合同条款依据，施工单位是无法进行任何索赔的。施工过程的合同管理实际上是对工程成本及费用的管理，对于施工企业来讲在质量、工期、安全等方面满足合同的条件下，利润的最大化才是企业的最终目标。只有加强施工过程的合同管理，提供合理的增加工程价款的索赔依据，才能达到提高利润的目的。

在履约过程中及时地发出必要的书函，是合同动态管理的需要，是履约的一种手段，也是建筑企业自我保护的一种方法。《建设工程施工合同（示范文本）》把双方签约有关工程的洽商、变更等书面协议形成文件视为合同的组成部分，因此必须予以足够的重视。在合同执行期间要密切注意履行合同的效果，以便在发生了与合同条款不符的情况时及时得到处理和记录在案并进行索赔。履约率与合同文本签订的质量有很大关系，这就要求有好的合同文本。

在施工过程中，对施工合同进行控制管理的目的在于排除合同履行过程中的干扰，实现施工合同目标。可以说施工合同控制管理工作是实现施工合同目标的手段。只有通过合同控制管理工作才能促进施工合同目标的实现。施工合同控制管理工作的程序主要包括以下六个方面：

①制定合同实施目标。施工合同的总目标是满足业主对工程的使用功能等要求，对工程项目来讲，具体为质量目标、成本目标、工期目标和安全目标。施工合同具体描述了一定范围工程或工作的目标，但合同目标必须通过具体的工程活动才能得以实现。

②确定施工合同控制的主要内容。成本控制、质量控制、进度控制和安全控制是合同控制的四个大方面的内容。成本控制的目的是保证按合同计划成本完成工程，防止成本超支和费用增加。质量控制的目的是保证按合同规定的质量完成工程，使工程顺利通过验收，交付使用，达到规定的功能要求。进度控制的目的是按预定进度计划进行施工，按期交付工程，防止承担工期拖延责任。安全控制的目的是按预定的合同安全要求，不出人员伤亡和财产损失事故。

③选用合同控制方法。合同控制方法分为主动控制和被动控制，应以主动控制为主，同时强化合同被动控制。合同主动控制是预先分析合同目标偏离的可能性，并拟定和采取各项预防性措施，以保证合同计划目标得以实现。例如进行深入调查，科学进行风险分析，强化协调，制定必备的应急方案等。被动控制是控制者从计划的实际执行中发现偏差，对偏差采取措施及时纠正的控制方式。例如，进行合同实施跟踪，收集信息，找出偏差，分析、纠正等。

④合同实施监督。合同实施监督是施工合同管理的日常事务性工作。施工合同监督可以保证施工合同实施按合同和合同分析的结果进行。施工合同监督规范管理的工作主要有：协调业主、工程师、项目管理各职能人员、所属的各工程小组和分包商之间的工作关系，解决相互之间出现的问题；对各工程小组和分包商进行工作指导或做经常性的合同解释，使工程小组都有全局观念；会同项目管理的有关人员每天检查、监督各工程小组和分包商的合同实施情况；合同管理工作以及进入施工现场后对工程变更进行有效管理。

⑤合同实施跟踪。在工程实施过程中，由于实际情况的复杂性，可能导致合同实施与预定目标偏离。这就需要对合同实施情况跟踪，以便尽早发现并纠正偏离。而合同实施的跟踪是判断实际情况与计划情况是否存在差异的主要手段。施工合同跟踪的对象主要有：具体的施工合同事件、工程小组或分包商的工程和工作、业主和工程师的工作、工程总的实施状况。

⑥合同诊断。在合同跟踪的基础上可进行合同诊断。合同诊断是对合同执行情况的评价、判断和趋向分析、预测。其具体内容主要包括合同执行差异的原因分析、合同差异的责任分析以及合同实施趋向的预测。

7.3.2 业主的合同管理

（1）项目前期的合同管理

项目前期的工作内容主要包括地区开发、行业发展规划、项目的可行性研究，然后确定项目。做好上述工作的关键点在于选择高水平的咨询机构来从事各项咨询工作，客观地评估自己各方面的能力，以科学的可行性研究报告来确定项目是否立项。

（2）项目实施期的合同管理

项目评估立项后，进入实施期，这主要是指项目的勘测、设计、专题研究、招投标、施工设备和材料的采购、项目的调试竣工以及验收。在这个阶段，业主方的合同管理主要体现在：

设计阶段：业主的主要职责是委托咨询设计公司对项目进行设计，进行相关的勘测和研究，并对咨询公司所提出的方案进行审查、选择和确定。在这个阶段，业主应该要求咨询公司进行精心审查，尽可能减少项目开工后的变更。

施工阶段：项目开工后，虽然业主不用再负责具体的监督和管理工作，但是也应该和承包商联系，执行和处理合同中的有关事宜，主要体现在：抓紧时间完成项目施工前未完成的项目，如土地征用等；负责项目的融资以及保证项目的顺利实施；协助承包商解决生活物资供应、材料供应、设备运输等问题；对承包商的信函及时予以回复；解决合同中的纠纷，如需对合同中的条款进行必要的变更和修改，需要与承包商进行协商；批准经工程师研究后提出建议并上报的项目延期报告等。对于一些重要问题，如项目的变更、支付、工期的延长等，均应由业主负责审批。

7.4 工程项目索赔管理

7.4.1 工程索赔的概念及特征

一般来说，索赔是在工程承包合同履行过程中，依据法律、合同规定及惯例，当事人一方由于另一方未履行合同所规定的义务而遭受损失时，向另一方提出给予合理补偿要求的行为。凡是涉及两方（或多方）的合同协议都可能发生索赔问题，索赔是签订合同的双方各自享有的正当权利。

在实际工作中，索赔是双方的，既包括由于业主或监理工程师未能全面履行自己的职责和义务，造成承包商在实施合同中增加了责任以及施工期限延长应额外支付费用，即承包商对业主的索赔；也包括由于承包商未尽责任和义务而引起业主费用增加，即业主对承包商的索赔（通常也将其称为"反索赔"）。

施工索赔的实质就是根据施工合同条款的规定，对合同价进行适当的公正调整，以弥补业主或承包商不应承担的损失，使承包合同的风险分担程度趋于合理。

从上述概念，可以看出索赔具有以下基本特征：

(1) 索赔作为一种合同赋予双方的具有法律意义的权利主张，其主体是双向的。在合同实施过程中，不仅承包商可以向业主索赔，业主也可以向承包商索赔。

(2) 索赔必须以法律或合同为依据。只有一方有违约或违法事实，受损方才能向违约方提出索赔。

(3) 索赔必须建立在损害已客观存在的基础上，不论是经济损失或权利损害，没有损失的事实而提出索赔是不能成立的。经济损失是指因对方因素造成合同外的额外支出；权利损害是指虽然没有经济上的损失，但造成了一方权利上的损害，如由于恶劣气候条件对工程进度的不利影响，承包商有权要求工期延长等。

(4) 索赔应采用明示的方式，即索赔应该有书面文件，索赔的内容和要求应该明确而肯定。

(5) 索赔是一种未经对方的单方行为。

7.4.2 索赔的分类

索赔存在于合同实施过程中的任何时间，按照不同的分类标准可以把索赔分为不同的种类。按照提出方的不同分为业主索赔和施工索赔；按索赔目的分为工期索赔和费用索赔，按合同关系分为承包商同业主之间、总包与分包之间、承包商与供货商之间的索赔等，按索赔依据可分为合同规定的索赔、非合同规定的索赔和道义索赔。

(1) 按索赔的合同依据分类

①合同中明示的索赔，是指承包人所提出的索赔要求，在该工程项目的合同文件中有文字依据，承包人可以据此提出索赔要求，并取得经济补偿。这些在合同文件中有文字规定的合同条款，称为明示条款。

②合同中默示的索赔，是指承包人的该项索赔要求，虽然在工程项目的合同条款中没有专门的文字叙述，但可以根据该合同的某些条款的含义，推论出承包人有索赔权。这种索赔要求，同样有法律效力，有权得到相应的经济补偿。这种有经济补偿含义的条款，在合同管理工作中被称为"默示条款"或称为"隐含条款"。

默示条款是一个广泛的合同概念，它包含合同明示条款中没有写入、但符合双方签订合同时设想的愿望和当时环境条件的一切条款。这些默示条款，或者从明示条款所表述的设想愿望中引申出来，或者从合同双方在法律上的合同关系中引申出来，经合同双方协商一致，或被法律和法规所指明，都成为合同文件的有效条款，要求合同双方遵照执行。

(2) 按索赔目的分类

①工期索赔。由于非承包人责任的原因而导致施工进程延误，要求批准顺延合同工期

的索赔，称之为工期索赔。工期索赔形式上是对权利的要求，以避免在原定合同竣工日不能完工时，被发包人追究拖期违约责任。一旦获得批准合同工期顺延后，承包人不仅免除了承担拖期违约赔偿费的严重风险，而且可能提前工期得到奖励，最终仍反映在经济收益上。

②费用索赔。费用索赔的目的是要求经济补偿。当施工的客观条件改变导致承包人增加开支，要求对超出计划成本的附加开支给予补偿，以挽回不应由他承担的经济损失。

(3) 按索赔事件所处合同状态分类

①正常施工索赔，是指在正常履行合同中发生的各种违约、变更、不可预见因素、加速施工、政策变化等引起的索赔。

②工程停、缓建索赔，是指已经履行合同的工程因不可抗力、政府法令、资金或其他原因中途停止施工引起的索赔。

③解除合同索赔，是指因合同中的一方严重违约，致使合同无法正常履行的情况下，合同的另一方行使解除合同的权利所产生的索赔。

(4) 按索赔依据的范围分类

①合同内索赔，是指索赔所涉及的内容可以在履行的合同中找到条款依据，并可根据合同条款或协议预先规定的责任和义务划分责任，按违约规定和索赔费用、工期的计算办法提出索赔。一般情况下，合同内索赔的处理解决相对顺利些。

②合同外索赔，与合同内索赔依据恰恰相反，即索赔所涉及的内容难以在合同条款及有关协议中找到依据，但可能来自民法、经济法或政府有关部门颁布的有关法规所赋予的权利。如在民事侵权行为、民事伤害行为中找到依据所提出的索赔，就属于合同外索赔。

③道义索赔，是指乙方无论在合同内或合同外都找不到进行索赔的依据，没有提出索赔的条件和理由，但他在合同履行中诚恳可信，为工程的质量、进度及配合上尽了最大的努力，且由于工程实施过程中估计失误赔了过多的钱，恳请甲方尽力给予救助。在此情况下，甲方在详细了解实际情况后，为了使自己的工程获得良好的进展，出于同情和信任合作的乙方而慷慨给予补偿，甲方支付的这种道义救助，能够获得乙方更理想的合作，最终对甲方并无损失。因为乙方这种并非管理不善和质量事故造成的亏损过大，往往是在投标时估价不足造成的，换言之，若乙方充分地估价了实际情况，在合同价中也应含有这部分。即这部分索赔支出，在正常的情况下，并不属于甲方额外的支出。

(5) 按合同当事人的关系进行索赔分类

①总承包乙方向甲方索赔，是指总承包乙方在履行合同中因非自方责任事件产生的工期延误及额外支出后向甲方提出的赔偿要求。非自方责任事件应理解为非总承包及其分包责任事件。这是施工索赔中最常发生的情况。

②总承包向其分包或分包之间的索赔，是指总承包单位与分包单位或分包单位之间为共同完成工程施工所签订的合同、协议在实施中的相互干扰事件影响利益平衡，其相互之间发生的赔偿要求。

(6) 按照索赔的处理方式分类

①单项索赔，是指某一事件发生对乙方造成工期延长或额外费用支出时，乙方即可对这一事件的实际损失在合同规定的索赔有效期内提出的索赔。因此，单项索赔是对发生的事件而言。它可能是涉及内容比较简单、分析比较容易、处理起来比较快的事件，也可能

是涉及的内容比较复杂、索赔数额比较大、处理起来比较麻烦的事件。

②综合索赔，又称总索赔或一揽子索赔，是指乙方在工程竣工结算前，将施工过程中未得到解决的或乙方对甲方答复不满意的单项索赔集中起来，综合提出一份索赔报告，双方就综合索赔将会进行长时间的谈判协商。综合索赔中涉及的事件一般都是单项索赔中遗留下来的、意见分歧较大的难题，责任的划分、费用的计算等都各持己见，不能立即解决。

(7) 按索赔管理策略上的主动性分类

①索赔。主动寻找索赔机会，分析合同缺陷，抓住对方的失误，研究索赔的方法，总结索赔的经验，提高索赔的成功率。把索赔管理当成工程及合同管理的组成部分。

②反索赔。在索赔管理策略上表现为防止被索赔，不给对方留有进行索赔的漏洞。使对方找不到索赔的机会，在工程管理中体现为签署严密的合同条款，避免自方违约。当对方提出索赔时，对索赔的证据进行置疑，对索赔理由进行反驳，以达到减少索赔额度甚至否定对方索赔要求之目的。

在实际工作中，索赔与反索赔是同时存在且互为条件的，应当培养工作人员加强索赔与反索赔意识。

(8) 按索赔事件的性质分类

①工程延误索赔，因发包人未按合同要求提供施工条件，如未及时交付设计图纸、施工现场、道路等，或因发包人指令工程暂停或不可抗力事件等原因造成工期拖延的，承包人对此提出索赔。这是工程中常见的一类索赔。

②工程变更索赔，由于发包人或监理工程师指令增加或减少工程量或增加附加工程、修改设计、变更工程顺序等，造成工期延长和费用增加，承包人对此提出索赔。

③合同被迫终止的索赔，由于发包人或承包人违约以及不可抗力事件等原因造成合同非正常终止，无责任的受害方因其蒙受经济损失而向对方提出索赔。

④工程加速索赔，由于发包人或工程师指令承包人加快施工速度，缩短工期，引起承包人的人、财、物的额外开支而提出的索赔。

⑤意外风险和不可预见因素索赔。在工程实施过程中，因人力不可抗拒的自然灾害、特殊风险以及一个有经验的承包人通常不能合理预见的不利施工条件或外界障碍，如地下水、地质断层、溶洞、地下障碍物等引起的索赔。

⑥其他索赔。如因货币贬值、汇率变化、物价上涨、工资上涨、政策法令变化等原因引起的索赔。

7.4.3 索赔的程序及原则

(1) 索赔程序

合同实施阶段中的每一个施工索赔事项，都应依照国际工程施工索赔的惯例和工程项目合同条件的具体规定。具体的索赔程序如图7-2所示。我们把它归纳为3个步骤：提出索赔要求；报送索赔资料，提交索赔报告；索赔处理。

(2) 索赔的原则

索赔时应遵循以下原则：

①必须以合同为依据。施工企业必须对合同条件、协议条款等有详细了解，遭遇索赔事件时，以合同为依据来提出索赔要求。

②及时提交索赔意向书。根据招投标文件及合同要求中的有关规定提出索赔意向书，

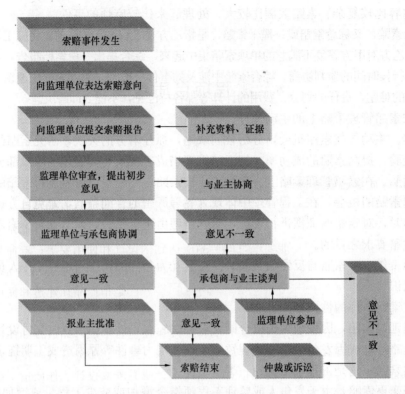

图 7-2 索赔程序

意向书应包含索赔项目（分部分项工程名称）、索赔事由及依据、事件发生起算日期和估算损失，无须附详细的计算资料和证明。索赔意向书递交监理工程师后应经主管监理工程师签字确认，必要时施工企业负责人、现场负责人、现场监理工程师和主管监理工程师要一起到现场核对。这样，监理工程师通过意向书就可以对整个事件的起因、地点及索赔方向有大致了解。

③必须注意资料的积累。积累一切可能涉及索赔论证的资料。施工企业与建设单位研究的技术问题、进度问题和其他重大问题的会议应做好文字记录，并争取与会者签字，作为正式文档资料。同时应建立业务往来的文件档案编号等业务记录制度，做到处理索赔时以事实和数据为依据。收集的证据要确凿，理由要充分，所有工程费用和工期索赔应附该项目现场监理工程师认可的记录、计算资料及相关的证明材料。

复习思考题

1. 按照不同的分类方法，建设工程施工合同具体有几种？
2. 建设单位如何进行合同管理？
3. 试分析索赔及其分类。
4. 索赔在工程项目合同管理中的作用？
5. 承包商与业主在合同管理方面有什么不同？
6. 建设工程施工合同的标的物有哪些特点？
7. 施工合同的订立包括哪两个阶段？各有什么注意要点？

8 工程项目质量管理

8.1 概 述

8.1.1 质量与质量管理

质量有狭义和广义两种含义。狭义的质量是指产品本身所具有的特性。产品本身特性一般包含五个内容，即性能、寿命、可靠性、安全性和经济性。其中性能是指为达到产品的使用目的所提出的各项功能要求，即产品应达到的设计和使用要求；寿命是指在规定的条件下，能够工作的期限；可靠性指产品在规定的时间和条件下，完成规定工作的能力；安全性是指产品在使用过程中确保安全的程度；经济性是指产品在建造和使用过程中所支付费用的多少。

广义的质量除包括产品本身所具有的特性外，还包含形成产品过程和使用产品过程中的工作质量。工作质量是指企业的经营管理、技术、组织、服务等各项工作对于提高产品质量的保证程度。工作质量主要由信息工作质量、研究开发设计工作质量、组织生产工作质量、经营管理工作质量、技术工作质量、服务工作质量等组成。

质量管理就是在一定的技术经济条件下，为保证和提高产品质量而进行的一系列管理工作。由于建筑产品质量是关系到建筑产品能否发挥效用，关系到企业声誉好坏的重要因素，所以，建筑产品的质量是建筑企业的生命。建筑业企业要像对待生命那样来重视质量管理工作，把质量管理作为建筑业企业管理的最主要工作抓紧抓好。

8.1.2 工程项目质量管理过程

（1）质量计划。识别与项目相关的质量标准，并确定如何满足这些标准。

（2）质量保证。定期评估项目整体绩效，以确信项目可以满足相关的质量标准，是组织提供相关质量信誉的一种活动。它贯穿项目的始终。可以分为两种：内部质量保证：提供给项目管理小组和管理执行组织的保证；外部质量保证：提供给客户和其他参与人员的保证。

（3）质量控制。监控特定的项目结果，确定它们是否遵循相关质量标准，并找出消除不满意绩效的途径，是贯穿项目始终的活动。项目结果包括产品结果（可交付使用部分）和管理成果（如成本、进度等）。

8.1.3 工程项目质量管理原则

（1）坚持以顾客为关注焦点

顾客是组织的生存基础。没有顾客组织将无法生存。工程质量是建筑产品使用价值的集中体现，用户最关心的就是工程质量的优劣，或者说用户的最大利益在于工程质量。因此，组织在项目施工中必须树立以顾客为关注焦点，切实保证质量。

（2）坚持以人为控制核心

人是质量的创造者。一方面，质量控制应该"以人为本"，把人作为质量控制的动力，在管理中充分发挥人的积极性、创造性。只有这样,项目质量控制才能达到既定的目标。另一方面,工程质量是项目各方面、各部门、各环节工作质量的集中反映。提高工程项目质量依赖于上自项目经理下至一般员工的共同努力。所以,质量控制必须坚持"以人为控制核心",做到人人关心质量控制,人人做好质量控制工作。

(3) 坚持预防为主

预防为主的思想,是指事先分析影响产品质量的各种因素,找出主导因素,采取措施加以重点控制,使质量问题消灭在发生之前或萌芽状态,做到防患于未然。

过去通过对成品或竣工工程进行质量检查,才能对工程的合格与否做出鉴定,这属于事后把关,不能预防质量事故的产生。提倡严格把关和积极预防相结合,并以预防为主的方针,才能使工程质量在施工全过程处于控制之中。

(4) 坚持提升质量标准

质量标准是评价工程质量的尺度,数据是质量控制的基础。工程质量是否持续符合质量要求,必须通过严格检查加以控制。同时只有努力提升质量标准的水平,才能保证组织的质量竞争力和增强顾客的满意度。

(5) 坚持持续的过程控制

围绕质量目标坚持持续的过程控制是项目质量管理的基础。过程指的就是工程质量产生、形成和实现的过程。建筑安装工程质量,是勘察设计质量、原材料与成品半成品质量、施工质量、使用维护质量的综合反映。为了保证和提高工程质量,质量控制不能仅限于施工过程,必须贯穿于从勘察设计直到使用维护的全过程,把所有影响工程质量的环节和因素控制起来,有机地协调好各个过程的接口问题,坚持持续不断的改进和管理,使过程的质量风险降至最低。

8.1.4 全面质量管理

1. 全面质量管理的主要特点

(1) 全面质量管理的对象是全面的,既对产品质量进行管理,又对工作质量进行管理,是针对广义的质量要求进行的管理。

(2) 全面质量管理的范围是全面的,即对一项工程从可行性研究、勘察设计、现场施工、竣工验收及交工后维修服务的全过程都进行质量管理。

(3) 全面质量管理的参加者是全面的,即企业各个部门、各个岗位的全体成员都参与质量管理,通过全体成员的工作质量来保证最终的产品质量。

(4) 全面质量管理的手段方法是全面的,由于影响产品质量的因素多种多样,相互关系错综复杂,所以,要针对具体情况采用技术的、经济的、管理的、组织的、制度的手段方法进行质量管理。

2. 全面质量管理的主要观点

(1) 质量第一的观点。在全面质量管理工作中,要树立强烈的质量意识,始终围绕产品质量进行管理。

(2) 为用户服务的观点。凡是接收和使用建筑企业建造产品或提供劳务服务的单位和个人都是建筑企业的用户,企业必须树立一切为用户服务的观点。

(3) 预防为主的观点。由于建筑产品的质量是由设计和施工质量综合决定的,所以,要对设计、施工的每一道工序进行严格的质量控制,把可能导致产品质量问题的各种影响因素都控制起来，预先消除不利于产品质量因素的影响，从而保证最终的产品质量。

（4）用数据说话的观点。数据能够准确地反映产品质量状况，所以，只有运用数理统计等方法，对施工过程中搜集的大量数据进行科学的分析整理，研究产品质量的波动情况，找出影响产品质量的原因及其规律性，有针对性地采取保证质量的有效措施，才能提高产品的质量。

（5）全面管理的观点。建筑产品的质量是企业各部门全体成员在生产经营全过程中工作质量的综合反映。为了保证和提高产品质量，要对生产经营全过程实行质量控制，要求各部门共同对产品质量做出保证，要求每个成员积极参与质量管理。

3. 质量管理的基础工作

（1）质量管理工作标准化

标准化是开展质量管理的基础，质量管理是贯彻执行标准化的保证。建筑企业的标准有技术标准和管理标准两大类。技术标准主要有产品质量标准、操作规程、验收规范、原材料标准、技术定额、试验标准等；管理标准主要有工作标准、规章制度、经济定额、机构编制定员、信息传递报表等。

（2）质量管理的计量工作

计量工作包括投料计量、控制计量、监测计量和对产品的测试、检验、分析等内容。只有完善计量工作，才能获取准确真实的数据，定量化地分析质量问题，准确地把握质量关，保证质量标准得以贯彻执行。

（3）质量信息工作

质量信息是反映产品质量和施工生产过程中有关环节工作质量的信息。质量信息来源分为三类：

企业外部质量反馈信息，指通过用户回访和征集用户意见得到的质量信息。

企业内部质量反馈信息，指通过各种材料验收记录、试验记录、施工操作记录、隐蔽工作记录、工程验收记录等得到的质量信息。

国内外同行有关质量信息，指同行业中新产品、新材料、新技术、新工艺发展趋势质量信息。

（4）质量管理责任制

质量管理责任制是指把质量管理的各个方面的要求落实到每个部门、每个成员，把与质量有关的工作组织起来，形成一个严密的质量管理工作体系。通过质量管理责任制使质量目标具体化并落到实处。质量管理责任制中所建立的工作体系必须做到：组织上合理，规章制度上健全，责任制度上严密，责权利相统一。

（5）质量教育工作

质量教育一般包括质量意识教育、质量管理知识教育和专业技术教育等三方面的内容。通过质量教育，保证企业全体成员树立质量观念，掌握质量管理方法和保证质量的技术。

8.2 工程项目质量管理的工作体系

8.2.1 工作体系

质量管理工作体系是指企业以保证和提高产品质量为目标，用系统的概念和方法，把企业各部门、各环节的质量管理职能组织起来，形成一个有明确任务、职责、权限，互相协调、互相促进的有机整体。通过质量管理工作体系，可以把分散在企业各部门的质量管理职能组成一个有机整体；可以把企业各环节的工作质量系统地联系起来；可以把企业内部质量活动和产品使用效果的质量反馈联系在一起；可以在个别工作质量发生问题时，及时控制并给予纠正；可以使质量管理工作制度化、标准化。质量管理工作体系大致分为三个部分：

（1）目标方针体系。就是自上而下地层层落实任务，把企业的质量总目标和总方针，分解落实到各部门、各岗位和个人。

（2）质量保证体系。就是自下而上地在完成任务时，通过每个环节、每项工作的具体措施来保证质量目标的实现。

（3）信息流通体系。就是上下左右地通报情况，反映问题，根据信息制定改进措施，保证质量目标的实现。

8.2.2 工作体系的运转方式

质量管理工作的运转方式是 PDCA 循环。即质量管理工作体系按计划（Plan）、实施（Do）、检查（Check）、处理（Action）四个阶段，把企业管理工作开展起来。PDCA 循环是美国质量管理专家戴明（W. E. Deming）根据质量管理工作经验总结出来的一种科学的质量管理工作方法和工作程序，因此 PDCA 循环也称戴明环，如图 8-1 所示。

PDCA 循环的内容包括四个阶段、八个步骤。分述如下：

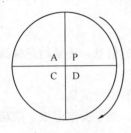

图 8-1 质量管理工作运行方式

（1）计划阶段

明确提出质量管理方针目标、制定出改进措施计划。计划阶段包括四个步骤：

第一步：调查分析质量现状，找出存在的质量问题。

第二步：分析产生质量问题的各种原因或影响因素。

第三步：找出影响质量的主要原因或影响因素。

第四步：针对主要原因或影响因素制定改进措施计划。

（2）实施阶段

按制定的改进措施计划组织贯彻执行。实施阶段只有一个步骤：

第五步：按计划组织实施。

（3）检查阶段

通过计划要求和实施结果的对比，检查计划是否得以实现。检查阶段只有一个步骤：

第六步：对照计划，检查实施结果。

（4）处理阶段

就是对检查结果好的，予以肯定；对检查结果差的，找出原因，准备改进。处理阶段有两个步骤：

第七步：总结成功经验，制定标准。

第八步：将遗留问题转入下一个 PDCA 循环中去。

作为质量管理工作体系运转方式的 PDCA 循环，有以下四个特点：

（1）完整性。四个阶段、八个步骤一个不少地做完，才算完成了一件工作，缺少任何一个内容，都不是 PDCA 循环。

(2) 程序性。四个阶段、八个步骤必须按次序进行，既不能颠倒着做，也不能跳跃着做。

(3) 连续性与渐近性。计划、实施、检查、处理不间断地循环进行，这就是 PDCA 循环的连续性。每经过一个 PDCA 循环，都会使质量有所提高，即下一个 PDCA 循环是在上一个 PDCA 循环已经提高了的质量水平之上进行的。这样，PDCA 循环的连续运转，就使质量水平得到提高。这是 PDCA 循环的渐近性，如图 8-2（a）所示。

(4) 系统性。PDCA 循环作为一种科学的工作程序，可应用于企业各方面的管理工作。企业有 PDCA 循环，项目经理部有 PDCA 循环，施工队、班组以及个人都有 PDCA 循环，并且下面的 PDCA 循环服从上面的 PDCA 循环，上面的 PDCA 循环指导约束下面的 PDCA 循环。企业上下形成一个大环套小环，小环保大环的 PDCA 循环系统，如图 8-2（b）所示。

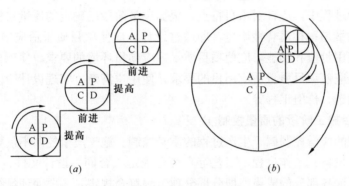

图 8-2　PDCA 循环示意图

8.3　工程项目质量控制

质量控制是质量管理的一部分，致力于满足质量要求。质量控制的目标就是确保项目质量能满足有关方面所提出的质量要求（如适用性、可靠性、安全性等）。质量控制的范围涉及项目质量形成全过程的各个环节。项目质量受到各阶段质量活动的直接影响，任一环节的工作没有做好，都会使项目质量受到损害而不能满足质量要求。质量环的各阶段是由项目的特性所决定的，根据项目形成的工作流程，由掌握必须的技术和技能的人员进行一系列有计划、有组织的活动，使质量要求转化为满足质量要求的项目或产品，并完好地交付给用户。还应根据项目的具体情况进行用后服务，这是一个完整的质量循环。为了保证项目质量，这些技术计划必须在受控状态下进行。

质量控制的工作内容包括了作业技术和活动，即包括专业技术和管理技术两方面。质量控制应贯彻预防为主与检验把关相结合的原则，在项目形成的每一个阶段和环节，即质量环的每一阶段，都应对影响其工作质量的人、机、料、法、环（4M1E）因素进行控制，并对质量活动的成功进行分阶段验证，以便及时发现问题，查明原因，采取措施，防止类似问题重复发生，并使问题在早期得到解决，减少经济损失。为使每项质量活动都能有效，质量控制对干什么、为何干、如何干、由谁干、何时干等问题应作出规定，并对实际质量活动进行监控。项目的进行是一个动态过程，所以，围绕项目的质量控制也具有动态性。为了掌握项目随时间变化而变化的状态，应采用动态控制的方法和技术进行质量控制工作。

8.3.1 项目决策阶段的质量控制

项目决策阶段包括项目的可行性研究和项目决策。项目的可行性研究直接影响项目的决策质量和设计质量。所以，在项目的可行性研究中，应进行方案比较，提出对项目质量的总体要求，使项目的质量要求和标准符合项目所有者的意图，并与项目的其他目标相协调，与环境目标相协调。项目决策是影响项目质量的关键阶段，项目决策的结果应能充分反映项目所有者对质量的要求和意愿。在项目决策过程中，应充分考虑项目费用、时间和质量等目标之间的对立统一关系，确定项目应达到的质量目标和水平。

8.3.2 项目设计阶段的质量控制

项目设计阶段是影响项目质量的决定性环节，没有高质量的设计就没有高质量的项目。在项目设计过程中，应针对项目特点，根据决策阶段已确定的质量目标和水平，使其具体化。设计质量是一种适合性质量，即通过设计，应使项目质量适应项目使用的要求，以实现项目的使用价值和功能；应使项目质量适应项目环境的要求，使项目在其生命周期内安全、可靠；应使项目质量适应用户的要求，使用户满意。实现设计阶段质量控制的主要方法是方案优选、价值工程等。

8.3.3 项目施工阶段的质量控制

工程施工中的质量控制属于生产过程的质量控制。施工质量控制不仅要保证工程的各个要素（材料、设备、工作过程、工艺等）符合规定（合同、设计文件、质量保证体系）要求，而且要保证各部分的成果，即分部分项工程符合规定，还要保证最终整个工程符合质量要求，达到预定的功能，整个系统能够经济、安全、高效率地运行。这个阶段质量控制的对象是承（分）包商、供应商或工程小组。

1. 质量影响因素的控制

影响工程项目质量的因素主要有五大方面：人、材料、设备、方法和环境。对这五方面的因素予以控制，是保证工程项目质量的关键。

（1）人的控制

人，是指直接参与工程建设的决策者、组织者、指挥者和操作者。人，作为控制的对象，是要避免产生失误；作为控制的动力，是要充分调动人的积极性，发挥其主导作用。因此，应提高人的素质，健全岗位责任制，改善劳动条件，公平合理地激励劳动热情；应根据项目特点，从确保质量出发，在人的技术水平、人的生理缺陷、人的心理行为和人的错误行为等方面控制人的使用；更为重要的是提高人的质量意识，形成人人重视质量的项目环境。

（2）材料的控制

材料主要包括原材料、成品、半成品和构配件等。对材料的控制主要通过严格的检查验收，正确合理的使用，进行收、发、储、运的技术管理，杜绝使用不合格材料等环节来进行控制。

（3）机械设备的控制

机械设备的控制，包括生产机械设备控制和施工机械设备控制。

生产机械设备的控制：在工程项目设计阶段，主要是控制设备的选型和配套；在工程项目施工阶段，主要是控制设备的购置、设备的检查验收、设备的安装质量和设备的试车运转。要求按生产工艺、配套投产、充分发挥效能来确定设备类型；按设计选型购置设备；设备进场时，要按设备的名称、型号、规格、数量的清单逐一检查验收；设备安装要符合有关设备的技术要求和质量标准；试车运行正常，要能配套投产。

施工机械设备的控制：在项目施工阶段，必须综合考虑施工现场条件、建筑结构形式、机械设备性能、施工工艺和方法、施工组织与管理、建筑技术经济等各种因素，制定出合理的机械化施工方案，使之合理装备、配套使用、有机联系，以充分发挥建筑机械的效能，力求获得较好的综合经济效益。

施工机械设备是实现施工机械化的重要物质基础，是现代化工程建设中必不可少的设施，对工程项目的施工进度和质量均有直接影响。从保证工程项目施工质量角度出发，应着重从机械设备的选型、机械设备的主要性能参数和机械设备的使用操作要求等三方面予以控制。

（4）方法的控制

广义的方法控制是指施工承包企业为完成项目施工过程而采取的施工方案、施工工艺、施工组织设计、施工技术措施、施工检测手段和施工程序安排所进行的控制，而狭义的方法则是指对施工方案所进行的控制，它要求施工承包企业做出的施工方案应结合工程实际，能解决工程难题，从技术、组织、管理、工艺、操作、经济等方面进行全面分析、综合考虑，力求方案技术可行、经济合理、工艺先进、措施得力、操作方便，有利于提高质量、加快进度、降低成本。

（5）环境的控制

影响工程项目质量的环境因素较多，有工程技术环境，如工程地质、水文、气象等；工程管理环境，如质量保证体系、质量管理制度等；劳动环境，如劳动组合、劳动工具、工作面等。环境因素对工程质量的影响，具有复杂而多变的特点，如气象条件就变化万千，温度、湿度、大风、暴雨、酷暑、严寒都直接影响工程质量，往往前一工序就是后一工序的环境，前一分项、分部工程也就是后一分项、分部工程的环境。因此，根据工程特点和具体条件，应对影响质量的环境因素，采取有效的措施严加控制。尤其在施工现场，应建立起文明施工和文明生产的环境，保持材料、构配件堆放有序，道路畅通，工作场所清洁整齐，施工秩序井井有条，从而为确保工程质量和施工安全创造良好条件。

2．施工阶段质量控制过程划分

（1）按施工阶段工程实体形成过程中物质形态的转化划分

可分为对投入的物质、资源质量的控制；施工及安装生产过程质量控制，即在使投入的物质资源转化为工程产品的过程中，对影响产品质量的各因素、各环节及中间产品的质量进行控制；对完成的工程产出品质量的控制与验收。

（2）按工程项目施工层次结构划分

工程项目施工质量管理过程为：工序质量管理，分项工程质量管理，分部工程质量管理，单位工程质量管理，单项工程质量管理。其中单位工程质量管理与单项工程质量管理包括建筑施工质量管理、安装施工质量管理与材料设备质量管理。

（3）按工程实体质量形成过程的时间阶段划分

在工程项目实施阶段的不同环节，其质量控制的工作内容不同。根据项目实施的不同时间阶段，可以将工程项目实施阶段的质量控制分为事前控制、事中控制和事后控制。

1) 事前质量控制

在项目实施前所进行的质量控制就称为事前质量控制，其控制的重点是做好项目实施的准备工作，且该项工作应贯穿于项目实施的全过程。其主要工作内容如下：

①技术准备。熟悉和审查项目的有关资料、图样；调查分析项目的自然条件、技术经济条件；确定项目实施方案及质量保证措施；确定计量方法和质量检测技术等。

②物质准备。对项目所需材料、构配件的质量进行检查与控制，对永久性生产设备或装置进行检查与验收；对项目实施中所使用的设备或装置应检查其技术性能，不符合质量要求的不能使用；准备必备的质量检测设备、机具及质量控制所需的其他工具。

③组织准备。建立项目组织机构及质量保证体系，指派管理者代表；对项目参与人员分层次进行培训教育，提高其质量意识和素质；建立与保证质量有关的岗位责任制等。

④现场准备。不同的项目，现场准备的内容亦不相同。例如，建筑施工项目的现场准备包括控制网、水准点标桩的测量；"五通一平"，生产、生活临时设施等的准备；组织机具、材料进场；拟定有关试验、试制和技术进步项目计划等；软件开发项目的现场准备包括清理机房、安装调试硬件设备、调试网络等。

2) 事中质量控制

在项目实施过程中所进行的质量控制就是事中质量控制。事中质量控制的策略是：全面控制实施过程；重点控制工序或工作质量。其具体措施是：工序交接有检查，质量预控有对策，项目实施有方案，质量保证措施有交底，动态控制有方法，配制材料有试验，隐蔽工程有验收，项目变更有手续，质量处理有复查，行使质控有否决，质量文件有档案。

3) 事后质量控制

一个项目、工序或工作完成形成成品或半成品的质量控制称为事后质量控制。事后质量控制的重点是进行质量检查、验收及评定。

因此，施工阶段的质量管理可以理解成对所投入的资源和条件，对生产过程各环节、对所完成的工程产品，进行全过程质量检查与控制的一个系统过程。

3. 施工过程中的质量控制

工程施工过程中的质量控制可分为两个层次：

①实施单位（如承包商、供应商、工程小组）内部建立质量控制系统，包括领导、协调、计划、组织控制等，通过生产过程的内部监督和调整及质量检查达到质量保证的目标。这里有许多技术监督工作和质量信息的收集、整理、分析判断工作。

②项目经理行使对质量的控制权，包括：

行使质量检查的权力；

行使对承包商质量管理体系和质量文件的批准、确认、变更的权力；

对不符合质量标准的工程（包括材料、设备、工程）的处置权力；

在工程中做到隐蔽工程不经签字不得覆盖；上道工序不经质量验收，下道工序不能施工；已完的分项工程不经质量检查，不能验收、不能量方，不能结算工程价款。这一切应在合同中明确规定，并在实际工作中不折不扣地执行。

(1) 工序质量控制

工序是指一个（或一组）工人在一个工作地对一个（或若干个）劳动对象连续完成的

各项生产活动的综合。项目过程就是由一系列相互关联、相互制约的工序所构成，要控制项目质量，首先应控制工序质量。

工序质量包括两方面内容：一是工序活动条件的质量；二是工序活动效果的质量。就质量控制而言，这两者是互为关联的。一方面要控制工序活动条件的质量，使每道工序投入品的质量符合要求；另一方面应控制工序活动效果的质量，使每道工序所形成的产品（或结果）达到其质量要求或标准。工序质量控制，就是对工序活动条件和活动效果进行质量控制从而达到对整个项目的质量控制。

工序质量控制的原理：是采用数理统计等方法，通过对工序样本数据进行统计、分析，来判断整个工序质量的稳定性。若工序不稳定，则应采取对策和措施予以纠正，从而实现对工序质量的有效控制。其基本步骤如下：

1）检测。采用必要的检测工具和手段，抽取工序样本并对工序样本进行检测。

2）分析。采用数理统计方法对所得数据进行分析，为正确判断工序质量状况提供依据。

3）判断。根据分析结果，判断工序状态。如数据是否符合正态分布状态；是否在控制图的控制界限之间；是否在质量标准规定的范围之内；是属于正常状态还是异常状态；是由偶然因素引起的质量变异，还是由系统因素引起的质量变异等。

4）对策。根据判断的结果，采取相应的对策；若出现异常情况，则应查找原因，予以纠正，并采取措施加以预防，以达到控制工序质量的目的。

工序质量控制的基本原则是：严格遵守工序作业标准或规程，主动控制工序活动条件的质量，及时控制工序活动效果的质量，合理设置工序质量控制点。

工序质量控制点的设置：工序质量控制点是指在不同时期工序质量控制的重点。质量控制点的涉及面较广，根据项目的特点，视其重要性、复杂性、精确性、质量标准和要求等，质量控制点可能是材料、操作环节、技术参数、设备、作业顺序、自然条件、项目环境等。质量控制点的设置，主要视其对质量特征影响的程度及危害程度加以确定。质量控制点的设置是保证项目质量的有力措施，也是进行质量控制的重要手段。在工序质量控制过程中，首先应对工序进行全面分析、比较，以明确质量控制点；然后应分析所设置质量控制点在工序进行过程中可能出现的质量问题或造成质量隐患的因素并加以严格控制。

（2）工程质量检查

工程质量检查是按照国家施工及验收规范、质量标准所规定的检查项目，用规定的方法和手段，对分项工程、分部工程和单位工程进行质量检测，并和质量标准的规定相比较，确定工程质量是否符合要求。

在工程项目施工中，应建立并认真贯彻执行以下质量检查制度。

1）原材料、半成品和各种加工预制品的检查制度

材料产品质量的优劣是保证工程质量的基础。在订货时应依据质量标准签订合同，必要时应先鉴定样品，经鉴定合格的样品应予封存，作为材料验收的依据。必须保证材料符合质量标准和设计要求方可使用。

2）班组的自检和交接制度

按照生产者负责质量的原则，所有生产班组必须对本班组的操作质量负责。完成或部

分完成施工任务时，应及时进行自检，如有不合格的项目应及时进行返工处理，使其达到合格的标准。而后，经工长组织质量检查员和下道工序的生产班组进行交接检查，确认质量合格后，方可进行下道工序施工。

3) 隐蔽工程验收制度

隐蔽工程验收是指将被其他分项工程所隐蔽的分项工程或分部工程，在隐蔽前所进行的验收。实践证明，坚持隐蔽工程验收制度是防止质量隐患、保证工程项目质量的重要措施。重要的隐蔽工程项目，如基础工程等，应由工程项目的技术负责人主持，邀请建设单位、设计单位、质量监督部门进行验收。

隐蔽工程验收的主要项目有：地基基础、主体结构各部位钢筋、现场结构焊接、防水工程等。

隐蔽工程验收后，要办理隐蔽工程验收手续，列入工程档案。对于隐蔽工程验收中提出的不符合质量标准的问题，要认真处理，处理后要经复核合格并写明处理情况。未经隐蔽工程验收或验收不合格的，不得进行下道工序施工。

4) 预检制度

预检是指该分项工程在未施工前所进行的预先检查。预检是保证工程质量，防止可能发生差错造成重大质量事故的重要措施。一般预检项目由工长主持，请质量检查员、有关班组长参加（如果质量监督站指定的核验项目，应请质量监督员参加核验）。重要的预检项目应由项目经理或技术负责人主持，请设计单位、建设单位、质量监督站的代表参加。

预检的项目主要有：建筑物位置线、基础尺寸线、模板、墙体轴线和门窗洞口位置线、楼层 50cm 水平线等。

预检后要办理预检手续，列入工程档案。对于预检中提出的不符合质量标准的问题，要认真处理，处理后要经复核合格并写明处理情况。未经预检或预检不合格的，不得进行下一道工序施工。

5) 基础、主体工程检查验收制度

单位工程的基础完成后必须进行验收，方可进行主体工程施工；主体工程完成后必须经过验收，方可进行装修施工。结构验收可以分阶段进行，一般工程在主体完成后，做一次结构验收。有人防地下室的工程，可分两次进行结构验收（地下室一次、主体一次）。如需提前装修的工程，可分层进行验收。结构验收单经建设单位、设计单位、施工单位三方代表签证后，由质量监督站进行核验。

(3) 工程质量监督

1) 质量监督站的主要任务

贯彻执行国家和上级颁发的工程质量监督工作的法规、规定和技术标准；对建设工程质量、混凝土构件厂、商品混凝土搅拌站进行质量监督，对竣工工程进行质量核验，核定企业评定的工程质量等级；督促和帮助施工企业建立和完善质量保证体系；参加重大工程质量事故的处理；参加对企业等级的审定；参加新技术的鉴定工作。

2) 质量监督的程序

①工程开工前，建设单位应持建设单位介绍信、施工许可证、开工批准书（外国企业还需要工商行政管理部门批准的登记注册证件）、工程的基本情况和地质勘探报告、设计

图纸等到质量监督站办理注册监督手续,并按规定缴纳监督费。

质量监督站在办理注册监督手续后,确定该工程的质量监督员,拟定质量监督计划,确定质量监督重点,并进行质量监督工作的交底。

②工程施工中,质量监督站按确定核验的部位和项目进行检查,并随时对施工质量进行抽查。对质量监督站确定核验的部位、项目,工程项目的施工人员应按计划提前两天通知质量监督员到现场核验。经核验合格后,方可进行下道工序施工。

③工程完工后,项目经理应首先请建设单位、设计单位和本企业领导进行检验评定,在验评的基础上,由建设单位、施工单位向质量监督站申报核验,同时提交工程技术资料。经质量监督站核验合格后,方可交付使用和报竣工面积。

项目经理和有关人员应认真接受质量监督站对本工程项目所进行的质量监督工作,遵守质量监督的有关规定,虚心听取质量监督人员的意见,并为质量监督工作提供必要的方便。质量监督是代表政府进行的,具有法律效力,所有工程都必须接受监督,因此,项目经理必须认真履行上述各种手续。

(4) 成品保护

搞好成品保护,是一项关系到保证工程质量、降低工程成本和按期竣工的重要工作。在施工过程中,要对已完的和正在施工的分项工程进行保护。否则,一旦造成损伤,将会增加修理工作量,造成工料浪费,拖延工期。甚至有的损伤难以恢复到原样,成为永久性的缺陷。因此,做好成品保护工作是项目经理和技术人员在施工中的一项十分重要的工作。

做好成品保护工作,要抓好以下几个环节:

1) 进行职业道德教育

教育全体职工要对国家、对人民负责,爱护公物,尊重他人和自己的劳动成果,施工操作时,要珍惜已完的和部分完成的工程。

2) 合理安排施工顺序

按正确的施工流程组织施工,不得颠倒工序,防止后道工序损坏或污染前道工序。如应先喷浆而后安装灯具,避免安装灯具后又修理浆活,从而污染灯具。

3) 采取行之有效的保护措施

主要措施是:提前保护、包裹覆盖和局部封闭。

提前保护可以防止可能发生的损伤和污染。如为了保证清水墙面洁净,在脚手架、安全网横杆、进料口四周和临近的水刷石墙面上,提前钉上塑料布或贴上纸;为了保护清水楼梯踏步的无磕损,提前加护棱角的角铁;为了保护门洞、门框不受损伤,在小车轴的高度,应钉铁皮或木条。

包裹覆盖用于保护高级装饰工程。如大理石、花岗石柱面完成后可用立板加塑料布(或线毯)捆扎,防止磕碰;大理石、花岗石、现制磨石地面应用苫布、塑料布或棉毯覆盖加以保护;铝合金门窗可用塑料条粘贴保护,塑料条开胶后应及时补贴。

局部封闭是在施工过程中对部分楼梯、通道、房间临时封闭。在预制磨石楼梯、水泥抹面楼梯完成后,应将楼梯口暂时封闭,待达到上人强度并采取保护措施后再开启;室内塑料墙纸、木地板油漆等完成后均应立即锁门。

8.4 工程项目质量统计分析方法

8.4.1 常用的数据

数据是进行质量管理的基础,"一切用数据说话",才能作出科学的判断。通过收集、整理质量数据,可以帮助我们分析、发现质量问题,以便及时采取对策措施,纠正和预防质量事故。常用的数据有以下几种:

(1) 子样平均值

子样平均值用来表示数据的集中位置,也称为子样的算术平均值,即

$$\overline{X} = \frac{1}{n}(X_1 + X_2 + \cdots\cdots + X_n) = \frac{1}{n}\sum_{i=1}^{n} X_i \tag{8-1}$$

式中 $\overline{X}$——子样的算术平均值;

X_i——所测得的第 i 个数据;

n——子样的个数。

(2) 中位数

中位数是指将收集到的质量数据按大小次序排列后处在中间位置的数据值,故又称为中值。它也表示数据的集中位置。当子样数,n 为奇数时,取中间一个数为中位数;n 为偶数时,则取中间两个数的平均值作为中位数。

(3) 极差

一组数据中最大值与最小值之差,常用 R 表示。它表示数据分散的程度。

(4) 子样标准偏差

子样标准偏差反映数据分散的程度,常用 S 表示,即

$$S = \sqrt{\frac{1}{n-1}\sum_{i=1}^{n}(X_i - \overline{X})^2}, (n < 30) \tag{8-2}$$

$$S = \sqrt{\frac{1}{n}\sum_{i=1}^{n}(X_i - \overline{X})^2}, (n \geqslant 30) \tag{8-3}$$

式中 S——子样标准偏差;

$(X_i - \overline{X})$——第 i 个数据与子样平均值 $\overline{X}$ 之间的离差。

(5) 变异系数

变异系数是用平均数的百分率表示标准偏差的一个系数,用以表示相对波动的大小,即

$$C_V = \frac{S}{\overline{X}} \times 100\% \tag{8-4}$$

式中 C_V——变异系数;

S——子样标准偏差;

$\overline{X}$——子样平均值。

8.4.2 排列图

排列图法又叫巴氏图法或巴雷特图法,也叫主次因素分析图法。排列图有两个纵坐

标,左侧纵坐标表示产品频数,即不合格产品件数;右侧纵坐标表示频率,即不合格产品累计百分数。图中横坐标表示影响产品质量的各个因素或项目,按影响质量程度的大小,从左到右依次排列。每个直方形的高度表示该因素影响的大小,图中曲线称为巴雷特曲线。在排列图上,通常把曲线的累计百分数分为三级,与此相对应的因素分三类。A类因素对应于频率 0~80%,是影响产品质量的主要因素;B类因素对应于频率 80%~90%,为次要因素;与频率 90%~100%相对应的为C类因素,属一般影响因素。运用排列图,便于找出主次矛盾,使错综复杂问题一目了然,有利于采取对策,加以改善。

【例 8-1】 现以砌砖工程为例,按有关规定对检查项目进行测试,检查结果按不合格的大小次序排列,并计算出各自的频数以及累计频率,见表 8-1。试找出影响砌砖工程质量的主要因素。

砌砖工程不合格项目及频率汇总表　　　　　　表 8-1

序 号	实测项目	实测点数	超差点数（频数）	频率（%）	累计频率（%）
1	门窗洞口	392	36	55.38	55.38
2	墙面垂直	1589	20	30.77	86.15
3	墙面平整	1589	7	10.77	96.92
4	砌砖厚度	36	2	3.08	100
	合　计	3606	65	100	

【解】 依表中数据绘制排列图,如图 8-3 所示。

由图可知,影响砌砖质量的主要因素是门窗孔洞偏差和墙面的垂直度,二者累计频率达到了 86.15%。故应采取措施以确保工程质量。

8.4.3 因果分析图

因果分析图又叫特性要因图、鱼刺图、树枝图。这是一种逐步深入研究和讨论质量问题的图示方法。在工程实践中,任何一种质量问题的产生,往往是由多种原因造成的。这些原因有大有小,把这些原因依照大小次序分别用主干、大枝、中枝和小枝图形表示出来,便可一目了然地系统观察出产生质量问题的原因。

运用因果分析图可以帮助我们

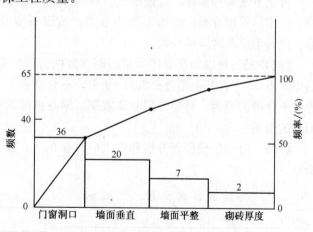

图 8-3　不合格大小次序排列图

制定对策,解决工程质量上存在的问题,从而达到控制质量的目的。

【例 8-2】 现以混凝土强度不足的质量问题为对象来阐明因果分析图的画法。

【解】 因果分析图的绘制步骤为:

①确定特性。特性就是需要解决的质量问题,如混凝土强度不足放在主干箭头的前面。

②确定影响质量特性的大枝。如影响混凝土强度不足的因素主要是人、材料、工艺、设备和环境等五个方面。

③进一步画出中、小细枝，即找出中、小原因，如图8-4所示。

最后针对影响质量的因素，有的放矢地制定对策，落实解决问题的人和时间，并以计划表的形式表示，且注明限期改正的时间。

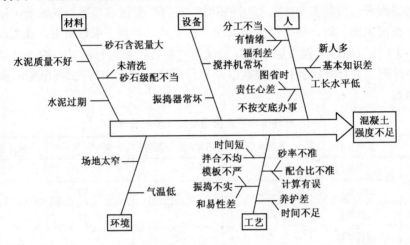

图8-4 混凝土强度不足因果分析图

8.4.4 分层法

分层法又称分类法或分组法，就是将收集到的质量数据，按统计分析的需要进行分类整理，使之系统化，以便找到产生质量问题的原因，及时采取措施加以预防。

分层方法多种多样，可按班次、日期分类；按操作者（男、女、新、老工人）或其工龄、技术、等级分类；按施工方法分类；按设备型号、生产组织分类；按材料成分、规格、供料单位及时间等分类。

【例8-3】 现以钢筋焊接质量的调查数据为例，采用分层法进行统计分析。共调查钢筋焊接点50个，其中不合格的有19个，不合格率为(19/50)×100%＝38%。为了查清焊接不合格的原因，需要分层收集数据。据查该批钢筋由3个焊工操作，并采用两种不同型号的焊条。

【解】 分别按操作者分层和按供应焊条的工厂分层进行分析，结果如表8-2及表8-3所示。

按 操 作 者 分 层　　　表8-2

操作者	不合格	合 格	不合格率（%）
甲	6	13	32
乙	3	9	25
丙	10	9	53
合 计	19	31	38

按供应焊条工厂分层　　　表8-3

工 厂	不合格	合 格	不合格率（%）
甲	9	14	39
乙	10	17	37
合 计	19	31	38

从表中可以看出，操作工人乙的质量较好，用工厂乙的焊条质量较好。

若进一步分析，可提出综合分层表（表8-4）。综合分层结论是：用甲厂的焊条，采取工人乙的操作方法较好；用乙厂的焊条，应采用工人甲的操作方法。这样，可提高钢筋焊接质量。

综合分层焊接质量 表 8-4

操作者		甲 厂	乙 厂	合 计
甲	不合格 合格	6 2	0 11	6 13
乙	不合格 合格	0 5	3 4	3 9
丙	不合格 合格	3 7	7 2	10 9
合 计	不合格 合格	9 14	10 17	19 31

8.4.5 频数分布直方图

频数分布直方图又称质量分布图或简称直方图,它是将所收集的质量数据按一定的规定进行整理、分析,然后画成长方形(长柱形)的统计图。由于这种图中的每一个长方形代表一定范围内实测数据出现的频数,所以该图称为频数分布直方图。

1. 直方图的绘制

下面以实例说明直方图的绘制方法。今从某工程公司混凝土构件预制厂连续抽取试块,测取某混凝土强度数据共计 200 个(一般情况数据应取 100 个左右)。其作图步骤归纳如下:

(1)将收集的实测数据汇总列表,并从中找出最大值(X_{max})与最小值(X_{min})。例中数据见表 8-5,其中 $X_{max}=299$,$X_{min}=271$。

混凝土试块抗压强度数据表 表 8-5

296	287	284	287	286	275	287	283	290	278	294	273	282	282	273	285	289	283	299	280
271	286	281	289	286	297	286	292	286	287	289	279	281	283	289	288	278	275	284	279
284	287	279	283	290	291	278	284	289	279	288	271	271	279	280	284	286	283	289	288
286	287	284	287	287	294	290	286	297	285	286	291	284	290	286	289	270	273	286	284
293	289	296	281	285	281	287	282	284	286	287	292	290	277	280	285	289	277	279	277
283	294	287	293	283	288	283	279	275	284	291	290	287	276	283	283	286	285	283	285
280	287	288	285	286	274	288	289	281	299	285	287	283	283	289	283	291	280	277	293
284	290	285	284	290	298	290	280	283	284	288	283	278	281	284	289	281	273	275	284
286	285	284	283	291	292	294	270	290	281	284	290	289	283	286	277	287	277	290	294
285	284	284	288	281	278	288	280	290	284	293	281	297	283	289	200	288	281	294	279

(2)计算极差值 R:

$$R = X_{max} - X_{min} = 299 - 271 = 28$$

(3)确定组数 K。K 值可参考表 8-6 选用。

经验证明,组数太少,会掩盖各组内数据变动的情况;组数太多,会使组的高度参差不齐,不易看出明显的规律。通常要使每组平均至少包含4~5个数据。本例取 $K=9$。

分组数参考表　　　　　　　　　　　　　　　　　表 8-6

数据总数 n	适当分组数 K	一般使用组数
50 个以下	7 组以下	10
50~100	6~10	
100~200	7~12	
200 个以上	10~20	

(4) 确定组距 h。组距 h 等于极差 R 除以 K,并取近似整数值。

$$h = \frac{X_{max} - X_{min}}{K} = \frac{R}{X} \tag{8-5}$$

本例中：
$$h = \frac{299 - 271}{9} = 3.11（取 3）$$

(5) 计算组界值。为了避免数据刚好落在分组的界线上,分组的组界值应按下式计取：

第一组数据的组界值为：

下界值：$X_{min} - \frac{h}{2}$

上界值：$X_{min} + \frac{h}{2}$

以第一组的上界值为第二组的下界值,第二组的下界值加上组距 h 即为第二组的上界值,依此类推。

例中第一组：上界值为 $X_{min} + \frac{h}{2} = 271 + \frac{3}{2} = 272.5$

下界值为 $X_{min} - \frac{h}{2} = 271 - \frac{3}{2} = 269.5$

第二组：上、下界值分别为 275.5 和 272.5
第三组：上、下界值分别为 278.5 和 275.5
其余各组组界值见表 8-7。

(6) 编制频数分布表。根据确定的组界值,统计频数和计算频数值,编制频数分布表。例中频数分布见表 8-7。

混凝土抗压强度频数分布统计表　　　　　　　　　　表 8-7

序号	组 界 值	频 数	频 率	序号	组 界 值	频 数	频 率
1	269.5~272.5	4	0.020	7	287.5~290.5	38	0.190
2	272.5~275.5	6	0.030	8	290.5~293.5	12	0.060
3	275.5~278.5	13	0.065	9	293.5~296.5	9	0.045
4	278.5~281.5	30	0.150	10	296.5~299.5	6	0.030
5	281.5~284.5	40	0.200	Σ		200	1.000
6	284.5~287.5	42	0.210				

(7) 绘制频数分布直方图。以横坐标表示分组的组界值，纵坐标表示各组数据的频数。将频数分布表中数据绘制在图上，形成以组距为底边、频数为高度的若干直方形，构成频数分布直方图。

本例中，混凝土强度分布如图 8-5 所示。

(8) 最后，在直方图上要注明数据个数 n、平均值 $\overline{X}$、标准偏差 S、极差 R、测取数据的日期等。

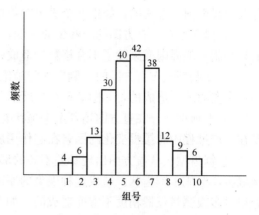

图 8-5 混凝土强度分布直方图

2. 直方图的定量表示

直方图的定量表示需要有一个定量的表达方式，以对直方图加以概括。一般情况下，质量分布应符合正态分布曲线，该曲线的分散和集中情况可用（算术平均值）来表示集中位置，用 R（极差）和 S（标准偏差）来表示分散程度，用 C_V（变异系数）来表示两组数据间的相对波动程度。

下面仍结合混凝土强度数据进行分析。

(1) 平均值 $\overline{X}$。平均值又称算术平均数，表示质量分布的集中位置与波动水平。当质量形成正态分布时，平均值 $\overline{X}$ 代表大部分质量数据所取得的数值的大小，也就是说，大部分质量数据密集在平均值的附近。例中：

$$\overline{X} = \frac{296 + 287 + \cdots\cdots}{200} = 285$$

(2) 极差 R。极差 R 是反映数据分散程度的参数，R 越小，说明工序越稳定。例中：

$$R = R_{max} - R_{min} = 299 - 271 = 28$$

(3) 标准偏差 S。标准偏差 S 反映各个数据对平均值 $\overline{X}$ 的偏离程度。例中：

$$S = \sqrt{\frac{1}{200} \sum_{i=1}^{200} (X_i - \overline{X})^2} = 5.7$$

(4) 变异系数 C_V，表示两组数据间的相对波动程度。例中：

$$C_V = \frac{S}{\overline{X}} = \frac{5.7}{285} = 0.02$$

3. 直方图的分析

(1) 直方图图形分析

直方图形象直观地反映了数据分布情况，通过对直方图的观察和分析可以看出生产是否稳定及其质量的状况。常见直方图的典型形状有以下几种，如图 8-6 所示。

1) 正常型——又称为"对称型"。它的特点是中间高、两边低、左右基本对称，说明相应工序处于稳定状态，如图 8-6（a）所示。

2) 孤岛型——在远离主分布中心的地方出现小的直方形，形如孤岛。孤岛的存在表明生产过程中出现了异常因素。例如原材料改变发生的质量变化，或由于短期内操作不当发生的质量变动，如图 8-6（b）所示。

3) 双峰型——直方图出现两个中心，形成双峰状。这往往是由于把两个总体的数据混在一起作图所造成的,如把两个班组的数据混为一批等,如图 8-6(c)所示。

4) 偏向型——直方图的顶峰偏向一侧,故又称偏坡型,它往往是因为计数值或计量值只控制一侧界限或剔除了不合格数据造成的,如图 8-6(d)所示。

5) 陡壁型——直方图的一侧出现陡峭绝壁状态。这里由于人为地剔除一些数据,进行不真实的统计造成的,如图 8-6(e)所示。

6) 平顶型——在直方图顶部呈平顶状态。一般是由多个数据混在一起造成的,或者是在生产过程中有缓慢变化的因素在起作用所造成的,如图 8-6(f)所示。

7) 锯齿型——直方图出现参差不齐的形状,即频数不是在相邻区间减少,而是隔区间减少,形成了锯齿状。造成这种现象的原因不是生产上的问题,而主要是绘制直方图时分组过多或测量仪器精度不够而造成的,如图 8-6(g)所示。

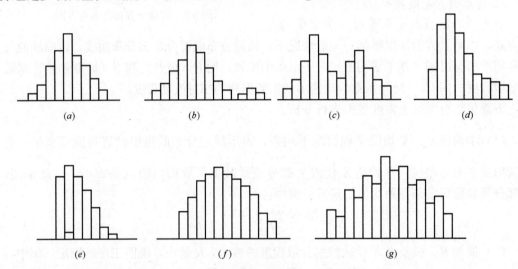

图 8-6 直方图的类型

(a) 正常型;(b) 孤岛型;(c) 双峰型;(d) 偏向型;(e) 陡壁型;(f) 平顶型;(g) 锯齿型

(2) 对照标准分析比较

当工序处于稳定状态(直方图为正常型)时,还需进一步将直方图与规格标准进行对照,确定工序满足标准要求的程度。主要分析内容为:直方图的平均值 $\overline{X}$ 与质量标准中心重合程度,直方图的分布范围 B 同公差范围 T 的关系。在图 8-7 中标出了标准范围 T、标准上偏差 T_U、标准下偏差 T_L 和实际尺寸范围 B。将实际产品质量分布的直方图与标准图形对比,找出存在的差异。常见的差异类型分析如下:

1) 理想型——实际平均值 $\overline{X}$ 与规格标准中心 μ 重合,实际尺寸分布与标准范围两边有一定余量,约为 $T/8$,如图 8-7(a)所示。

2) 偏向型——虽在标准范围之内,但分布中心偏向一边,说明存在系统偏差,必须采取措施,如图 8-7(b)所示。

3) 陡壁型——此种图形反映数据分布过分地偏离规格中心,造成超差,出现不合格产品。这是由于工序控制不好造成的,应采取措施使数据中心与规格中心重合,如图 8-7(c)所示。

4)无富余型——又称双侧压线型。分布虽然落在规格范围之内,但两侧均无余地,稍有波动就会出现超差,出现废品,如图8-7(d)所示。

5)能力不足型——又称双侧超越线型。此种图形实际尺寸超出标准线,已产生不合格产品,如图8-7(e)所示。

6)能力富余型——又称过于集中型。实际尺寸分布与标准范围两边余量过大,属控制过严而不经济,如图8-7(f)所示。

以上分析表明了满足标准公差范围的程度,也就是说,如果在施工的过程中能正确控制偏离标准的差异,就能稳定地生产出合格的产品。

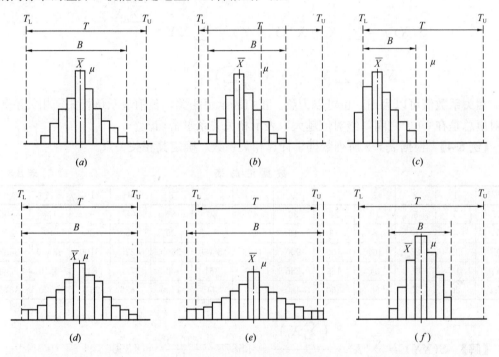

图8-7 与标准对照的直方图
(a)理想型;(b)偏向型;(c)陡壁型;(d)无富余型;(e)能力不足型;(f)能力富余型

8.4.6 相关图

产品质量与影响质量的因素之间,常常有一定的依存关系,但它们之间不是一种严格的函数关系,即不能由一个变量的值精确地求出另一个变量的值。这种依存关系称为相关关系。相关图又叫散布图,就是把两个变量之间的相关关系用直角坐标系表示出来,借以观察判断两个质量特性之间的关系,通过控制容易测定的因素达到控制不易测定的因素的目的,以便对产品或工序进行有效的控制。相关图的形式有:

正相关:当X增大时,Y也增大;

负相关:当X增大时,Y却减少;

非线性相关:两种因素之间不成直线关系;

无相关:Y不随X的增减而变化。

分析中,除了绘制相关图之外,还必须计算相关系数,以确定两种因素之间关系的密切程度。相关系数计算公式为:

$$r = \frac{S(XY)}{\sqrt{S(XX)S(YY)}} \tag{8-6}$$

式中

$$S(XX) = \sum_{i=1}^{n}(X_i - \overline{X})^2 = \sum_{i=1}^{n}X_i^2 - \frac{\left(\sum_{i=1}^{n}X_i\right)^2}{n}$$

$$S(YY) = \sum_{i=1}^{n}(Y_i - \overline{Y})^2 = \sum_{i=1}^{n}Y_i^2 - \frac{\left(\sum_{i=1}^{n}Y_i\right)^2}{n}$$

$$S(XY) = \sum_{i=1}^{n}(X_i - \overline{X})(Y_i - \overline{Y}) = \sum_{i=1}^{n}X_iY_i - \frac{\sum_{i=1}^{n}X_i \sum_{i=1}^{n}Y_i}{n}$$

$$\overline{X} = \frac{1}{n}\sum_{i=1}^{n}X_i \qquad \overline{Y} = \frac{1}{n}\sum_{i=1}^{n}Y_i$$

相关系数值可以为正，也可以为负。正值表示正相关，负值表示负相关。相关系数的绝对值总是在 0~1 之间，绝对值越大，表示相关关系越密切。

【例 8-4】 根据表 8-8 所列数据，计算相关系数，确定其相关关系。

数 据 汇 总 表　　　　　　　　　表 8-8

序号	1	2	3	4	5	6	7	8	9	10	11	合计
X_i	5	5	10	20	30	40	50	60	65	90	120	495
Y_i	4	6	8	13	16	17	19	25	25	29	46	208
X_i^2	25	25	100	400	900	1600	2500	3600	4225	8100	14400	35875
Y_i^2	16	36	64	169	256	289	361	625	625	841	2116	5398
X_iY_i	20	30	80	260	480	680	950	1500	1625	2610	5520	13755

【解】 $S(XX) = \sum_{i=1}^{n}X_i^2 - \frac{\left(\sum_{i=1}^{n}X_i\right)^2}{n} = 35875 - \frac{(495)^2}{11} = 13600$

$S(YY) = \sum_{i=1}^{n}Y_i^2 - \frac{\left(\sum_{i=1}^{n}Y_i\right)^2}{n} = 5398 - \frac{(208)^2}{11} = 1465$

$S(XY) = \sum_{i=1}^{n}X_iY_i - \frac{\sum_{i=1}^{n}X_i \sum_{i=1}^{n}Y_i}{n} = 13755 - \frac{495 \times 208}{11} = 4395$

$r = \frac{S(XY)}{\sqrt{S(XX)S(YY)}} = \frac{4395}{\sqrt{13600 \times 1465}} = 0.98$

由 $r=0.98$，则相关关系为正相关，且两因数 X、Y 关系密切。

8.4.7 管理图

管理图又叫控制图，它是反映生产工序随时间变化而发生的质量波动的状态，即反映生产过程中各个阶段质量变动状态的图形。质量波动一般有两种情况：一种是偶然性因素引起的波动，称为正常波动；另一种是系统性因素引起的波动，则属异常波动。质量控制的目标就是要查找异常波动的因素并加以排除，使质量只受正常波动因素的影响，符合正态分布的规律。质量管理图就是利用上下控制界限,将产品质量特性控制在正常波动范围之内。质量管理图如图 8-8 所示。一旦有异常原因引起质量波动,通过管理图就可看出,能及时采取措施预防不合格产品的出现。

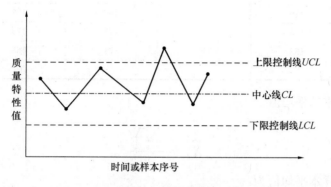

图 8-8 质量管理图

1. 管理图的分类

管理图分计量值管理图和计数值管理两类,如图 8-9 所示。计量值管理图适用于质量管理中的计量数据,如长度、强度、湿度、温度等;计数值管理图则适用于计数数据,如不合格的点数、件数等。

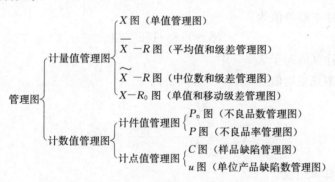

图 8-9 管理图分类

2. 管理图的绘制

管理图的种类虽多,但其基本原理是相同的,现仅以常用的 $\overline{X}-R$ 管理图为例,阐明作图的步骤。$\overline{X}-R$ 管理图的作图步骤如下:

(1) 收集数据归纳列表

例如,表 8-9 所示其中每组样本有三个数据,分别为 X_1、X_2、X_3。

$\overline{X}-R$ 管理图数据表　　　　　　　　　　　表 8-9

样本组数	X_1	X_2	X_3	$\overline{X}$	R
1	155	166	178	166	23
2	169	161	164	165	8
3	147	152	135	145	17

续表

样本组数	X_1	X_2	X_3	$\overline{X}$	R
4	168	155	151	158	17
……					
24	140	165	167	157	27
25	175	169	175	173	6
26	163	171	171	168	8
合 计				4195	407

（2）计算样本的平均值

$$\overline{X}_j = \frac{\sum_{i=1}^{n} X_i}{n}$$

例中第一个样本平均值为：

$$\overline{X}_1 = \frac{155+166+178}{3} = 166$$

其余类推，计算值列于表 8-9 中。

（3）计算样本极差值

$$R = X_{max} - X_{min}$$

例中第一个样本极差值为：

$$R_1 = 178 - 155 = 23$$

其余类推，计算值列于表 8-9 中。

（4）计算样本总平均值

$$\overline{\overline{X}} = \frac{\sum_{j=1}^{N} \overline{X}_j}{N} = \frac{4195}{26} = 161$$

式中，N 为样本组数。

（5）计算极差平均值

$$\overline{R} = \frac{\sum_{j=1}^{N} R_j}{N}$$

例中：$\overline{R} = \frac{407}{26} = 16$

（6）计算控制界限

1）$\overline{X}$ 管理图控制界限

中心线： $CL = \overline{\overline{X}}$

上控制界限： $UCL = \overline{\overline{X}} + A_2 \overline{R}$

下控制界限： $LCL = \overline{\overline{X}} - A_2 \overline{R}$

上式中，A_2 为 $\overline{X}$ 管理图系数，参照表 8-10 取值（表中 N 为数据个数）。

管 理 系 数 表   表 8-10

N	A_2	M_3A_2	D_3	D_4	E_2	d_3
2	1.880	1.880		3.267	2.660	0.853
3	1.023	1.187		2.575	1.772	0.888
4	0.729	0.796		2.282	1.457	0.880
5	0.577	0.691		2.115	1.290	0.864
6	0.483	0.549		2.004	1.184	0.848
7	0.419	0.509	0.076	1.924	1.109	0.833
8	0.373	0.342	0.136	1.864	1.054	0.820
9	0.337	0.412	0.184	1.816	1.010	0.080
10	0.308	0.363	0.223	1.727	1.975	0.797

例中，CL、UCL、LCL 分别为：

$CL=161$

$UCL=161+1.023\times16=177$

$LCL=161-1.023\times16=145$

2) R 管理图的控制界限

中心线：　　　　　$CL=\overline{R}$

上控制界限：　　　$UCL=D_4\overline{R}$

下控制界限：　　　$LCL=D_3\overline{R}$

式中，D_3、D_4 均为 R 管理图控制界限系数，参照表 8-10 取值。

例中 $D_3=0$，$D_4=2.575$，代入上式得 CL、UCL、LCL 值分别为 16、41、0。

(7) 绘制 $\overline{X}-R$ 管理图

以横坐标为样本序号或取样时间，纵坐标为所要控制的质量特性值，按计算结果绘出中心线和上下控制界限。

用例中数据绘制的 $\overline{X}-R$ 管理图如图 8-10 所示。其他各种管理图的作图步骤与

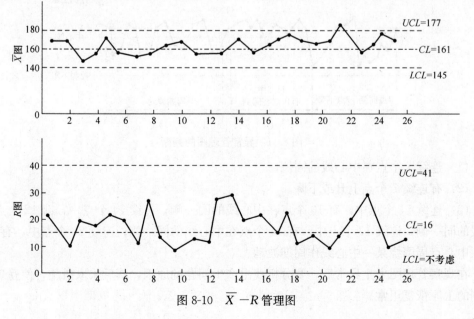

图 8-10 $\overline{X}-R$ 管理图

$\overline{X} - R$ 管理图相同，控制界限的计算公式可参见表 8-11。

管理控制界计算公式　　　　　　　表 8-11

分类		图名	中心线	上下控制界限	管理特征
计算值管理图		$\overline{X}$ 图	$\overline{\overline{X}}$	$\overline{\overline{X}} \pm A_2 \overline{R}$	用于观察分析平均值的变化
		R 图	$\overline{R}$	$\begin{array}{c} D_4 \overline{R} \\ D_3 \overline{R} \end{array}$	用于观察分析分布的宽度和分散变化的情况
		$\widetilde{X}$ 图	$\overline{\overline{X}}$	$\overline{\overline{X}} \pm M_3 A_2 \overline{R}$	$\widetilde{X}$ 代 $\overline{X}$ 图，可以不计算平均值
		X 图	$\overline{X}$	$\overline{X} \pm E_2 \overline{R}$	观察分析单个产品质量特征的变化
		R_0 图	$\overline{R}_0$	$D_4 \overline{R}_0$	同 R 图，适用于不能同时取得数据的工序
计数值管理图	计件值管理图	P 图	$\overline{P}$	$\overline{P}_n \pm \sqrt{P_n(1-P)}$	用不良品率来管理工序
		P_n 图	$\overline{P}_n$	$\overline{P}_n \pm 3\sqrt{\dfrac{P_n(1-P)}{n}}$	用不良品数来管理工序
	计点值管理图	C 图	$\overline{C}$	$\overline{C} \pm \sqrt{\overline{C}}$	对一个样本的缺陷进行管理
		U 图	$\overline{U}$	$\overline{U} \pm \sqrt{\dfrac{\overline{U}}{n}}$	对每一个给定单位产品中的缺陷数进行控制

3. 管理图的观察分析

正常管理图的判断规则是：图上的点在控制上下限之间围绕中心作无规律波动。连续 35 个点中，仅有一点超出控制界限线；连续 100 个点中，仅有两点超出控制界限线。

异常管理图的判断如图 8-11 所示。其判断规则为：

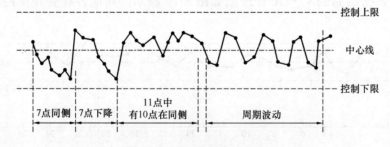

图 8-11　异常管理图的判断

（1）连续 7 个点在中心线的同侧。

（2）有连续 7 个点上升或下降。

（3）连续 11 个点中，有 10 个点在中心线的同一侧；连续 14 个点中，有 12 个点在中心线的同一侧；连续 17 个点中，有 14 个点在中心线的同一侧；连续 20 个点中，有 16 个点在中心点周围绕某一中心线作周期波动。

在观察管理图发生异常后，要分析找出产生问题的原因，然后采取措施，使管理图所控制的工序恢复正常。

8.5 工程项目施工质量验收

8.5.1 施工质量验收的依据

(1) 国家和部门颁发的工程质量评定标准。
(2) 国家和部门颁发的工程项目验收规程。
(3) 有关部门颁发的施工规范、规程、施工操作规程。
(4) 工程承包合同中有关质量的规定和要求。
(5) 工程的设计文件、设计变更、施工图纸等。
(6) 施工组织设计、施工技术措施等文件。
(7) 原材料、成品、半成品、构配件的质量验收标准。
(8) 设备制造厂家的产品、安装说明书和有关的技术规定。

8.5.2 施工质量验收的划分

建筑工程质量验收应划分为单位（子单位）工程、分部（子分部）工程、分项工程和检验批等几个层次。

1. 单位工程的划分

(1) 具备独立施工条件并能形成独立使用功能的建筑物及构筑物为一个单位工程。如一个学校中的一栋教学楼、某城市的广播电视塔等。
(2) 规模较大的子单位工程，可将其能形成独立使用功能的部分划分为一个子单位工程。一般可根据工程的建筑设计分区、使用功能的显著差异、结构缝的设置等实际情况划分子单位工程。
(3) 室外工程可根据专业类别和工程规模划分单位（子单位）工程。

2. 分部工程的划分

(1) 分部工程的划分应按专业性质、建筑部位确定。如建筑工程可划分为地基与基础、主体结构、建筑装饰装修、建筑屋面、建筑给水排水及采暖、建筑电气、智能建筑、通风与空调、电梯等 9 个分部工程。
(2) 当分部工程规模较大或较复杂时，可按材料种类、施工特点、施工程序、专业系统及类别等划分为若干个子分部工程。如智能建筑分部工程中就包含了火灾及报警消防联动系统、安全防范系统、综合布线系统、智能化集成系统、电源与接地、环境、住宅（小区）智能化系统等子分部工程。

3. 分项工程的划分

分项工程应按主要工种、材料、施工工艺、设备类别等进行划分。如混凝土结构工程按主要工种分为模板工程、钢筋工程、混凝土工程等分项工程；按施工工艺又可分为预应力、现浇结构、装配式结构等分项工程。

4. 检验批的划分

分项工程可由一个或若干个检验批组成。所谓检验批是按统一的生产条件或按规定的方式汇总起来供检验用的，由一定数量样本组成的检验批。检验批是施工质量验收的最小单位，是分项工程乃至整个建筑工程质量验收的基础。

检验批可根据施工、质量控制和专业验收需要按楼层、施工段、变形缝等进行划分。

8.5.3 施工质量验收的要求和内容

1. 检验批质量验收

检验批的质量合格标准为：

（1）主控项目和一般项目的质量经抽样检验合格；

（2）具有完整的施工操作依据、质量检查记录。

主控项目是指建筑工程中对安全、卫生、环境保护和公众利益起决定性作用的检验项目。而除主控项目以外的检验项目都称为一般项目。

检验批的合格质量主要取决于对主控项目和一般项目的检验结果。主控项目对检验批的基本质量有决定性影响，不允许有不符合要求的检验结果，即这种项目的检查具有否决权，因此必须全部符合有关专业工程验收规范的要求。而一般项目则可按专业规范的要求处理。

质量控制资料反映了检验批从原材料到最终验收的各施工过程的操作依据、检查情况以及质量保证所必需的管理制度等。对其完整性的检查，实际是对过程控制的确认，这是检验批合格的前提。

2. 分项工程质量验收

分项工程的验收在检验批的基础上进行，其合格标准为：

（1）分项工程所含的检验批均应符合合格质量的规定；

（2）分项工程所含的检验批的质量记录应完整。

3. 分部（子分部）工程质量验收

分部工程的验收在其所含各分项工程验收的基础上进行，其合格标准为：

（1）分部（子分部）工程所含分项工程的质量均应验收合格；

（2）质量控制资料应完整；

（3）地基与基础、主体结构和设备安装等分部工程有关安全及功能的检验和抽样检测结果应符合有关规定；

（4）观感质量验收应符合要求。

4. 单位（子单位）工程质量验收

单位工程质量验收也称质量竣工验收，是建筑工程投入使用前的最后一次验收，也是最重要的一次验收。验收合格的条件有5个：

（1）单位（子单位）工程所含分部（子分部）工程的质量应验收合格；

（2）质量控制资料应完整；

（3）单位（子单位）工程所含分部工程有关安全和功能的检验资料应完整；

（4）主要功能项目的抽查结果应符合相关专业质量验收规范的规定；

（5）观感质量验收应符合要求。

5. 施工质量不符合要求时的处理

（1）经返工重做或更换器具、设备的检验批，应重新进行验收。这种情况是指主控项目不能满足验收规范规定或一般项目超过偏差限制的子项不符合检验规定的要求时，应及时处理的检验批。其中，严重的缺陷应推倒重来；一般的缺陷通过返修或更换器具、设备予以解决，在重新验收后如能符合相应的专业工程质量验收规范，则应认为该检验批合格。

（2）经有资质的检测单位鉴定达到设计要求的检验批，应予以验收。这种情况是指个别检验批发现如试块强度等不满足要求，难以确定是否验收时，应请具有资质的检测单位检测。当鉴定结果能够达到设计要求时，该检验批应允许通过验收。

（3）经有资质的检测单位鉴定达不到设计要求、但经原设计单位核算认可，能够满足安全和使用功能的检验批，可予以验收。

一般情况下，规范标准给出了满足安全和功能的最低限度要求，而设计往往在此基础上留有一定余量。不满足设计要求和符合相应规范标准的要求，两者并不矛盾。

（4）经返修或加固的分项、分部工程，虽然改变外形尺寸但仍能满足安全使用要求，可按技术处理方案和协商文件进行验收。

这种情况是指可能影响结构的安全性和使用功能的更为严重的缺陷、更大范围内的缺陷，经过加固处理后能够满足安全使用的基本要求，但会造成一些永久性的缺陷，如改变结构的外形尺寸、影响一些次要的使用功能等。为了避免社会财富更大的损失，在不影响安全和主要使用功能的条件下，可按处理技术方案和协商文件进行验收。

（5）经过返修或加固仍不能满足安全使用要求的分部工程、单位（子单位）工程，严禁验收。

8.5.4 施工质量验收的程序和组织

1. 检验批及分项工程

检验批及分项工程应由监理工程师（或建设单位项目技术负责人）组织施工单位专业质量检验员、专业技术负责人等进行验收。验收前，施工单位先填好"检验批和分项工程质量验收记录"，并由项目专业质量检验员和项目专业技术负责人分别在检验批和分项工程质量检验记录中相关栏目签字，然后由监理工程师组织，严格按规定程序进行验收。

2. 分部工程

分部工程由总监理工程师或建设单位项目负责人组织施工单位项目负责人和技术、质量负责人等进行验收；地基与基础、主体结构分部工程的勘察、设计单位工程项目负责人和施工单位技术、质量部门负责人也应参加相关分部工程的验收。

3. 单位工程

（1）单位工程完成后，施工单位首先要依据质量标准、设计图纸等组织有关人员进行自检，并对检查结果进行评定，符合要求后向建设单位提交工程验收报告和完整的质量资料，请建设单位组织验收。

（2）建设单位收到工程验收报告后，应由建设单位（项目）负责人组织施工（含分包单位）、设计、监理等单位（项目）负责人进行单位（子单位）工程验收。

（3）单位工程有分包单位施工时，分包单位对所承包的工程项目应按标准规定的程序检查评定，总包单位应派人参加。分包工程完成后，应将工程有关资料交总包单位。

（4）当参加验收各方对工程质量验收意见不一致时，可请当地建设行政主管部门或工程质量监督机构协调处理，也可以由各方认可的咨询单位调解。

（5）单位工程质量验收合格后，建设单位应在规定时间内将工程竣工验收报告和有关文件，报建设行政管理部门备案。

8.5.5 工程项目质量持续改进

1. 持续改进

我国国家标准 GB/T 19001—2000 中"持续改进"的含义是："组织应利用质量方针、

质量目标、审核结果、数据分析、纠正和预防措施以及管理评审,持续改进质量管理体系的有效性"。

持续改进的目的是不断提高质量管理体系的有效性,以不断增强顾客满意度;改进的重点是改善产品的特殊性和提高质量管理体系过程的有效性;改进的途径可以是日常渐进的改进活动,也可以是突破性的改进项目。

持续改进的范围包括质量体系、过程和产品三个方面,改进的内容涉及产品质量、日常的工作和企业长远的目标,不仅不合格现象必须纠正、改进,目前合格但不符合发展需要的也要不断改进。

施工项目经理部应分析和评价项目管理现状,识别质量持续改进区域,确定改进目标,实施选定的解决办法。施工项目质量持续改进应坚持全面质量管理的方法,同时还可以运用其他先进的管理办法、专业技术和数理统计方法等。

2. 不合格控制

"不合格"即"未满足要求"。控制不合格正是为了质量持续改进。施工项目经理部对不合格控制应符合下列规定:

(1) 应按企业的不合格控制程序,控制不合格物资进入项目施工现场,严禁不合格工序未经处置而转入下道工序。

(2) 对验证中发现的不合格产品和过程,应按规定进行鉴别、记录、评价、隔离和处置。

(3) 应进行不合格评审。

(4) 不合格处置应根据不合格严重程度,按返工、返修或让步接收、降级使用、拒收或报废几种情况进行处理。构成等级质量事故的不合格,应按国家法律、行政法规进行处置。

(5) 对返修或返工后的产品,应按规定重新进行检验和试验,并应保存记录。

(6) 进行不合格让步接收时,项目经理部应向发包人提出书面让步申请,记录不合格程度和返修的情况,双方签字确认让步接收协议和接收标准。

(7) 对影响建筑主体结构安全和使用功能的不合格,应邀请发包人代表或监理工程师、设计人,共同确定处理方案,报建设主管部门批准。

(8) 检验人员必须按规定保存不合格控制的记录。

3. 纠正措施

纠正措施是为消除已发现的不合格或其他不期望情况的原因所采取的措施。纠正措施的实施有助于持续改进,因为它可以防止再发生。纠正措施应符合下列规定:

(1) 对发包人或监理工程师、设计人、质量监督部门提出的质量问题,应分析原因,制定纠正措施。

(2) 对已发生或潜在的不合格信息,应分析并记录结果。

(3) 对检查发现的工程质量问题或不合格报告提及的问题,应由项目技术负责人组织有关人员判定不合格程度,制定纠正措施。

(4) 对严重不合格或重大质量事故,必须实施纠正措施。

(5) 实施纠正措施的结果应由项目技术负责人验证并记录,对严重不合格或等级质量事故的纠正措施和实施效果应验证,并报企业管理层。

(6)项目经理部或责任单位应定期评价纠正措施的有效性。

4.预防措施

预防措施是为消除潜在不合格或其他潜在不期望情况的原因所采取的措施。一个潜在的不合格可以有若干个原因,采取预防措施是为了防止发生。预防措施应符合下列规定:

(1)项目经理部应定期召开质量分析会,对影响工程质量的潜在原因,采取预防措施。

(2)对可能出现的不合格,应制定防止再发生的措施并组织实施。

(3)对质量通病应采取预防措施。

(4)对潜在的严重不合格,应实施预防措施控制程序。

(5)项目经理部应定期评价预防措施的有效性。

5.检查、验证

检查、验证是质量目标控制的重要过程,是 PDCA 循环的 "A"。项目经理部应对质量计划的执行情况进行检查、内部审核和考核评价,验证实施效果。项目经理应根据考核中出现的问题、缺陷或不合格,召开有关专业人员参加的质量分析会,并制定措施。

复习思考题

1. 工程项目质量管理的原则是什么?
2. 全面质量管理的主要观点是什么?
3. 质量管理的基础工作有哪些?
4. 什么是"PDCA"循环?
5. 常用的质量管理方法有哪些?
6. 施工质量验收划分为哪几个层次?

9 工程项目成本管理

9.1 工程项目成本的内涵

9.1.1 工程项目成本的概念

工程项目成本是指工程项目从设计到完成期间所需全部费用的总和。工程项目成本包括基础投资、前期的各种费用、项目建设中的贷款利息、管理费及其他各种费用等。准确估算项目投资额、科学制定资金筹措方案是降低项目成本、提高投资效益的重要途径。同时，只有依据现行的经济法规和价格政策，准确地估算出有关财务数据，才能控制计划成本，提高投资效益。成本是每一个项目经理必须关注的环节，而项目经理的期望则是为了追求效益的最大化。

工程项目成本包括工程项目决策成本、招标费用、勘察设计成本和建筑工程成本。决策是项目形成的第一个阶段，对项目建成后的经济效益与社会效益会产生重要影响。在这一阶段要进行市场调查，掌握资料进行可行性研究。完成这些工作所耗用的资金构成了项目的决策成本。

投资者不管是自行招标或委托招标都需要一笔费用开支，这就是招标费用。

勘察设计成本是根据可行性研究报告进行勘察；根据勘察资料和可行性研究报告进行设计，这些工作耗用的费用总和构成勘察设计成本。

施工项目管理是施工企业对具体的施工项目进行计划、组织、控制和协调的过程。施工项目管理的管理者是建筑施工企业，管理对象是施工项目，一个施工项目从开始到结束要经历准备阶段、基础施工阶段、结构施工阶段、装修施工阶段、安装施工阶段以及验收交工阶段等，管理内容差别很大，因此，必须进行有针对性的管理，才能提高效率和效益。

施工成本管理就是要在保证工期和质量满足要求的情况下，利用组织措施、经济措施、技术措施、合同措施把成本控制在计划范围内，并进一步寻求最大限度的成本节约。

9.1.2 工程项目成本的构成

我国现行建筑安装工程费用项目的具体组成主要是四部分：直接费、间接费、利润和税金。其构成如图 9-1 所示。

图 9-1 建筑安装工程费用的组成

1. 直接费

建筑安装工程直接费由直接工程费和措施费组成。

（1）直接工程费

直接工程费是指施工过程中耗费的构成工程实体的各项费用。包括人工费、材料费、施工机械使用费。

1）人工费

建筑安装工程费中的人工费，是指直接从事建筑安装工程施工的生产工人开支的各项费用。构成人工费的基本要素有两个，即人工工日消耗量和人工日工资单价。

①人工工日消耗量。它是指在正常施工生产条件下，生产单位假定建筑安装产品（分部分项工程或结构构件）必须消耗的某种技术等级的人工工日数量。它由分项工程所综合的各个工序施工劳动定额包括的基本用工和其他用工两部分组成。

②相应等级的日工资单价包括生产工人基本工资、工资性补贴、生产工人辅助工资、职工福利费及生产工人劳动保护费。

2) 材料费

建筑安装工程费中的材料费，是指施工过程中耗费的构成工程实体的原材料、辅助材料、构配件、零件、半成品的费用。构成材料费的基本要素是材料消耗量、材料基价和检验试验费。

①材料消耗费。材料消耗量是指在合理和节约使用材料的条件下，生产单位假定建筑安装产品（分部分项工程或结构构件）必须消耗的一定品种规格的原材料、辅助材料、构配件、零件、半成品等的数量标准。它包括材料净用量和材料不可避免的消耗量。

②材料基价。材料基价是指材料在购买、运输、保管过程中形成的价格，其内容包括材料原价（或供应价格）、材料运杂费、运输损耗费、采购及保管费等。

③检验试验费。检验试验费是指对建筑材料、构件和建筑安装物进行一般鉴定、检查所发生的费用。包括自设试验室进行试验所耗用的材料和化学药品等费用，不包括新结构、新材料的试验费和建设单位对具有出厂合格证明的材料进行检验、对构件做破坏性实验及其他特殊要求检验实验的费用。

3) 施工机械使用费

建筑安装工程费中的施工机械使用费，是指施工机械作业所发生的机械使用费以及机械安拆费和场外运费。构成施工机械使用费的基本要素是施工机械台班消耗量和机械台班单价。

①施工机械台班消耗量，是指在正常施工条件下，生产单位假定建筑安装产品（分部分项工程或结构构件）必须消耗的某类型号施工机械的台班数量。

②机械台班单价，其内容包括台班折旧费、台班大修理费、台班经常修理费、台班安拆费及场外运输费、台班人工费、台班燃料动力费、台班养路费及车船使用税。

(2) 措施费

措施费是指为完成工程项目施工，发生于该工程施工前和施工过程中非工程实体项目的费用。

①环境保护费

环境保护费是指施工现场为达到环保部门要求所需要的各项费用。

②文明施工费

文明施工费是指施工现场文明施工所需要的各项费用。

③安全施工费

安全施工费是指施工现场安全施工所需要的各项费用。

④临时设施费

临时设施费是指施工企业为进行建筑工程施工所必须搭设的生活和生产用的临时建筑

物、构筑物和其他临时设施费用等。

临时设施包括：临时宿舍、文化福利及公用事业房屋与构筑物，仓库、办公室、加工厂以及规定范围内道路、水、电、管线等临时设施和小型临时设施。

临时设施费用包括：临时设施的搭设、维修、拆除费或摊销费。

⑤夜间施工增加费

夜间施工费是指因夜间施工所发生的夜班补助费、夜间施工降效、夜间施工照明设备摊销及照明用电等费用。

⑥二次搬运费

二次搬运费是指因施工场地狭小等特殊情况而发生的二次搬运费用。

⑦大型机械设备进出场及安拆费

大型机械设备进出场及安拆费是指机械整体或分体自停放场地运至施工现场或由一个施工地点运至另一个施工地点，所发生的机械进出场运输及转移费用以及机械在施工现场进行安装、拆卸所需的人工费、材料费、机械费、试运转费和安装所需的辅助设施的费用。

⑧混凝土、钢筋混凝土模板及支架费

混凝土、钢筋混凝土模板及支架费是指混凝土施工过程中需要的各种钢模板、木模板、支架等的支、拆、运输费用及模板、支架的摊销（或租赁）费用。模板及支架分自有和租赁两种。

⑨脚手架费

脚手架费是指施工需要的各种脚手架搭、拆、运输费用及脚手架的摊销（或租赁）费用。

⑩已完工程及设备保护费

已完工程及设备保护费是指竣工验收前，对已完工程及设备进行保护所需费用。

⑪施工排水、降水费

施工排水、降水费是指为确保工程在正常条件下施工，采取各种排水、降水措施所发生的各种费用。

2. 间接费

建筑安装工程间接费由规费和企业管理费组成。

(1) 规费

规费是指政府和有关权力部门规定必须缴纳的费用（简称规费）。包括：

①工程排污费。是指施工现场按规定缴纳的工程排污费。

②社会保障费。包括：

a. 养老保险费。是指企业按规定标准为职工缴纳的基本养老保险费。

b. 失业保险费。是指企业按照国家规定标准为职工缴纳的失业保险费。

c. 医疗保险费。是指企业按照规定标准为职工缴纳的基本医疗保险费。

d. 住房公积金。是指企业按规定标准为职工缴纳的住房公积金。

e. 危险作业意外伤害保险。是指按照《建筑法》的规定，企业为从事危险作业的建筑安装施工人员支付的意外伤害保险费。

(2) 企业管理费

企业管理费是指建筑安装企业组织施工生产和经营管理所需费用。包括：

①管理人员工资。是指管理人员的基本工资、工资性补贴、职工福利费、劳动保护费等。

②办公费。是指企业管理办公用的文具、纸张、账表、印刷、邮电、书报、会议、水电、烧水和集体取暖（包括现场临时宿舍取暖）用煤等费用。

③差旅交通费。是指职工因公出差、调动工作的差旅费、住勤补助费，市内交通费和误餐补助费，职工探亲路费，劳动力招募费，职工离退休、退职一次性路费，工伤人员就医路费，工地转移费以及管理部门使用的交通工具的油料、燃料及牌照费。

④固定资产使用费。是指管理和试验部门及附属生产单位使用的属于固定资产的房屋、设备仪器等的折旧、大修、维修或租赁费。

⑤工具用具使用费。是指管理使用的不属于固定资产的生产工具、器具、家具、交通工具和检验、试验、测绘、消防用具等的购置、维修和摊销费。

⑥劳动保险费。是指由企业支付离退休职工的易地安家补助费、职工退职金、六个月以上的病假人员工资、职工死亡丧葬补助费、抚恤费、按规定支付给离休干部的各项经费。

⑦工会经费。是指企业按职工工资总额计提的工会经费。

⑧职工教育经费。是指企业为职工学习先进技术和提高文化水平，按职工工资总额计提的费用。

⑨财产保险费。是指施工管理用财产、车辆保险。

⑩财务费。是指企业为筹集资金而发生的各种费用。

⑪税金。是指企业按规定缴纳的房产税、车船使用税、土地使用税、印花税等。

⑫其他。包括技术转让费、技术开发费、业务招待费、绿化费、广告费、公证费、法律顾问费、审计费、咨询费等。

3. 利润及税金

建筑安装工程费用中的利润及税金是建筑安装企业职工为社会劳动所创造的那部分价值。

(1) 利润

利润是指施工企业完成所承包工程获得的盈利。利润的计算同样因计算基础的不同而不同。在建设产品的市场定价过程中，应根据市场的竞争状况适当确定利润水平。取定的利润水平过高可能会导致丧失一定的市场机会。取定的利润水平过低又会面临很大的市场风险，相对于相对固定的成本水平来说，利润率的选定体现了企业的定价政策。利润率的确定是否合理也反映出企业的市场成熟度。

(2) 税金

建筑安装工程税金是指国家税法规定的应计入建筑安装工程费用的营业税、城市维护建设税及教育费附加。

①营业税

营业税按营业额乘以营业税税率确定。其中建筑安装企业营业税税率为3％。营业额是指从事建筑、安装、修缮、装饰及其他工程作业收取的全部收入，还包括建筑、修缮、装饰工程所用原材料及其他物资和动力的价款。当安装的设备的价值作为安装工程产值时，亦包括所安装设备的价款。但建筑安装工程总承包方将工程分包或转包给他人的，其营业额中不包括付给分包或转包方的价款。

②城市维护建设税

城市维护建设税是为筹集城市维护和建设资金，稳定和扩大城市、乡镇维护建设的资金来源，而对有经营收入的单位和个人征收的一种税。

(3) 教育费附加

教育费附加是按应纳营业税额乘以3‰确定。建筑安装企业的教育费附加要与其营业税同时缴纳。即便办有职工子弟学校的建筑安装企业，也应当先缴纳教育费附加，教育部门可根据企业的办学情况，酌情返还给办学单位，作为办公经费的补助。

9.1.3 施工项目成本的主要形式

(1) 按成本控制需要，从成本发生时间来划分

根据成本管理要求，施工项目成本可分为预算成本、计划成本和实际成本。

①预算成本。工程预算成本是以施工图预算为依据按预算价格计算的成本。它反映了各地区建筑业的平均成本水平。预算成本是确定工程造价的基础，也是编制计划成本的依据和评价实际成本的依据。

②计划成本。是指在施工中采用技术组织措施和实现降低成本计划要求所确定的工程成本。计划成本是以施工定额为基础，并考虑降低成本要求和采用技术组织措施效果后编制的以施工预算为根据确定的工程成本。计划成本反映的是企业的成本水平，是建筑企业内部进行经济控制和考核工程活动经济效果的依据。

③实际成本。实际成本是施工项目在报告期内实际发生的各项费用的总和。把实际成本与计划成本比较，可揭示成本的节约和超支，考核企业施工技术水平及技术组织措施的贯彻执行情况和企业的经营效果。实际成本与预算成本比较，可以反映工程盈亏情况。因此，计划成本和实际成本是反映施工企业成本水平的，它受企业本身的生产技术、施工条件及生产经营管理水平所制约。

(2) 按生产费用计入成本的方法来划分

①直接成本。指施工过程中耗费的构成工程实体或有助于工程形成的各项支出。

②间接成本。是指企业为组织和管理施工项目而发生的经营管理性费用。通常是按照直接成本的比例来计算。

按上述分类方法，能正确反映工程成本的构成，考核各项生产费用的使用是否合理，便于找出降低成本的途径。

(3) 按成本与施工所完成的工程量关系来划分

①固定成本。固定成本是指在一定期间和一定的工程量范围内，其发生的成本额不受工程量增减变动的影响而相对固定的成本。如折旧费、大修理费、管理人员工资、办公费、照明费等。这一成本是为了保持企业一定的生产经营条件而发生的。一般来说，对于企业的固定成本每年基本相同，但是，当工程量超过一定范围则需要增添机械设备和管理人员，此时固定成本将会发生变动。此外，所谓固定，反映其总额而言，关于分配到每个项目单位工程量上的固定费用则是变动的。

②变动成本。变动成本是指发生总额随着工程量的增减变动而成正比例变动的费用。如直接费用于工程的材料费、实行计划工资制的人工费等。所谓变动，也是就其总额而

言，对于单位分项工程上的变动费用往往是不变的。

将施工过程中发生的全部费用划分为固定成本和变动成本，对于成本管理和成本决策具有重要作用。它是成本控制的前提条件。由于固定成本是维持生产能力所必需的费用，要降低单位工程量的固定费用，只有通过提高劳动生产率，增加企业总工程量数额并降低固定成本的绝对值入手，降低变动成本只能是从降低单位分项工程的消耗定额入手。

9.1.4 施工项目成本管理的具体工作内容

（1）施工项目成本预测

施工项目成本预测是通过成本信息和施工的具体情况，并运用一定的专门方法，对未来的成本水平及其可能发展趋势做出科学的估计，其实质就是在施工以前对成本进行核算。它是企业运用成本变化规律，对未来的成本水平及其可能发生趋势做出科学的估计，其实质是工程项目在施工以前对成本进行核算。施工项目成本预测是施工项目成本决策与计划的依据。

（2）施工项目成本计划

施工项目成本计划是根据确定的成本目标值编制的实施计划，是项目经理部对项目施工成本进行计划管理的工具。一般来说，一个施工项目成本计划应包括从开工到竣工所必需的施工成本，它是该施工项目降低成本的指导文件，是设立目标成本的依据。成本计划是目标成本的一种形式。

（3）施工项目成本控制

施工项目成本控制是指项目在施工过程中，对影响施工项目成本的各种因素加强管理，并采取各种有效措施，将施工中实际发生的各种消耗和支出严格控制在成本计划范围内，随时揭示并及时反馈，严格审查各项费用是否符合标准，计算实际成本和计划成本之间的差异并进行分析，采取措施纠正偏差，从而实现成本目标。项目成本控制应贯穿在项目从招投标阶段开始直到项目竣工验收的全过程，它是企业全面成本管理的重要环节。因此，必须明确各级管理组织和各级人员的责任和权限，这是成本控制的基础之一，必须给以足够的重视。

（4）施工项目成本核算

施工项目成本核算是指项目施工过程中所发生的各种费用和形成施工项目成本的核算。它包括两个基本环节：一是按照规定的成本开支范围对施工费用进行归类，计算出施工费用的实际发生额；二是根据成本核算对象，采用适当的方法，计算出该施工项目的总成本和单位成本。项目经理部应作为企业的成本中心，大力加强施工项目成本核算，为成本控制各环节提供必要的资料。成本核算应贯穿于成本管理的各个环节。

（5）施工项目成本分析

施工项目成本分析是在成本形成过程中，对施工项目成本进行的对比评价和剖析总结的工作，它贯穿于施工项目成本管理的全过程。也就是根据统计核算、业务核算和会计核算提供的资料，对项目成本的形成过程和影响成本升降的因素进行分析，以寻求进一步降低成本的途径；另一方面，通过成本分析，可从账簿、报表反映的成本现象看清成本的实质，从而增强了项目成本的透明度和可控性，为了加强成本控制，实现项目成本目标创造条件。由此可见，施工项目成本分析，也是降低成本、提高项目经济效益的重要手段之一。

(6) 施工项目成本考核

施工项目成本考核是指施工项目完成后，对施工项目成本形成中的各责任者，按施工项目成本目标责任制的有关规定将成本的实际指标与计划、定额、预算进行对比和考核，评定施工项目成本计划的完成情况和各责任者的业绩，并以此给以相应的奖励和处罚。其目的是调动责任者成本管理的积极性。

9.2 工程项目成本计划

9.2.1 成本计划与目标成本

所谓目标成本即是项目（或企业）对未来产品成本所规定的奋斗目标，它比已经达到的实际成本要低，但又是经过努力可以达到的。目标成本管理是现代化企业经营管理的重要组成部分，它是市场竞争的需要，是企业挖掘内部潜力，不断降低产品成本，提高企业整体工作质量的需要，是衡量企业实际成本节约或开支，考核企业在一定时期内成本管理水平高低的依据。

施工项目的成本管理实质就是一种目标管理。项目管理的最终目标是低成本、高质量、短工期，而低成本是这三大目标的核心和基础。目标成本有很多形式，在制定目标成本作为编制施工项目成本计划和预算的依据时，可能以计划成本、定额成本或标准成本作为目标成本，还将随成本计划编制方法的变化而变化。施工成本计划是以货币形式编制施工项目在计划期内的生产费用、成本水平、成本降低率以及为降低成本所采取的主要措施和规划的书面方案，是建立施工项目成本管理责任制，开展成本控制和核算的基础。一个施工项目成本应包括从开工到竣工所必需的施工成本，是该施工项目降低成本的指导文件，是设立目标成本的依据。成本计划是目标成本的一种形式。

一般而言，目标成本的计算公式如下：

$$项目目标成本 = 预计结算收入 - 税金 - 项目目标利润 \tag{9-1}$$

$$目标成本降低额 = 项目的预算成本 - 项目的目标成本 \tag{9-2}$$

$$目标成本降低率 = \frac{目标成本降低额}{项目的预算成本} \tag{9-3}$$

9.2.2 成本计划的内容

1. 施工项目成本计划的组成

施工项目的成本计划一般由施工项目降低直接成本计划和间接成本计划组成。如果项目设有附属生产单位，成本计划还包括产品成本计划和作业成本计划。

(1) 施工项目降低直接成本计划

施工项目降低直接成本计划主要反映工程成本的预算价值、计划降低额和计划降低率。一般包括以下几方面的内容：

①总则。包括对施工项目的概述，项目管理机构及层次介绍，有关工程的进度计划、外部环境特点，对合同中有关经济问题的责任，成本计划编制中依据其他文件及其他规格也均应作适当介绍。

②目标及核算原则。包括施工项目降低成本计划及计划利润总额、投资和外汇总节约额、主要材料和能源节约额、货款和流动资金节约额等。核算原则系指参与项目的各单位

在成本、利润结算中采用何种核算方式。

③降低成本计划总表或总控制方案。项目主要部分的分部成本计划，如施工部分，编写项目施工成本计划，按直接费、间接费、利润的合同中标数、计划支出数、计划降低额分别填入。如有多家单位参与施工时，要分单位编制后再汇总。

④对施工项目成本计划中计划支出数估算过程的说明要对材料、人工、机械费、运费等主要支出项目加以分解。

⑤计划降低成本的来源分析。应反映项目管理过程中计划采取的增产节约、增收节支和各项措施及预期效果。

(2) 间接成本计划

间接成本计划主要反映施工现场管理费用的计划数、预算收入数及降低额。间接成本计划应根据工程项目的核算期，以项目总收入费的管理费为基础，制定各部门费用的收支计划，汇总后作为工程项目的管理费用的计划。在间接成本计划中，收入应与取费口径一致，支出应与会计核算中管理费用的二级科目一致。间接成本的计划的收支总额，应与项目成本计划中管理费一栏的数额相符。各部门应按照节约开支、压缩费用的原则，制定"管理费用归口包干指标落实办法"，以保证该计划的实施。

2. 成本计划表

成本计划表通常由成本计划任务表、技术组织措施表、降低成本计划表和施工现场管理费计划表构成。

(1) 项目成本计划任务表：它主要是反映工程项目预算成本、计划成本、成本降低额、成本降低率的文件。它是落实成本降低任务的依据，其格式如表9-1所示。

项目成本计划任务表　　　　　　　　　　　　　　表 9-1

工程名称：　　　　项目经理：　　　　日期：　　　　单位：

项　　目	预算成本	计划成本	计划成本降低额	计划成本降低率
1. 直接费用				
人工费				
材料费				
机械使用费				
其他直接费				
2. 间接费用				
施工管理费				
合　　计				

(2) 技术组织措施表：它是预测项目计划期内施工工程成本各项直接费用计划降低额的依据。是提出各项节约措施和确定各项措施的经济效益的文件。由项目经理部有关人员分别就应采取的技术组织措施预测它的经济效益，最后汇总编制而成。编制技术组织措施表的目的是为了在不断采用新工艺、新技术的基础上提高施工技术水平，改善施工工艺过程，推广工业化和机械化施工方法以及通过采纳合理化建议达到降低成本的目的。格式如表9-2所示。

技术组织措施表　　　　　　　　　　　　　　　　　　　　　　表9-2

工程名称：　　　　　　　　　　　　日期：
项目经理：　　　　　　　　　　　　单位：

措施项目	措施内容	涉及对象			降低成本来源		成本降低额				
		实物名称	单价	数量	预算收入	计划开支	合计	人工费	材料费	机械费	其他直接费

（3）降低成本计划表：它是根据企业下达给项目的降低成本任务和项目经理部自己确定的降低成本指标而制定出项目成本降低计划。它是编制成本计划任务表的重要依据。格式如表9-3所示。

降低成本计划表　　　　　　　　　　　　　　　　　　　　　　表9-3

工程名称：　　　　　　　　　　　　日期：
项目经理：　　　　　　　　　　　　单位：

分项工程名称	成本降低额					
	总计	直接成本				间接成本
		人工费	材料费	机械费	其他直接费	

（4）施工现场管理费计划表：反映发生在项目经理部的各项施工管理费的预算收入、计划数和降低额。格式如表9-4所示。

施工现场管理费计划表　　　　　　　　　　　　　　　　　　　表9-4

成本项目	预算收入	计划成本	降低额
1. 工作人员工资			
2. 生产工人辅助工资			
3. 工资附加费			
4. 办公费			
5. 差旅交通费			
6. 固定资产使用费			
7. 工具用具使用费			
8. 劳动保护费			
9. 检验试验费			
10. 工程保养费			
11. 财产保险费			
12. 取暖、水电费			
13. 排污费			
14. 其他			
合　计			

3. 施工项目成本计划的风险分析

（1）施工项目成本计划的风险因素

①由于技术上、工艺上的变更，造成施工方案的变化；
②交通、能源、环保方面的要求带来的变化；
③原材料价格变化、通货膨胀带来的连锁反应；
④工资及福利方面的变化；
⑤气候带来的自然灾害；
⑥可能发生的工程索赔、反索赔事件；
⑦国际国内可能发生的战争、骚乱事件；
⑧国际结算中的汇率风险等。

（2）成本计划中降低施工项目成本的可能途径

①加强施工管理，提高施工组织水平。主要是正确选择施工方案，合理布置施工现场；采用先进的施工方法和施工工艺，不断提高工业化、现代化水平；组织均衡生产，搞好现场调度和协作配合；注意竣工收尾，加快工程进度，缩短工期。

②加强技术管理，提高工程质量。主要是研究推广新产品、新技术、新结构、新材料、新机器及其他技术新措施，制订并贯彻降低成本的技术组织措施，提高经济效果，加强施工过程的技术质量检验制度，提高工程质量，避免返工损失。

③加强劳动工资管理，提高劳动生产率。主要是改善劳动组织，合理使用劳动力，减少窝工浪费；执行劳动定额，实行合理的工资和奖励制度；加强技术教育和培训工作，提高工人的文化技术水平和操作熟练程度；加强劳动纪律，提高工作效率，压缩非生产用工和辅助用工，严格控制非生产人员比例。

④加强机械设备管理，提高机械使用率。主要是正确选配和合理使用机械设备，搞好机械设备的保养修理，提高机械的完好率、利用率和使用效率，从而加快施工进度、增加产量、降低机械使用费。

⑤加强材料管理，节约材料费用。主要是改进材料的采购、运输、收发、保管等方面的工作，减少各个环节的损耗，节约采购费用；合理堆置现场材料，组织分批进场，避免和减少二次搬运；严格材料进场验收和限额领料制度；制订并贯彻节约材料的技术措施，合理使用材料，尤其是三大材，大搞节约代用、修旧利废和废料回收，综合利用一切资源。

⑥加强费用管理，节约施工管理费。主要是精简管理机构，减少管理层次，压缩非生产人员，实行定额管理，制定费用分项分部门的定额指标，有计划地控制各项费用开支。

⑦积极采用降低成本的新管理技术。如系统工程、工业工程、全面质量管理、价值工程等，其中价值工程是寻求降低成本途径的行之有效的方法。

4. 降低成本措施效果的计算

降低成本的技术组织措施项目确定后，要计算其采用后预期的经济效果。这实际上也是降低成本目标保证程度的预测。

（1）由于劳动生产率提高超过平均工资增长而使成本降低

$$成本降低率 = \left(1 - \frac{1+平均工资计划增长率}{1+劳动生产率计划提高率}\right) \times 生产工人工资占工程成本的比重$$

（2）由于材料、燃料消耗降低而使成本降低

$$成本降低率 = 材料、燃料等消耗降低率 \times 材料成本占工程成本的比重$$

(3) 由于多完成工程任务，使固定费用相对节约而使成本降低

$$成本降低率=\left(1-\frac{1}{1+生产增长率}\right)\times 固定费用占工程成本的比重$$

(4) 由于节约管理费而使成本降低

　　成本降低率＝管理费节约率×管理费占工程成本的比重

(5) 由于减少废品，返工损失使成本降低

　　成本降低率＝废品返工损失降低率×废品返工损失占工程成本的比重

机械使用费和其他直接费的节约额，也可以根据要采用的措施计算出来。将以上各项成本降低率相加，就可以测算出总的成本降低率。

9.2.3 施工项目成本计划的编制程序

编制成本计划的程序，因项目的规模大小、管理要求不同而不同，大、中型项目一般采用分级编制的方式，即先由各部门提出部门成本计划，再由项目经理部汇总编制全项目工程的成本计划；小型项目一般采用集中编制方式，即由项目经理部先编制各部门成本计划，再汇总编制全项目的成本计划。无论采用哪种方式，其编制的基本程序如下：

1. 搜集和整理资料

(1) 国家和上级部门有关编制计划的规定；

(2) 项目经理部与企业签订的承包合同及企业下达的成本降低额、降低率和其他有关技术经济指标；

(3) 有关成本预测、决策的资料；

(4) 施工项目的施工图预算、施工预算文件；

(5) 施工组织设计；

(6) 施工项目使用的机械设备生产能力及其利用情况；

(7) 施工项目的材料消耗、物资供应、劳动工资及劳动效率等计划资料；

(8) 计划期内的物资消耗定额、劳动工时定额、费用定额等资料；

(9) 以往同类项目成本计划的实际执行情况及有关技术经济指标完成情况的分析资料；

(10) 同行业、同类项目的成本、定额、技术经济指标资料及增产节约的经验和有效措施；

(11) 本企业的历史先进水平和当时的先进经验及采取的措施；

(12) 国外同类项目的先进成本水平情况等资料。

2. 估算计划成本，即确定目标成本

确定目标成本以及把总的目标分解落实到各相关部门，班组大多采用了工作分解法。在国外简称为 WBS（Work Breached Structure），它的特点是以施工图设计为基础，以本企业做出的项目施工组织设计及技术方案为依据，以实际价格和计划的物资、材料、人工、机械等消耗量为基准，估算工程项目的实际成本费用，据以确定成本目标。具体步骤是：首先把整个工程项目逐级分解为内容单一，便于进行单位工料成本估算的小项或工序，然后按小项由下而上估算、汇总，从而得到整个工程项目的估算。估算汇总后还要考虑风险系数与物价指数，对估算结果加以修正。目标成本分解图如图 9-2 所示。

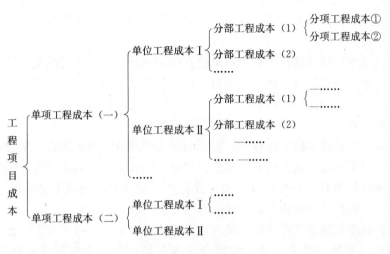

图 9-2　目标成本分解图

3. 编制成本计划草案

对大、中型项目，经项目经理部批准下达成本计划指标后，在总结上期成本计划完成情况的基础上，结合本期计划指标，找出完成本期计划的有利和不利因素，提出挖掘潜力、克服不利因素的具体措施，以保证计划任务的完成。为了使指标真正落实，各部门应尽可能将指标分解落实下达到各班组及个人，使得目标成本的降低额和降低率得到充分讨论、反馈、再修订，使成本计划能够切合实际。

4. 编制成本计划

将已落实的计划成本指标和实现降低成本额的各项技术组织措施，按成本计划的格式，编制成本计划。

9.2.4　成本计划的编制方法

这里仅介绍常用的确定工程项目成本目标的方法——定额估算法。

过去，通常以两算对比差额与技术组织措施带来的节约来估算计划成本的降低额，公式为：

$$计划成本降低额＝两算对比定额差＋技术组织措施计划节约额 \quad (9-4)$$

"两算"是指施工图预算和施工预算。施工图预算，是以施工图为依据，按照预算定额和规定的取费标准以及图纸工程量计算出项目成本，反映为完成施工项目建筑安装任务所需的直接成本和间接成本。它是招标投标中计算标底的依据，评标的尺度，是控制项目成本支出、衡量成本节约或超支的标准，也是施工项目考核经营成果的基础。施工预算是施工单位（各项目经理部）根据施工定额编制的，作为施工单位内部经济核算的依据。两算对比的差额实质是反映两种定额：施工定额和预算定额产生的差额。因此，又称定额差。技术组织措施带来的节约额，是指包括直接费在内的全部节约额。

9.3　工程项目成本控制

施工项目成本控制的目的在于降低项目成本，提高经济效益。然而项目成本的降低，除了控制成本支出以外，还必须增加工程预算收入。因为，只有在增加收入的同时节约支出，才能提高施工项目成本的降低水平。由此可见，增加工程预算收入也是施工项目降低成本的主要来源。

施工项目成本控制是推行项目经理承包责任制的动力，成本目标是项目经理项目承包责任制中经济承包目标的综合体现，项目经理要实现这一目标，就必须利用生产要素市场机制，管好项目，控制消耗，将质量、工期、成本三大目标结合起来综合控制。这样，不仅实现了成本控制，又带动了施工项目的全面管理。

施工成本控制是指在施工过程中，对影响施工项目成本的各因素加强管理，并采用各种有效措施，将实际发生的各种消耗和支出严格控制在成本计划范围内，随时揭示并及时反馈，严格审查各项费用是否符合标准，计算实际成本和计划成本之间的差异并进行分析，消除施工中的损失浪费现象，发现和总结先进经验。

施工项目成本控制应贯穿于施工项目从投标阶段开始直到项目竣工验收的全过程，它是企业全面成本管理的重要环节。它可分为事前控制、事中控制（过程控制）和事后控制。

9.3.1 施工项目成本控制的原则

1. 可控性原则

成本的可控性原则是指成本活动都是以企业特定的单位或个人为责任单元进行的，这些责任单元对其职责范围内生产消耗的大小负有直接责任。也就是说，一切成本都可以分解为特定责任单位的责任，这些成本对特定责任单元而言完全是可以控制的。成本的可控性原则是成本控制的一个重要原则，是落实成本责任制的基础。

一般而言，可控性成本应具备以下三个条件：

(1) 未来发生的成本耗费是可以通过一定途径和方法预测的；

(2) 对发生的成本耗费能够进行计量；

(3) 有权对发生的成本耗费进行限制和调整。

只有同时具备上述三个条件的成本才属于可控制成本。成本的可控性是由成本控制主体所处的管理层次、管理权限、控制范围等确定的。在成本控制过程中，要认真分析成本的可控性，并且依其可控性追溯成本责任，以便有效地实施成本控制。

2. 全面性原则

影响成本的因素是多方面的，这就要求成本控制要贯穿于成本形成的各个阶段，影响成本的各个环节，需要企业职工自上而下的共同参与，这就是成本控制的全面性原则。

施工项目成本的全面性首先体现在对建筑产品成本形成的全过程进行控制上，即从施工准备开始，经过工程施工，到竣工交付使用后的保修期结束，其中每一项经济业务，都要纳入成本控制的轨道。

成本控制的全面性还表现在成本控制的全方位上。成本控制的对象应该包括生产耗用的全部费用。不仅要控制构成产品实体的直接材料成本，以及直接人工成本、制造费用，而且要控制销售费用、管理费用等期间费用。同时，成本控制还必须综合考虑成本、质量和效益三者之间的关系，在保证质量、满足人们需要的前提下降低成本。

成本控制还是一项要求企业全体职工都积极参与的管理活动。在建立健全一个完善的成本管理机构、充实成本控制的专职人员的同时，必须充分调动全体员工参与成本控制活动。在加强专业成本管理的基础上，要求人人、事事、时时都要按照标准、定额、计划进行成本控制，堵塞漏洞，杜绝浪费，确保成本目标实现。

3. 分级归口管理原则

实行成本的分级归口管理就是将企业的成本目标层层分解，落实到各车间、部门、班组、机台、岗位和个人。成本目标指标下达采用纵向对口、横向结合、逐级下达、层层分解的办法。分级归口管理的内容包括：目标的设定和分解，目标的责任到位和执行，检查目标的执行结果，评价目标和修正目标，形成目标管理的P（计划）D（实施）C（检查）A（处理）循环。

4. 例外管理原则

日常成本控制主要是通过对各种成本差异进行分析研究，及时发现问题，挖掘降低成本的潜力，提出改进工作和纠正缺点的措施。但实际上，每个企业日常出现的成本差异往往是成千上万、千头万绪，管理人员不可能将全部时间和精力都用于每一个发生成本差异的因素的分析和研究上。为了提高成本控制的效率，管理人员应把工作重点放在那些属于不正常的、不符合常规的关键性差异上，对它们追根求源，查明发生的原因，及时反馈给有关责任中心，使之迅速采取有效措施，消除这些不正常差异。这就是成本控制中的例外管理原则。所有的不符合常规的、不正常的关键性差异，就称为"例外"。例如，在成本管理中常见的成本盈亏异常现象，即盈余或亏损超过了正常的比例；本来是可以控制的成本，突然发生了失控现象；某些暂时的节约，但有可能对今后的成本带来隐患等，都应该视为"例外"问题，进行重点检查，深入分析，并采取相应的、积极的措施加以纠正。

5. 动态控制原则

又称中间控制原则，对于具有一次性特点的施工项目成本来说，应该特别强调项目成本的中间控制。因为施工准备阶段的成本控制，只是根据上级要求和施工组织设计的具体内容确定成本目标、编制成本计划、制定成本控制的方案，为今后的成本控制做好准备。而竣工阶段的成本控制，由于成本盈亏已经基本成定局，即使发生了偏差，也来不及纠正。因此，把成本控制的重心放在基础、结构、装饰等主要施工阶段上，则是十分必要的。

6. 目标管理原则

目标管理是贯彻执行计划的一种方式，它把计划的方针、任务、目的和措施等逐一加以分解，提出进一步的具体要求，并分别落实到执行计划的有关部门、一个单位甚至个人。目标管理的内容包括：目标的设定和分解，目标的责任到位和执行。检查目标的执行结果，修正目标和评价目标。成本控制作为目标管理的一项重要内容，其工作的开展要遵循目标管理的原理。必须以目标成本为依据，作为对项目各种经济活动进行控制和指导的准绳，力求做到以最少的成本支出，获得最佳的经济效益。

7. 经济原则

项目施工成本控制的根本目的在于降低施工成本和提高经济效益。项目成本控制必须突出经济效益和社会效益，正确处理产值、竣工面积、工程质量和成本的关系。任何承建单位绝不能只顾追求产值而不顾竣工面积、工程质量和成本，同时也不能为片面追求降低成本而不顾工程质量、产值和竣工面积。必须统筹兼顾，不能顾此失彼。

9.3.2 施工项目成本控制的对象和内容

1. 以施工项目成本形成的过程作为控制对象

(1) 工程投标阶段。投标的报价，确定承包合同的合同价，由此确定工程项目的收入额。

(2) 施工准备阶段。应结合设计图纸的自审、会审和其他资料，编制实施性施工组织设计，通过多方案的技术经济比较，从中选择经济合理、先进可行的施工方案，编制明细而具体的成本计划，对项目成本进行事前控制。

(3) 施工阶段。施工阶段要完成工程实体的建造，是各项成本实际支出的关键环节，也是控制成本支出的关键。

(4) 竣工阶段。对竣工验收过程发生的费用和保修费用进行控制。

2. 以施工项目的职能部门、施工队和生产班组作为成本控制对象

控制成本的支出，必须从形成各项费用支出的主体入手进行有效控制，因此，各职能部门、施工队和生产班组作为成本控制对象，接受项目经理部主管部门的指导、监督、检查和考评。

与此同时，项目的职能部门、施工队和班组还应对自己承担的责任成本进行自我控制。应该说，这是最直接、最有效的项目成本控制。

3. 以分部分项工程作为项目成本的控制对象

这是最直接、最具体的控制对象。施工项目的最终完成，必须依靠分项工程、分部工程的逐渐完成而实现。因此，对分部分项工程进行控制，实际是对直接成本的控制。可通过编制施工预算提出控制措施和控制目标，然后实施。

4. 以对外经济合同作为成本控制对象

施工项目的对外经济业务，都要以经济合同为纽带建立制约关系，以明确双方的权利和义务。在签订经济合同时，必须强调要将合同的数量、单价、金额控制在预算收入以内。因为，合同金额超过预算收入，就意味着成本亏损；反之，就能降低成本。

9.3.3 施工项目成本控制的实施

1. 施工前期的成本控制

在投标阶段通过进行成本预测，提出投标决策意见，中标以后，以标书为依据确定项目成本控制目标。在施工准备阶段，制订施工项目管理规划，编制明细而具体的成本计划，为成本控制实施做好准备。在施工前期，还应根据项目建设时间的长短和参加建设人数的多少，编制间接费用预算，并对上述预算进行明细分解，以项目经理部有关部门责任成本的形式落实下去，为今后的成本控制和绩效考评提供依据。

2. 施工期间的成本控制

施工期间的成本控制应抓以下环节：

(1) 加强施工任务单和限额领料单的管理，落实执行降低成本的各项措施，做好施工任务单的验收和限额领料单的结算。

(2) 将施工任务单和限额领料单的结算资料进行对比，计算分部分项工程的成本差异，分析差异产生的原因，并采取有效的纠偏措施。

(3) 做好月度成本原始资料的收集和整理，正确计算月度成本，分析月度预算成本和实际成本的差异，充分注意不利差异，认真分析有利差异的原因，特别重视盈亏比例异常现象的原因分析，并采取措施尽快加以纠正。

(4) 在月度成本核算的基础上实行责任成本核算。即利用原有会计核算的资料，重

新按责任部门或责任者归集成本费用，每月结算一次，并与责任成本进行对比，由责任者自行分析成本差异和产生差异的原因，自行采取纠正措施，为全面实施责任成本创造条件。

(5) 经常检查对外合同履约情况，防止发生经济损失。

(6) 加强施工项目成本计划执行情况的检查与协调。

3. 竣工验收及保修阶段的成本控制

(1) 精心安排、干净利落地完成竣工扫尾工作，把竣工扫尾时间缩短到最低限度。

(2) 重视竣工验收工作，顺利交付使用。

(3) 及时办理结算，避免漏项。

(4) 工程保修期间，应由项目经理指定保修工作的责任者，根据实际情况提出保修计划，以此作为控制保修费用的依据。

9.3.4 施工项目成本控制方法

1. 施工成本的过程控制方法

施工阶段是控制建设工程项目成本发生的主要阶段，它通过确定成本目标并按计划成本进行施工、资源调配，对施工现场发生的各项成本费用进行有效控制，具体的处理方法如下。

(1) 人工费的控制

①人工消耗量的控制。依据施工定额中分项工程的人工消耗量，采用下达任务单的方式，将施工中的用工量限定在定额消耗量内。

②人工单价的控制。施工图预算中的人工单价＝预算定额规定的人工单价＋调价系数的调价。项目经理部与劳务市场或施工队签订劳务合同时，应将人工工日单价控制在施工图预算单价以下，将人工费的余额用于定额外人工费和奖励费用。

这样做就能使人工费限定在预算收入范围内，不会产生人工费超支。

(2) 材料费的控制

①材料消费量的控制。依据施工定额中的材料消耗定额规定的完成分项工程的材料消耗量，采用限额领料单的方式，将施工中各项材料消耗量都限定在定额消耗量内。

②材料单价的控制。目前施工图预算将材料价分为了两类（六材、特材与除此之外的其他材料），材料单价的控制也应分别处理。

六材和特材（特材的种类按现行预算定额的规定），采用市场价。其价格控制应采用在合同中列入"按实结算"材料价差的条文，来补偿实际支出的差额。

其他材料，施工图预算中的材料单价＝预算定额规定的材料预算单价＋调价系数的调价，项目经理部与材料市场签订材料供应合同时，应将材料单价控制在施工图预算材料单价之内，以此来限定地方材料的采购成本，达到控制材料费的目的。

③施工机械使用费的控制。施工图预算中的机械使用费＝预算定额规定的机械使用费＋调价系数的调价。由于项目施工的特殊性，实际的机械利用率不可能达到预算定额的取定水平，再加上预算定额中机械台班预算单价中的施工机械原价和折旧率的滞后性，因而使施工图预算的机械使用费往往小于实际发生的机械使用费，形成机械使用费超支。

基于上述原因，对施工机械使用费的控制应采用增加合同收入的办法来实现。即在合同中列入机械费补贴的条款，来控制机械费的支出。

④施工分包费用的控制。分包工程价格的高低，必然对项目经理部的施工项目成本产生一定的影响。因此，施工项目成本控制的重要工作之一是对分包价格的控制。项目经理部应在确定施工方案的初期就要确定需要分包的工作范围。决定分包范围的因素主要是施工项目的专业性和项目规模。对分包费用的控制，主要是做好分包工程的询价、订立平等互利的分包合同、建立稳定的分包关系网络、加强施工验收和分包结算等工作。

2. 赢得值法

赢得值法作为一项先进的项目管理技术，最初是美国国防部于1967年首次确立的。20世纪80年代以后在国际上工程公司普遍采用赢得值原理对项目执行效果进行评价，对项目进行费用和进度综合控制，从而会使得工程项目建设的经济效益显著提高，能否采用赢得值原理进行项目管理和控制，已经成为衡量工程公司项目管理水平和项目控制能力的标志之一。

用赢得值原理对项目执行效果进行定量评估和控制，其基本参数有三项，即计划工作的预算费用（简称BCWS）；已完工作的预算费用（简称BCWP），已完工作的实际消耗费用（简称ACWP），其中BCWP即所谓赢得值。在项目的费用进度控制中引入赢得值概念，可以科学地、定量地评估项目实施的执行效果，在项目实施过程中，根据这三项参数，可以形成三条可供定量分析的曲线。

第一条曲线叫做BCWS曲线，即计划工作的预算值曲线，简称计划值曲线。BCWS曲线是综合进度计划和预算费用后得出的，含义是按照项目的进度计划，把每项工作或费用的预算值如人工时、设备材料费和其他费用等，在该项工作或费用的计划进度周期内分配展开。然后按月统计当月计划完成的预算费用即得出当月计划工作预算费用值BCWS曲线。这条曲线是项目控制的基准曲线，这条曲线是在项目开始后，用批准的控制估算值建立的。

第二条曲线叫做BCWP曲线，即已完工作的预算值曲线，亦称赢得值曲线。BCWP曲线含义是：按月统计已完工作量，并将此已完工作量的值乘以预算单价，逐月累加即生成赢得值曲线。赢得值与实际消耗的人工时或实际消耗的费用无关，它是用预算值或单价来计算已完工作量所取得的实物进展的值。它是测量项目实际进展所取得的效绩的尺度。

第三条曲线叫做ACWP曲线，即已完工作的实际费用消耗曲线，简称实耗值曲线。ACWP的含义是：对应已完工作量实际上消耗的费用，逐项记录实际消耗的费用并逐月累加，即可生成实耗值曲线。

费用和进度综合控制的BCWP和ACWP值，每月检测和报告一次。通过图中BCWS、BCWP、ACWP三条曲线的对比，可以直观地综合反映项目费用和进度的进展情况。

BCWP与BCWS对比，由于两者均以预算值作为计算基准，因此两者的偏差，即反映出项目进展的进度偏差（$SV=BCWP-BCWS$）。$SV=0$，表示项目进展进度与计划进度相符；$SV>0$，表示进度提前；$SV<0$，表示进度拖后。

ACWP与BCWP对比，由于两者均以已完工作量为计算基准，因此两者的偏差，即反映出项目进展的费用偏差（$CV=BCWP-ACWP$）。$CV=0$，表示实际消耗费用与预算费用相符；CV>0，表示实际消耗费用低于预算；CV<0，表示实际消耗费用超预算。

用赢得值原理进行项目的费用和进度综合控制，可以克服目前采用的进度和费用分开进行控制的缺点。即当从统计数字中发现费用超支时，很难立即知道是由于费用消耗超出预算，还是由于进度提前的原因。因为有时由于进度提前，完成的工作量增加，也会出现当前的费用超支现象。相反，当从统计的数字中发现费用消耗低于预算时，也很难立即知道是由于费用节省还是进度拖延的缘故。因为有时进度拖延，也会出现当前费用消耗低于预算的情况。运用赢得值原理进行执行效果的评估，则可以直接判断检测当月进度是提前还是拖后，同时费用是节省还是超支。如图9-3所示。

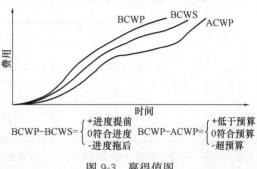

图 9-3　赢得值图

3. 偏差控制法

项目施工成本控制中的偏差控制法是在制定出计划成本的基础上，通过采用成本分析方法找出计划成本与实际成本间偏差和分析产生偏差的原因与变化发展趋势，进而采取措施以减少或消除偏差，实现目标成本的一种科学管理方法。施工过程中进行成本控制的偏差有三种：

$$实际偏差 = 预算成本 - 实际成本 \tag{9-5}$$

$$计划偏差 = 计划成本 - 预算成本 \tag{9-6}$$

$$目标偏差 = 计划成本 - 实际成本 \tag{9-7}$$

施工成本控制的目的是尽量减少目标偏差。由于目标偏差=实际偏差+计划偏差，所以要减少项目的目标偏差，只有采取措施减少施工中发生的实际成本偏差。

(1) 偏差控制法的程序

运用偏差控制法的程序如下：

①找出偏差。在项目施工过程中定期地（每日或每周）、不断地寻找和计算三种偏差，并以目标偏差为对象进行控制。通常寻找偏差可用成本对比方法进行。通过在施工过程中不断记录实际发生的成本费用，然后将记录的实际成本与计划成本进行对比，从而发现目标偏差。还可将实际成本、计划成本二者的发展变化用图表示出来。

②根据成本偏差，用因果分析图分析产生的原因，然后设计纠偏措施，制定对策，协调成本计划。对策要列成对策表，落实执行责任。最后，应对责任的执行情况进行考核。

(2) 常用的偏差分析方法

常用的偏差分析方法有横道图法、时标网络图法、表格法和曲线法。

①横道图法

用横道图进行投资偏差分析，是用不同的横道标识拟完工程计划投资、已完工程实际投资和已完工程计划投资，在实际工作中往往要根据拟完工程计划投资和已完工程实际投资确定已完工程计划投资后，再确定投资偏差与进度偏差，根据拟完工程计划投资与已完工程实际投资确定已完工程计划投资的方法是：

a. 已完工程计划投资与已完工程实际投资的横道位置相同。

b. 已完工程计划投资与拟完工程计划投资的各子项工程的投资总值相同。

【例 9-1】 假设某项目共含有两个子项工程，A 子项和 B 子项，各自的拟完工程计划投资、已完工程实际投资和已完工程计划投资如表 9-5 所示。

某工程计划与实际进度横道图表　　　　　（单位：万元）　表 9-5

分项工程	进度计划（周）					
	1	2	3	4	5	6
A	8	8	8			
		6	6	6	6	
		5	5	6	7	
B			9	9	9	9
			9	9	9	9
			11	10	8	8

注：表中：——表示拟完工程计划投资；⋯⋯表示已完工程计划投资；－－－－ 表示已完工程实际投资。

根据表 9-5 中数据，按照每周各子项工程拟完工程计划投资、已完工程计划投资、已完工程实际投资的累计值进行统计，可以得到表 9-6 的数据。

投资数据表　　　　　（单位：万元）　表 9-6

项　　目	投资数据					
	1	2	3	4	5	6
每周拟完成计划投资	8	17	17	9	9	
拟完工程计划投资累计	8	25	42	51	60	
每周已完成计划投资		6	15	15	15	9
已完工程计划投资累计		6	21	36	51	60
每周已完成实际投资		5	16	16	15	8
已完工程实际投资累计		5	21	37	52	60

根据表 9-6 中数据可以求得相应的投资偏差和进度偏差，例如：

第 4 周末投资偏差＝已完工程实际投资－已完工程计划投资＝37－36＝1 万元

即投资增加 1 万元。

第 4 周末进度偏差＝拟完工程计划投资－已完工程计划投资＝51－36＝15 万元

即进度拖后 15 万元。

横道图的优点是简单直观，便于了解项目的投资概貌，但这种方法的信息量较少，主要反映累计偏差和局部偏差，因而其应用有一定的局限性。

②时标网络图法

时标网络图是在确定施工计划网络图的基础上，将施工的实施进度与日历工期相结合而形成的网络图。根据时标网络图可以得到每一时间段的拟完工程计划投资，已完工程实际投资可以根据实际工作完成情况测得，在时标网络图上考虑实际进度前锋线就可以得到每一时间段的已完工程计划投资。实际进度前锋线表示整个项目前实际完成的工作面情况，将某一确定时点下时标网络图中各个工序的实际进度点相连就可以得到实际进度前锋线。

【例9-2】 假设某工程的时标网络图如图9-4所示。

图中第5月用向下的箭头表示的虚节线即为实际进度前锋线，其与各工序的交叉点即为各工序的实际完成进度。因此：

5月末的已完工程计划投资累计值＝48－5＋1＝44万元

则可以计算出投资偏差和进度偏差

5月末的投资偏差＝已完工程实际投资－已完工程计划投资＝45－44＝1万元

即投资增加1万元。

5月末的进度偏差＝拟完工程计划投资－已完工程计划投资＝48－44＝4万元

即进度拖延4万元。

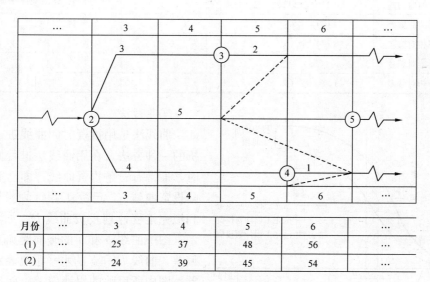

图9-4 时标网络图

注：图9-4中每根箭头上方数值为该工作每月计划投资；图下方表内（1）栏数值为该工程拟完工程计划投资累计值；（2）栏数值为该工程已完工程实际投资累计值。

时标网络图法具有简单、直观的特点，主要用来反映累计偏差和局部偏差，但实际进度前锋线的绘制有时会遇到一定的困难。

③表格法

表格法是进行偏差分析最常用的一种方法，可以根据项目的具体情况、数据来源，投资控制工作的要求等条件来设计表格，因而适用性较强。表格法的信息量大，可以反映各种偏差变量和指标。对全面深入地了解项目投资的实际情况非常有益；另外，表格法还便于用计算机辅助管理，提高投资控制工作的效率。见表9-7。

投资偏差分析表　　　　　　　　　　表9-7

项目编号	（1）	011	012	013
项目名称	（2）	土方工程	打桩工程	基础工程
单位	（3）	m²	m	m²
计划单价	（4）	5	6	8
拟完工程量	（5）	10	11	10

续表

拟完工程计划投资	(6) = (4) × (5)	50	66	80
已完工程量	(7)	12	16.67	7.5
已完工程计划投资	(8) = (4) × (7)	60	100	60
实际单价	(9)	5.83	4.8	10.67
其他款项	(10)			
已完工程实际投资	(11) = (7) × (9) + (10)	70	80	80
投资局部绝对偏差	(12) = (11) - (8)	10	-20	20
投资局部相对偏差	(13) = (11) ÷ (8)	1.17	0.8	1.33
投资累计绝对偏差	(14) = Σ(12)			
投资累计相对偏差	(15) = Σ(11) ÷ Σ(8)			
进度局部绝对偏差	(16) = (6) - (8)	-10	-34	20
进度局部相对偏差	(17) = (6) ÷ (8)	0.83	0.66	1.33
进度累计绝对偏差	(18) = Σ(16)			
进度累计相对偏差	(19) = Σ(6) ÷ Σ(8)			

④曲线法

曲线法是用投资时间曲线进行偏差分析的一种方法。在用曲线法进行偏差分析时，通常有三条投资曲线：即已完工程实际投资曲线 a，已完工程计划投资曲线 b 和拟完工程计划投资曲线 P。如图9-5所示，图中曲线 a 和 b 的竖向距离表示投资偏差，曲线 P 和 b 的水平距离表示进度偏差。图中所反映的累计偏差，而且主要是绝对偏差。用曲线法进行偏差分析，具有形象直观的优点，但不能直接用于定量分析，如果能与表格法结合起来，则会取得较好的效果。

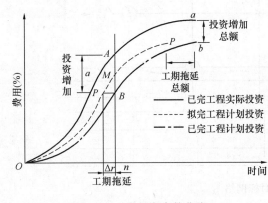

图9-5 三种投资参数曲线

9.4 工程项目成本分析

施工项目成本分析，应该随着项目施工的进展，动态地、多形式地开展，而且要与生产诸要素的经营管理相结合。这是因为成本分析必须为生产经营服务。即通过成本分析，及时发现矛盾，从而改善生产经营，同时又可降低成本。

9.4.1 施工项目成本分析的作用

（1）有助于恰当评价成本计划的执行结果。

施工项目的经济活动错综复杂，在实施成本管理时制订的成本计划，其执行结果往往存在一定偏差，如果简单地根据成本核算资料直接作出结论，则势必影响结论的正确性。反之，若在核算资料的基础上，通过深入地分析，则可能作出比较正确的评价。

（2）揭示成本节约和超支的原因，进一步提高企业管理水平。

成本是反映施工项目经济活动的综合性指标，它直接地影响着项目经理部和施工企业生产经营活动的成果，如果施工项目降低了原材料的消耗，减少了其他费用的支出，提高了劳动生产率和设备利用率，这必定会在成本中综合反映出来。借助成本分析，用科学方法，从指标、数字着手，在各项经济指标相互联系中系统地对比分析，揭示矛盾，找出差距，就能正确地查明影响成本高低的各种因素及原因，了解生产经营活动中哪一部门、哪一环节工作做出了成绩或产生了问题，从而可以采取措施，不断提高项目经理部和施工企业经营管理的水平。

（3）寻求进一步降低成本的途径和方法，不断提高企业的经济效益。

对施工项目成本执行情况进行评价，找出成本升降的原因，归根到底，是为了挖掘潜力，寻求进一步降低成本的途径和方法。只有把企业的潜力充分挖掘出来，才会使企业的经济效益越来越好。

9.4.2 施工项目成本分析的原则

（1）实事求是地讲，在成本分析当中必然会涉及一些人和事，也会有表扬和批评。受表扬的当然高兴，受批评的未必都能做到"闻过则喜"，因而常常会有一些不愉快的场面出现，乃至影响成本分析的效果。因此，成本分析一定要有充分的事实依据，应用"一分为二"的辩证方法，对事物进行实事求是的评价，并要尽可能做到措词恰当，能为绝大多数人所接受。

（2）定量分析与定性分析相结合。施工项目成本状况及其变动，既有质的特征，又有量的界限。因此，施工项目成本分析包括定性和定量两个方面。定性分析在于揭示影响工程成本各因素的性质、内在联系及其变动趋势；定量分析目的在于确定成本指标变动幅度及其各因素的影响程度。定性分析是定量分析的基础，定量分析是定性分析的深化，两者相辅相成，互为补充，缺一都不能发挥成本分析应起的作用。

（3）成本分析与技术经济指标相结合。技术经济指标是反应施工项目技术经济情况，与施工方案、技术、工艺等密切相关的一系列指标。施工项目各项技术经济指标的完成情况，都直接或间接地影响到工程成本的高低。因而，只有结合技术经济指标的变动对工程成本进行分析，才能深入地进行成本分析，从根本上查明影响成本波动的具体原因，寻求降低成本的途径。另一方面，通过成本分析，也可以从资金耗费效果上促进项目经理部各部门更好地完成各项技术经济指标，有利于从经济的角度，改善项目的施工状况。

（4）成本分析与成本责任制相结合。在施工项目内部，建立健全完善的成本责任制，把成本分析工作与各部门经济效果和工作质量的考核、评比和奖惩结合起来，是成本分析工作深入持久的必要保证。在完善的成本责任制以下，企业应根据各部门的特点和责任范围，开展班组成本分析、施工队成本分析和施工项目成本分析，把成本分析植根于广泛深入的调查研究之中。尤其是班组、施工队一级的成本分析，应根据项目施工生产情况、适当选择一定专题作为分析的主要内容。并逐渐缩短分析的时期，这样，才能为成本分析的有效控制提供有价值的成本信息。

9.4.3 施工项目成本分析的方法

1. 成本分析的基本方法

（1）综合指标法

就是通过技术经济指标的对比，检查计划的完成情况，分析产生差异的原因，进而挖掘内部潜力的方法。这种方法，具有通俗易懂、简单易行、便于掌握的特点，因而得到了广泛的应用，但在应用时必须注意各技术经济指标的可比性。

1) 成本分析的综合指标主要有：

$$计划完成相对指标 = \frac{完成指标}{计划指标} \times 100\% \qquad (9-8)$$

对计划完成程度的评价，无论是实际完成数超过计划任务，还是低于计划任务数，都是以计划指标性质和要求作为评价的标准。凡是计划任务用最低限量规定的，计划完成相对指标以达到或超过100%为好，如工程结算收入；凡是计划任务用最高限量规定的，计划完成相对指标以低于100%为好，如工程成本。

通过以上计划完成差额指标和计划完成相对指标，将实际指标与计划指标对比，以检查计划的完成情况，分析完成计划的积极因素和影响计划完成的原因，以便及时采取措施，保证成本目标的实现。在进行实际与计划对比时，还应注意计划本身的质量。如果计划本身出现质量问题，则应调整计划，重新正确评价实际工作的成绩，以免挫伤人的积极性。

2) 比较相对指标。比较相对指标是同一时间、同类现象在不同地区、企业之间的指标对比，借以反映不同地区、企业同类现象发展的差异。一般用百分比或倍数表示。其计算公式为：

$$比较相对指标 = \frac{甲地区(企业)的某种指标}{乙地区(企业)的同类指标} \qquad (9-9)$$

通过比较相对指标，施工项目可以把自己的实际水平与同类项目的平均水平或先进水平相比较。通过这种对比，可以反映本项目的技术管理和经济管理与其他项目的平均水平和先进水平的差距，进而采取措施赶超先进水平。比较时采用哪个指标作为比较基础，主要根据研究目的而定。一般情况下，比较相对指标的分子、分母可以相互对换，以便从不同的角度来说明问题。

3) 动态相对指标。动态相对指标是同一研究对象在不同时间上的同类指标对比而得到的相对指标，用来表示某一技术经济指标在不同时间上的发展方向和变化的程度。在分析中，通常将作为比较标准的时期称为基期，把同基期对比的时期称为报告期。动态相对指标一般用百分比或倍数表示。其计算公式如下：

$$动态相对指标 = \frac{报告期技术经济指标}{基期同类技术经济指标} \times 100\% \qquad (9-10)$$

根据基期选择的不同，动态相对指标分为：

①定基动态相对指标。定基动态相对指标是报告期实际水平与固定期实际水平之比，表明现象在较长时期内总的发展程度，故又称为定基发展速度。

②环比动态相对指标。环比动态相对指标是报告期实际水平与前期实际水平之比，表明现象逐期发展的速度，又称为环比发展速度。

【例9-3】 某施工项目第一至第四季度的成本降低额，采用动态比率法进行成本分析，如表9-8所示。

成本降低额动态比较表　　　　　　　　　　　　　表 9-8

项　　目	第一季度	第二季度	第三季度	第四季度
成本降低额（千元）	45.60	47.80	52.50	64.30
定基动态相对指标（%）		104.82	115.13	141.01
环比动态相对指标（%）		104.82	109.83	122.48

通过这种对比，可以看出各项技术经济指标的动态情况，反映施工项目管理水平的提高程度。在一般情况下，一个技术经济指标只能代表施工项目管理的一个侧面，只有成本指标才是施工项目管理水平的综合反映。因此，成本指标的对比分析尤为重要，一定要真实可靠，而且要有深度。

4) 结构相对指标。将某一技术经济指标中各组成部分的数值与该指标的数值对比求得的比值，称为结构相对指标。它主要用来反映现象总体的内部构成状况，揭露现象的特点、性质和发展规律。一般用百分比表示。其计算公式为：

$$结构相对指标 = \frac{某指标各构成部分的数值}{指标的总数值} \times 100\% \qquad (9-11)$$

通过结构相对指标，可以考察成本总量的构成情况以及各成本项目占成本总量的比重，同时也可看出量、本、利的比例关系（即预算成本、实际成本和降低成本的比例关系），从而为寻求降低成本的途径指明方向。

(2) 因素分析法

因素分析法是利用指数分析法，通过指数体系，分析各种因素的变动对施工项目工程成本的影响程度，从数量上说明成本变动的具体原因。因素分析法按照所分析变动因素的多少，分为两因素分析法和多因素分析法。在进行分析时，首先要假定众多因素中的一个因素发生了变化，而其他因素不变，然后逐个替换，并分别比较其计算结果，以确定各个因素的变化对成本的影响程度。因素分析法的计算步骤如下：

确定分析对象（即所分析的技术经济指标），并计算出实际与计划（预算）数的差异。

①确定该指标是由哪几个因素组成的，并按其相互关系进行排序。

②以计划（预算）数为基础，将各因素的计划（预算）数相乘，作为分析替代的基数。

③将各因素的实际数按照上面的顺序进行替换计算，并将替换后的实际数保留下来。

④将每次替换计算所得的结果，与前一次的计算结果相比较，两者的差异即为该因素对成本的影响程度。

⑤各个因素的影响程度之和，应与分析对象的总差异相等。

必须说明，在应用因素分析法进行成本分析时，各个因素的排列顺序应该固定不变。否则，就会得出不同的计算结果，也会产生不同的结论。

(3) 差额计算法

差额计算法是因素分析法的一种简化形式，它利用各因素的计划与实际的差额来计算其对成本的影响程度。

2. 综合成本分析法

所谓综合成本，是指涉及多种生产要素，并受多种因素影响的成本费用，如分部分项工程成本、月（季）度成本、年度成本等。由于这些成本都是随着项目施工的进展而逐步形成的，与生产经营有着密切的关系。因此，做好上述成本的分析工作，无疑将促进项目的生产经营管理，提高项目的经济效益。

(1) 分部分项工程成本分析

分部分项工程成本分析是针对施工项目主要的、已完的分部分项工程进行的成本分析，是施工项目成本分析的基础。通过分部分项工程成本分析，可以基本了解项目成本形成全过程，为竣工成本分析和今后的项目成本管理提供一份宝贵的参考资料。

分部分项工程成本分析的资料来源是：预算成本来自施工图预算，计划成本来自施工预算，实际成本来自施工任务单的实际工程量，实耗人工和限额领料单的实耗材料。

分部分项工程成本分析的方法是：进行预算成本、计划成本和实际成本的对比，分别计算实际偏差和目标偏差，分析偏差产生的原因，为今后的分部分项工程成本寻求节约途径。

(2) 月（季）度成本分析

月（季）度的成本分析，是施工项目定期的、经常性的中间成本分析。对于有一次性特点的施工项目来说，有着特别重要的意义。因为，通过月（季）度成本分析，可以及时发现问题，以便按照成本目标指示的方向进行监督和控制，保证项目成本目标的实现。

月（季）度的成本分析的依据是当月（季）的成本报表。分析的方法通常有以下几个方面：

①通过实际成本与预算成本的对比，分析当月（季）的成本降低水平；通过累计实际成本与累计预算成本的对比，分析累计的成本降低水平，预测实现项目成本目标的前景。

②通过实际成本与计划成本的对比，分析计划成本的落实情况，以及目标管理中的问题和不足，进而采取措施。加强成本管理，保证成本计划的落实。

③通过对各成本项目的成本分析，可以了解成本总量的构成比例和成本管理的薄弱环节。对超支幅度大的成本项目，应深入分析超支原因，并采取相应的增收节支措施，防止今后再超支；对预算定额规定的"政策性"亏损成本项目，则应从控制支出着手，把超支额压缩到最低限度。

④通过主要技术经济指标的实际与计划的对比而分析产量、工期、质量、"三材"节约率、机械利用率等对成本的影响。

⑤通过对技术组织措施执行效果的分析，寻求更加有效的节约途径。

⑥分析其他有利条件和不利条件对成本的影响。

(3) 年度成本分析

企业成本要求一年结算一次，不得将本年成本转入下一年度。而项目成本则以项目的寿命周期为结算期，要求从开工到竣工到保修期结束连续计算，最后结算出成本总量及其盈亏。由于项目的施工周期一般都比较长，除了要进行月（季）度成本的核算和分析外，还要进行年度成本的核算和分析。这不仅是为了满足企业汇编年度成本报表的需要，同时也是项目管理的需要。因为通过年度成本的综合分析，可以总结一年来成本管理的成绩和不足，为今后的成本管理提供经验和教训，从而可对项目成本进行更有效的管理。

年度成本分析的依据是年度成本报表。年度成本分析的内容，除了月（季）度成本分析的六个方面以外，重点是针对下一年度的施工进展情况规划切实可行的成本管理措施，以保证项目成本目标的实现。

(4) 竣工成本的综合分析

凡是有几个单位工程而且是单独进行成本核算（即成本核算对象）的施工项目，其竣工成本分析应以各单位工程竣工成本分析资料为基础，再加上项目经理部的经营效益（如资金调度，对外分包等所产生的效益）进行综合分析。如果施工项目只有一个成本核算对象（单位工程），就以该成本核算对象的竣工成本资料作为成本分析的依据。

单位工程竣工成本分析，应包括以下三方面内容：

①竣工成本分析。

②主要资源节超对比分析。

③主要技术节约措施及经济效果分析。

9.5 工程项目全寿命周期成本管理

项目业主的成本管理习惯上称为造价管理，其实质是投资控制。业主的投资控制主要体现在投资机会研究、可行性研究、投资决策、工程设计、施工招标等阶段中。工作的重点是前期的一系列估算，为投资决策提供依据。全寿命周期造价管理（Life Cycle Costing）是工程项目投资决策的一种分析工具，是一种用来选择决策备选方案的方法。主要以价值工程的思想和手段，综合考虑工程项目的建造成本和运营、维护成本，从而实现更为科学的建筑设计和更为合理的材料设备的选择。以便在确保设计质量的前提下，实现降低项目全寿命周期成本的目标。

承包商的成本管理发生在中标签约之后，主要工作包括投标报价、中标后在合同价格的基础上制定工程费用计划、费用目标分解、对目标实施监控并实施合理的索赔。主要的措施是降低企业的管理费用和施工过程中的资源消耗及向分包商转移风险。因此从纵向看，建设项目成本管理贯穿项目生命周期的始终；从横向看，包括业主、承包商、分包商、供货商在内的所有参与方都要参与项目的成本管理。

9.5.1 影响工程寿命周期成本的因素

(1) 物理因素

物理因素是指工程产品在闲置或者使用过程中所发生的实体性磨损。主要表现在工程产品外观以及内部结构的逐渐破损。

(2) 经济因素

随着工程产品使用年限的增加或者其他相关因素的变化，继续使用该产品将在经济上变得不合理。比如，由于土地升值，对于业主来说，将原有建筑产品占用的土地用于开发可能比改造建筑产品在经济上更合理。

(3) 技术因素

一方面，随着工程产品使用年限的增加或者其他相关因素的变化，原有工程产品变得无法发挥其功能或者无法满足业主对其功能的要求。另一方面，由于技术进步，社会上出现了技术更先进、生产效率更高、原材料及能源耗费更少的工程产品（如空调、照明、电梯等），使得原有工程产品在技术上显得落后。为了降低经营费用或者提高效率，而放弃原有工程产品。

(4) 社会和法律因素

由于人们非经济性的需求欲望变化引起的工程寿命周期的变化。比如，当前我国对建筑节能及人们对于建筑产品的生态型要求越来越高，原来的建筑产品无法达到这一要求，其工程寿命周期的变化就是社会和法律因素引起的。

9.5.2 工程寿命周期成本

（1）工程寿命周期经济成本

工程寿命周期经济成本是指工程项目从项目构思到项目建成投入使用直至工程寿命终结全过程所发生的一切可直接体现为资金耗费的投入的总和，包括建设成本和使用成本。建设成本是指建筑产品从筹建到竣工验收为止所投入的全部成本费用。使用成本则是指建筑产品在使用过程中发生的各种费用，包括各种能耗成本、维护成本和管理成本等。从其性质上说，这种投入可以是资金的直接投入，也包括资源性投入，如人力资源、自然资源等；从其投入时间上说，可以是一次性投入，如建设成本，也可以是分批、连续投入，如使用成本。

（2）工程寿命周期环境成本

根据国际标准化组织环境管理体系（ISO 14040）精神，工程寿命周期环境成本是指工程产品系列在其全寿命周期内对于环境的潜在和显在的不利影响。工程建设对于环境的影响可能是正面的，也可能是负面的，前者体现为某种形式的收益，后者则体现为某种形式的成本。在分析及计算环境成本时，应对环境影响进行分析甄别，剔除不属于成本的系列。在计量环境成本时，由于这种成本并不直接体现为某种货币化数值，必须借助于其他技术手段将环境影响货币化。

（3）工程寿命周期社会成本的构成

工程寿命周期社会成本是指工程产品在从项目构思、产品建成投入使用直至报废过程中对社会的不利影响。与环境成本一样，工程建设及工程产品对于社会的影响可以是正面的，也可以是负面的。因此，也必须进行甄别，剔除不属于成本的系列。比如，建设某个工程项目可以增加社会就业率，有助于社会安定，这种影响就不应计算为成本。另一方面，如果一个工程项目的建设会增加社会的运行成本，如由于工程建设引起大规模的移民，可能增加社会的不安定因素，这种影响就应计算为社会成本。

9.5.3 工程寿命周期成本的构成

工程寿命周期成本是工程设计、开发、建造、使用、维修和报废等过程中发生的费用，也即该项工程在其确定的寿命周期内或在预定的有效期内所需支付的研究开发费、制造安装费、运行维修费、报废回收费等费用的总和。对于不同的工程项目，图 9-6 中的数据可能有所不同，而且在一般情况下，运营及维护成本往往大于项目建设的一次性投入。因此，在分析寿命周期成本时，首先要明确寿命周期成本所包括的费用项目，也就是必须建立寿命周期成本的构成体系。

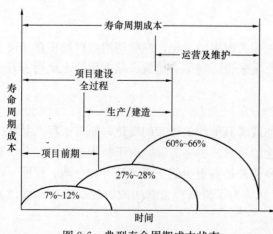

图 9-6 典型寿命周期成本状态

图 9-7 所示为典型的费用构成体

系，寿命周期成本的一级构成包括设置费（或建设成本）和维持费（或使用成本）。在工程竣工验收之前发生的成本费用归入建设成本，工程竣工验收之后发生的成本费用（贷款利息除外）归入使用成本。图9-7之所以具有典型示例性，是因为该图不一定包

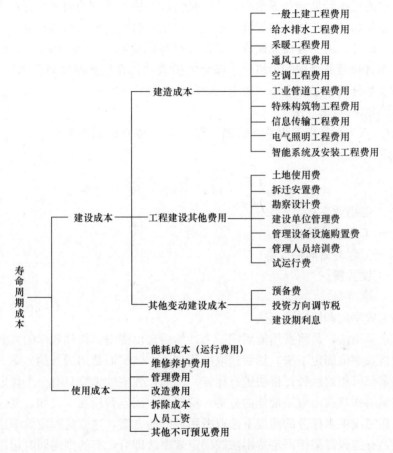

图9-7 寿命周期成本构成体系

括了寿命周期成本的全部项目。在实际使用时，应根据数据（资料）的齐全情况、各项费用的重要性以及问题的性质等，参考图9-7编制出符合工程项目实际情况的费用构成体系。

9.5.4 寿命周期成本分析

寿命周期成本分析又称为寿命周期成本评价，它是指为了从各可行方案中筛选出最佳方案以有效地利用稀缺资源，而对项目方案进行系统分析的过程或者活动。换言之，"寿命周期成本评价是为了使用户所用的系统具有经济寿命周期成本，在系统的开发阶段将寿命周期成本作为设计的参数，而对系统进行彻底地分析比较后作出决策的方法"。

寿命周期成本分析是对于项目全寿命周

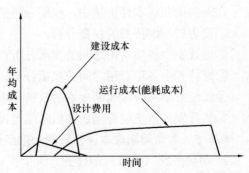

图9-8 寿命周期不同阶段的成本发生情况

期而言的,而非一些人为设定的时间跨度(比如,一个"五年"计划)。图9-8表示了一幢建筑在整个寿命周期内不同阶段的寿命周期成本发生情况。

在通常情况下,要从寿命周期成本最低的立场出发,首先是确定寿命周期成本的各要素,把各要素的成本降低到普通水平;其次是将设置费和维持费两者进行权衡,以便确定研究的侧重点从而使总费用更为经济;第三,再从寿命周期成本和系统效率的关系这个角度进行研究。此外,由于寿命周期成本是在长时期内发生的,对费用发生的时间顺序必须加以掌握。器材和劳务费用的价格一般都会发生波动,在估算时要对此加以考虑。同时,在寿命周期成本分析中必须考虑"资金的时间价值"。

(1) 费用效率(CE)法

费用效率(CE)是指工程系统效率(SE)与工程寿命周期成本(LCC)的比值。其计算公式如下:

$$CE = \frac{SE}{LCC} = \frac{SE}{IC + SC} \tag{9-12}$$

式中　CE——费用效率;

　　　SE——工程系统效率;

　　　LCC——工程寿命周期成本;

　　　IC——设置费;

　　　SC——维持费。

(2) 固定效率法和固定费用法

所谓固定费用法,是将费用值固定下来,然后选出能得到最佳效率的方案。反之,固定效率法是将效率值固定下来,然后选取能达到这个效率而费用最低的方案。

各种方案都可用这两种评价法进行比较。例如,住宅的预算只有一个规定的数额,要根据这个数额的预算选出效果最佳的方案,就可采取固定费用法。又如,要建设一个供水系统,可以在完成供水任务的前提下选取费用最低的方案,这就是固定效率法。根据系统情况的不同,有的只需采用固定费用法或固定效率法即可,有的则需同时运用两种方法。

(3) 权衡分析法

权衡分析是对性质完全相反的两个要素作适当的处理,其目的是为了提高总体的经济性。寿命周期成本评价法的重要特点是进行有效的权衡分析。通过有效的权衡分析,可使系统的任务能较好地完成,既保证了系统的性能,又可使有限的资源(人、财、物)得到有效的利用。

在寿命周期成本评价法中,权衡分析的对象包括以下五种情况:

①设置费与维持费的权衡分析;

②设置费中各项费用之间的权衡分析;

③维持费中各项费用之间的权衡分析;

④系统效率和寿命周期成本的权衡分析;

⑤从开发到系统设置完成这段时间与设置费的权衡分析。

9.5.5　寿命周期成本评价法的一般步骤

1. 明确系统(对象)的任务

本阶段的主要工作在于了解评价工作的基本情况,比如业主的目的和意图、业主的资金能力，明确业主对于工程产品的功能要求，特征、进度、成本、质量等总体要求等。换句话说，必须明确系统的要求是什么，也就是要明确系统能完成哪些工作，满足哪些性能。这个系统的任务必须以目的或目标的形式具体地、定量地加以明确。如果目的或目标不明确，那么以后制订的方案就会与任务不相适应，或在选择方案时有产生片面性的危险。

2. 资料收集

为了能有效地进行寿命周期成本评价，取得所需的各类资料是一项很重要的工作。评价工作所涉及的资料和数据相当庞杂，包括历史的、现实的和预测数据资料。数据资料的客观性、准确性、完备性直接关系到评价工作的效果，进而影响到决策和对策。因此，对于数据资料的要求是很严格的，不允许有臆测、虚假的成分。即使是预测数据资料，也应该具有客观性和合理性。

3. 方案创造

为了更好地进行权衡，对系统各组成部分要考虑多种方案，以便从中选出可以完成任务而且经济性高的最佳方案。如果只有一个方案，就没有取舍的余地。在该步骤中，应掌握所能想到的各种方案及其特征以及通过选定的系统获得预定效果所需的费用概算。

4. 明确系统的评价要素及其定量化方法

寿命周期成本评价最终要根据系统的效率和费用两个方面来进行评价。因此，效率和费用两者应考虑哪些要素，用什么方法加以定量化，就成为重要的问题。一般来说，费用（包括设置费和维持费）的标准比效率的标准较为容易确定，因为费用的各种计算方法已比较普及，而且资料（数据）也较齐全。

至于效率，如果只针对单一的目标和效果，比较容易确定，但在一般情况下，系统的评价要素都不止一个，有时甚至有许多个。例如，机动车的速度是最重要的效率要素，然而，人们要乘坐它并进行操纵，因此，安全性和可操纵性能也就不能忽视。

由于寿命周期成本必须考虑资金的时间价值，因此，建造进度和系统的使用年限将直接影响到最终的寿命周期成本。为此，在进行寿命周期评价时，必须确定不同方案的建设进度和系统的使用年限。

5. 方案评价

方案评价可按以下步骤进行：

（1）评价方案的"粗筛选"。显然，对效率很低的方案进行详细研究是不经济的，所以，要通过这个阶段进行"粗筛选"。具体做法是：先从已确定的评价要素着手，以最重要的评价要素为依据对各方案进行一次评价，将评价显然不高的方案排除掉。

（2）对经过"粗筛选"剩下的方案进行有效度和费用的详细估算。

（3）用固定费用法和固定效率法进行试评。

（4）从效率和费用两个方面对系统进行有效度和费用的详细估算。

6. 编制评价报告

评价完毕之后，应抓住重点，将分析的目的、前提条件、使用的资料（数据）、假设和推定的条件、分析的过程和结论等整理成书面资料，形成评价报告书。

寿命周期成本评价的最终结果是提出的评价报告书。但是，评价过程中所使用过的各种资料和运算以及不予采用的各种方案等，最好也能保存起来。现在所采用的最佳方案，只是在给定的条件下为"最佳",如果以后条件有了变化,这次未采用的方案也许在以后会有用处。因此,对未采用的各种方案,也要说明其未被采用的理由。

7. 工程项目全寿命周期目标体系

按照工程项目的使命构造工程项目的全生命期目标体系。它应作为衡量创新的价值尺度。

(1) 质量(功能)目标。现代工程追求工作质量、工程质量、最终整体功能、产品或服务质量的统一性。更注重运营过程,高效率地发挥功能价值。

工程不仅要达到预定的使用功能要求,而且人们追求一些新的质量理念。

(2) 费用目标。过去人们过于注重建设费用(一次性总投资或总成本),现在更注重新的费用目标:

①全生命期费用(建造费用和运行费用)的目标。

②降低工程过程中的社会成本。社会成本是工程过程中引起的其他方费用支出,如工程招标投标中未中标单位的花费。

③降低环境成本。如由于项目的环保投入较低,使运行人员健康受损,造成社会保险和医疗费增加;由于环境污染使社会处理污染的费用增加。

(3) 时间目标。工程的时间目标不仅包括工期(建设期),而且包括工程的设计寿命、服务寿命目标和产品的市场周期(产品市场发展、成熟、衰退时间)。

(4) 项目相关者各方面满意。相关者各方面满意作为组织成功的新的尺度。建设工程项目必须顾及各方的利益,使他们满意。项目相关者多方面以及他们的主要利益包括:

①用户:产品或服务价格、安全性、产品或服务的人性化。

②投资者:投资额、投资回报率、降低投资风险。

③承包商和供应商:工程价格、工期、企业形象、关系(信誉)。

④政府:繁荣与发展地区经济、增加地方财力、改善地方形象、政绩显赫、就业和其他社会问题。

⑤生产者(员工):工作环境(安全、舒适、人性化)、工作待遇、工作的稳定性。

⑥项目周边组织:保护环境、保护景观和文物、工作安置、拆迁安置或赔偿、对项目的使用要求。

9.5.6 寿命周期成本评价法和传统的投资计算法之间的比较

寿命周期成本评价法的目的是为了降低系统的寿命周期成本,提高系统的经济性。在不考虑技术细节问题的基础上,同过去传统的概念和工作方法相比,寿命周期评价法有以下显著特点:当选择系统时,不仅考虑设置费,还要研究所有的费用;在系统开发的初期就考虑寿命周期成本;进行"费用设计",像系统的性能、精度、重量、容积、可靠性、维修性等技术规定一样,将寿命周期成本也作为系统开发的主要因素;透彻地进行设置费和维持费之间的平衡,系统效率和寿命周期成本之间的权衡,以及开发、设置所需的时间和寿命周期成本之间的权衡。

1. 费用效率 CE 与传统成本法的比较

由式(9-12)费用效率(CE)=系统效率(SE)/寿命周期成本(LCC)可知,如果 CE 公式的分子为一定值,可认为寿命周期成本越低越好。从这方面来看,CE 公式和传统的成本法比较有着相同的基点。

2. 回收期法的比较

回收期法同样可以进行寿命周期成本评价。但须注意的是，过去所用的投资回收期计算方法，是按用多少年能够回收投资额（即设置费）来考虑的。现在考虑的是多少年能够回收寿命周期成本总额，而寿命周期成本总额是由设置费和维持费所构成的。

3. 费用效率 CE 与传统的投资收益率的比较

传统的投资收益率和费用效率 CE 的计算式分别为：

$$投资收益率\ R = \frac{(投资额\ S - 成本\ C)}{投资额\ IC} = \frac{以金额表示的效率\ B}{投资额\ IC} \quad (9\text{-}13)$$

$$费用效率(CE) = \frac{系统效率(SE)}{寿命周期费用(LCC)} = \frac{以物量或金额表示的效率(SE)}{设置费(IC) + 维持费(SC)} \quad (9\text{-}14)$$

由式（9-13）和式（9-14）两式可以得到，无论式分子或者分母，式（9-14）的变动范围都比式（9-13）大很多。

（1）用物量表示费用效率 CE 式中的分子。当某项任务非常重要而又难以用销售量、附加价值等金额表达时，一般可将分子用物量表示。对于其效率不能用金额表示的军事系统、宇宙开发、防止公害、安全卫生、环境保护、生活福利、教育等方面的投资，使用 CE 公式时可将分子用物量来表示。但是，如果被评价的系统具有多项同等重要的任务，这样做就会出现问题。对于几种可供选择的方案进行比较时，如果存在多项同等重要的任务，则按什么标准和用什么方法进行综合决策，也将会遇到困难。

（2）用金额表示 CE 式中的分子。当 CE 式中的分子不用物量表示而用金额表示时，则传统的全部投资利润率 R 和费用效率 CE 的计算式分别为：

$$全部投资利润率\ R = \frac{S - C + I}{IC} = \frac{P + I}{IC} \quad (9\text{-}15)$$

$$费用效率\ CE = \frac{V}{IC + SC} \quad (9\text{-}16)$$

式中　　S——纯销售额；

　　　　C——一切成本费用；

　　　　I——利息；

　　　　P——利益；

　　　　IC——投资额或设置费；

　　　　SC——维护费；

　　　　V——附加价值（主要包括利润、利息、折旧费、人工费、租税和地方摊派费用、租赁费等）。

将式（9-15）与式（9-16）两式进行比较的结果见表 9-9，从表中可以看出，CE 公式的分子都较投资利润率计算式中的大。

利益率公式和 CE 公式构成的比较　　　　　　　表 9-9

公式＼项目	分子	分母	意义
利益率	利益＋利息	投资额	成果/投资额
CE	附加价值＝利益＋利息＋其他	LCC＝投资额＋维持费	成果/费用

从式（9-16）中可以看出，CE 式的特征式：成果为附加价值，而产生这一成果的输入可认为是寿命周期成本（LCC）。

值得注意的是，CE 公式并非利润率公式的简单扩大。CE 公式中的分母采用了 LCC，因此，在选择系统时要考虑总费用 IC＋SC，并在 IC 和 SC 之间加以权衡（是在 IC 方面多花钱，还是在 SC 方面多花钱，从而使总的费用最低）。

在利润率公式中，由于 SC 已在计算分子的利润时计入，故不再列出。这在计算方法上无关紧要，但从经营管理思想角度来看，却可以说是极其重要的问题。

复习思考题

1. 简述建筑工程成本的含义。
2. 简述建筑工程费用项目的构成。
3. 施工项目成本的主要形式有哪些？
4. 施工项目成本管理的具体工作内容是什么？
5. 什么是目标成本，其如何计算？
6. 简述成本计划的编制程序。
7. 简述施工项目成本计划的编制方法。
8. 简述施工项目成本控制的意义和目的。
9. 简述施工项目成本控制的原则。
10. 简述施工项目成本控制的方法。
11. 什么是工程寿命周期成本？
12. 寿命周期成本的评价方法有哪些？
13. 简述寿命周期成本评价分析过程的主要步骤。

10 工程项目风险管理

10.1 概 述

10.1.1 工程项目风险的概念

1. 风险的概念

关于风险的定义有很多,但最基本的表达是:在给定情况下和特定时间内,那些可能发生的结果之间的差异,差异越大则风险越大。这个定义强调结果的差异。而另一个具有代表性的定义则强调:不利事件发生的不确定性,认为风险是不期望发生事件的客观不确定性。

还有一些项目风险管理专家对工程项目风险的定义为:工程项目风险是所有影响工程项目目标实现的不确定因素的集合。

一般来说,风险具备下列要素:

(1) 事件(不希望发生的变化);

(2) 事件发生的概率(事件发生具有不确定性);

(3) 事件的影响(后果);

(4) 风险的原因。

2. 工程项目风险的特征

(1) 工程项目风险的客观性与必然性

在工程项目建设中,无论是自然界的风暴、地震、滑坡灾害还是与人们活动紧密相关的施工技术、施工方案不当造成的风险损失,都是不以人们意志为转移的客观现实。它们的存在与发生,就总体而言是一种必然现象。因自然界的物体运动以及人类社会的运动规律都是客观存在的,表明项目风险的发生也是客观必然的。

(2) 工程项目风险的不确定性

风险活动或事件的发生及其后果都具有不确定性。表现在:风险事件是否发生、何时发生、发生之后会造成什么样的后果等均是不确定的。但人们可以根据历史数据和经验,对工程项目风险发生的可能性和损失的严重程度做出一定程度的分析和预测。

(3) 工程项目风险具有一定的规律性和可预测性

不确定性是风险的本质属性,但这种不确定性并不是指对客观事物变化的全然不知,并非表明人们对它束手无策。工程项目的环境变化、项目的实施有一定的规律性,所以风险的发生和影响也有一定的规律性,它是可以进行预测的。我们可以根据以往发生过的类似事件的统计资料和经验,经过分析、研究,对风险发生的频率及其造成的损失程度做出统计分析和主观判断或估计,从而对可能发生的风险进行预测与衡量。风险分析的过程实际上就是风险预测和衡量的过程。

(4) 工程项目风险的可变性

在一定条件下任何事物总是会发展变化的。风险活动或事件也不例外,当引起风险的因素发生变化时,必然会导致风险的变化。风险的可变性集中表现在:风险性质的变化;风险后果的变化;出现了新的风险或风险因素已经消除。

(5) 工程项目风险的相对性

①风险主体是相对的。风险总是相对于事件的主体而言的,同样的不确定事件对不同的主体有不同的影响。如工程合同的某些缺陷,可能为承包人索赔创造了条件。这对工程项目业主而言是一种风险,但对承包人而言是一个机会。

②风险大小是相对的。人们对于风险活动或事件都有一定的承受能力,但是这种能力因活动、人和时间而异。如某一房产开发项目遇到了销路不畅的风险,对于具有多个房地产项目的大公司而言,可能还有几个做得较成功的项目,因此无关紧要;但这对仅有1～2个项目的小公司来说,则可能会导致其破产。

(6) 工程项目风险的阶段性

①潜在风险阶段。是指风险正在酝酿之中,但尚未发生的阶段。该阶段是没有损失的,但是潜在风险可以逐步发展变化,最终进入风险发生阶段。

②风险发生阶段。是指风险已变成现实,事件正在发展的阶段。此时风险正在发生,但其后果还没有形成。若不正确应对,风险就会造成后果。这一阶段一般认为持续时间较短。

③造成后果阶段。是指已经造成了人身、财产或其他损失或伤害的阶段。通常这一后果的产生是无法挽回的。只能设法减少损失或伤害的程度。

(7) 工程项目风险的行为相关性

工程项目风险的行为相关性是指决策者面临的风险与其决策行为是紧密关联的。不同的决策者对同一风险事件采取有不同的决策行为,具体反映在其采取的不同策略和不同的管理方法上。因此,也会面临不同的风险结果。风险的行为相关性表明,任何一种风险实质上都是由决策行为与风险状态结合而成的,是风险状态与决策行为的统一,风险状态是客观的,但其结果会因不同的决策行为而不同。

(8) 工程项目风险的结果双重性

工程项目风险的结果双重性是指由风险所引发的结果可能是损失也可能是收益。传统上都把工程项目风险作为损失来看待,其实不然。工程项目风险的双重性也指风险与收益机会共存,风险和收益是一对"孪生子"。风险越大,收益越大;反之,风险越小,收益亦越小。这就是体现风险结果双重性的风险报酬原则。风险利益使风险具有诱惑效应,使人们甘冒风险去获取利益;另一方面,虽然风险与收益共存,但一旦风险代价太大或决策者厌恶风险时,就会对风险采取回避行为,这就是风险的约束效应。这两种效应分别是风险效应的两个方面,它们同时存在,同时发生作用,且互相抵消,互相矛盾。人们决策时是选择还是回避风险,就是这两种效应相互作用的结果。工程项目风险结果的双重性应使我们认识到,对待风险不应只是消极对待其损失一面,还应将风险当作是一种机会,通过风险管理尽量获得风险收益。

(9) 工程项目风险的全面性

①工程项目风险的多样性。即在一个项目中有许多种类的风险存在,如政治风险、经济风险、法律风险、自然风险、合同风险、合作者风险等。这些风险之间有复杂的内在

联系。

②工程项目风险在整个项目生命期中都存在，而不仅在实施阶段。例如：在目标设计中可能存在构思的错误、重要边界条件的遗漏、目标优化的错误；可行性研究中可能有方案的失误、调查不完全、市场分析错误；技术设计中存在专业不协调、地质不确定、图纸和规范错误；施工中物价上涨、实施方案不完备、资金缺乏、气候条件变化；运行中市场发生变化、产品不受欢迎、运行达不到设计能力、操作失误，等等。

③工程项目风险影响的全局性。例如，反常的气候条件造成工程的停滞，影响整个后期计划，影响后期所有参加者的工作。它不仅造成工期的延长，而且造成费用的增加，造成对工程质量的危害。即使是局部的风险，其影响也会随着项目的发展逐渐扩大。例如，一个活动受到风险干扰，可能影响到与它相关的许多活动，所以在项目中风险影响随时间推移有扩大的趋势。

10.1.2 工程项目风险的分类

1. 按风险的来源分类

(1) 政治风险

政治风险是一种完全主观的不确定事件，包括宏观和微观两个方面。宏观政治风险系指在一个国家内对所有经营都存在的风险。一旦发生这类风险，方方面面都可能受到影响，比如全局性政治事件。出现这类风险，该国的所有企业均受影响，无一例外。而微观风险则仅是局部受影响，一部分人受益而另一部分人受害，或仅有一部分行业受害而其他行业不受影响的风险。

政治风险通常的表现为政局的不稳定性，战争状态、动乱、政变的可能性，国家的对外关系，政府信用和政府廉洁程度，政策及政策的稳定性，经济的开放程度或排外性，国有化的可能性，国内的民族矛盾，保护主义倾向等。

(2) 经济风险

经济风险系指承包市场所处的经济形势和项目发包国的经济实力及解决经济问题的能力等方面潜在的不确定因素构成的经济领域的可能后果。

经济风险主要构成因素为：国家经济政策的变化，产业结构的调整，银根紧缩；项目的产品的市场变化；项目的工程承包市场、材料供应市场、劳动力市场的变动、工资的提高、物价上涨、通货膨胀速度加快、原材料进口风险、金融风险、外汇汇率的变化等。

(3) 法律风险

如法律不健全，有法不依、执法不严，相关法律的内容的变化，法律对项目的干预；对相关法律未能全面、正确理解工程中可能有触犯法律的行为等。

(4) 自然风险

自然风险是指自然因素带来的风险。如地震、风暴、特殊的未预测到的地质条件（泥石流、河塘、垃圾场、流砂、泉眼）等，反常的恶劣的雨、雪天气，冰冻天气，恶劣的现场条件，周边存在对项目的干扰源，工程项目的建设可能造成对自然环境的破坏，不良的运输条件可能造成供应的中断等。

(5) 社会风险

包括宗教信仰的影响和冲击、社会治安的稳定性、社会的禁忌、劳动者的文化素质、社会风气等。

(6) 技术风险

技术风险指一些技术条件的不确定可能带来的风险。例如，勘察资料未能全面正确地反映或解释工程的地质情况，采用新技术，设计文件和技术规范的失误等。

(7) 商务风险

商务风险指合同中有关经济方面的条款和规定可能带来的风险。例如，支付、工程变更、风险分配、担保、违约责任，费用和法规变化，货币和汇率等方面的条款。这类风险包括条款中写明分配的、由于条款有缺陷而引起的或者撰写方有意设置的，如"开脱责任"等。

(8) 信用风险

信用风险指合同一方的业务能力、管理能力和财务能力等有缺陷或者没有圆满履行合同而给另一方带来的风险。

2. 从风险承受者角度分类

(1) 业主的风险

①人为风险。它是指因人的主观因素导致的种种风险。这类风险虽然表现形式和影响的范围各不相同，但都离不开人的思想行为。这类风险有些起因于项目业主的主管部门乃至政府，有些来自业主的合作者，还有些则应归于其内部人员。

②经济风险。对于所有从事经济活动的行业而言，风险都在所难免。这类风险的主要产生原因有：宏观形势不利、投资环境恶劣、市场物价不正常上涨、投资回收期长、基础设施落后、资金筹措困难。

③自然风险。它是指工程项目所在地区客观存在的恶劣自然条件，工程实施期间可能碰上的恶劣气候。

(2) 承包商的风险

①决策风险。包括进入市场的决策风险、信息失真风险、中介风险、代理风险、业主买标风险、联合保标风险、报价失误风险等。

②缔约和履约风险。缔约和履约是承包工程的关键环节。许多承包商因对缔约和履约过程的风险认识不足，致使本不该亏损的项目严重亏损，甚至破产倒闭。这类风险主要潜伏于以下方面：合同管理（合同条款中潜伏的风险往往是责任不清、权利不明所致）、工程管理、物资管理、财务管理等。

③责任风险。工程承包是基于合同当事人的责任、权利和义务的法律行为。承包商对其承揽的工程设计和施工负有不可推卸的责任，而承担工程承包合同的责任是有一定风险的。这类风险主要发生在以下几个方面：一是职业责任风险，包括地质地基条件、水文气候条件、材料供应、设备供应、技术规范变化，提供设计图纸不及时，设计变更和工程量变更，运输问题；二是法律责任风险，包括起因于合同、行为或疏忽、欺骗和错误等方面；三是替代责任风险，因为承包商必须对其名义活动或为其服务的人员的行为承担责任。

(3) 咨询监理单位的风险

①来自业主的风险。因咨询监理与业主的关系是契约关系，确切地说是一种雇佣关系。这方面的风险主要产生的原因有：业主希望少花钱多办事、可行性研究缺乏严肃性、宏观管理不力、投资先天不足、盲目干预等。

②来自承包商的风险。承包商出于自己的利益，常常会有种种不轨图谋，势必给监理工程师的工作带来许多困难，甚至导致工程师蒙受重大风险。通常情况有：承包商投资不诚实、缺乏商业道德、素质太差等。

③职业责任风险。监理工程师的职业要求其承担重大的职业责任风险。这种风险的构成因素有：设计不充分、不完善，设计错误和疏忽，投资估算和设计概算不准，自身能力和水平不适应。

3. 按风险对目标的影响分类

(1) 工期风险。即造成局部的（工程活动、分项工程）或整个工程的工期延长，不能及时投产。

(2) 费用风险。包括：财务风险、成本超支、投资追加、报价风险、收入减少、投资回收期延长或无法收回、回报率降低。

(3) 质量风险。包括材料、工艺、工程不能通过验收、工程试生产不合格、经过评价工程质量未达标准。

(4) 生产能力风险。项目建成后达不到设计生产能力，可能是由于设计、设备问题，或生产原材料、能源、水、电供应问题。

(5) 市场风险。工程建成后产品未达到预期的市场份额，销售不足，没有销路，没有竞争。

(6) 信誉风险。即造成对企业形象、企业信誉的损害。

(7) 人身伤亡，工程或设备的损坏。

(8) 法律责任。即可能被起诉或承担相应法律或合同的处罚。

10.1.3 工程项目风险管理的概念及特点

1. 工程项目风险管理的概念

工程项目风险管理是指在对风险的不确定性及可能性等因素进行考察、预测、收集、分析的基础上，制定出包括风险识别、风险评估、积极管理风险、有效处置风险及妥善处理风险所致损失等一整套系统而科学的管理方法。

2. 工程项目风险管理的特点

(1) 工程项目风险管理尽管有一些通用的方法，如概率分析法、模拟法、专家咨询法等，但要研究具体项目的风险，还必须与项目的特点相联系。一般情况，项目的特点有：
①项目的复杂性、系统性、规模、新颖性、工艺的成熟程度。
②项目的类型和所在的领域。不同领域的项目具有不同的风险，有不同风险的规律性、行业性特点。如航空航天开发项目与建筑工程项目就有截然不同的风险。
③项目所处的地域，如国度、环境条件等。

(2) 风险管理需要大量地占有信息，了解情况，要对项目系统以及系统的环境有十分深入的了解，并要进行预测，所以不熟悉情况是不可能进行有效的风险管理的。

(3) 风险管理仍在很大程度上依赖于管理者的经验以及管理者过去工程的经历、对环境的了解程度和对项目本身的熟悉程度。在整个风险管理过程中，人的因素影响很大，如人的认识程度、精神、创造力等。所以，风险管理中要注意专家经验和教训的调查分析，这不仅包括他们对风险范围、规律的认识，而且包括对风险的处理方法、工作程序和思维方式等，并在此基础上系统化、信息化、知识化，用于对新项目的决策支持。

(4) 风险管理在项目管理中属于一种高层次的综合性管理工作。它涉及企业管理和项目管理的各个阶段的各个方面，涉及项目管理的各个子系统。所以，它必须与合同管理、成本管理、工期管理、质量管理联成一体。

(5) 风险管理的目的并不是消灭风险。在工程项目中，大多数风险是不可能由项目管理者消灭或排除的，而在于有准备地、理性地进行项目实施，减少风险的损失。

10.1.4 工程项目全面风险管理的内涵

1. 项目全过程的风险管理

工程项目全面风险管理首先体现在对项目全过程的风险管理上，即：

(1) 在项目目标设计阶段，就应对影响项目目标的重大风险进行预测，寻找目标实现的风险和可能的困难。风险管理强调事前的识别、评价和预防措施。

(2) 在可行性研究中，对项目风险的分析必须细化，进一步预测风险发生的可能性和规律性，同时必须研究各种风险状况对项目目标的影响程度。这即为项目的敏感性分析。

(3) 随着技术设计的深入，实施方案逐步细化，项目的结构分析也逐渐清晰。这时风险分析应针对风险的种类，细化（落实）到各项目结构单元直到最低层次的工作之中。在设计和计划中，要考虑对风险的防范措施，例如风险准备金的计划、备选技术方案，在招标文件（合同文件）中应明确规定工程实施中的风险分担。

(4) 在工程实施中加强风险的控制：一是建立风险监控系统，能及早地发现风险，做出反应；二是及早采取预定的措施，控制风险的影响范围和影响量，以减少项目的损失；三是在风险状态下，采取有效措施保证工程正常实施，保证施工秩序，及时修改方案、调整计划，以恢复正常的施工状态，减少损失；四是在阶段性计划调整过程中，需加强对近期风险的预测，并纳入近期计划中，同时要考虑到计划的调整和修改会带来的新问题和风险；五是项目结束，应对整个项目的风险及其管理进行评价，以作为今后进行同类项目的经验和教训。

2. 全部风险的管理

在每一阶段进行风险管理，都要罗列各种可能的风险，并将它们作为管理对象，不能有遗漏和疏忽。

3. 风险的全方位管理

一是对风险要分析其对各方面的影响，例如对整个项目、对项目的各个方面，如工期、成本、施工过程、合同、技术等方面的影响。二是采用的对策措施也必须考虑综合手段，从合同、经济、组织、技术、管理等各个方面确定解决方案。三是风险管理包括风险分析、风险辨识、风险文档管理、风险评价、风险控制等全过程。

4. 全面的组织措施

在组织上全面落实风险控制责任，建立风险控制体系，将风险管理作为项目各层次管理人员的任务之一。使项目管理人员和作业人员都有风险意识，做好风险的监控工作。

10.1.5 工程项目风险管理的主要工作

(1) 风险识别。它是风险管理的第一步，是对工程项目所面临的和潜在的风险加以分析、判断、归类的过程。工程项目周围存在的风险是各种各样的，包括项目外部的和内部的、技术的和非技术的。这些风险存在于什么地方？发生的条件是什么？发生的可能性有多大？发生后的损失又是如何？这些在风险识别中均应有初步的分析和判断。

（2）风险估计。它是在风险识别的基础上，通过对所收集大量资料的分析，利用概率统计理论，估计和预测风险发生的可能性和相应损失的大小。风险估计是对风险的定量化分析，可为风险管理者进行风险决策、管理技术选择提供可靠的科学的数据。

（3）风险评价。它是在风险识别和风险估计的基础上，对风险发生的概率、损失程度和其他因素进行综合考虑，得到描述风险的综合指标——风险量，并与公认（或经验）的风险（安全）指标相比较，得到是否需要采取控制措施的结论。

（4）风险应对。它就是在风险发生时实施风险管理计划中的预定措施。风险应对措施包括两类：一类是在风险发生前，针对风险因素采取控制措施，以消除或减轻风险。其具体的措施包括规避、缓解、分散、抑制和利用等。另一类是在风险发生前，通过财务安排来减轻风险对项目目标实现程度的影响。其具体的措施有：自留、转移等。

（5）风险监控。它跟踪已识别的风险，监视残余风险和识别新的风险，保证计划执行，并评估这些计划对降低风险的有效性。

10.2 风险管理工作流程及技术

10.2.1 风险识别

1. 风险识别的步骤

（1）项目状态分析

这是一个将项目原始状态与可能状态进行比较及分析的过程。项目原始状态是指项目立项、可行性研究及建设计划中的预想状态，是一种比较理想化的状态；可能状态则是基于现实、基于变化的一种估计。比较这两种状态下的项目目标值的变化，如果这种变化是恶化的，则为风险。

理解项目原始状态是识别项目风险的基础。只有深刻理解了项目的原始状态，才能正确认定项目执行过程中可能发生的状态变化，进而分析状态的变化可能导致的项目目标的不确定性。

（2）对项目进行结构分解

通过对项目的结构分解，可以使存在风险的环节和子项变得容易辨认。

（3）历史资料分析

通过对以前若干个相似项目情况的历史资料分析，有助于识别目前项目的潜在风险。

（4）确认不确定性的客观存在

风险管理者不仅要辨识所发现或推测的因素是否存在不确定性，而且要确认这种不确定性是客观存在的，只有符合这两个条件的因素才可以视作风险。

（5）建立风险清单

如果已经确认了是风险，就需将这些风险一一列出，建立一个关于本项目的风险清单。开列风险清单必须做到科学、客观、全面，尤其是不能遗漏主要风险。

（6）进行风险分类

将风险清单中的风险进行分类，可使风险管理者更彻底地了解风险，管理风险时更有目的性，更有效果，并为下一步分析和评价风险做好准备。

2. 风险识别的方法

(1) 头脑风暴法

头脑风暴法,是通过专家会议,发挥专家的创造性思维来获取未来信息的一种直观预测和识别方法。头脑风暴法通过主持专家会议的人在会议开始时的发言激起专家们的思维"灵感",促使专家们感到急需回答会议提出的问题而激发创造性的思维,在专家们回答问题时产生信息交流,受到相互启发,从而诱发专家们产生"思维共振",以达到互相补充并产生"组合效应",获取更多的未来信息,使预测和识别的结果更准确。

(2) 德尔菲法

德尔菲法又称专家调查法,是通过函询收集若干位与该项目相关领域的专家的意见,然后加以综合整理,再匿名反馈给各位专家,再次征询意见。这样反复经过4~5轮,逐步使专家的意见趋向一致,作为最后预测和识别的根据。应用德尔菲法应注意:

①专家人数不宜太少,一般10~50人为宜。

②对风险的分析往往受组织者、参加者的主观因素影响,因此有可能出现偏差。

③预测分析的时间不宜过长,时间越长准确性越差。

(3) 因果分析法

因果分析图因其图形像鱼刺,故也称鱼刺图分析法。图中主干是风险的后果,枝是风险因素和风险事件,分支为相应的小原因。用因果分析图来分析风险,可以从原因预见结果,也可以从可能的后果中找出可能诱发结果的原因。

(4) 情景分析法

情景分析法又称幕景分析法,是根据发展趋势的多样性,通过对系统内外相关问题的系统分析,设计出多种可能的未来前景,然后用类似于撰写电影剧本的手法,对系统发展态势做出自始至终的情景和画面的描述。

情景分析法是一种适用于对可变因素较多的项目进行风险预测和识别的系统技术,它在假定关键影响因素有可能发生的基础上,构造出多重情景,提出多种未来的可能结果,以便采取适当措施防患于未然。

(5) 访谈法

访谈法是通过对资深项目经理或相关领域专家进行访谈来识别风险。负责访谈的人员首先要选择合适的访谈对象;其次,应向访谈对象提供项目内外部环境、假设条件和约束条件等信息。访谈对象根据自己丰富的经验、掌握的项目信息,对项目风险进行识别。

(6) SWOT 技术

SWOT 技术是综合运用项目的优势和劣势、机会与威胁等方面,从多视角对项目风险进行识别。

3. 风险识别的结果

(1) 项目风险表

项目风险表又称项目风险清单,可将已识别出的项目风险列入表内。表的详细程度可根据工程项目的实际情况而定,表述可至 WBS(工作分解结构)的最底层。表中对风险的描述应该包括:

①已识别项目风险发生概率大小的估计;

②项目风险发生的可能时间、范围;

③项目风险事件带来的损失;
④项目风险可能影响的范围。

项目风险表还可以按照项目风险的紧迫程度、项目费用风险、进度风险和质量风险等类别单独做出风险排序和评价。

(2) 划分风险等级

找出风险因素后,为了在采取控制措施时能分清轻重缓急,故需要给风险因素划定一个等级。通常按照事故发生后果的严重程度进行划分。如,可将风险等级划分为以下四级:

一级:后果小,可以忽略,可不采取措施。
二级:后果较小,暂时还不会造成人员伤亡和其他损失,应考虑采取控制措施。
三级:后果严重,会造成人员伤亡和其他损失,需要立刻采取有效措施。
四级:灾难性后果,必须立刻予以排除。

10.2.2 工程项目风险分析与评价

1. 风险分析过程

(1) 采集数据

首先必须采集与所要分析的风险相关的各种数据。这些数据可以从投资者或者承包商过去类似项目经验的历史记录中获得。所采集的数据必须是客观的、可统计的。某些情况下,直接的历史数据资料还不够充分,尚需主观评价,特别是那些对投资者来讲在技术、商务和环境方面都比较新的项目,需要通过专家调查方法获得具有经验性和专业知识的主观评价。

(2) 完成不确定性模型

以已经得到的有关风险的信息为基础,对风险发生的可能性和可能的结果给以明确的量化。通常用概率来表示风险发生的可能性,可能的结果体现在项目现金流量表上,用货币表示。

(3) 对风险影响进行评价

在不同风险事件的不确定性已经模型化后,紧接着就要评价这些风险的全面影响。通过评价把不确定性与可能结果结合起来。

2. 风险分析的内容

(1) 风险存在和发生的时间分析

即风险可能在项目的哪个阶段、哪个环节上发生。有许多风险有明显的阶段性,有的风险是直接与具体的工程活动相联系的。这个分析对风险的预警有很大的作用。

(2) 风险的影响和损失分析

风险的影响是个非常复杂的问题,有的风险影响面较小,有的风险影响面很大,可能引起整个工程的中断或报废。而风险之间常常是有联系的。例如:

经济形势的恶化不但会造成物价上涨,而且可能会引起业主支付能力的变化;通货膨胀引起了物价上涨,则不仅会影响后期的采购、工人工资及各种费用支出,而且会影响整个后期的工程费用。由于设计图纸提供不及时,不仅会造成工期拖延,而且会造成费用提高(如人工和设备闲置、管理费开支),还可能在按原计划可以避开的冬、雨期施工,造成更大的拖延和费用增加。

有的风险是相克的，其作用可以相互抵消。例如反常的气候条件、设计图纸拖延、承包人设备拖延等在同一段时间段发生，则它们之间对总工期的影响可能是有重叠的。

(3) 风险发生的可能性分析

风险发生的可能性分析，是研究风险自身的规律性，通常可用概率表示。

(4) 风险级别

风险因素非常多，涉及各个方面，但人们并不是对所有的风险都予以十分重视。否则将大大增加管理费用，而且谨小慎微，反过来会干扰正常的决策过程。在二维坐标表示的风险预测图中，一个具体的风险所处点的位置可定出该风险的级别，如 A、B、C 分类法。

A 类：损失期望值很大的风险。通常发生的可能性很大，而且一旦发生损失也很大。

B 类：损失期望值一般的风险。通常发生的可能性不大，损失也不大的风险，或可能性很大但损失极小，或损失比较大但可能性极小的风险。

C 类：损失期望值极小的风险，即发生的可能性极小，即使发生损失也很小的风险。

在具体的风险管理中 A 类是重点，B 类要顾及到，C 类可以不考虑。

(5) 风险的起因和可控性分析

对风险起因的研究是为风险预测、对策研究、责任分析服务的。

风险的可控性是指人对风险影响的可能性，如有的风险是人力（业主、项目管理者或承包商）可以控制的，而有的却不可控制。可控的，例如承包商对招标文件的理解风险、实施方案的安全性和效率风险、报价的正确性风险等；不可控制的，例如物价风险、反常的气候风险等。

3. 风险分析的方法

(1) 列举法

通过对同类已完工项目的环境、实施过程进行调查分析、研究，可以建立该类项目的基本风险结构体系，进而可以建立该类项目的风险知识库（经验库）。它包括该类项目常见的风险因素。在对新项目决策或用专家经验法进行风险分析时给出提示，列出所有可能的风险因素，以引起人们的重视，或作为进一步分析的引导。

(2) 专家经验法

专家经验法（Delphi 法）不仅用于风险因素的罗列，而且用于对风险影响和发生可能性的分析，一般采用专家会议的方法。

①组建有代表性的专家小组，一般以 4~8 人最好，专家应具有实践经验和代表性。

②通过专家会议，对风险进行界定、量化。召集人应让专家尽可能多地了解项目目标、项目结构、环境及工程状况，详细地调查并提供信息，有可能时请专家进行实地考察。并对项目的实施、措施的构想做出说明，使大家对项目有一个共识，否则容易增加评价的离散程度。

③召集人有目标地与专家合作，一起定义风险因素和结构，以及可能的成本范围，作为讨论的基础和引导。专家对风险进行讨论，按以下次序逐渐深入：

a. 引导讨论各个风险的原因；

b. 风险对实施过程的影响；

c. 风险对具体工程的影响范围，如技术、工期、费用等；

d. 将影响统一到对成本的影响上，估计影响量。

④风险评价。各个专家对风险的程度（影响量）和出现的可能性，给出评价意见。在这个过程中，如果有不同的意见，可以提出讨论，但不能提出批评。为了获得真正的专家意见，可以采用匿名的形式发表意见，也可以采用争吵技术进行分析。

⑤统计整理专家意见，得到评价结果。专家咨询得到的风险期望的各单个值（风险期望值为风险损失值与风险发生可能性的乘积），按统计方法进行信息处理。总风险期望值为各单个风险期望值之和，而各个风险期望值与各个风险影响值和出现的可能性有关。它们可分别由专家意见结合相加得到。

(3) 其他分析方法

人们对风险分析、评价方法做了许多研究，有许多常用的切实可行的分析评价方法，如：

①对历史资料进行统计分析的方法；
②模拟方法即蒙特卡罗法；
③决策树分析法；
④敏感性分析法；
⑤因果关系分析法；
⑥头脑风暴法；
⑦价值分析法；
⑧变量分析法等。

10.2.3 工程项目风险应对

1. 风险的分配

一个工程项目总的风险有一定的范围和规律性，这些风险必须在项目参加者（如投资者、业主、项目经理、各承包商、供应商等）之间进行分配。对已被确认的有重要影响的风险应指定专人负责风险管理，并赋予相应的职责、权限和资源。

每个参加者都必须有一定的风险责任，这样他才有管理和控制的积极性与创造性。风险分配通常在任务书、责任书、合同和招标文件等中定义，在起草这些文件的时候都应对风险做出预计、定义和分配。只有合理地分配风险，才能调动各方面的积极性，才能有高效益的项目。

正确的风险分配有如下好处：

①可以最大限度地发挥各方风险控制的积极性。任何一方如果不承担风险，则他就没有管理的积极性和创造性，项目就不可能优化。
②减少工程中的不确定性，风险分配合理就可以比较准确地计划和安排工作。
③业主可以得到一个合理的报价，承包商报价中的不可预见风险费较少。

对项目风险的分配，业主起主导作用，因为业主作为买方，负责起草招标文件和合同条件，确定合同类型，确定管理规则；而承包商和供应商等处于从属的地位。但业主不能随心所欲，不能不顾主客观条件把风险全部推给对方，而对自己免责。风险分配有以下基本原则。

(1) 从工程整体效益的角度出发，最大限度地发挥各方的积极性。

项目参加者如果不承担任何风险，则他就没有任何责任，就没有控制的积极性，就不可能做好项目工作。从工程的整体效益的角度出发，分配风险的准则是：

①谁能有效地防止和控制风险或将风险转移给其他方面，则应由他承担相应的风险责任；

②风险承担者控制相关风险是经济的、有效的、方便的、可行的，只有通过他的努力才能减少风险的影响；

③通过风险分配，加强责任，能更好地进行计划，发挥双方管理和技术革新的积极性等。

（2）体现公平合理，责权利平衡。

①风险责任和权力应是平衡的。风险的承担是一项责任，即承担风险控制和风险产生的损失责任。但风险承担者应有控制和处理风险的权力。

②风险与机会对等。风险承担者，同时应享受风险控制获得的收益和机会收益。

③承担的可能性和合理性。给承担者以预测、计划、控制的条件和可能性，给他以迅速采取控制风险措施的时间和信息等条件，否则对他来说风险管理成了投机。

（3）符合工程项目的惯例，符合通常的处理方法。一方面，惯例一般比较公平合理，较好地反映双方的要求；另一方面，合同双方对惯例都很熟悉，工程更容易顺利实施。如果明显地违反国际（或国内）惯例，则常常显示出一种不公平、一种危险。

2. 风险应对策略

（1）减轻风险

减轻风险策略，顾名思义，是通过缓和或预知等手段来减轻风险，降低风险发生的可能性或减缓风险带来的不利后果，以达到风险减少的目的。减轻风险是存在风险优势时使用的一种风险决策，其有效性在很大程度上要看风险是已知风险、可预测风险还是不可预测风险。

对于已知风险，项目管理组可以在很大程度上加以控制，可以动用项目现有资源降低风险的严重后果和风险发生的频率。例如，可以通过压缩关键工序时间、加班或采取"快速跟进"来减轻项目进度风险。

对于可预测风险或不可预测风险，这是项目管理组很少或根本不能够控制的风险，因此有必要采取迂回策略。例如，政府投资的公共工程，其预算不在项目管理组直接控制之中，存在政府在项目进行中削减项目预算的风险。为了减轻这类风险，直接动用项目资源一般无济于事，必须进行深入细致的调查研究，降低其不确定性。

在实施风险减轻策略时，最好将项目每一个具体"风险"都减轻到可接受的水平。项目中各个风险水平降低了，项目整体风险水平在一定程度上也就降低了，项目成功的概率就会增加。

（2）预防风险

风险预防是一种主动的风险管理策略，通常采取有形和无形的手段。

1）有形手段

工程法是一种有形的手段，此法以工程技术为手段，消除物质性风险威胁。例如，为了防止山区区段山体滑坡危害高速公路过往车辆和公路自身，可采用岩锚技术锚住松动的山体，增加因为开挖而破坏了的山体稳定性。工程法预防风险有多种措施。

①防止风险因素出现。在项目活动开始之前，采取一定措施，减少风险因素。

②减少已存在的风险因素。施工现场若发现各种用电机械和设备日益增多，及时果断

地换用大容量变压器就可以减少其烧毁的风险。

③将风险因素同人、财、物在时间和空间上隔离。风险事件发生时，造成财产毁损和人员伤亡是因为人、财、物于同一时间处于破坏力作用范围之内。因此，可以把人、财、物与风险源在空间上实行隔离，在时间上错开，以达到减少损失和伤亡的目的。

2) 无形手段。

①教育法。项目管理人员和所有其他有关各方的行为不当可构成项目的风险因素。因此，要减轻与不当行为有关的风险，就必须对有关人员进行风险和风险管理教育。教育内容应该包含有关安全、投资、城市规划、土地管理及其他方面的法规、规章、规范、标准和操作规程、风险知识、安全技能及安全态度等。风险和风险管理教育的目的，是要让有关人员充分了解项目所面临的种种风险，了解和掌握控制这些风险的方法，使他们深深地认识到个人的任何疏忽或错误行为，都可能给项目造成巨大损失。

②程序法。工程法和教育法处理的是物质和人的因素，但是，项目活动的客观规律性若被破坏也会给项目造成损失。程序法指以制度化的方式从事项目活动，减少不必要的损失。项目管理组织制定的各种管理计划、方针和监督检查制度一般都能反映项目活动的客观规律性。因此，项目管理人员一定要认真执行。我国长期坚持的基本建设程序反映了固定资产投资活动的基本规律。实践表明不按此程序办事，就会犯错误，就要造成浪费和损失，所以要从战略上减轻项目风险，就必须遵循基本程序，那种图省事、走捷径、抱侥幸心理甚至弄虚作假的想法和做法都是项目风险的根源。

合理地设计项目组织形式也能有效地预防风险。项目发起单位如果在财力、经验、技术、管理、人力或其他资源方面无力完成项目，可以同其他单位组成合营体，预防自身不能克服的风险。

(3) 风险回避

风险回避就是在考虑到某项目的风险及其所致损失都很大时，主动放弃或终止该项目以避免与该项目相联系的风险及其所致损失的一种处置风险的方式。它是一种最彻底的风险处置技术，在风险事件发生之前将风险因素完全消除，从而完全消除了这些风险可能造成的各种损失。

风险回避是一种消极的风险处置方法，因为再大的风险也都只是一种可能，可能发生，也可能不发生。采取回避，当然是能彻底消除风险，但同时也失去了实施项目可能带来的收益，所以这种方法一般只在存在以下情况之一时才会采用：

1) 某风险所致的损失频率和损失幅度都相当高。

2) 应用其他风险管理方法的成本超过了其产生的效益。

(4) 风险转移

对损失大、概率小的风险，可通过保险或合同条款将责任转移。

风险转移是指借用合同或协议，在风险事件发生时将损失的一部分或全部转移到有相互经济利益关系的另一方。风险转移主要有两种方式，即保险风险转移和非保险风险转移。

1) 保险风险转移

保险是最重要的风险转移方式，是指通过购买保险的办法将风险转移给保险公司或保险机构。

2) 非保险风险转移

非保险风险转移是指通过保险以外的其他手段将风险转移出去。非保险风险主要有：担保合同；租赁合同；委托合同；分包合同；责任约定；合资经营；实行股份制等。

(5) 风险保留

对损失小、概率小的风险留给自己承担，这种方法通常在下列情况下采用：

1) 处理风险的成本大于承担风险所付出的代价。
2) 预计某一风险造成的最大损失项目可以安全承担。
3) 当风险降低、风险控制、风险转移等风险控制方法均不可行时。
4) 没有识别出风险，错过了采取积极措施处置的时机。

10.2.4 工程项目风险监控

1. 风险监控的含义

(1) 风险监控

风险监控就是通过对风险规划、识别、估计、评价、应对全过程的监视和控制，从而保证风险管理能达到预期的目标，它是项目实施过程中的一项重要工作。监控风险实际上是监视项目的进展和项目环境，即项目情况的变化。其目的是：核对风险管理策略和措施的实际效果是否与预见的相同；寻找机会改善和细化风险规避计划，获取反馈信息，以便将来的决策更符合实际。在风险监控过程中，及时发现那些新出现的以及预先制定的策略或措施不见效或性质随着时间的推延而发生变化的风险，然后及时反馈，并根据对项目的影响程度，重新进行风险规划、识别、估计、评价和应对，同时还应对每一风险事件制定成败标准和判别依据。

(2) 风险监视

风险监视之所以非常必要，是因为时间的影响是很难预计的。一般说来，风险的不确定性随着时间的推移而减小。这是因为风险存在的基本原因，是由于缺少信息和资料，随着项目的进展和时间的推移，有关项目风险本身的信息和资料会越来越多，对风险的把握和认识也会变得越来越清楚。

(3) 风险控制

风险控制是为了最大限度地降低风险事故发生的概率和减小损失幅度而采取的风险处置技术，以改变项目管理组织所承受的风险程度。为了控制工程项目的风险，可采取以下措施：根据风险因素的特性，采取一定措施使其发生的概率接近于零，从而预防风险因素的产生；减少已存在的风险因素；防止已存在的风险因素释放能量；改善风险因素的空间分布，从而限制其释放能量的速度；在时间和空间上把风险因素与可能遭受损害的人、财、物隔离；借助人为设置的物质障碍将风险因素与人、财、物隔离；改变风险因素的基本性质；加强风险部门的防护能力；做好救护受损人、物的准备。这些措施有的可用先进的材料和技术达到。此外，还应有针对性地对实施项目的人员进行风险教育以增强其风险意识，应制订严格的操作规程以控制因疏忽而造成不必要的损失。风险控制是实施任何项目都应采用的风险处置方法，应认真研究。

2. 风险监控的内容

(1) 风险应对措施是否按计划正在实施。

(2) 风险应对措施是否如预期的那样有效，收到显著的效果，或者是否需要制订新的应对方案。

（3）对工程项目建设环境的预期分析，以及对项目整体目标实现可能性的预期分析是否仍然成立。

（4）风险的发生情况与预期的状态相比是否发生了变化，并对风险的发展变化做出分析判断。

（5）识别到的风险哪些已发生，哪些正在发生，哪些有可能在后面发生。

（6）是否出现了新的风险因素和新的风险事件，它们的发展变化趋势又是如何等。

3. 风险监视方法

（1）工程项目进度风险监视方法。可以用横道图法和前锋线法监视局部工程进度情况，用S曲线法监视整体工程进度实施情况。

（2）工程项目技术性能或质量风险监视方法。对工程项目技术性能或质量风险的监视主要在项目施工阶段进行，其监视应分施工过程和工程产品两个层面。对这两个层面的风险监视，均可采用控制图。控制图，也称管理图，它既可用来分析施工工序是否正常、工序质量是否存在风险，也可用来分析工程产品是否存在质量风险。

（3）工程项目费用风险监视方法。费用风险监视可采用横道图法和净值分析法，前者可用于局部费用风险分析，后者则用于对工程项目的整体风险分析。

4. 风险控制措施

通过项目风险监视，不但可以把握工程项目风险的现状，而且可以了解工程项目风险应对措施的实施效果、有效性，以及出现了哪些新的风险事件。在风险监视的基础上，应针对发现问题，及时采取措施。这些措施包括权变措施、纠正措施，以及提出项目变更申请或建议等。并对工程项目风险重新进行评估，对风险应对计划作重新调整。

（1）权变措施。风险控制的权变措施，即是未事先计划或考虑到的应对风险的措施。工程项目是一开放性系统，建设环境较为复杂，有许多风险因素在风险计划时是考虑不到的，或者对其没有充分的认识。因此，对其的应对措施可能会考虑不足，或者事先根本就没有考虑。而在风险监控时才发现某些风险的严重性甚至发现一些新的风险。若在风险监控中面对这种情况，就要求能随机应变，提出应急应对措施。对这些措施必须有效地做记录，并纳入项目和风险应对计划之中。

（2）纠正措施。纠正措施就是使项目未来预计绩效与原定计划一致所作的变更。借助于风险监视的方法，或发现被监视工程项目风险的发展变化，或是否出现了新的风险。若监视结果显示，工程项目风险的变化在按预期发展，风险应对计划也在正常执行，这表明风险计划和应对措施均在有效地发挥作用。若一旦发现工程项目列入控制的风险在进一步发展或出现了新的风险，则应对项目风险作深入的分析评估，并在找出引发风险事件影响因素的基础上，及时采取纠正措施（包括实施应急计划和附加应急计划）。

（3）项目变更申请。如提出改变工程项目的范围、改变工程设计、改变实施方案、改变项目环境、改变工程项目费用和进度安排等的申请。一般而言，如果频繁执行应急计划或权变措施，则需要对项目计划进行变更以应对项目风险。

在工程项目施工阶段，无论是业主、监理单位、设计单位，还是承包商，认为原设计图纸、技术规范、施工条件、施工方案等方面不适应项目目标的实现,或可能会出现风险,均可向监理工程师提出变更要求或建议,但该申请或建议一般要求是书面的。工程变更申请一般由监理工程师组织审查。监理工程师负责对工程变更申请书或建议书进行审查时,应充分与业主、设计单位、承包商进行协商,对变更项目的单价和总价进行估算,分析因变更引起的该项工程费用增加或减少的数额,以及分析工程变更实施后对控制项目的纯风险所产生的效果。工程变更一般应遵循的原则有:

①工程变更的必要性与合理性。
②变更后不降低工程的质量标准,不影响工程完工后的运行与管理。
③工程变更在技术上必须可行、可靠。
④工程变更的费用及工期是经济合理的。
⑤工程变更尽可能不对后续施工在工期和施工条件上产生不良影响。

(4) 风险应对计划更新。风险是一随机事件,可能发生,也可能不发生;风险发生后的损失可能不严重,比预期的要小,也可能损失较严重,比预期的要大。通过风险监视和采取应对措施,可能会减少一些已识别风险的出现概率和后果。因此,在风险监控的基础上,有必要对项目的各种风险重新进行评估,将项目风险的次序重新进行排列,对风险的应对计划也相应进行更新,以有效地控制新的风险和重要风险。

5. 项目风险应急计划

工程项目风险应急计划是假定风险事件肯定发生的条件下,所确定的在工程项目风险事件发生时所实施的行动计划。该计划主要包括项目预备费计划和项目技术措施后备计划。

(1) 项目预备费计划

工程项目预备费或应急费,在一般的工程概算中也称不可预见费,是指在实施前难以预料而在实施过程中又可能发生的、在规定范围内的工程和费用,以及工程建设期内发生的价差。预备费包括基本预备费和价差预备费两项。

1) 基本预备费。指工程建设过程中初步设计范围以内的设计变动增加的费用、国家的政策性变动增加的费用等。

2) 价差预备费。指工程建设过程中,因人工、材料、施工机械使用费和工程设备价格上涨而导致费用增加的部分。

在工程概算中,预备费一般取工程直接费和间接费之和的5%左右。但在工程项目风险管理中,宜根据工程项目具体风险的情况,按已识别的风险及其排列,分别考虑每一风险事件的预备费用,然后汇总。

应对风险的预备费用一般是不能分散到项目的具体费用中去的,一般也是不宜随便动用的。没有一定量的预备费用是不行的,可能不足以抵抗风险;盲目地预留预备费用也是不可取的,因为这样会增加工程项目的筹资成本和分散项目建设资金。

(2) 项目技术措施后备计划

工程项目技术措施后备计划是专门应对技术类风险的,是一系列事先研究好的工程技术方案,如工程质量保证措施、施工进度调整方案等。这些工程技术方案是针对具体的项目风险而制订的,不同风险有不同的技术方案。仅当项目风险事件发生,一般才能启动这些方案,常常也需要和项目预备费计划协调实施。

10.3 工程保险与担保

10.3.1 工程项目保险

1. 工程保险及其保障范围

工程保险承保的保障范围包括因保险责任范围内的自然灾害和意外事故及工人、技术人员的疏忽、过失等造成的保险工程项目物质财产损失，在工地施工期间内对第三者造成的财产损失或人身伤害而依法应由被保险人承担的经济赔偿责任。由于工程项目本身涉及多个利益方，凡是对工程保险标的具有可保利益者，都对工程项目承担不同程度的风险，均可以从工程保险单项下获得保险保障。本保险的保险金额可先按工程项目的合同价或概算拟定，工程竣工后再按工程决算数调整。

2. 工程保险的分类

（1）按保险标的分类

工程保险按保险标的可以分为建筑工程一切险、安装工程一切险、机器损失保险和船舶建造险。

（2）按工程建设所涉及的险种分类

1）建筑工程一切险。建筑工程一切险是以建筑工程中的各种财产和第三者的经济赔偿责任为标的的保险。承保的工程包括各种以土木建筑为主体的工业、民用和公共事业用的工程，如住宅、商业用房、学校、剧院、工业厂房、电站、公路、铁路、飞机场、桥梁、船闸、大坝、隧道、港口等。

2）安装工程一切险。安装工程一切险主要承保机器和设备在安装过程中因自然灾害和意外事故所造成的损失，包括物质损失、费用损失、第三者损害的赔偿责任。

3）第三方责任险。该险种一般附加在建筑工程（安装工程）一切险中，承保的是施工造成的工程、永久性设备及承包商设备以外的财产和承包商雇员以外的人身损失或损害的赔偿责任。保险期为保险生效之日起到工程保修期结束。

4）雇主责任险。该险种是承包商为其雇员办理的保险，承保承包商应承担的其雇员在工程建设期间因与工作有关的意外事件导致伤害、疾病或死亡的经济赔偿责任。

5）承包商设备险。承包商在现场所拥有的（包括租赁的）设备、设施、材料、商品等，只要没有列入工程一切险标的范围的都可以作为财产保险标的，投保财产险。这是承包商财产的保障，一般应由承包商承担保费。

6）意外伤害险。意外伤害险是指被保险人在保险有效期间因遭遇非本意、外来的、突然的意外事故，致使其身体蒙受伤害而残疾或死亡时，由保险人依照保险合同规定付给保险金的保险。意外伤害险可以由雇主为雇员投保，也可以由雇员自己投保。

7）执业责任险。执业责任险是以设计人、咨询商（监理人）的设计、咨询错误或员工工作疏漏给业主或承包商造成的损失为保险标的的险种。

（3）按主动性、被动性分类

1）强制性保险。所谓强制性保险是指根据国家法律法规和有关政策规定或投标人按招标文件要求必须投保的险种，如在工业发达国家和地区，强制性的工程保险主要有建筑工程一切险（附加第三者责任险）、安装工程一切险（附加第三者责任险）、社会保险（如人身意外险、雇主责任险和其他国家法令规定的强制保险)、机动车辆险、10年责任险和5年责任险、专业责任险等。

2) 自愿保险。自愿保险是由投保人完全自主决定投保的险种，如在国际上常被列为自愿保险的工程保险主要有国际货物运输险、境内货物运输险、财产险、责任险、政治风险保险、汇率保险等。

(4) 按单项、综合投保分类

1) 单项保险。单项保险是在一个工程项目的多个可保标的中对其中一个标的进行投保以及对多个标的分别投保的方式。

2) CIP保险。CIP是英文 Controlled Insurance Programs 的缩写，有人译为受控保险计划，也有人翻译为投保工程一切险，其实质是"一揽子保险"。CIP保险的基本运行机制是在工程承包合同中明确规定，由业主或承包商统一购买"一揽子保险"，保障范围覆盖业主、承包商及所有分包商，内容包括了劳工赔偿、雇主责任险、一般责任险、建筑工程一切险、安装工程一切险。

3. 工程保险的投保

(1) 选择保险顾问或保险经纪人。

(2) 确定投保方式和投保发包方式。

投保方式是指一揽子投保还是分别投保，是业主投保还是承包商投保，或者是各自投保。

投保发包方式是指通过招标投保还是直接询价投保。

(3) 准备有关承保资料，提出保险要求。如果采取保险招标，则应准备招标文件。

①承保资料：

为了对项目风险进行准确的评估，保险人通常会需要投保人提供与工程有关的文件、图纸和资料，包括工程地质水文报告、地形图、工程设计文件和工程造价文件、工程合同、工程进度表以及有关业主的情况、投资额多少、资金来源、承包方式、施工单位的资料等。

②保险要求：

保险要求是投保人对保险安排的设想，主要解决保什么，怎么保。保险人在对工程项目评估后就可根据投保人的保险要求设计保险方案。所以，保险方案是投保人的要求和保险人的承保计划的体现，主要包括：

保险责任范围；

建筑工程项目，各分项保险金额及总保额；

物质损失免赔额及特种危险的赔偿限额；

安装项目及其名称、价值和试车期；

是否投保施工、安装机具设备，其种类和重置价值；

是否投保场地清理费和现有建筑物及其保额；

是否加保保证期，其种类、期限；

是否投保第三者责任险，赔偿限额和免赔额；

其他特别附加条款。

③保险招标文件：

当确定采用招标选择保险人时，招标文件编写就是选择保险人最关键的工作。主要的内容有：

保险标的（保险项目清单）及保险金额；

保险费的计算方法；

投标资格要求；

投保人要求；

评标标准与方法；

保险合同条款。一般都采用标准的文本。

（4）将有关资料发给国内保险公司并要求报价，如采取招标方式，发售招标文件。

（5）谈判或经过开标、评标选定保险人。

（6）填写投保申请表或投保单。

（7）就保单的一些细节进行最后商定。

（8）双方签署保险单。

4. 选择保险人应考虑的因素

投保人应从安全的角度出发，全盘考虑保险安排的科学性，以合理的保费支出，寻求可靠的保险保障。对保险人的选择主要应考虑以下几个方面：

（1）保险人的资信、实力。

（2）风险管理水平。

（3）同类工程项目的管理经验。

（4）保险服务。

（5）技术水平。

（6）费率水平及分保条件。

5. 保险合同的构成

（1）投保申请书或投保单

某些险种习惯于使用投保申请书，而有的险种习惯于使用投保单。投保申请书、投保单主要内容包括投保人、工程关系各方、被保险人、工程建设地点、建设工期、建设地的地质水文资料以及建设工程的详细情况、投保保险标的（清单）以及相应的投保金额、随申请附的资料等。由投保人如实和尽可能详尽地填写并签字后作为向保险公司投保建筑、安装工程险的依据。投保申请书（投保单）为工程保单的组成部分。投保申请书（投保单）在未经保险公司同意或未签发保险单之前不发生保险效力。

（2）保险单

保险单一般由保险公司提供标准格式，每个险种都有其相应的标准格式。主要内容是确认的投保人、被保险人和保险人，工程建设地点、建设工期、建设现状，保险险种、保险标的（清单）、保险金额、保险费，特殊保险内容的约定。

保险公司根据投保人投保申请书（投保单），在投保人缴付约定的保险费后，同意按保险单条款、附加条款及批单的规定以及明细表所列项目及条件承保约定的险种。投保申请书（投保单）为保险单的组成部分。

（3）保险条款

保险条款是规定保险合同双方权利义务的法律文件，一般使用标准文本。目前使用的保险条款是中国人民保险公司编制的，常用的有建筑工程一切险保险条款和安装工程一切险保险条款。

6. 保险合同的内容

（1）投保人名称和住所。

（2）投保人、被保险人名称和住所，以及人身保险的受益人的名称和住所。

（3）保险标的。

（4）保险责任和责任免除。

（5）保险期间和保险责任开始时间。

（6）保险价值。

（7）保险金额。

（8）保险费以及支付办法。

（9）保险金赔偿或者给付办法。

（10）违约责任和争议处理。

7. 工程保险的索赔管理

（1）及时报损。一旦发生自然灾害或意外事故或被保险人获悉时，在尽可能短的时间内通知保险公司。

（2）保护现场。在可能的情况下保留现场以便保险公司现场调查取证，并予以充分的协助。

（3）填报出险通知书。出险通知书一般应在保险公司的协助下填写，这是索赔的第一份正式文件。

（4）提供理算依据。按保险单的规定提供有关的凭证、账册、单据、证明等作为理算的依据。

（5）协助收集理算依据。协助保险公司或理算人、独立的第三方进行处理理赔案所必需的资料收集工作。

（6）达成受损财物处置意见。在进行受损财产修理或重建以前，被保险人和保险公司应当就由保险公司负责赔偿的受损财产的损失程度、数量、施救费用等达成统一意见，以避免争议。

（7）修理费用。如受损财产由被保险人自行修理，应提供包括修理所用物料、耗费工时等事项的修理费用清单；如为外单位修理或重建，则应提供相关发票。

（8）填制损失清单。一般应在保险公司的协助下填写。

（9）第三方追赔。如损失是由第三方的原因造成，被保险人应及时向第三方提出追偿，但不应做出任何承诺，同时应将有关事项告知保险公司。经保险公司赔偿后的相应权益应签署权益转让书转让给保险公司，并协助保险公司追偿。

（10）争取预付赔款。对属于保险责任内的大赔款，若金额一时难以确定，保险公司可在估损金额的一定比例（具体数值视当时情况而定）内单独先行预付赔款，以帮助受损公司及时恢复生产。损失金额一经最终确定，保险公司可在规定的时间内支付其余赔款。

（11）签订赔偿协议。一旦索赔单证齐全，保险双方就赔款金额达成一致，保险公司即可支付赔款。

10.3.2 工程项目担保

1. 工程担保的基本概念

担保是指承担保证义务的一方,即保证人(担保人)应债务人(被担保人)的要求对债权人(权利人)的某种义务向债权人做出的书面承诺,保证债务人按照合同规定条款履行义务和责任,或及时支付有关款项,保障债权人实现债权的信用工具。担保制度在国际上已有很长的历史,已经形成了比较完善的法规体系和成熟的运作方式。中国的担保制度的建设是以 1995 年颁布的《中华人民共和国担保法》为标志的,现在已经进入了一个快速发展阶段。

工程保证担保是合同当事人为了保证工程合同的切实履行,由保证人作为第三方对建设工程中一系列合同的履行进行监管并承担相应的责任,是一种采用市场经济手段和法律手段进行风险管理的机制。在工程建设中,权力人(债权人)为了避免因义务人(债务人)原因而造成的损失,往往要求由第三方为义务人提供保证,即通过保证人向权利人进行担保,倘若被保证人不能履行其对权利人的承诺和义务,以致权利人遭受损失,则由保证人代为履约或负责赔偿。工程保证担保制度在世界发达国家已有一百多年的发展历程,已成为一种国际惯例。《世界银行贷款项目招标文件范本》、国际咨询工程师联合会 FIDIC《土木工程施工合同条件》、英国土木工程师协会 ICE《新工程合同条件(NEC)》、美国建筑师协会 AIA《建筑工程标准合同》等对于工程担保均进行了具体的规定。

工程担保制度是以经济责任链条建立起保证人与建设市场主体之间的责任关系。工程承包人在工程建设中的任何不规范行为都可能危害担保人的利益,担保人为维护自身的经济利益,在提供工程担保时,必然对申请人的资信、实力、履约记录等进行全面的审核,根据被保证人的资信实行差别费率,并在建设过程中对被担保人的履约行为进行监督,通过这种制约机制和经济杠杆,可以迫使当事人提高素质、规范行为,保证工程质量、工期和施工安全。另外,承建商拖延工期、拖欠工人工资和供货商货款、保修期内不尽保修义务和设计人延迟交付图纸及业主拖欠工程款等问题光靠工程保险解决不了,必须借助于工程担保。实践证明,工程保证担保制度对规范建筑市场、防范建筑风险特别是违约风险、降低建筑业的社会成本、保障工程建设的顺利进行等方面都有十分重要和不可替代的作用。

2. 担保的方式

(1) 保证

保证是指保证人和债权人约定当债务人不履行债务时,保证人按照约定履行债务或者承担责任的行为。

(2) 抵押

抵押是指债务人或者第三人不转移对所拥有财产的占有,将该财产作为债权的担保。债务人不履行债务时,债权人有权依法从将该财产折价或者拍卖、变卖的价款中优先受偿。

(3) 质押

质押是指债务人或者第三人将其质押物移交债权人占有,把该物作为债权的担保。债务人不履行债务时,债权人有权依法从将该物折价或者拍卖、变卖的价款中优先受偿。

(4) 留置

留置是指债权人按照合同约定占有债务人的动产，债务人不按照合同约定的期限履行债务的，债权人有权依法留置该财产，从将该财产折价或者拍卖、变卖的价款中优先受偿。

(5) 定金

当事人可以约定一方向对方给付定金作为债权的担保。债务人履行债务后，定金应当抵作价款或者收回。给付定金的一方不履行约定的债务的，无权要求返还定金；收受定金的一方不履行约定的债务的，应当双倍返还定金。

(6) 反担保

第三人为债务人向债权人提供担保时，可以要求债务人提供反担保，也就是要求被担保人向担保人提供一份担保。反担保方式既可以是债务人提供的抵押或者质押，也可以是其他人提供的保证、抵押或者质押。

3. 工程担保的内容

(1) 投标担保

投标保证担保是在建设工程总包或分包的招投标过程中，保证人为合格的投标人向招标人提供的担保，保证投标人不在投标有效期内中途撤标；中标后与招标人签订施工合同并提供招标文件要求的履约以及预付款等保证担保。如果投标人违约，招标人可以没收其投标保函，要求保证人在保函额度内予以赔偿。

(2) 承包商履约担保

履约保证是指由于非业主的原因，承包商无法履行合同义务，保证机构应该接受该工程，并经业主同意由其他承包商继续完成工程建设，业主只按原合同支付工程款，保证机构须将保证金付给业主作为赔偿。履约保证充分保障了业主依照合同条件完成工程的合法权益。

(3) 承包商付款担保

付款担保是指若承包商没有根据工程进度按时支付工人工资以及分包商和材料设备供应商的相关费用，经调查确认后由保证机构予以代付。付款保证使得业主避免了不必要的法律纠纷和管理负担。

(4) 预付款担保

预付款担保是要求承包商提供的为保证工程预付款用于该工程项目，不准承包商挪作他用及卷款潜逃的担保。

(5) 维修担保

维修担保是为保障维修期内出现质量缺陷时，承包商负责维修而提供的担保。维修担保可以单列，也可以包含在履约担保内，也有采用扣留一定比例工程款作担保的。

(6) 业主付款担保

业主工程款支付保证是保证人为有支付能力的业主向承包商提供的担保，保证业主按施工合同的约定向承包商支付工程款，若业主违约，保证人在保函额内代为支付。

(7) 业主责任履行担保

业主责任保证是保证人为业主履行合同约定的义务和责任而向承包商提供的担保，保证业主按合同的约定履行义务，承担责任。

(8) 完工担保

完工担保是保证人为承包商按照承包合同约定的工期和质量完成工程向业主提供的担保。

4. 投标担保

投标担保是指投标人在投标报价前或者在投标报价的同时向招标人提供的担保,保证投标人一旦中标,即按招标文件的有关规定签约承包工程。

(1) 担保方式

投标担保可以采用银行保函、担保公司担保书、同业担保书和投标定金担保方式,但一般都采用银行保函或定金担保的方式;具体方式由招标人在招标文件中规定。对未能按招标文件要求提交投标担保的投标,可视为不响应招标而予以拒绝。

(2) 投标担保的额度

投标担保额度为投标总价的 0.5%～5%,视工程大小及工程所在地区的经济状况,并参照当地的惯例,由招标文件规定。我国房屋和基础设施工程招标的投标保证金为投标价的 2%,但最高不超过 50 万元。

(3) 担保的有效期

投标担保的有效期应超出投标有效期的 10～28 天,但在确定中标人后 3～10 天以内返还未中标人保函、担保书或定金。不同的工程可以有不同的时间规定,这些都应该在招标文件中明确。

(4) 投标担保的解除

1) 招标文件应明确规定在确定中标人后多少天以内返还未中标人保函、担保书或定金。

2) 中标人的投标担保可以直接转为履约担保的一部分,或在其提交了履约担保并签订了承包合同之后退还。

(5) 违约责任

1) 采用银行保函或者担保公司保证书的,除不可抗力外,投标人在开标后和投标有效期内撤回投标文件,或者中标后在规定时间内不与招标人签订工程合同的,由提供担保的银行或者担保公司按照担保合同承担赔偿责任。

如果是收取投标定金的,除不可抗力外,投标人在开标后的有效期内撤回投标文件,或者中标后在规定时间内不与招标人签订工程合同的,招标人可以没收其投标定金;实行合理低价中标的,还可以要求按照与第二标投标报价的差额进行赔偿。

2) 除不可抗力因素外,招标人不与中标人签订工程合同的,招标人应当按照投标保证金的 2 倍退还中标人。给对方造成损失的,依法承担赔偿责任。

5. 承包商履约担保

履约担保是为保障承包商履行承包合同所作的一种承诺,这是工程担保中最重要的也是担保金额最大的一种工程担保。

(1) 担保方式

承包商履约担保可以采用银行保函、担保公司担保书和履约保证书的方式,也可以采用同业担保方式,由实力强、信誉好的承包商为其提供履约担保,还应当遵守国家有关企业之间提供担保的有关规定,不允许两家企业互相担保或者多家企业交叉互保。

采用银行保函担保的,当承包商由于非业主的原因而不履行合同义务时,一般都是由担保人在担保额度内对业主损失支付赔偿。采用担保公司或同业担保书担保的,当承包商由于非业主的原因而不履行合同义务时,应由担保人向承包商提供资金、设备或者技术援助,使其能继续履行合同义务;或直接接管该项工程,代为履行合同义务;或另觅经业主同意的其他承包商,继续履行合同义务;或按照合同约定,在担保额度范围内,对业主的损失支付赔偿。

采用履约保证金的,中标人不履行合同的,履约保证金不予退还,给招标人造成的损失超过履约保证金数额的,应当对超过部分予以赔偿;履约保证金可以是现金也可以是支票、银行汇票或银行保函。

(2) 担保额度

采用履约担保金方式(包括银行保函)的履约担保额度为 5%~10%;采用担保书和同业担保方式的一般为合同价的 10%~15%。

(3) 履约担保的有效期

承包商履约担保的有效期应当截止到承包商根据合同完成了工程施工并经竣工验收合格之日。业主应当按承包合同约定在承包商履约担保有效期截止日后若干天之内退还承包商的履约担保。

(4) 履约担保的索赔

为了防止业主恶意支取承包商的履约担保金,一般应在合同中规定在任何情况下,业主就承包商履约担保向保证人提出索赔之前,应当书面通知承包商,说明导致索赔的违约性质,并得到项目总监理工程师及其监理单位对索赔理由的书面确认。

(5) 履约担保的递补

承包商在业主就其履约担保索赔了全部担保金额之后,应当向业主重新提交同等担保金额的履约担保,否则业主有权解除承包合同,由承包商承担违约责任。若剩余合同价值已不足原担保金额,则承包商重新提交的履约担保的担保金额以不低于剩余合同价值为限。

6. 业主支付担保

业主支付担保是保证业主不拖欠工程款而提供的担保,对于解决我国普遍存在的拖欠工程款现象是一项有效的措施。

(1) 担保方式与额度

业主应当在签订工程承包合同时,向承包商提交支付担保,担保金额应当与承包商履约担保的金额相等,业主可以采用银行保函或者担保公司担保书的方式。小型工程项目也可以由业主依法实行抵押或者质押担保。

(2) 担保有效期

业主支付担保的有效期应当截止到业主根据合同约定完成了除工程质量保修金以外的全部工程结算款项支付之日,承包商应当按合同约定在业主支付担保有效期截止日后若干天内退还业主的支付担保。

(3) 担保的索赔

在任何情况下,承包商就业主支付担保向保证人提出索赔之前,应当书面通知业主,说明导致索赔的原因。

(4) 业主支付担保的递补

业主在承包商就其支付担保索赔了全部担保金额之后，应当及时向承包商重新提交同等担保金额的支付担保，否则承包商有权解除承包合同，由业主承担违约责任。总剩余合同价值已不足原担保金额，则业主重新提交的支付担保的担保金额以不低于剩余合同价值为限。

复 习 思 考 题

1. 简述工程项目风险的概念及其特征。
2. 简述工程项目风险管理的主要工作。
3. 如何应对工程项目风险？
4. 什么是工程保险？什么是工程担保？

11 工程项目安全及环境管理

11.1 工程项目安全管理体系

11.1.1 工程项目安全管理的主要内容

(1) 建立健全施工项目的安全管理网络体系，并确保网络体系的正常运行。

(2) 做好对施工项目的风险评估，制定风险削减计划和应急措施，实现对施工项目事故隐患（事故危险源）的实时监控。

(3) 编制施工组织设计，采用先进的工艺技术，科学布置，充分利用人、物、环境，实行文明施工，以形成良好的劳动条件。

(4) 制定切实可行的各项安全目标、指标，并分解到各部门、单位，做到千斤重担众人挑、人人肩上有指标，形成安全管理必须在项目生产经营活动的全员、全过程、全方位都要做好的理念。

(5) 制定项目施工安全生产和文明施工的管理办法、制度，并采取有效措施加强落实，实行用制度管人、管事。

(6) 做好对员工的安全知识培训和安全意识教育，努力提高全员的安全生产技能及自我保护意识，力求在项目上营造良好的安全生产氛围。

(7) 做好火灾、爆炸、高处坠落、坍塌、触电、机械伤害、中暑、中毒、物体打击、冻伤、车辆伤害和环境污染等事故预防工作，认真制定各种预防措施并加以落实。

(8) 实行生产、安全"五同时"，做到管生产必须管安全。

(9) 组织并做好定期和不定期的安全检查。

(10) 严格执行事故"四不放过"的原则，杜绝同类事故发生。

11.1.2 工程项目安全管理中的若干问题

(1) 政府部门安全监督管理中的问题

一直以来，建筑工程安全监督局限于大检查、标准化验收，而现有监督机构的安全监督人员正在做大量本该是建筑施工企业安全员应做的工作。事实上，无论是从人员数量、工作范围、工作深度，安全监督人员绝对代替不了施工企业安全员的工作。在工作方式方法上，往往是以点带面。监督机构仅能发现到位检查的那几天的部分工程的安全问题，而对大量不在现场检查时工程的安全就无法顾及了。其次，近几年来安全监督机构性质一直不是很明确，一定程度上也影响了安监机构人员的自身建设。另外，现行工程安全法律、法规仍有不完善之处，安全法规体系仍有空白，有的目前很难找到明确的依据。仅有《安全生产法》、《建设工程安全生产管理条例》等安全法规是远远不够的，如对监理单位处罚法规太少，《建筑施工安全技术统一规范》、《建筑施工安全管理规范》、《建筑施工现场环境与卫生标准》等相关标准及统一规定一旦出台，要加大力度认真执行。

(2) 施工安全监理方面的问题

某些地方要求监理单位负责安全监理工作，这对加强安全管理工作是有利的，但目前还缺乏法律依据。在法律未明确规定监理单位安全责任或监理单位非自愿承担安全监理工作的情况下，通过地方政府强行规定要求安全监理是不合适的。相反政府应该鼓励建设单位将安全监理工作通过合同形式委托监理单位依照合同实施。不过，现在监理单位也同样缺乏熟悉安全管理的监理人员。

(3) 施工单位安全管理中的问题

首先，安全管理人员数量不足。自 20 世纪 80 年代以来，建筑大军在不断发展壮大，而建筑施工企业内部安全管理队伍却一直在萎缩、流失，存在很大反差。第二，安全管理人员整体素质也在下降。在施工企业内部，有时往往把一些专业技术能力差或企业内部无法安排的人员分配到安全管理部门，其实根本无法胜任工作。第三，建筑施工企业内部安全投入不足，在安全上少投入成为企业利润挖潜的一种变相手段，安全自查、自控工作形式化。在市场经济条件下，企业领导最注重的是经济效益，安全工作口头化，往往落不到实处。第四，企业安全检查工作虚化，建筑企业过分依赖监督机构和监理单位，安全工作有的在很大程度上就是为了应付上级检查。没有形成严格明确细化的过程安全控制，全过程安全控制运行体系无法得到有效运行。

(4) 工程项目施工现场项目部的问题

其一，在现有股份制企业下，许多项目经理实质上是项目利润的主要受益人，有时项目经理比公司要更加追逐利润，更加忽视安全。其二，建筑安全技术规范中设定的安全系数对多数凭经验施工的管理员或技术工人来说是很难接受或不能理解的，因为他们一般都有安全储备不足但未发生事故的"成功经验"。从某种意义上说，大型支模架倒塌的特大事故就是受这种"成功经验"影响的必然结果。其三，建筑施工现场作业工人特别是劳务大军严重缺乏有效培训，近乎无安全意识，特别是刚进工地不久的年轻工人，安全知识缺乏，自我保护防护能力差。未经任何培训的临时工、农民工成为建筑工人的主力；而经培养的技术工人已少之又少，确实难以实现安全意识的全面提高。

11.1.3 工程项目安全管理的工作程序

(1) 确定项目的安全目标。按照"目标管理"的方法在以项目经理为首的项目管理系统内进行分解，从而确定每个岗位的安全目标，实现全员安全管理。

(2) 编制项目安全技术措施计划。对生产过程中的不安全因素，用技术手段加以消除和控制，并用文件化的方式表示，这是落实"预防为主"方针的具体体现，是进行工程项目安全管理的指导性文件。

(3) 安全技术措施计划的落实和实施。包括建立健全安全生产责任制、设置安全生产设施、进行安全教育和培训、沟通和交流信息，通过安全管理使生产作业的安全状况处于受控状态。

(4) 安全技术措施计划的验证。包括安全检查、纠正不合格情况，并做好检查记录工作。根据实际情况补充和修改安全技术措施。

(5) 持续改进，直至完成建设工程项目的所有工作。

11.2 工程项目安全事故及处理

11.2.1 工程项目安全事故的分类

(1) 职业伤害事故

职业伤害事故是指因生产过程及工作原因或与其相关的其他原因造成的伤亡事故。

①按照事故发生的原因分类

按照我国《企业伤亡事故分类》(GB 6441—1986) 标准规定，职业伤害事故分为20类，即物体打击、车辆伤害、机械伤害、起重伤害、触电、淹溺、灼烫、火灾、高处坠落、坍塌、冒顶片帮、透水、放炮、火药爆炸、瓦斯爆炸、锅炉爆炸、容器爆炸、其他爆炸、中毒和窒息、其他伤害。

②按照事故后果严重程度分类

按照《企业职工伤亡事故报告和处理规定》(国务院令第75号) 和《企业职工伤亡事故报告统计问题解答》(劳办发 [1993] 140号) 规定，事故分为五类，即轻伤事故、重伤事故、死亡事故、重大死亡事故和急性中毒事故。

轻伤事故。造成职工肢体或某些器官功能性轻度损伤，表现为劳动能力轻度或暂时丧失的伤害，一般每个受伤人员休息1个工作日以上，但够不上重伤者。

重伤事故。一般指受伤人员肢体残缺或视觉、听觉等器官受到严重损伤，能引起人体长期存在功能障碍或劳动能力有重大损失的事故。

死亡事故。一次事故中死亡职工1~2人的事故。

重大死亡事故。一次事故中死亡3人以上（含3人）的事故。

急性中毒事故。指生产性毒物一次或短期内通过人的呼吸道、皮肤或消化道大量进入体内，使人体在短时间内发生病变，导致职工立即中断工作，并需进行急救或死亡的事故。急性中毒的特点是：发病快，一般不超过一个工作日，有的毒物有一定的潜伏期，可在下班数小时发病。

③按照事故等级分类

按照《工程建设重大事故报告和调查程序规定》(建设部令第3号) 规定，事故分为四级，即一级重大事故、二级重大事故、三级重大事故和四级重大事故。

一级重大事故。死亡30人以上或直接经济损失300万元以上的。

二级重大事故。死亡10人以上、29人以下或直接经济损失100万元以上、不满300万元的。

三级重大事故。死亡3人以上、9人以下或重伤20人以上或直接经济损失30万元以上、不满100万元的。

四级重大事故。死亡2人以下或重伤3人以上、19人以下或直接经济损失10万元以上、不满30万元的。

在此，重大事故是指在工程建设过程中由于责任过失造成工程倒塌或报废、机械设备毁坏和安全设施失当造成人身伤亡或者重大经济损失的事故。

(2) 职业病

经诊断因从事接触有毒有害物质或不良环境的工作而造成急慢性疾病的，属于职业病。

2002年,卫生部会同劳动和社会保障部发布的《职业病目录》列出的法定职业病为10大类共115种。该目录中所列的10大类职业病为:尘肺、职业性放射性疾病、职业中毒、物理因素所致职业病、生物因素所致职业病、职业性皮肤病、职业性眼病、职业性耳鼻喉口腔疾病、职业性肿瘤、其他职业病。

11.2.2 工程项目安全事故的处理

(1) 安全事故的预防

在建筑施工中,常见的安全事故主要有高空坠落、机械伤害、突然崩塌、触电、烧伤、倾倒等。安全管理应将防止这些常见的事故作为工作的重点,采取相应的技术管理措施,防患于未然。具体内容如表11-1所示。

常见的安全事故种类及其预防内容   表11-1

安全事故种类	重点预防项目	需要落实的内容
坠落	脚手架	作业平台的结构
		跳板、安全网的使用
		吊脚手的作业平台
	孔口部分	围栅、扶手、盖板、监护人
	架设通道	扶手、隧道栈桥
	安全网及其他措施	
机械伤害	挖土机等	禁止入内的措施
		机械的通行路径
		指挥人员的配备
		机动车的信号装置、照明设备
		防滑动装置
	打桩、拔桩机	卷扬机的齿轮刹车
		车有荷载时的止车装置
		破损时的措施
		作业方法、顺序
突然崩塌	防止土石崩塌掉落	开挖地点的调查
		防塌方的支撑、防护网
		防塌方支撑杆件的安装
		挖补、横撑措施
电气事故	电气机械设备	带电部分的包扎、绝缘套
	电动机械器具	接地后使用
	移动电线	防止绝缘被损伤及老化
	带电作业	穿着绝缘保护用具和防护用具
		绝缘管、罩等装置,危险标识
倾倒	防止脚手架的倾倒	按脚手架结构规定最大荷载
		吊脚手的构造
	防止砖墙倒塌	靠近砖墙挖掘时的补强、搬迁等
	防止吊车倾倒	工作限制
		负荷限制
		倾斜角限制
	防止模板支撑倾倒	模板的构造、组装
		分段组装场合的垫板、垫脚
		混凝土浇制时的检查
	防止栈桥倾倒	根据构造和材料规定最大负荷

(2) 安全事故处理的原则("四不放过"原则)

安全事故处理的原则为:

①事故原因不清楚不放过；
②事故责任者和员工没有受到教育不放过；
③事故责任者没有得到严肃处理不放过；
④没有制定防范措施不放过。

(3) 安全事故处理程序

安全事故应该按下列程序进行处理：

①报告安全事故：安全事故发生后，受伤者或最先发现事故的人员应立即用最快的传递手段，将发生事故的时间、地点、伤亡人数、事故原因等情况，上报至企业安全主管部门。企业安全主管部门视事故造成的伤亡人数或直接经济损失情况，按规定向政府主管部门报告。

②事故处理：抢救伤员、排除险情、防止事故蔓延扩大，做好标识，保护好现场。

③事故调查：项目经理应指定技术、安全、质量等部门的人员，会同企业工会代表组成调查组，开展调查。

④调查报告：调查组应把事故发生的经过、原因、性质、损失责任、处理意见、纠正和预防措施撰写成调查报告，并经调查组全体人员签字确认后报企业安全主管部门。

11.2.3 工程施工项目安全管理的具体实施方法

(1) 建立健全施工项目的安全管理网络，确保网络体系的正常运行。

施工项目安全管理的对象是参加项目的所有人、物及环境，因此安全生产必须靠全员来完成。为了把全员的工作做好，仅靠一个项目经理是力不从心的，所以一定要建立一个健全的安全管理网络体系，该体系应该由项目经理牵头，由有关部门、各施工队、班组中具有一定安全管理知识的人员组成。具体的操作方法是：项目部成立安全领导小组，项目经理任组长，一名副经理任副组长，项目部其他领导、安全员、各施工队长为成员。同时，在基层施工队和生产班组中都要指派一名专（兼）职安全员负责此项工作。领导小组要定期召开会议，汇报总结并布置阶段性安全工作，研究解决重大安全问题。

(2) 做好对施工项目的风险评估，制定风险削减计划和应急措施，实现对施工项目重要环境因素（事故危险源）的实时监控。

要想做好对施工项目的安全管理，首要的一项工作就是分析项目在施工过程中可能出现什么样的事故，对可能造成事故的隐患进行评价，然后对这些危险源有针对性地制定削减计划，削减计划可采用先进的工艺技术实施技术保证，也可以指派具有丰富经验的人员进行现场作业或负责指挥和监督，同时还可以采用屏蔽隔离法，时间、人、物、轨迹交叉回避法，能量控制法等。在制定了风险消减计划后，由于其他不定因素影响，还可能发生事故。为了把事故损失控制在最小范围，还要制定应急措施，应急措施要做到组织、人员、救护方法三落实。而且要把计划、措施告知员工，以增加全员的风险意识，提高自主管理意识。

(3) 编制施工组织设计。采用先进工艺技术，科学布置，利用人、物和环境，实行文明施工，以形成良好的劳动条件。

一个施工项目从启动到竣工投产，在时间概念上，一般都要历时数天、数月，甚至数年；在工序上成千上万；在人员配置上为多工种协同作战，因此安全管理难度很大。为了合理组织安排工程项目的安全文明生产，在项目开工前就要认真编制好施工组织设计。在施工组织设计中,要绘制平面布置图,把原材料、半成品存放区、预制场、施工区、住宅区、食堂、厕所、水、电、气、路、停车场及其他占地进行划分,在施工过程中严格按施工组织设计执行,不允许随心所欲打乱仗。在执行的同时,要强化文明施工的管理,做到物以类别,标识齐全。确保电灯亮、道路通、设备完好、砖成垛、砂成方、工完料净场地清。用物的安全状态、人的安全行为为项目的安全生产提供基本保证。

(4) 制定切实可行的安全目标、指标,并分解到各部门、单位、班组,做到千斤重担众人挑,人人肩上有指标。

制定安全目标、指标,是保证项目实现效益最大化,激励日常安全管理的有效办法。安全目标、指标的制定,要依照法律和行政的要求提出,所定的安全目标、指标要具有严肃性、合理性及可操作性。一旦目标、指标确定后,就要分解到各单位,并讨论制定保证措施,以文件的形式下达到各部门、单位,以便人人头上有压力、肩上有担子,从而使项目的安全管理贯穿于生产经营活动的全方位、全过程。

(5) 制定项目安全生产和文明施工管理制度,并采取有效措施加以落实,用制度管人、管事。

制定项目安全生产和文明施工管理制度,应明确规定各级人员的岗位安全生产责任制。基本要求是:一个独立的职责,必须由一个人全权负责,要做到人人有责可负,同时要有奖惩办法,各种操作规程,原则要做到公平待人、对事,用制度规范人们的行为,以形成良好的安全生产秩序。

(6) 做好对员工的安全知识培训和安全意识教育,努力提高全员的安全生产技能及自我保护意识,力求在施工项目上营造良好的安全生产氛围。

安全知识培训和安全意识教育是提高员工安全生产意识和技能的主要途径,由于项目部是一个临时机构,集聚的人员可能来自方方面面,他们对本项目的安全生产要求不一定尽知,因此必须对所有人员进行安全培训与教育。具体方法可采用入场人员集中授课,由安全管理人员和工程技术人员进行施工项目有关安全生产和文明施工要求及工艺技术知识的教育,并进行考试,对不合格者再培训再考试,直到合格,不合格不许上岗。在做好一般教育的基础上,还要加强对特种作业人员的专门培训,凡特殊工种都要做到持证上岗。另外,施工队每周要进行一次安全讲话教育,生产班组每天都要进行班前讲话。

(7) 做好火灾、爆炸、高处坠落、坍塌、触电、机械伤害、中暑、中毒、物体打击、冻伤、车辆伤害和环境污染等事故预防工作,认真制定各种预防措施并加以落实。"安全第一,预防为主",是安全管理工作的原则,根据施工项目的施工环境,要认真编制各种预防措施,并在施工过程中予以落实。保证做到无人员伤亡、无财产损失、无环境污染事故发生。

(8) 实行生产安全"五同时",做到管生产必须管安全。

为实施安全对策,必须首先明确由谁来实施的问题。在施工项目安全管理中,在推行全员安全管理的同时,根据"管生产必须管安全"的原则,实行安全生产责任制,形成以项目经理为第一责任人的安全生产管理网络,明确各安全责任人的职责范围及对安全工作应负的责任。这是施工项目安全管理中最基本的一项安全制度,是各项安全管理规章制度的核心。就施工项目来说,项目经理是安全生产第一责任者,对本工程项目的安全生产负总责。而安全生产责任制的核心是实现安全生产的"五同时"。这就要求项目经理牢固树立"安全第一"的思想，在指挥生产的同时，必须负责安全管理工作。在计划、布置、检查、总结、评比生产的同时，计划、布置、检查、总结、评比安全工作，从而使施工项目管理有针对性、科学性、原则性和实践性，确保整个项目施工期间安全生产无事故，确保职工的安全、健康。

(9) 组织做好定期和不定期的安全检查工作。

安全生产检查的目的是切实落实责任，严格现场管理，促进隐患治理，层层落实各级安全生产责任。而建立健全施工项目的安全管理网络体系，做到把责任落实到人头，把责任区划分到人头，促使做好定期和不定期的安全检查，是消除各类隐患，实现安全生产的有效手段。

要做好施工项目的安全检查工作，应该从以下几个方面考虑：一是提高检查的权威性。施工项目的负责人要亲自参与组织安全检查，挑选责任心强、业务素质高的同志充实检查队伍。项目部要开展月检，施工队要实行周检，班组要进行日检。二是完善安全检查档案制度，做到有记录、有整改、有反馈，使前一次检查的整改情况成为下一次检查的首选对象，确保检查工作闭合循环，提高检查的针对性。三是采取各种方式，提高检查效果。一方面是自查自改、双向检查和下发限期整改通知单、填报整改情况反馈表等；另一方面是结合重点工作，不定期开展专项检查，如对各种作业证书检查等，对查出的问题要在整改的基础上严肃处理，不讲情面。

(10) 对事故实行"四不放过"原则，杜绝同类事故发生。

在施工项目安全管理中，稍有疏忽，事故隐患就会引发事故的发生。因此，在做好安全检查，把隐患当事故处理的同时，一旦发生事故，应严格按"四不放过"原则执行（即：事故原因不清楚不放过，事故责任人没有严肃处理不放过，群众没有受教育不放过，没有制定预防措施不放过），分析清楚原因、落实防范措施、教育职工，特别对那些既是事故受害者，又是事故责任者，要按上级有关指示精神，根据责任大小，严格落实经济责任制，并在职工中大力宣传，不能因同情受害者而免于对其处罚。

实践证明，只有依靠科学技术，规范项目管理，严格落实以上十项管理内容，才能保证工程项目的安全施工。

11.3 工程项目环境管理

11.3.1 工程项目环境保护的相关法规

(1)《中华人民共和国建筑法》的规定

《建筑法》对项目施工中的环境保护作了明确规定："建筑施工企业应当遵守有关环境保护和安全生产的法律、法规的规定，采取控制和处理施工现场的各种粉尘、废气、废水、固体废物以及噪声、振动对环境的污染和危害的措施。"

(2)《中华人民共和国环境保护法》的有关规定

①积极试验和采用无污染或少污染环境的新工艺、新技术、新产品。

②加强企业管理，实行文明生产，对于污染环境的废气、废水、废渣要实行综合利用，化害为利；需要排放的，必须遵守国家规定的标准；一时达不到国家标准的要限期治理；逾期达不到国家标准的，要限制企业的生产规模。

③一切排烟装置，工业窑炉、机动车辆、船舶等，都要采取有效的消烟除尘措施，有害气体的排放，必须符合国家规定的标准。

④加强对城市和工业噪声、振动的管理。各种噪声大、振动大的机械设备、机动车辆、航空器等，都应装置消声、防振设施。

⑤散发有害气体、粉尘的单位，要积极采用密闭的生产设备和生产工艺，并安装通风、吸尘和净化、回收设施。劳动环境的有害气体和粉尘含量，必须符合国家工业卫生标准的规定。

(3)《建设项目环境保护管理条例》的有关规定

《建设项目环境保护管理条例》规定："建设项目需要配套建设的环境保护设施，必须与主体工程同时设计、同时施工、同时投产使用。"这就是我们通常所称的建设项目"三同时"制度。其中对同时施工的基本要求是：

①建设单位委托建设项目施工时，必须将环境保护设施与主体工程同时委托施工。

②施工单位承担建设项目施工时，必须将环境保护设施与主体工程同时进行施工。

③在施工过程中，施工单位必须采取有效措施，防止或者减轻施工所造成的污染危害，并及时处理废弃物，修复受到破坏的环境。

11.3.2 施工单位的环境保护措施

(1) 组织措施

①实行环保目标责任制

把环保指标以责任书的形式层层分解到有关单位和个人，列入承包合同和岗位责任制，建立一支懂行善管的环保自我监控的队伍体系。项目经理是环保工作的第一责任人，是施工现场环境保护自我监控体系的领导者和责任者。建筑企业要把环保政绩作为考核项目经理的一项重要内容。

②加强检查和监控工作

要加强检查，加强对施工现场粉尘、废气的监测、监控工作。要与文明施工现场管理一起检查、考核、奖罚。及时采取措施消除粉尘、废气和污水的污染。

③保护和改善施工场地环境，要进行综合治理

一方面施工单位要采取有效措施控制人为噪声、粉尘的污染和采取技术措施控制烟尘、污水、噪声污染；另一方面，建设单位应该负责协调外部关系，同当地居委会、村委会、办事处、派出所、居民、施工单位、环保部门加强联系。要做好宣传教育工作，认真对待来信来访，凡能解决的问题，立即解决，一时不能解决的扰民问题，也要说明情况，求得谅解并限期解决。

(2) 技术措施

在编制施工组织设计时，必须有环境保护的技术措施。在施工现场平面布置和组织施工过程中都要执行国家、地区、行业和企业有关防治空气污染、水源污染、噪声污染等环境保护的法律、法规和规章制度。

①防施工噪声

主要是科学安排施工，合理选择和调整施工时间和机械配置。

在建筑施工过程中，应对施工进行科学安排，尽可能将施工作业时间安排在白天。在居民区附近路段，严禁晚上进行大规模施工活动，以减少对居民的干扰。

从施工机械方面进行合理选择,在一些环境敏感区附近施工时,要及时调整施工设备,增加轻型振动设备,减少施工设备振动和噪声对沿线居民产生的影响。

②防大气污染

材料堆放应采取必要挡风措施,减少扬尘。

组织好材料和土方运输,防止扬尘和材料散落造成环境污染。

材料运输宜采用封闭性较好的自卸车运输或采取覆盖措施。

对施工场地、材料运输及进出料场的道路应经常洒水防尘。

除设有符合规定的装置外,禁止在施工现场焚烧油毡、橡胶、塑料、皮革、树叶、枯草、各种包装皮等以及其他会产生有毒、有害烟尘和恶臭气体的物质。

机动车都要安装PVC阀,对那些尾气排放超标的车辆要安装净化消声器,确保不冒黑烟。

工地茶炉、大灶、锅炉,尽量采用消烟除尘型和消烟节能回风灶,烟尘降至允许排放量为止。

工地搅拌站除尘是治理的重点,有条件的应采用现代化先进设备降低粉尘污染;或者使用预拌混凝土。

③防止水源污染

禁止将有毒有害废弃物作土方回填。

施工现场搅拌站废水,现制水磨石的污水,电石(碳化钙)的污水须经沉淀池沉淀后再排入城市污水管道或河流。最好将沉淀水用于工地洒水降尘或采取措施回收利用。上述污水未经处理不得直接排入城市污水管道或河流中去。

现场存放油料必须对库房地面进行防渗处理。如采用防渗混凝土地面、铺油毡等。使用时,要采取措施,防止油料跑、冒、滴、漏,污染水体。

施工现场100人以上的临时食堂,污水排放时可设置简易有效的隔油池,定期掏油和杂物,防止污染。

工地临时厕所,化粪池应采取防渗漏措施。中心城市施工现场的临时厕所可采用水冲式厕所,蹲坑上加盖,并有防蝇、灭蝇措施,防止污染水体和环境。

化学药品、外加剂等要妥善保管,库内存放,防止污染环境。

④加强回收处置与重复利用

在杜绝污染源减少污染物的同时,对已造成的污染物及时进行回收处理,并通过技术手段重复再利用,这也是至关重要的技术措施。

对建筑垃圾进行分类处理。砂、石类可作混凝土的骨料,碎砖头作三合土或回填料,落地灰、碎屑等经粉碎后作砂浆骨料,塑料桶、箱、盒、编织袋等可处理给废品收购站。

在混凝土搅拌机及冲刷集中的地方建贮水池、集水井及时回收废弃水,经沉淀处理后再用于工程或冲刷。

人员较多的大型施工场地,可在厕所附近建沼气池,作垃圾、粪便处理,用产生的沼气烧水、做饭、照明,不仅消除了生活污染、废气污染,而且还可节省施工费用。

将废机油回收用于模板工程作隔离剂或用作防腐。

金属类、木材类、纤维类等废弃物除部分重复利用外可处理给废品收购站视作再生资源。

11.3.3 建设单位的环境保护管理措施

(1) 施工招标时对施工单位的环保措施进行审查

施工招标时应将施工单位的环境保护素质作为评标定标的条件之一,要求施工单位设立专(兼)职环保管理人员,拟订详细而切实可行的环保方案。

(2) 加强合同管理,提高环保意识

为了保证建筑施工过程中施工单位对环境保护的重视,应在施工承包合同中,增加有关环境保护方面的条款。例如,临时用地、清场、道路使用、文物保护、环境保护等,明确承包人对保护环境的责任和义务。从而促使施工单位提高环境保护意识,加强环保治理。

(3) 建立环保监督机构

建设单位应主动与环保行政职能部门相配合,成立环境保护管理办公室,负责对施工单位的环境保护措施及其实施情况进行检查监督,对于不利于环保的措施和操作程序提出意见。

(4) 进行施工期间的环保监测

施工期间,由环保行政职能部门对施工过程中的噪声污染、大气污染、水质污染、景观破坏等情况进行实时监测,对于出现超标或不利于环保的严重行为及时通知施工单位整改,采取补救措施,严重者应追究法律责任。

(5) 发挥监理工程师的监督作用

监理工程师在环保管理中的作用很重要,不仅要抓好合同、进度、质量和建设资金使用的管理,也要负责对施工单位的环保工作的实施情况进行监督;检查工程设计中不利于环保的各种工程隐患;检查环保工程设计是否得以实施、质量是否达到要求;检查环保工程资金的使用是否落到实处;配合环保职能部门做好施工期间的环保检测和监督工作。此外,对于施工单位存在的造成环境严重破坏和污染的施工活动,监理工程师必须依据相关环保法规、政策规定加以严格控制,并责成施工单位采取有效措施进行整改。

(6) 充分利用工程支付的调节手段,将环境保护工作落到实处

在施工承包合同中应订立专门条款,加强工程支付管理,充分利用工程支付的调节作用,强化施工期间的环保工作。

(7) 妥善进行环境补偿

在施工期间,建设单位要严格遵守有关法律,对各种环境问题进行补偿。例如,使用地方道路及污染的补偿,施工噪声及振动补偿、临时用地超期补偿、林地补偿等,以便能及时对损坏的道路进行修复,对损坏的建筑物进行加固,对占用的林地补偿同等数量的林地,等等,从而减少对环境的进一步影响。

11.3.4 环境管理体系简介

(1) 环境管理体系的作用和意义

国际标准化组织(ISO)从1993年6月正式成立环境管理技术委员会(ISO/TC 207)开始,就遵照其宗旨:"通过制定和实施一套环境管理的国际标准,规范企业和社会团体等所有组织的环境表现,使之与社会经济发展相适应,改善生态环境质量,减少人类各项活动所造成的环境污染,节约能源,促进经济的可持续发展"。经过3年的努力到1996年推出了ISO 14000系列标准。同年,我国将其等同转换为国家标准GB/T 24000系列标

准。其作用和意义为：

保护人类生存和发展的需要。

国民经济可持续发展的需要。

建立市场经济体制的需要。

国内外贸易发展的需要。

环境管理现代化的需要。

协调各国管理性"指令"和控制文件的需要。

（2）环境管理体系的运行模式

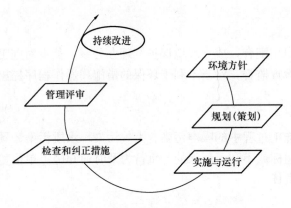

图11-1 环境管理体系的运行模式

图11-1给出了环境管理体系的运行模式，该模式的规定为环境管理体系提供了一套系统化的方法，指导其组织合理有效地推行其环境管理工作。该模式环境管理体系建立在一个由"策划、实施、检查、评审和改进"诸环节构成的动态循环过程的基础上。职业健康安全管理体系也完全按此模式建立。

（3）建立环境管理与职业健康安全体系的步骤

由于这两个体系的建立步骤一致，就放在一起介绍，后文不再赘述。

①领导决策

建立职业健康安全与环境管理体系需要最高管理者亲自决策，以便获得各方面的支持和保证建立体系所需资源。

②成立工作组

最高管理者或授权管理者代表成立工作小组负责建立职业健康安全与环境管理体系。工作小组的成员要覆盖组织的主要职能部门，组长最好由管理者代表担任，以保证小组对人力、资金、信息的获取。

③人员培训

人员培训的目的是使组织内的有关人员了解建立职业健康与环境体系的重要性，了解标准的主要思想和内容。根据对不同人员的培训要求，可将参加培训的人员分为四个层次，即最高管理层、中层领导及技术负责人、具体负责建立体系的主要骨干人员和普通员工。在开展工作之前，参与建立和实施管理体系的有关人员及内审员应接受职业健康安全与环境管理体系标准及相关知识的培训。

④初始状态评审

初始状态评审是对组织过去和现在的职业健康安全与环境的信息、状态进行收集、调查分析、识别和获取现有的适用于组织的健康安全与环境的法律法规和其他要求，进行危险源辨识和风险评价、环境因素识别和重要环境因素评价。评审的结果将作为确定职业健康安全与环境方针、制定管理方案、编制体系文件和建立职业健康安全与环境管理体系的基础。

⑤制定方针、目标、指标和管理方案

方针是组织对其健康安全与环境行为的原则和意图的声明，也是组织自觉承担其责任和义务的承诺。方针不仅为组织确定了总的指导方向和行动准则，而且是评价一切后续活动的依据，并为更加具体的目标和指标提供一个框架。目标和指标制定的依据和准则要符合方针；考虑法律、法规和其他要求；考虑自身潜在的危险和重要环境因素；考虑商业机会和竞争机遇；考虑可实施性；考虑监测考评的现实性；考虑相关方的观点。管理方案是实现目标、指标的行动方案。

⑥管理体系策划与设计

体系策划与设计是依据制定的方针、目标和指标、管理方案，确定组织机构职责和筹划各种运行程序。建立组织机构应考虑的主要因素有合理分工；加强协作；明确定位，落实岗位责任；赋予权限。

文件策划的主要工作有确定文件结构；确定文件编写格式；确定各层文件名称及编号；制定文件编写计划；安排文件的审查、审批和发布工作等。

⑦体系文件的编写

体系文件包括管理手册、程序文件和作业文件，在编写中要根据文件的特点考虑编写的原则和方法。

⑧文件的审查审批和发布

文件编写完成后应进行审查，经审查、修改和汇总后进行审批，然后发布。

11.4 职业安全健康管理体系

安全生产是建筑企业的头等大事。建筑行业作为一个特殊的行业，不安全因素多，事故危险始终影响和制约着建筑企业的安全生产。为确保生产及职业安全，贯彻"安全第一，预防为主"的方针，各建筑企业一直把安全管理放在一切工作的首位。职业安全健康管理体系（OSHMS）是一种科学的管理方法，它的显著特征是系统化管理，是以系统安全的思想为基础，从企业的整体出发，把管理重点放在事故预防的整体效应上。管理的核心是系统中导致事故的根源危险源。强调通过危险源辨识、风险评价、风险控制来达到控制事故的目的。实行全员、全过程、全方位的安全管理，使企业达到最佳安全状态。因而，在我国建筑企业建立和实施现代职业安全健康管理体系，提升安全管理水平，实现安全生产，就变得非常必要和迫切。

OSHMS具有系统性、动态性、预防性、全员性和全过程控制的特征。OSHMS以"系统安全"思想为核心，将企业的各个生产要素组合起来作为一个系统，通过危险辨识、风险评价和控制等手段来达到控制事故发生的目的。OSHMS将管理重点放在对事故的预防上，在管理过程中持续不断地根据预先确定的程序和目标，定期审核和完善系统的不安全因素，使系统达到最佳的安全状态。

11.4.1 建筑企业建立职业安全健康管理体系的必要性

（1）当前我国建筑企业安全生产面临着严峻的形势。建筑企业是一类高风险企业，安全管理非常复杂，管理难度很大。近年来，建筑企业特大事故时有发生，成为国民经济发展的制约因素之一，充分结合实际建立职业安全健康管理体系已成为建筑企业安全管理实践的当务之急。我国建筑企业安全健康监察执法制度不健全、不完善，没有做到经常化、制度化，往往是出了大事故后，再开展大检查或地毯式检查，搞形式主义，并且协同管理不够。我国一直没有建立起有效的群众监督制度。建筑企业职工的安全意识、安全法制观念淡薄，其安全教育刻板、生硬、不生动、不深入。全球经济一体化和中国加入WTO对中国建筑业造成强烈的冲击。加入WTO之后，国外大批建筑公司涌入中国市场，强烈冲击我国长期处于计划经济体制保护下的许多建筑企业，建筑企业以前旧的安全管理模式已经不能适应当今国际形势的发展。

（2）建立职业安全健康管理体系，提高建筑企业安全管理水平，推进职业安全健康管理体系，一方面可以强化安全生产监督管理部门的指导作用；另一方面又可以通过两个承诺（守法与持续改进）和体系化管理提高企业自我约束力，对安全生产工作产生积极的推动作用。

第一，有利于我国职业安全健康管理标准与国际接轨，消除贸易壁垒。随着我国加入世界贸易组织，职业安全健康标准与国际标准接轨，可以在一定程度上消除贸易壁垒。目前，许多国家和国际组织把职业安全健康和贸易联系起来，并以此为借口设置障碍，形成非关税贸易壁垒。

第二，有利于提高建筑企业的经济效益。通过实施职业安全健康管理体系，一方面可以改善作业条件，增强劳动者身心健康，提高劳动效率；另一方面由于有效地预防和控制工伤事故及职业危害，对建筑企业的经济效益和生产发展也具有长期的积极效应。

第三，有利于员工安全意识的提高。实施职业安全健康管理体系，要求对建筑企业的员工进行系统的安全培训，使每个员工都参与职业安全健康工作。同时，还要求建筑企业要对相关方施加影响，提高安全意识。这样，可形成链式效应，以点带面，良性循环，从而提高全民安全意识。

11.4.2 建筑企业如何建立和实施职业安全健康管理体系

建立建筑企业职业安全健康管理体系的基本思路是以职业安全健康方针为向导，以持续改进为核心，以人为本，辅以标准化管理。其基本条件是人们必须具有自觉的职业安全健康意识和良好的技术素质。要实现这一目标，必须注意以下几个方面的内容。

（1）决策层的自愿是前提

建筑企业建立和实施职业安全健康管理体系遵循自愿原则，不能以行政命令等要求用人单位建立和实施职业安全健康管理体系。建筑企业建立体系的目的是寻找一个"规范管理，强基达标"的有效载体，提升建筑企业的安全管理水平，实现由物本管理向人本管理的转变，为职工创造一个良好的工作生活环境，确保安全生产有序可控、持续稳定的发展。

（2）全员参与是基础

建筑企业职业安全健康管理体系的建立和实施，要求全员参与，上下互动，必须使每名员工都要深刻理解体系的目的、意义和内涵，接受体系的现代理念，提高自己的职业安全健康意识与能力，自觉地用先进的理念来规范自己的行为，并向决策层和领导提出自己的意见和建议。

（3）明标细责是灵魂

职业安全健康管理体系必须覆盖所有的部门和活动，不能认为只有安全职能部门才负有这方面的责任。要明确界定每一个机构和部门的职责，充分体现"谁主管，谁负责"的原则，各负其责，狠抓落实，并按照"干什么，谁来干，怎么干，干到什么程度，干不好怎么办"的要求，明标细责，实行责任追究。

（4）危害辨识，风险评价与控制是精髓

职业安全健康管理体系的运行主线是风险控制，基础是危害辨识和风险评价，它充分体现了"预防为主"的方针。建筑企业实施有效的危害辨识，风险评价与控制，可实现对生产作业全过程的超前控制和对事故的超前防范，并对各种潜在的事故制定应急处置程序。

（5）有机结合是生命力

建立和实施建筑企业职业安全健康管理体系的过程也是使体系与建筑企业的全面管理融为一个有机整体的过程，是对传统管理的提高、升华和扬弃，绝对不能将体系与现行行之有效的管理方式相脱离而形成"两张皮"。同时一定要结合建筑企业的具体情况建立适合建筑企业特点，切实可行的职业安全健康管理体系，切忌机械照抄其他企业的。

（6）持续改进是动力

职业安全健康管理体系的建立并不是一劳永逸的事情，要随着科技进步，职业安全健康法律与法规的完善，实际情况的变化以及人们安全健康意识的提高，按 PDCA 模式不断提升，不断进行危害辨识、风险评价和风险策划，不断对职业安全健康管理体系实施绩效监测与测量，制定新的更高的职业安全健康目标和实施方案，调整相关要素的功能，保持体系的持续改进，使原有的职业安全健康管理体系不断完善，推动体系达到一个新的运行状态。

（7）长期稳定是目的

建筑企业建立和实施职业安全健康管理体系的根本目的是创造"大安全"的环境氛围，形成具有建筑企业特色的安全文化。通过落实体系要素的具体要求，最终实现建筑企业安全效益的最大化，把企业的安全风险降到最低水平，实现安全生产的长期稳定。

11.4.3 建筑企业建立职业安全健康管理体系的注意事项

（1）建筑企业建立职业安全健康管理体系的注意事项

①把握职业安全健康管理体系的一条主线

职业安全健康管理体系是一个系统化、程序化和文件化的管理体系。它强调预防为主，主动辨识和评价组织活动中的危险，并积极控制；强调遵守国家职业安全卫生法律、法规及其他要求，以指导完善其活动；强调全过程控制，有针对性地改善组织的职业安全健康行为，以期达到对职业安全健康绩效的持续改善。职业安全健康管理体系为建筑企业提供了一种科学、有效的职业安全健康管理模式，可促进建筑企业的安全管理由被动管理向主动管理转化。

②建筑企业职业安全健康管理体系是原有管理基础的升华

职业安全健康管理体系应结合建筑企业现有的管理基础。建筑企业现有的安全管理体系都符合职业安全健康管理体系的基本原则，并在管理内容上相似。但整体上说，建筑企业的安全生产管理尚未达到职业安全健康管理体系所要求的全面性和系统性。职业安全健康管理体系不能完全脱离建筑企业的原有管理基础，而是在标准的框架内，充分结合建筑企业的原有管理基础，进而形成一个结构化、文件化的管理体系。职业安全健康管理体系是整个建筑企业管理体系的一个组成部分，不能将职业安全健康管理体系与其他管理工作割裂开来，应与建筑企业的质量和环境、财务管理体系等相协调。

③建筑企业职业安全健康管理体系不是一纸空文

建立建筑企业职业安全健康管理体系的目的并不是为了制定一套体系文件，其根本目的是通过制定的职业安全健康方针、目标和管理方案，在落实职责分工和资源配置的条件下，对建筑企业的职业安全健康活动进行程序及文件化的控制，实现持续改进，不断改善建筑企业的职业安全健康绩效。因此，建筑企业的职业安全健康管理体系建立成功与否，关键要看实施的程度和效果。

（2）建立职业安全健康体系认证存在的问题

①对体系建立认识不充分

随着我国加入WTO组织，国际间的交流与合作进一步加强，职业安全健康体系认证是企业在国际市场上面对关税、非关税贸易壁垒时不容忽视的，也是履行国际劳工组织提出职业安全健康标准的实际举措。它可避免本企业产品在进入别国市场时因安全健康问题被拒绝，或因有忽视安全、损害职工健康等劣迹遭到制裁。是继ISO 9000质量管理体系认证、ISO 14000环境管理体系认证之后被称为"第三张国际通行证"的身份证明。旨在通过系统化的预防管理机制，最大限度地减少各种工伤事故和职业病隐患，从而达到预防为主、持续改进的目的。它与《安全生产法》和《安全操作规程》并不矛盾，通过实施这种现代企业管理模式，通过安全生产自我约束机制，可使企业从社会责任、社会进步、职工利益、企业品牌、公众形象等高度去认识安全的重要性，降低职业安全健康风险，使我们的安全工作与世界接轨。

②为应付认证而建立

职业安全健康管理体系文件是按照职业健康体系审核规范的要求，结合用人单位的活动、产品或服务的特点及危险性和复杂性，用人单位的规模、人员能力等情况而编写的，主要用于规范用人单位的职业安全健康管理工作的书面或电子形式的管理制度和管理办法，同时，它还是一个用人单位实现其职业安全健康方针和目标，控制其职业安全健康风险，持续改进职业安全健康绩效必不可少的依据。编写体系文件，应遵从四级识别、三级评价的要求，自下而上、全员参与的原则。但部分企业，特别是生产连续性强的企业，担心认证程序复杂，全员参与会影响企业的生产经营，由几个人组成一个班子来完成体系的编写，或是将同类型企业的文件用移花接木的方式机械照搬，只为应付认证而建立。其实职业安全健康管理体系审核规范与ISO 9000质量系统审核规范及ISO 14000环境管理体系审核规范遵循共同的管理体系原则。如果企业已建立了质量管理体系或环境管理体系，企业在编写职业安全健康管理体系文件时可结合这两大管理体系，能整合的整合，能共享的共享。因此在编写职业安全健康管理体系文件时，不必撇开传统的管理模式，有些传统的管理制度或管理办法，稍加修改即可作为体系的程序文件，或作为体系的作业文件，不会占用企业大量的人力、物力和财力。

③重认证，轻实施

体系的实施是检查认证效果的关键。有的企业担心职业安全健康管理体系实施后，会约束企业的生产和经营行为，从而将其束之高阁，只为应付认证而建立。其实建立并实施职业安全健康管理体系的目的，是试图通过职业安全健康管理体系方针与用人单位职业安全健康绩效的相互联系，在具有职责分工、资源保证的组织策划和控制的安全健康管理活动与运行控制程序支持下，实现体系自身的持续改善，不仅不会制约企业的生产经营行为，还可促进企业职业安全健康绩效的不断改进。

④实施后墨守成规

任何事物的变化规律都是在发展中完善，在完善中发展，形成一个良性循环的轨迹，职业安全健康体系亦是如此。因此，企业应建立动态的职业安全健康体系，并随着企业科学技术的进步，规模效益的扩大，职业安全健康法律与法规的完善，客观情况的变化以及人们安全健康意识的提高，按照 PDCA 模式上升。每经过一个循环过程，就需要制定新的职业安全健康目标和新的实施方案，调整相关要素的功能，使原有的职业安全健康管理体系不断完善，并达到一个新的运行状态，满足企业不断发展壮大的需求，不能一劳永逸地墨守成规。

11.4.4 实施 OSHMS 的原则、步骤

(1) 实施 OSHMS 的原则

实施 OHSMS 的主要原则为：以预防为主的原则，着眼于持续改进的原则，强调最高管理者承诺和责任的原则，全员参与及全过程管理的原则，系统化、程序化和文件化的原则，与其他体系兼容与一体化的原则。

(2) 实施 OSHMS 的步骤

建立 OSHMS 的步骤如下：领导决策→成立工作组→人员培训→危害辨识及风险评价→初始状态评审→职业安全健康管理体系策划与设计→体系文件编制→体系试运行→内部审核→管理评审→第三方审核及认证注册等。

复 习 思 考 题

1. 简要介绍工程项目安全事故的分类及处理方法和原则。
2. 施工单位与建设单位需要进行的环境保护措施有什么区别？
3. 简述职业安全健康管理体系。
4. 简述职业安全健康管理体系的必要性。
5. 简述目前施工单位在建立职业安全健康管理体系方面的注意事项以及存在的问题。
6. 简述总结概括施工项目安全管理的主要内容。
7. 简述实施 OHSMS 的原则、步骤。

12 工程项目综合管理

工程项目综合管理是指确保工程项目各项工作能够有机协调和配合所开展的综合性和全面性的管理工作。工程项目管理包括若干专项管理,如工程项目目标管理、进度管理、费用管理、质量管理、风险管理、采购管理等,由于各专业之间存在着关联性,当某一项目管理活动发生变化时就可能引起其他管理活动的变化,这就需要科学的创造性思维,从新的角度和层面来对待项目的各种资源要素,拓宽管理的视野,提高各项管理对象和资源要素的交融度,以利于优化和增加工程项目管理的有序性。在具体的管理实施中,综合利用各种不同的方法、手段、工具,促进各项管理对象、资源要素之间的互补、匹配,使其产生 1+1＞2 的效果,从而提高整个工程项目管理的效率和效果。

工程项目综合管理必须时刻关注工程项目内外环境要素的变化,并及时作出调整,以保证管理系统的运行适应外界变化的要求。并要求管理者重视信息的收集与反馈,随时掌握项目实施过程中各种要素之间相互作用的动态平衡,以增强要素间的群体效应。

综合管理要使处于动态变化下的管理对象和资源要素之间形成一种协调、平衡的状态,只有这些状态达到和谐有序时,工程项目的整体管理力度和管理功能才能得到充分发挥。

12.1 工程项目目标综合管理

工程建设项目是一个多目标系统,横向上有多元化项目参与主体各自不同的经营目标;纵向上,项目进度、成本和质量"三大控制"又是每一主体的重点控制目标,由此形成了纵横交错的多目标体系框架。尤其是纵向上"三大控制"目标是一个有机的、不可分割的辩证统一体,它们之间是相互影响、相互制约的关系,如图 12-1 所示。要对工程项目实施有效的管理与控制,必须从横向上全面考虑相关主体之间的协调沟通,纵向上综合调控、优化多目标控制体系。本节主要就纵向目标进行综合管理。

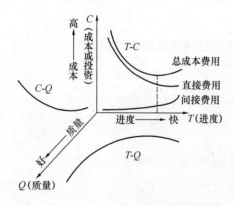

图 12-1 "三大控制"目标之间的关系

纵向上多目标综合调控主要涉及管理技术和实现方法的问题。各参与主体尤其是处于主导地位的业主或项目公司法人,必须根据工期定额、综合资金利用效果(即资金供给与需求)、资源条件、项目组成、功能要求及技术复杂性等方面进行综合分析,对三大控制目标进行动态性地统筹协调,才有可能实现以最快的建设速度、最少的资源投入和最佳的产出效果,多快好省地完成工程项目建设。

进度、成本和质量三者之间相互依存、相互影响，形成一个辩证的统一体。工程项目控制的理想状态是同时达到最短的工期、最低的成本和最高的质量。工程的进度、成本和质量三大目标之间存在着相互作用的因果关系。在工程控制不利的情况下，任何一个方面出现问题，都会影响三者关系的整体平衡，给项目实施带来不利的影响。但是，如果在施工项目管理中，合理地调整优化三大控制目标，将对于项目的顺利实施起着重要作用。如：适当地加快工程的施工进度，不仅可以避免因意外原因而必须采取的赶工，保证工程的建设质量和工期，而且有可能使项目提前完工或提早交付使用，从而尽早发挥项目的经济效益；严格地控制工程的质量，可以减少或避免工程返工，保证项目的建设进度，还可以减少项目的维护费用，提高项目的整体效益；严格地控制工程的成本，可以避免建设项目的费用超支，使得项目的资金按计划供应，从而保证工程的进度和施工质量。

因此，工程管理人员应从项目的整体效益出发，采用定量分析和定性分析相结合的方法，具体分析项目的进度目标、成本目标和质量目标三者之间的关系，寻求最佳的项目控制目标的管理方案，从而保证项目三大目标的顺利实现。

12.1.1 项目进度与费用的综合管理

项目的进度与费用必须协调统一，要使项目按规定工期完成的同时费用最省。

(1) 进度与费用的定性分析

进度与费用是两个相互关联的要素，是项目综合控制的主要目标。因为要缩短工期，就要加快进度，或采取一些措施，这样就会增加费用。同样，项目费用降低，也会影响项目的进度和工期，而项目的综合管理就是将两个要素进行集成管理。工程项目的成本是由直接费（材料费、人工费、机械设备费等）和间接费（管理人员工资、办公费、房屋租金等）构成。直接费随着工期的缩短而增加，因为工期越压缩则增加的额外费用就越多；间接费与工期成正比，即工期越长则费用越高。从成本的观点来分析问题，目的就是使整个项目的总成本最低，通常需解决的问题有以下几方面：

① 在规定工期的条件下，求出项目的最低成本；
② 如需再进一步压缩工期，则应考虑如何使所增加的成本最低；
③ 要求以最低成本完成整个项目计划时，如何确定它的最优工期；
④ 如果以增加一定数量的费用来缩短工期，它可以比计划缩短多少天。

(2) 进度与费用的优化模型

为了便于优化分析，考虑工程项目中的各项工作的实际持续时间、施工成本和工作质量，分别介于工作的正常持续时间和赶工持续时间、正常施工成本和赶工施工成本以及正常情况下的质量和赶工情况下的质量之间；并假定工程项目中任何一项工作 (i, j) 在合理持续时间与最短持续时间之间的施工成本和工作质量与该项工作的施工时间呈线性关系。在这段时间区间内，一项工作的成本与其持续时间成反比；而工作质量水平与持续时间一般成正比。

当 $nt_{ij} \geq t_{ij} \geq st_{ij}$，工作成本与工作持续时间可以表述为：

$$c_{ij} = nc_{ij} + \beta_{ij}(nt_{ij} - t_{ij})$$

其中 $$\beta_{ij} = (sc_{ij} - nc_{ij})/(nt_{ij} - st_{ij})$$

式中 t_{ij} ——工作 (i, j) 的持续时间；

nt_{ij} ——正常情况下工作 (i, j) 的持续时间；

st_{ij}——赶工时工作(i,j)的持续时间;

nc_{ij}——正常情况下工作(i,j)的成本费用;

sc_{ij}——赶工时工作(i,j)的成本费用。

如果整个工程项目共有 m 项工作,则项目总成本 C 为:

$$C = \sum_1^m c_{ij}$$

工作质量水平与工作持续时间的关系可以表示为:

$$q_{ij} = nq_{ij} - \gamma_{ij}(nt_{ij} - t_{ij})$$

其中 $\gamma_{ij} = (nq_{ij} - sq_{ij})/(nt_{ij} - st_{ij})$

式中 q_{ij}——工作(i,j)的质量水平;

nq_{ij}——正常情况下工作(i,j)的质量水平;

sq_{ij}——赶工时工作(i,j)的质量水平。

则整个工程项目的平均质量水平 Q 为:

$$Q = \frac{1}{m}\sum_1^m q_{ij}$$

考虑施工项目工期、成本、质量三者之间关系,并进行综合优化,令:

T 表示施工项目优化工期;

T_r 表示工程要求达到的最短工期;

C_r 表示工程成本费用支出的上限;

Q_r 表示工程总体质量要求的下限。

则可以分别写出相应的三种综合优化模型:

①质量和成本约束条件下的工期模型

目标函数 $\min T = T_r$

约束条件 $\begin{cases} St_{ij} \leqslant t_{ij} \leqslant nt_{ij} \\ C \leqslant C_r \\ Q \geqslant Q_r \end{cases}$

在一些情况下,业主希望提前竣工,但是项目的各项工作不能随意缩短,即使工艺条件允许,它也受到工程质量和工程成本的限制,为此需要建立在质量和成本约束条件下的工期优化模型。

②工期和质量约束条件下的成本费用模型

目标函数 $$\min C = \sum_1^m nc_{ij} + \beta_{ij}(nt_{ij} - t_{ij})$$

约束条件 $\begin{cases} st_{ij} \leqslant t_{ij} \leqslant nt_{ij} \\ T \leqslant T_r \\ Q \geqslant Q_r \end{cases}$

一般情况下,工程项目承包价格一经确定,只有降低工程的实施成本,才能增加收益。但是,成本的降低不能脱离工程质量和工期方面的限制。因而,可以建立工期和质量约束条件下的工程的成本费用优化模型。

③工期和成本约束条件下的质量模型

目标函数 $\max Q = \dfrac{1}{m}\sum_{1}^{m} nq_{ij} - \gamma_{ij}(nt_{ij} - t_{ij})$

约束条件 $\begin{cases} st_{ij} \leqslant t_{ij} \leqslant nt_{ij} \\ T \leqslant T_r \\ C \geqslant C_r \end{cases}$

对于任何工程项目，工程要达到的质量水平是与工程的工期和工程的实际成本相关的。本优化模型是为了寻求工程在工期和成本约束条件下所能达到的满足项目要求的最好质量水平。

12.1.2 项目工期与质量的综合管理

项目工期与质量也必须统一，要使项目按规定工期完成的同时质量满足要求。

工程项目的工期与质量也必须统一，应使工程项目在规定的工期内完成时质量满足要求。质量的高低不仅影响工程项目的建设工期，还会对项目的全寿命造成影响。如果质量过高，势必增加工序，延长工期，会造成不必要的浪费；如放弃那些必要的质量要求，忽视对质量的控制，可能会缩短工期，这不仅会在项目的全寿命周期中存在着潜在的隐患，事实上也会增加以后的运营费用。

12.1.3 项目费用与质量的综合管理

项目费用与质量也要协调统一，在满足项目质量要求的同时费用最省。

质量与费用两个因素紧密相关，工程项目的成本降低可能会直接影响工程项目的质量，采用廉价质低的材料，工程项目的质量必然下降。反之，工程项目质量的变动也会影响成本。如果工程项目质量出现问题，需要返工返修，必定会使工程项目成本提高。因此，要将两个因素综合进行管理，并注重以下两方面管理：

(1) 价值工程：在保证工程质量的前提下，消除那些不必要的功能，以达到降低工程成本的科学管理。

(2) 质量成本：对为保证和提高产出物质量而支出的有关费用以及因未达到预期规定的质量水平而造成的一切损失费用的总和，质量成本进行统计核算、分析、报告和控制，以找到降低工程成本的途径，促进经济效益的提高，并指导和监督质量管理活动。

12.1.4 项目进度、费用、质量与资源的综合管理

进度、费用、质量与资源这四项要素非常密切，其中任何一个要素的变动，都会引起其他要素的变动，要对这四项要素进行综合管理，以实现在资源有限的前提下，质量最高、工期最短、费用最省，或在保证质量最高、工期最短、费用最省的前提下，资源需求波动最小——资源均衡的管理方法。

12.1.5 案例分析

某公司的办公楼建设项目。该办公楼共有 3 层，总建筑面积 $1500m^2$，根据工程的施工安排将其划分为 44 个工作（工作的划分依据是在相同的时间内各工作不使用同一种资源），各工作的持续时间和成本费用能比较容易估算出来。表 12-1 列出了这 44 个工作及其相应的参数的估计值。

根据施工工艺与进度计划安排，整个工程在正常情况下的施工工期为 185 天，在加速施工的情况下，工程的最短工期为 124 天。为了便于优化分析计算，以 7 天为时间间隔，4 万元为成本费用间隔，划分为 0.98、0.95、0.92、0.89 和 0.85 五个质量水平等级，分

别利用上述 3 个优化模型进行计算，并将计算结果加以综合整理，得出工期、成本、质量水平优化均衡关系，如表 12-2 所示。

相关参数估计表　　　　　　表 12-1

工作编码	工作简要介绍	nt_{ij} (天)	st_{ij} (天)	nc_{ij} (万元)	sc_{ij} (万元)	nq_{ij}	sq_{ij}
1	C20 混凝土带形基础	18	17	66028	92309	1	0.95
2	砖基础	8	6	38600	54040	1	0.9
3	地圈梁	16	15	5899	8259	1	0.9
4	散热器管沟	7	5	9762	13667	1	0.9
5	1 层钢窗	3	2	52234	73128	1	0.85
6	半截玻璃门	2	1.5	2665	3731	1	0.85
7	1 层胶合板门	2	1.5	1412	1977	1	0.82
8	1 层砖墙	7	5	67349	94289	1	0.82
9	散水	3	2	5188	7263	1	0.85
10	砖砌台阶	2	1.5	317	445	1	0.82
11	1 层水泥砂浆地面（带垫层）	3	2	5437	7610	1	0.9
12	1 层 C20 细混凝土现浇楼面	17	16	7925	11132	1	0.9
13	1、2 层间 C20 混凝土楼梯及栏杆	16	15	9867	13813	1	0.9
14	预制钢筋混凝土梁	35	30	4536	6351	1	0.95
15	预制空心板	35	30	335252	469353	1	0.95
16	预制混凝土板	33	29	43105	60347	1	0.9
17	1 层现浇钢筋混凝土圈梁 C20	16	15	13560	18984	1	0.9
18	预制钢过梁	20	18	13961	19546	1	0.9
19	1 层顶棚抹灰喷白	3	2	6249	8749	1	0.85
20	1 层散热器罩	2	1	8809	12332	1	0.85
21	1 层窗帘盒	2	1	6253	8754	1	0.82
22	2 层钢窗	3	2	25234	73128	1	0.85
23	2 层胶合板门	2	1	1412	1977	1	0.82
24	2 层砖墙	7	5	67349	94289	1	0.82
25	2 层水泥砂浆地面（带垫层）	17	16	5437	7610	1	0.9
26	2 层 C20 细混凝土现浇楼面	17	16	7951	11132	1	0.9
27	2、3 层间 C20 混凝土楼梯及栏杆	16	15	9867	13813	1	0.9
28	2 层现浇钢筋混凝土圈梁（C20）	16	15	13560	18984	1	0.9
29	2 层顶棚抹灰喷白	3	2	62491	8749	1	0.85
30	2 层散热器罩	2	1	8809	12332	1	0.85
31	2 层窗帘盒	2	1	6253	8754	1	0.82
32	3 层钢窗	3	2	52234	73128	1	0.85
33	3 层胶合板门	2	1	1412	1977	1	0.85
34	3 层砖墙	7	5	67349	94289	1	0.82
35	3 层水泥砂浆地面（带垫层）	17	16	5437	7610	1	0.9
36	3 层 C20 细混凝土现浇地面	17	16	7951	11132	1	0.9
37	雨篷	2	1	399	599	1	0.85

续表

工作编码	工作简要介绍	nt_{ij}（天）	st_{ij}（天）	nc_{ij}（万元）	sc_{ij}（万元）	nq_{ij}	sq_{ij}
38	挑檐	3	2	14043	19660	1	0.9
39	3层现浇钢筋混凝土圈梁（C20）	16	15	13560	18984	1	0.9
40	3层顶层抹灰喷白	3	2	6249	8749	1	0.85
41	3层散热器罩	2	1	8809	12332	1	0.85
42	3层窗帘盒	2	1	6253	8754	1	0.82
43	卷材屋面	7	5	39699	55579	1	0.85
44	屋面保温	4	3	23616	33062	1	0.85

工期、成本和质量水平均衡关系表　　　表 12-2

工期（天）	最低成本（万元）	质量水平	工期（天）	最低成本（万元）	质量水平
185	118.7	0.98	139	126.7	0.92
162	122.7		133	130.7	
161	126.7		131	134.7	
160	130.7		130	138.7	
159	134.7		129	142.7	
158	138.7		128	146.7	
157	122.7	0.95	127	134.7	0.85~0.89
144	126.7		126	138.7	
143	130.7		125	142.7	
142	134.7		124	146.7	
141	138.7		123	150.7	
140	142.7				

由表 12-2 中可以看出，本例中的施工工期、成本与质量之间相互影响。在同一质量水平上，当工期缩短时，施工最低成本费用随之上升。如在质量水平 0.98 区段，工期由 185 天缩短至 158 天，工程施工最低成本费用由 118.7 万元上升至 138.7 万元，增加了 20 万元。在最低成本费用保持大体不变的情况下，在一定范围内，施工质量水平随工期缩短而下降，当本项目中最低成本费用为 126.7 万元时，质量水平和工期的对应关系为：质量水平 0.98，工期为 161 天；质量水平 0.95，工期为 144 天；质量水平 0.92，工期为 139 天。

12.2　工程项目生产要素管理

12.2.1　工程项目生产要素管理概述

（1）施工项目生产要素指施工项目中使用的人力资源、材料、机械设备、技术和资金等。施工项目生产要素管理是指对上述资源进行的计划、供应、使用、控制、检查、分析和改进等管理过程。

（2）生产要素管理的目的是满足需要、降低消耗、减少支出、节约物化劳动和活劳动。

（3）生产要素的供应权应主要集中在企业管理层，有利于利用企业管理层的服务作用、法人地位、企业信誉、供应体制。企业管理层应建立生产要素专业管理部门，健全生产要素配置机制。

（4）生产要素的使用权掌握在项目管理层手中，有利于满足使用需要，进行动态管理，搞好使用中核算、节约，降低项目成本。

（5）项目管理层应及时编制资源需用量计划，报企业管理层批准并优化配置。

（6）项目管理层和企业不应建立合同关系和承包关系，而应充分发挥企业行政体制、运转机制和责任制度体系的作用。

（7）生产要素管理要防范风险，原因是在市场环境下，各种生产要素供应存在很大风险。防范风险首先要进行风险预测和分析；其次要有风险应对方案；第三要充分利用法律、合同、担保、保险、索赔等手段进行防范。

12.2.2 加强工程项目生产要素管理的重要性和复杂性

生产要素是指形成生产力作用于项目的各种要素，如人力、材料、机械设备、技术、资金等。施工项目生产要素的管理是指按照项目一次性的特点和自身规律，对生产要素的配置与组合进行有效地计划、组织、协调和控制的系统管理方法，即进行生产要素的优化配置。工程项目生产要素优化配置所要解决的关键问题是实现企业有限资源的动态优化配置，取得最佳优化组合效应，进而实现企业最佳经济效益。因此，生产要素优化配置的最终目的是最大限度地提高工程项目的综合经济效益，使之按时、优质、高效地完成任务。

生产要素的投入作为项目实施必不可少的前提条件，这些投入的费用实际上是项目经济产出扣除利润和税金后的全部，所以生产要素的合理使用与节约是降低和控制项目成本的主要途径。如果生产要素投入不能保证，考虑再详细的其他项目计划（如工期计划）与安排也不能实施。在项目施工过程中由于生产要素的配置组合不当给项目造成的损失会很大。例如由于供应不及时就会造成施工活动不能正常进行，整个工程停工或不能及时开工，损失时间，出现窝工费用；又如，由于不能经济地使用或获取各项生产要素而造成成本增加；由于未能采购符合规定的材料，使材料或工程报废，或采购超量、采购过早，而造成浪费，造成仓储费用增加等。所以，加强项目生产要素管理在现代建筑施工项目管理中是非常重要而有意义的。但是，项目生产要素管理又是极其复杂的，主要原因如下：

（1）生产要素的种类多，供需量大。

（2）由于项目施工过程的不均衡性，使得生产要素的需求和供应不均衡，生产要素的品种和使用量在施工过程中会发生变化，甚至引起大幅度的变化。

（3）生产要素投入过程的复杂性。例如要保证劳动力的使用，则必须安排招聘、培训、调遣以及相应的现场生活的设施等；要保证材料的使用，必须安排好材料的采购、运输、储存等。在相应的每个环节上都不能出问题，这样才能保证施工活动的顺利实施。

（4）项目实施方案的设计和规划与项目生产要素投入和使用上的交互作用。在进行实施方案设计和规划时必须考虑生产要素的投入能力及水平，否则会不切实际，出现不必要的变更。实施方案设计和规划的任何储存、变更都可能导致生产要素投入上的变化，出现生产要素使用上的浪费。项目生产要素的配置组合不是被动地受制于项目实施方案的设计和规划，而是应积极地对它们进行制约，作为它们的前提条件。

（5）要求在生产要素的投入和使用中加强成本控制，进行合理优化。

（6）生产要素的投入受外界影响大，作为外界对项目的制约条件，常常不是由项目本身所能解决的。例如，市场价格、供应条件的变化，由于政治、社会、自然的原因造成供应拖延等。这些是生产要素管理存在的外部风险。

（7）对于一个建筑施工企业来讲，生产要素管理不是仅对一个项目的问题，而必须是在多个项目中协调平衡。

（8）生产要素对项目的制约，不仅存在上限定义，而且可能存在下限定义，或要求充分利用现有定量的生产要素。例如，在国际工程中派出 100 人，由于没有其他工程相调配，这 100 人必须在一个工程中安排，成为一种固定的约束条件。在有些情况下，市场要素的投入限制不是常值，而是变值。如不同季节，农民工的供需情况就不一样。

12.2.3 工程项目生产要素管理的内容

（1）施工项目人力资源管理

人力资源指能够推动经济和社会发展的体力劳动者和脑力劳动者的能力。现代项目管理把人力资源看作企业生存与发展的一种重要战略资源，而不再将企业员工仅仅作为简单的劳动力对待。

①进行人力资源管理应掌握人力资源的以下特点：能动性、时效性、再生性、消耗性和社会性。项目人力资源管理除了注意上述特点外，也要针对人员组合的临时性和团队性，并对应项目的生命周期进行有针对性的管理。

②项目经理部在编制和报送劳动力需求计划时，应根据施工进度计划和作业特点。由于一般的施工总承包企业和专业承包企业不设置固定的作业队伍，故企业管理层应同选中的劳务分包公司签订劳务分包合同，再按计划供应到项目经理部。如果由于项目经理部远离企业管理层需要自行与劳务分包公司签订劳务分包合同，应经企业法定代表人授权。

③项目经理部对施工现场的劳动力进行动态管理应做到以下几点：随项目的进展进行劳动力跟踪平衡，根据需要进行补充或减员，向企业劳动管理部门提出申请计划；为了作业班组有计划地进行作业，项目经理部向班组下达施工任务书，根据执行结果进行考核，支付费用，进行激励；项目经理部应加强对劳务人员的教育培训和思想管理，对作业效率和质量进行检查、考核和评价。

（2）施工项目材料管理

由于材料费用占项目成本的比例最大，故加强材料管理对降低项目成本最有效。首先应加强对 A 类材料的管理，因为它的品种少、价值量大，故既可以抓住重点，又很有效益。在材料管理的诸多环节中，采购环节最有潜力，因此，企业管理层应承担节约材料费用的主要责任，优质、经济地供应 A 类材料。项目经理部负责零星材料和特殊材料（B 类材料和 C 类材料）的供应。项目经理部应编制采购计划，报企业物资部门批准，按计划采购。

采购管理是项目管理中的一个管理过程，采购管理过程的质量直接影响项目成本、工期、质量目标的实现。采购虽然包括实物和服务，但是本文专指实物。项目采购的基本原则是：保证采购的经济性和效率性；保证质量符合设计文件和计划要求，及时到位；保证采购过程的公平竞争性；保证采购程序的透明性和规范化。项目采购管理的程序包括：做好准备；制定项目采购计划；制定项目采购工作计划；选择项目采购方式；询价；选择产品供应商；签订合同并管理；采购收尾工作。项目采购的原理是：采购什么？何时采购？如何采购？采购多少？向谁采购？以何种价格采购？

项目经理部主要应加强材料使用中的管理：建立材料使用台账、限额领料制度和使用监督制度；编制材料需用量计划；按要求进行仓库选址；做好进场材料的数量验收、质量认证、记录和标识；确保计量设备可靠和使用准确；确保进场的材料质量合格再投入使用；按规定要求搞好储存管理；监督作业人员节约使用材料；加强材料使用中的核算；重视周转材料的使用和管理；搞好剩余材料和包装材料的回收等。

（3）施工项目机械设备管理

机械设备技术含量高、工作效率高，可完成人力不能胜任的任务，故是项目管理中应高度重视并大力采用的生产要素，必须加强管理。由于项目经理部没有自有机械设备，使用的机械设备是企业内部调配、租赁或企业专门为该项目购买的，故项目经理部应编制机械设备使用计划并报企业管理层审批，对进入现场的机械设备进行安装验收，在使用中加强管理并维护好机械设备，保养和使用相结合，提高机械设备的利用率和完好率。操作人员持证上岗，实行岗位责任制，按操作规程作业，搞好班组核算、单机核算和机组核算，对操作人员进行考核和激励，从而提高工作效率，降低机械使用成本。

（4）施工项目技术管理

技术是第一生产力，它除了融汇在其他生产要素中并产生基础作用以外，还在现场施工和管理中单独发挥重大作用，保证施工和管理正常进行、加快速度、提高质量、降低成本，因此技术管理也是项目管理的灵魂，应特别加以重视。

技术管理的内容包括：技术管理基础性工作，施工过程的技术管理工作，技术开发管理工作，技术经济分析与评价。

项目经理部的技术管理工作是在企业管理层的领导下进行的，其技术管理体系是企业技术管理体系的组成部分。项目经理部的技术管理工作要求是：根据项目规模设技术负责人，建立内部技术管理体系融入企业的技术管理体系；执行技术政策、接受企业的技术领导，接受各种技术服务，建立并执行技术管理制度；建立技术管理责任制，明确技术负责人的责任、技术人员的责任和各岗位专业人员的技术责任；审查图纸并参加设计会审，向设计人提出工程变更书面洽商资料；编制技术方案和技术措施计划；进行书面技术交底；进行工程预检、隐检、分项工程验收；实施技术措施计划；收集整理和管好技术资料，将分包人的技术管理工作纳入技术管理体系，并对分包人的工作进行系统的管理和过程控制。

（5）施工项目资金管理

资金是生产要素的货币表现，是项目的经济支持，故它也是生产要素。资金管理的目的是保证收入，节约支出，防范风险，提高经济效益。现代施工项目及其管理必须有强大的资金支持，必须非常重视施工项目的资金管理。

施工项目资金管理的主要责任在企业管理层，其财务部门设立项目专用账号；进行收支预测；统一对外收、支与结算；及时进行资金计收；对项目经理部的资金使用进行管理、服务和激励。

项目经理部的资金管理责任主要是资金使用管理。首先，要编制年、季、月资金收支计划，上报企业财务部门审批后实施；其次，要配合企业财务部门按要求及时进行资金中间结算和计收；第三，按企业下达的用款计划控制资金使用，并设立台账，记录资金支出情况；第四，加强会计核算，及时盘点盈亏，进行资金运行和盈亏分析，改进资金管理；

第五，配合企业管理层的资金管理工作，并进行竣工结算。

目前，特别要防范资金风险，因为资金风险发生频率高，风险量太大，对项目的影响非常严重。压价承包、带资承包、拖欠工程款、索要回扣、限制索赔、通货膨胀或紧缩等，都是资金风险，项目管理者必须正视这些风险，加强资金供应预测，强化合同管理，做好风险管理规划，按风险管理的规律和方法对风险加以防范。

12.2.4 生产要素优化配置的意义和作用

所谓生产要素优化配置，就是按照优化的原则安排生产要素在时间和空间上的位置，使得人力、物力、财力等适应生产经营活动的需要，在数量、比例上合理，从而在一定的资源条件下实现最佳的经济效益。生产要素优化配置的最终目的在于：最大限度地提高工程项目的综合经济效益，使之按时、优质、高效地完成项目施工任务。

实施项目生产要素的优化配置是一个系统工程。它必然要求企业转换经营机制，在管理思想、方法、手段等方面发生深刻变化，改革人事用工制度和行政管理体制，保持企业的稳定发展。项目生产要素优化配置的核心是建立项目动态管理和内部准市场运行机制。这种机制的建立，为施工企业建立现代企业制度，全面引入市场竞争机制，与国际惯例接轨创造条件，有利于企业增强市场扩张能力，有利于加快向集约化经营转变。

12.2.5 生产要素优化配置的基本内容和方法

（1）施工项目人力资源的管理

施工项目人力资源管理首先要进行劳动力的优化配置，其目的是保证生产计划或施工项目进度计划的实现，使人力资源得到充分地利用，降低工程成本。与此相关的问题是：劳动力配置的依据与数量，劳动力的配置方法和来源。

劳动力配置的依据就企业来说，是劳动力需要量的计划。企业的劳动力需要量计划是根据企业的生产任务与劳动生产率水平计算的。就施工项目而言，就是施工进度计划。

劳动力的配置方法就是施工项目经理部根据劳动力需要数量，按其施工进度计划和工种需要数量进行配置。具体内容包括：

①应在劳动力需要量计划的基础上再具体化，防止漏配，必要时根据实际情况对劳动力计划进行调整。

②如果现有的劳动力能满足要求，配置时应贯彻节约的原则。如果现有的劳动力不能满足要求，项目经理部应向企业申请加配，或在企业经理授权范围内进行招聘，也可以把任务转包出去；如果现有的专业技术人员或新招收人员不能满足要求，应提前进行培训，培训合格后再上岗作业。培训任务主要由企业培训部门承担，项目经理部只能进行辅助培训，即临时性的操作训练或试验性操作练兵，进行规章制度、工艺流程及安全作业教育等。

③配置劳动力时应积极可靠，让工人有超额完成的可能，以获得奖励，进而激发出工人的劳动热情。

④尽量使作业层正在使用的劳动力和劳动组织保持稳定，防止频繁调动。当目前使用的劳动组织不适用任务要求时，应进行劳动组织调整，并应敢于打乱原机制进行优化。

⑤为保证作业需要，工种的组合、技术工人与壮工的比例必须配套。

⑥尽量使劳动力均衡配置，以便于管理，使劳动力资源强度适当，达到节约的目的。

为了实现劳动力的优化组合，必须根据生产任务和施工条件的变化对劳动力进行跟踪平衡、协调，以解决劳务失衡、劳务与生产要求脱节的动态管理问题。

施工项目中对劳动者管理的目的在于提高劳动效率，提高劳动效率的关键在于劳动者的素质，因此，不仅要注意对他们的使用，更重要的是重视对他们的培训，提高他们的综合素质。

（2）材料的管理

建筑材料按在生产中的作用可分为主要材料、辅助材料和其他材料。其中主要材料指在施工中被直接加工，构成工程实体的各种材料，如钢材、水泥、木材、砂子、石等。辅助材料指在施工过程中有助于产品的形成，但不构成实体的材料，如促凝剂、脱模剂、润滑物等。其他材料是指不构成工程实体，但又是施工中必需的材料，如燃料、油料、砂纸、棉纱等。另外，周转材料（如脚手架、模板等）、工具、预制构配件、机械零配件等，都因在施工中有独特作用而自成一类，其管理方式与材料基本相同。

建筑材料还可以按其自然属性分类，包括：金属材料、硅酸盐材料、电器材料、化工材料等，它们的保管、运输各有不同要求，须分别对待。

施工项目材料管理工作的重点在于施工现场管理、在使用过程中的节约以及材料成本核算，就材料使用过程中的节约来讲，其潜力是最大的。

有效地进行工程项目的材料管理工作，至少应从以下几个方面强化管理工作：

①强化材料计划的管理工作

根据工程项目的需要，编制科学合理的材料采购计划和领用计划，合理降低库存，减少资金占用，降低资金使用成本。

②采取有效的节约材料措施，减少材料的浪费

可以制定并实施相应的材料节约奖励办法，提高材料的综合利用率，提高边角料的有效使用等等。

③强化材料成本核算，落实材料成本责任制

使材料管理的责任层层落实到具体的管理者和操作人员，根据材料成本核算，建立明确的奖惩机制，将材料成本支出控制在合理的最低限度内。

（3）机械设备的管理

施工项目的机械设备主要是指作为大型工具使用的大、中、小型机械，它既是固定资产，又是劳动手段。施工项目机械设备管理的环节有选择、使用、保养、维修、改造、更新，其关键在于使用环节，使用的关键是提高机械效率，提高机械效率必须提高设备的利用率和完好率。通过机械设备的管理，寻找提高利用率和完好率的措施。利用率的提高依靠人对设备的合理调配；完好率的提高在于设备的保养与维修，这一切又都是施工项目机械设备管理深层次的问题。在建设项目施工中，根据施工工期的交叉，进行优化组合，集中优势力量，确保网络计划和控制节点的按期实现。要注重机械设备的合理使用，实行使用保养责任制，建立健全操作保养制度，科学组织机械设备施工。只有合理使用机械设备，才能使其发挥正常的生产力，降低使用费用，达到优化组合效应。

（4）施工中的技术管理

技术是指人们在改造自然、改造社会的生产和科学实践中积累的知识、技能、经验及体现它们的劳动资料。技术的含义很广，指操作技能、劳动手段、劳动者素质、生产工艺、试验检验、管理程序和方法等。任何物质生产活动都是建立在一定的技术基础上的，

也是在一定技术要求和技术标准的控制下进行的。随着生产的发展，技术水平也在不断提高，技术在生产中的地位和作用也就越来越重要。对施工项目来说，其单件性、露天性、复杂性等特点使技术显得更为重要。施工项目技术管理是对各项技术工作要素和技术活动过程的管理。技术工作要素包括技术人才、技术装备、技术规程、技术资料等；技术活动过程指技术计划、技术运用、技术评价等。技术作用的发挥，除决定于技术本身的水平外，在很大程度上还依赖于技术管理的水平。没有完善的技术管理，再先进的技术也难以发挥作用。施工项目技术管理的任务有四项：一是正确贯彻国家和行政主管部门的技术政策，贯彻上级对技术工作的指示与决定；二是研究、认识和利用规律，科学地组织各项技术工作，充分发挥技术的作用；三是确定正常的生产技术秩序，进行文明施工，以技术保证工程质量；四是努力提高技术工作的经济效果，使技术与经济有机地结合起来。

(5) 施工中资金的管理

施工中资金的管理主要是按照最优原则合理地筹措项目所需资金，按照计划科学地预测资金的使用支出情况，从而合理地安排资金在施工生产的不同阶段应投入的数量与方向，最大限度地发挥资金的配置功能，使得资金的使用效益为最优。施工企业资金的来源以及运作管理有其特殊性，它的优化主要是通过组织资金回笼，加强资金运作管理，提高运营效率，以达到降低成本，提高效益的目的。

优化项目资金主要包括资金收支运作和成本控制两方面。资金运作优化必须坚持两个原则：一是集中统一原则。施工企业对各项目资金必须统一调拨，集中使用。各项目部的资金必须按规定的比例和时间及时上缴企业，不能将资金沉淀在项目上，杜绝资金体外循环，以保证企业从总体上对资金进行优化配置。二是有偿占用原则。通过资金有偿占用制，增强各级的资金意识，促进资金的合理流动和优化使用。资金运作优化的具体操作，可通过设立企业内部银行或资金调度中心来完成。成本控制优化的重点是项目管理层和作业层。项目经理部负责对项目资金和专项费用进行控制，搞好劳力、机具、设备等生产要素在项目上的动态组合，整体优化，主要抓好项目总成本的预测预控。施工作业层进行以项目为单元的投入产出型核算，努力降低项目成本。企业在成本的控制优化中进行计划指导、过程控制、监督制约、考核激励，努力促使人、财、物诸要素在项目上达到整体优化。

12.3 工程项目施工现场管理

(1) 施工项目现场管理是施工项目管理的一个重要部分。良好的现场管理能使场容美观整洁，道路畅通，材料放置有序，施工有条不紊，安全、消防、安保均能得到有效保障，并且能使与项目有关的各方都满意。

(2) 施工项目现场管理是一面"镜子"，能照出施工单位的面貌。文明的施工现场，会赢得广泛的社会信誉。

(3) 施工现场是进行施工的"舞台"，所有的施工活动和管理活动都在这个"舞台"上进行，这个"舞台"的管理是现场各种活动良好开展的保证。

(4) 施工现场管理是处理各方关系的"焦点"，它关系着城市规划、市容整洁、交通运输、消防安全、文物保护、居民生活、文明建设、绿化环保、卫生健康等领域，要贯彻与上述各项有关的许多法律法规。

（5）施工现场是各项管理工作联系的"纽带"，现场管理给各项管理工作以保证，又受着各项管理工作的约束。

12.3.1 工程项目现场管理的内容、原则、任务和措施

（1）工程项目现场管理的内容

施工现场管理的主要内容为施工作业管理、物资流通管理、施工质量管理以及现场整体管理的诊断和岗位责任制的职责落实等。详细完整的内容为：

①现场调查

最基本的现场调查应该是对工程现场的自然条件、地区条件做全面详细准确的了解，考察好交通运输、施工期气候条件、施工人员生活条件等问题，要保证施工期内人流、物流和财流、信息流的畅通。进而调查现场施工是否符合国家和地方政府颁布的相关施工安全技术标准规范，施工现场新材料的使用、新技术的安全防护设施和施工机械设备使用情况；必须按规定使用密闭式安全网，落地式外脚手架、外悬挑脚手架、提升式脚手架、物料提升机等安全防护用品，施工现场临时设施应整洁、卫生、结构安全。

②施工组织设计

施工组织设计是工程施工现场管理的重要内容和依据，尤其是施工总平面设计，目的就是对施工场地进行科学规划，以合理利用空间。在施工总平面图上，临时设施、大型机械、材料堆场、物资仓库、构件堆场、消防设施、道路及进出口、加工场地、水电管线、周转使用场地等，都应各得其所，关系合理合法，从而呈现出现场文明，有利于安全和环境保护，有利于节约，便于工程施工。这些是施工现场的"硬组织"。

③四通一平

电通：尽量争取在施工现场附近接电；水通：尽量从管道接通水源，要保证施工用水、生活用水方便畅通；路通：工地与公路的连接道路要修整平坦、区间道路也要尽早修好；信息通：保证施工现场的信息畅通非常重要，否则，其对外联系将会遇到很多困难；场地平：在平整场地时一定要注意合同文件是否对表土的处理有规定，有的要求表土单独堆放，待完工后作为绿化种植土使用。

④人员的选择和调派

每个工程项目管理人员必须对各自所负责的工作具有高度的责任心，具有处理各类突发问题的能力以及团队协作精神等。具体到现场人员的使用，应视工程内容和进度合理确定各阶段、各工种的人数，不能一拥而上，以免造成工时浪费。

⑤加强现场的动态管理

随着施工进度的进行，施工内容会发生变化，分包单位也将随之变化，他们也会对施工现场提出新的要求。因此，不应当把施工现场当成一个固定不变的空间组合，而应当对它进行动态的管理和控制。在不同的施工阶段，根据施工需要的不同，现场的平面布置亦应及时进行调整。现场管理人员，应经常检查现场布置是否按平面布置图进行，是否符合各项规定，是否满足施工需要，还有哪些薄弱环节，从而为调整施工现场布置提供有用的信息，也使施工现场保持相对稳定，不被复杂的施工过程打乱或破坏，以保证各项施工按计划实施。

⑥质量控制

施工项目现场管理的核心是质量管理。当然质量也不一定越高越好。质量的标准应是适宜和合格，质量过剩也是一种浪费。也就是说，应该用最终创造的效益来衡量和决定项目的合理费用、合理周期和合格的质量标准。施工质量管理，是工程项目最终质量能否满足预定质量目标的重要工作，它主要包括下列工作：

a. 质量检查，包括施工过程中对施工质量及安装质量的检查，是否按工艺标准、操作规程和规范施工，是否按设计图纸要求或洽商变更要求施工，工序衔接是否合理，是否会有隐患，进场原材料、成品、半成品、机电设备等的质量检查等。通过质量检查，符合要求的可进行下道工序，不符合要求的限期纠正。

b. 进行工程质量的评定，按建设工种质量检验评定标准的要求进行分项工程、分部工程和最终单位工程的质量评定，评出质量等级，发现主要存在的质量问题，采取相应的整改措施使工程质量满足使用功能的要求。

c. 建立质量管理制度，如原材料、成品、半成品、预制品的检查制度，隐蔽工程验收制度，班组自检和交接检验制度，按质量管理层次实行分级验收制度，第三方认证制度以及质量事故处理办法等。施工现场管理可以采用达标制，即与当月项目部人员的工资挂钩，与项目经理的年薪挂钩，考核奖罚。

⑦重视并加强文书档案工作

要建立完整的档案管理办法，所有文件必须集中管理，不得借出使用，创造条件实现计算机管理。应特别注重施工中出现的问题及现场记载性文档管理、各种现场资料的管理，以便备查。如将设计图中的问题提前发现并在施工前解决，平时多积累相关的原始资料，如往来文件、指令、施工日志、记录、气象资料、质量隐患记录、整改通知、人员配备和组织情况、政府的有关文件和法规等。只有平时多积累，在急需和特殊情况下，才不会被动受制，而没有证据。

⑧文明施工

工程施工现场是施工单位的精神面貌、管理面貌、施工面貌的集中体现和真实反映。一个文明的施工现场有着重要的社会效益，会赢得很好的社会信誉。施工中应成立文明施工领导小组，建立质量保证体系、安全生产保证体系和文明施工管理框架网络，与全体施工人员签订了岗位责任制，确保员工思想观念到位、组织管理到位、管理措施到位、安全责任到位。同时，应注重员工的培训，提高员工文明施工意识。使人人成为现场文明施工的主人公。

⑨清场

施工结束后，应及时组织清场，将临时设施拆除，剩余物资退场，场内占地整理归原，组织向新工程转移。清场不仅是场地清理，也是施工的新起点，善始善终是一个施工单位的良好作风，体现着管理的严谨性和控制的准确性。

⑩保修

已完工程的保修工作，是工程施工项目最后的工作，也是工程项目管理班子必须履行的义务。保修维修工作组织管理的好坏直接影响到工程的经济效益，是工程项目管理成功与否的一个重要评价指标。

(2) 施工现场管理的基本原则

①经济效益原则

施工现场管理一定要克服只抓进度和质量而不计成本和市场，从而形成单纯的生产观和进度观。项目部应在精品奉献、降低成本、拓展市场等方面下功夫，并同时在生产经营诸要素中，时时处处精打细算，力争少投入多产出，坚决杜绝浪费和不合理开支。

②科学合理原则

施工现场的各项工作都应当按照既科学又合理的原则办事，以期做到现场管理的科学化，真正符合现代化大生产的客观要求。还要做到操作方法和作业流程合理，现场资源利用有效，现场设置安全科学，员工的聪明才智能够充分发挥出来。

③标准化、规范化原则

标准化、规范化是对施工现场的最基本管理要求。事实上，为了有效协调地进行施工生产活动，施工现场的诸要素都必须坚决服从一个统一的意志，克服主观随意性。只有这样，才能从根本上提高施工现场的生产、工作效率和管理效益，从而建立起一个科学而规范的现场作业秩序。

(3) 工程项目现场管理的任务

施工现场管理任务主要是合理地组织施工现场的各种生产要素，并优化配置，使之有效地结合起来形成一个有机的生产系统，并处于正常、有序、可控状态，达到优质、高效、低耗、安全和文明生产的目的。

(4) 工程项目现场管理的措施

①健全管理组织

施工现场应成立以项目经理为组长，主管生产副经理、技术副经理、栋号负责人（或承包队长）、生产、技术、质量、安全、消防、保卫和行政卫生等管理人员为成员的施工现场文明施工管理组织。施工现场分包单位应服从总包单位的统一管理，接受总包单位的监督检查，负责本单位的文明施工工作。

②健全管理制度

个人岗位责任制，文明施工管理应按专业、岗位、栋号等分片包干，分别建立岗位责任制度；经济责任制，把文明施工列入单位经济承包责任制中，一同"包"、"保"检查与考核；检查制度，工地每月至少组织两次综合检查，要按专业、标准全面检查，按规定填写表格，算出结果，制表张榜公布。施工现场文明施工检查是一项经常性的管理工作，可采取综合检查与专业检查相结合、定期检查与随时抽查相结合、集体检查与个人检查相结合等方法；奖惩制度，文明施工管理实行奖惩制度，要制定奖、惩细则，坚持奖、惩兑现；持证上岗制度，施工现场实行持证上岗制度。进入现场作业的所有机械司机、架子工、司炉工、起重工、爆破工、电工、焊工等特殊工种施工人员，都必须持证上岗；各项专业管理制度，文明施工是一项综合性的管理工作。因此，除文明施工综合管理制度外，还应建立健全质量、安全、消防、保卫、机械、场容、卫生、材料机具、环保和民工管理制度。定期安全检查，施工项目自检宜控制在 10~15 天。班组必须坚持日检。季节性、专业性安全检查，按规定要求确定日程。

③健全管理资料

上级关于文明施工的标准、规定、法律法规等资料应齐全；施工组织设计（方案）中应有质量、安全、保卫、消防、环境保护技术措施和对文明施工、环境卫生、材料节约等管理要求，并有各阶段施工现场的平面布置图和季节性施工方案；施工现场应有施工日志，施工日志中应有文明施工内容；文明施工自检资料应完整，填写内容符合要求，签字手续齐全；文明施工教育、培训、考核记录均应有计划、有资料；文明施工活动记录，如会议记录、检查记录等；施工管理各方面专业资料齐全。

④积极推广应用新技术、新工艺、新设备和现代化管理方法

文明施工是现代工业生产本身的客观要求，广泛应用新技术、新设备、新材料是实现现代化施工的必由之路，它为文明施工创造了条件，打下了基础。在有条件的地方应尽量集中设置现代化搅拌站，或采用商品混凝土、混凝土构件、钢木加工等，尽量采用工厂化生产；广泛应用新的装饰、防水等材料；改革施工工艺，减少现场湿作业、手工作业和劳动强度；并应用电子计算机和闭路电视监控系统提高机械水平和工厂化生产的比重；努力实现施工现代化，使文明施工达到新的更高水平。

⑤开展6S活动

6S活动是指对施工现场各生产要素（主要是物的要素）所处状态不断进行整理、整顿、清扫、清洁、加强安全和提高素养。由于这六个词在英语单词中的第一个字母都是S，所以简称6S。6S活动在日本和西方国家企业中广泛实行。它是符合现代化大生产特点的一种科学的管理方法，是提高职工素质，实现文明施工的一项有效措施与手段。开展6S活动，要特别注意调动全体职工的积极性，自觉管理，自我实施，自我控制，贯穿施工全过程和全现场，由职工自己动手，创造一个整齐、清洁、方便、安全和标准化的施工环境。开展6S活动，必须领导重视，加强组织，严格管理。要将6S活动纳入岗位责任制，并按时进行文明施工标准检查、评比与考核。坚持PDCA循环，不断提高施工现场的6S水平。

⑥合理定置

合理定置是指把全工地施工期间所需要的物在空间上合理布置，实现人与物、人与场所、物与场所、物与物之间的最佳结合，使施工现场秩序化、标准化、规范化，体现文明施工水平。它是现场管理的一项重要内容，是实现文明施工的一项重要措施，是谋求改善施工现场环境的一个科学的管理办法。

12.3.2 工程项目现场管理的重要性

(1) 施工现场管理是建设行政主管部门重点推行的工程管理制度

施工现场管理就是组织好施工生产，是在一定时间、空间等约束条件下对劳动、设备机具、建筑材料等有限资源进行动态管理和优化组合。长期以来，各级建设行政主管部门十分重视施工现场的管理工作，把推行施工现场管理工作作为发展壮大建筑业、提高建筑工程质量、加快产业结构布局的一项重要措施来抓，在不断总结经验的基础上，把施工现场管理上升到法规的高度。建设部曾颁布了《建筑工程施工现场管理规定》，这对于促进施工现场管理规范化，提高施工管理水平和搞好文明施工和安全生产，都有着重要的意义。

(2) 施工现场管理是建筑施工企业提高管理水平的一项重要措施

施工企业的主要任务是建筑施工，其工作主要体现在施工现场管理上。施工现场管理的好坏，直接决定着施工企业的生产水平和经营状况。在当今市场经济的大潮中，在激烈竞争的市场角逐中，它决定着施工企业在市场的占有率和竞争能力。为此，施工企业必须克服自己在施工现场管理过程中的薄弱环节，提高对施工现场管理重要意义的认识，重视

建筑工程施工现场管理。

(3) 施工现场管理是提高工程质量的可靠保证

任何一项工程,都期望有一个优良的工程质量,工程质量的优劣又关系到国家对建设工程的投资效益。党和国家历来十分重视建设工程的质量问题,把质量问题提到政治的高度来对待。所有的建筑施工企业也必须把提高建筑工程的质量当作本企业的头等大事抓紧抓好,优良的工程质量必然来源于高素质的施工企业和先进的施工现场管理。任何一项工程的施工单位必须牢牢树立质量第一的观点,紧紧依靠抓好施工现场管理,采取先进科学、文明的施工现场管理方法,确保建设工程有一个好的工程质量。只有一流的施工管理,才能塑造一流的工程质量,也才能赢得良好的社会信誉。

(4) 施工现场管理是安全施工的有效保证

只有把安全生产工作搞好了,才能保证建设工程项目施工的顺利进行。一方面,要认真贯彻和落实我国建设工程施工质量管理与安全生产管理方面的法律、法规,掌握建筑工程质量管理与安全管理的基本知识,牢固树立"质量第一"、"安全第一"的意识,并大力培养在施工项目管理中以质量和安全管理为核心的自觉性。另一方面,要确保施工现场安全设施的资金投入,按照施工现场的实际情况,采取各种有效措施,落实各种管理制度,加大安全设施的投入,努力创造安全生产的良好环境。

(5) 施工现场管理是取得良好经济效益的重要保证

建筑施工企业追求的关键目标是取得良好的经济效益,施工现场管理是直接影响经济效益的关键环节,只有不断加强施工现场各种材料、物资和设备的管理和合理利用,通过各个方面的优化组合和合理配置,才能保证取得良好的经济效益。

(6) 施工现场管理是树立施工企业外部形象的重要标志

施工企业的外部形象是决定企业发展和壮大的重要前提,施工企业必须采取各种措施来提高自己的社会知名度,树立良好的企业形象。良好的生产管理秩序,全面有效的施工现场管理制度,机械设备和安全生产设施的到位,文明整洁的施工现场环境,紧张有序的施工生产安排,都是施工企业外部形象的重要体现。

(7) 抓好施工现场管理是建设社会主义物质文明、精神文明、政治文明和生态文明的客观需要

建筑施工企业必须适应社会发展的需要,与时俱进。施工现场管理要树立明确的管理目标,以便企业广大干部职工能够高起点、严要求和高效率的工作,逐步地由现阶段的管理向更高阶段迈进,使劳动生产率有一个质的飞跃。

(8) 施工现场管理是建筑企业管理的基础

考核建筑施工企业质量、安全、成本、工期四大指标的落脚点也都是在施工现场。建筑施工企业 ISO 9000 系列标准的贯彻控制,要求施工企业把质量管理的重点放在施工现场,突出施工现场质量控制,建立质量保证体系。施工现场露天高空作业多,多工种联合作业,人员流动大,是事故隐患多发地段,必须加强施工现场管理,有效降低事故发生率,加强过程操作的系统性推行。另外,要改善施工现场的人、物、场所的结合状态,减少或消除施工现场的无效劳动,减少施工材料的消耗,为施工企业节支增收。

12.3.3 工程项目现场管理需要注意的问题

(1) 加强技术管理

作为一个工程项目，特别是建筑工程，其施工工艺复杂，材料品种繁多，各施工工种班组多。这要求我们作为现场施工管理人员务必做好技术准备。首先，必须熟悉施工图纸，针对具体的施工合同要求，尽最大限度去优化每一道工序，每一分项（部）工程，同时考虑自身的资源（施工队伍、材料供应、资金、设备等）和气候等自然条件，认真、合理地做好施工组织计划，并以横道图或网络图表示出来，从大入小，由面及点，确保每一分项工程能纳入受控范围之中。其次，针对工程特点，除了合理的施工组织计划外，还必须在具体的施工工艺上做好技术准备，特别是高新技术要求的施工工艺。技术储备包括技术管理人员，技术工长及工人，新技术、新工艺培训，施工规范，技术交底等工作。只有拥有高素质的技术管理人员，洞悉具体的施工工艺才能确保施工过程的每一工序步骤尽在掌握之中，了然于心，做好各方面突发情况的处理准备方案，以保证能按时保质地完成。通过有计划、有目的的培训，技术交底，可以使施工技术工人、工长熟悉新的施工工艺、新的材料特性，共同提高技术操作、施工水平，进而保证施工质量。再者，从技术角度出发，施工质量问题是否达到相关的设计要求和有关规范标准要求，仅仅从施工过程中的每一道工序做出严格的要求是远远不够的，必须有相应的质量检查制度，而建立完善的质检制度、质检手段都必须经过科学的论证，所以，必须做好技术储备，针对每一工序、每一施工工艺的具体情况提出不同的质量验收标准，以确保工程质量。

（2）加强材料管理

一是材料供应。配合设计方确定所需材料的品牌、材质、规格，精心测算所需材料的数量，组织材料商供货。二是材料采购。面对品类繁多的材料采购单，必须将数量（含实际损耗）、品牌、规格、产地等一一标识清楚，尺寸、材质、模板等必须一次到位，以避免材料订购不符，进而影响工程进度。三是材料分类堆放。根据实际现场情况及进度情况，合理安排材料进场，对材料做进场验收，抽检抽样，并报检于甲方、设计单位。整理分类，根据施工组织平面布置图指定位置归类堆放于不同场地。四是材料发放。使用追踪、清验。对于到场材料，清验造册登记，严格按照施工进度凭材料出库单发放使用，并且需对发放材料进行追踪，避免材料丢失，或者浪费。特别是要对型材下料这一环节严格控制。对于材料的库存量，库管员务必及时整理盘点，并注意对各材料分类堆放，易燃品、防潮品均需采取相应的材料保护措施。

（3）强化施工环节管理

施工的关键是进度和质量。对于进度，原则上按原施工组织计划执行。但作为一个项目而言，现场情况千变万化，如材料供应、设计变更等在所难免，绝对不能模式化，必须根据实际情况进行调整、安排。施工质量能否得到保证，最主要的是一定要严格按照相关的国家规范和有关标准的要求来完成每一工序，严禁偷工减料。必须贯彻执行"三检"制，即自检、专检、联检，通过层层的检查、验收后方允许进入下一道工序，从而确保整个工程的质量。

（4）做好人员管理

从一定意义上来说，人是决定工程成败的关键。所有的工程项目均是通过人将材料组织而创造出来的。只有拥有一支富有创造力的、纪律严明的施工队伍才能完成一项质量优良的工程项目。怎样才能将施工队伍中的技术管理人员和技术工人有机地捏合成近卫军呢？首先，必须营造出一种荣辱与共的氛围，职责分明但不失亲和力，让所有的员工都感到自己是这个项目的大家庭中的一员。这一切,就需要我们施工现场管理人员充分发挥自己的才智,对工人要奖罚分明,多鼓励、多举办各类生产生活竞赛活动,从精神上、物质上双管齐下,培养凝聚力。其次,必须明确施工队伍的管理体制,各岗位职责,权利明确,做到令出必行。一支纪律严明的施工队伍,面对工期紧张、技术复杂的工程,只有坚决服从指挥,才能按期、保质完成施工任务。再者,针对具体情况适当使用经济杠杆的手段,对人员管理必定起到意想不到的作用。

(5) 做好建筑资料管理

一个项目的管理,除了材料、施工、技术、人员的管理以外,还有个不容忽视的问题就是资料的管理。任何项目的验收,都必须有竣工资料这一项。竣工资料所包含的材料合格证、检验报告、竣工图、验收报告、设计变更、测量记录、隐蔽工程验收单、有关技术参数测定验收单、工作联系函、工程签证等,都要求我们在整个项目施工过程中要一一注意收集归类存档。如有遗漏,将给竣工验收和项目结算带来不必要的损失,有的影响更是无法估量。

(6) 加强施工的安全管理

一是转变安全观念,创新安全管理。安全生产是一项重要的基础工作,是一项无形资本,直接影响到企业形象和经济效益,进而影响到企业的市场竞争能力,因此,必须转变思想观念,提高对安全工作的重视程度,从企业长远发展的战略高度上正确认识和积极探索有效的管理手段,努力实现科学管理,以适应市场发展的要求。二是强化全过程文明施工,细化管理环节。安全生产是一项自始至终的工作,是一种全过程管理和多因素管理,必须常抓不懈;同时创建文明卫生工地活动也必须贯穿于整个工程项目建设的全过程,用抓好文明工地建设确保安全达标。在抓好全过程文明工地建设中,必须建立健全有关制度、责任体系及落实相应的组织,在工程项目开工前,确立文明施工及安全文明管理目标,制订创建安全文明工地的实施方案,确立领导组织网络、技术保证措施等,工地根据实际情况设专职安全员,公司设监督检查小组,定期不定期到现场检查督促,并将现场安全文明达标创建工作纳入综合管理,实施定期综合检查,公开评比,奖优罚劣。三是实施"以人为本"战略,提升企业整体安全素质。以人为中心是施工现场安全管理的着眼点和指导思想。加强安全文明施工管理要突出人的主导作用,特别是抓好职工的安全教育工作,搞好公司、项目部及班组的三级教育学习。

(7) 加强施工现场机械设备管理

一是配置经济化。机械设备合理使用的两个主要标志为经济性与高效性,这首先取决于施工组织设计阶段的施工方案及具体机型的选择。①施工方案优选化。②配套设备效率化。解决好机械化组列内部的合理配套关系:以组列中主要设备为基准,其他配套设备以确保主设备充分发挥效率为选配标准;组列数量最小化原则,即尽可能选用一些综合型设备以减少配套环节,提高组列运行的可靠性;次要并列化原则,即在可能的情况下适当注意组列中的薄弱(运行可靠性低)环节,实现局部的并列化。③现场布局合理化。二是管理专业化。要实现机械设备使用的经济性与高效性,还包括如下几个方面工作、管理人员专业化、日常管理数量化、项目目标责任化。

12.3.4 工程项目现场管理中的问题及对策

(1) 存在的问题

①对施工现场管理的重要性认识不足

有些施工企业认为建筑工程施工就是抓工程质量，而管理施工现场是一种额外的负担，因而就忽视了施工现场的各种管理工作，安全生产抓得不紧，文明施工无人过问，导致了整个施工现场管理松弛、管理混乱，"脏、乱、差"现象大量存在，人员伤亡、塌陷事故屡有发生，各种问题不断。

②对施工现场管理不力

有的施工企业至今未建立项目经理负责制度，仍然沿用过去旧的一套工程施工的管理模式，对工程施工过程中的人员、材料、工期、安全、质量没进行分体管理，致使工程管理混乱。

③施工组织设计得不到良好的执行

有的工程项目忽视施工组织设计对工程施工的指导作用。根本不按施工组织设计的要求组织施工，而是盲目乱干，有个别工程甚至不编制施工组织设计，致使整个施工现场摆放杂乱无序，工程施工安排混乱。

④施工安全得不到保证

有的施工项目不注重安全管理工作，安全设施投入不足，安全生产制度松弛，致使安全隐患和事故经常出现，严重影响施工的正常进行。

⑤施工现场环境管理差

有的施工现场环境管理观念淡薄，对危及人民群众生活和身体健康的各种废弃物到处乱扔，噪声不加控制。

（2）搞好现场管理的措施

①提高认识，加强领导，把施工现场管理工作当作企业重要的管理工作抓紧抓好

a. 施工企业的各级领导必须提高对施工现场管理工作的认识，从思想教育入手，狠抓职工的技术业务素质，提高职工的管理意识，把施工现场管理当作企业的重要工作来抓，建立严格的规章制度和约束机制，充分调动各方面的积极性，紧紧围绕施工现场管理开展各项工作。

b. 要建立健全定期检查和抽查制度，落实施工现场管理责任制，重视施工现场管理规律和管理经验的研究和总结，不断推动施工现场管理向更高层次发展。

c. 要对施工过程中出现的一些问题及时采取措施加以调整和解决，始终保证施工现场管理正常进行。

②建立项目经理负责制，确保施工现场科学管理

项目经理负责制是建筑施工管理制度的一项改革措施，实行项目经理负责制是全面加强施工现场管理工作的需要。项目经理是整个项目施工过程的具体组织者和指挥者，对整个工程项目负责，是加强施工现场管理，提高工程管理水平、全面落实施工现场管理措施的可靠保证。必须重视项目经理的选拔和使用，把那些懂专业技术、有施工管理经验、有一定政治素质、年富力强的同志派到第一线。企业要担当起项目经理的培养教育工作，要不断提高他们的管理水平，丰富他们的知识和协调管理能力，不断提高他们的工作积极性。

③严格科学的编制施工组织设计，抓好施工现场管理的关键环节

施工组织设计是施工现场管理的纲领性文件，是各项工作的中心，必须紧密结合施工

现场实际,采取科学有效的方法,认真加以研究和编制,对整个工程的现场布置、人员安排、特别是夏、秋季节的季风性时期的人员安排都要认真考虑周到,对施工进度计划表、平面布置图等要经过严谨的计算和合理的安排,对控制工程施工周期的质量、安全都有详尽的安排,并且要留有余地。施工组织设计经建设单位领导批准后,就要认真执行,确保整个工程按照施工组织设计的要求组织施工。

④紧紧抓住安全生产这个主要环节,不断促进安全施工迈上新台阶

由于施工现场是动态的多工种立体作业,生产设施的临时性、作业环境的多变性、人机的流动性,形成了人、机、料的动态集中,安全隐患时有出现。施工现场应着手控制好人的不安全行为和物的不安全状态。落实安全管理决策和目标,以消除一切事故,避免事故伤害,减少事故损失为管理目的,是施工现场安全管理的重点。要落实各项安全生产责任制度和安全保障体系,严格遵守安全生产操作规程,重点加强施工现场用电、脚手架和施工机械设备的安全管理,推行标准用电设备,实行全封闭的施工现场管理。同时还要加强对施工人员的安全生产知识的教育,使所有施工人员都要熟悉安全生产知识,掌握安全生产要领,严格按照安全生产规定组织现场施工。

⑤统筹兼顾,全面管理,使施工现场管理科学化、规范化和标准化

建筑工程在全部施工过程中,每个部分项目工程的质量随时受到操作者、施工技术、原材料、施工环境等影响。工程质量往往会因某个因素而出现问题。所以通过加强施工现场的质量管理能最低限度地减少不合格工程的出现,这是达到工程建设预定质量目标的有力保证。

⑥加强施工现场的环境管理

施工企业必须严格遵守国家有关环境保护的法律规定,采取各种有效措施,控制施工现场的各种影响环境的污染物的产生,杜绝对环境的污染和危害,要建立严格的环境管理制度、加强对废水、废物、粉尘、噪声、有害气体的管理,要采取措施,将危害减少到最低程度,同时对现场施工人员生活环境也要下大力气管好,让施工人员身心健康得到保证,维护好职工的合法权益。

⑦加大执法力度,坚持依法管理好施工现场

各级建设行政主管部门要采取有力措施,不断加强对施工现场的管理工作,坚持依法行政,严格执法,对不按照施工现场管理规定施工的,要按照法规赋予的权力予以认真查处,要建立定期检查的抽查制度,采取各种有效措施,保证施工现场管理的法规得到贯彻执行,使建设工程施工现场管理逐步迈向法制化、制度化、规范化、标准化和科学化的管理轨道。

12.3.5 工程项目现场管理的优化

优化施工现场管理的主要内容为施工作业管理、物资流通管理、施工质量管理以及现场整体管理的诊断和岗位责任制的职责落实等。通过对上述施工现场的主要管理内容的优化,来实现我们的优化目标。一是以市场为导向,为用户提供最满意的建筑精品,全面完成各项生产任务;二是彻底消除施工生产中的浪费现象,科学合理的组织作业,真正实现生产经营的高效率和高效益;三是优化人力资源,不断提高全员的思想素质和技术素质;四是加强定额管理,降低物耗及能耗,减少物料压库占用资金现象,不断降低成本;五是优化现场协调作业,发挥其综合管理效益,有效地控制现场的投入,尽可能地用最小的投

入换取最大的产出；六是均衡地组织施工作业，实现标准化作业管理；七是加强基础工作，使施工现场始终处于正常有序的可控状态；八是文明施工，确保安全生产和文明作业。

(1) 优化施工现场管理的原则

①经济效益原则

施工现场管理要树立以提高经济效益为中心的指导思想，向施工现场管理要效益。因为现场各种生产要素的有效组合和生产活动的正常运转，都要通过施工现场管理才能实现，现场管理混乱就难以保证高质量和高效率。一般来说，管理水平和经济效益是一致的，狠抓施工管理，才能有好的经济效益，这已为很多先进企业的经验所证实。

②科学性原则

科学技术是第一生产力，施工现场的各项工作都应按科学规律办事，也就是说，施工现场管理的指导思想、组织模式、工作方法和手段都应该符合现代化大生产的要求，讲究科学管理。例如，工人的操作方法和施工工艺是否合理；各种材料的利用是否经济、有效；施工现场布置是否合理；人员的积极性是否充分调动等。这些问题的解决，要涉及现代化管理理论和方法：工业工程、目标管理、网络计划技术、价值工程、库存论和行为科学等。因此，施工现场管理必须强调科学化的原则。

③规范化原则

规范化、标准化是现代化大生产的要求。现场施工是由许多人共同进行的协作劳动，有时是多工种的立体交叉作业。为了确保施工安全和工程质量，协调地进行施工作业，劳动者必须服从施工的统一指挥，严格按照规定的施工流程、作业方法、质量标准和规章制度办事。因此，在施工活动中，对那些重复性的工作，就可以采用科学的方法制定标准的作业方法和工作流程，作为处理同类常规工作的依据，从而实行规范化、标准化管理。坚持规范化管理有利于培养人们大生产习惯；有利于提高现场的生产效率和管理工作效率；有利于建立正常的生产和工作秩序。

④服务性原则

现场管理的服务性原则是指企业管理的领导机构、各职能科室要为施工现场服务，亦即企业要把管理的工作重点转移到加强施工现场方面来。提倡为施工现场服务的管理原则，就是要求企业管理部门要明确"现场第一"。到现场去，了解现场情况，为施工现场创造良好的工作环境。

(2) 优化现场管理的主要途径

一是以人为中心，优化施工现场全员的素质。现场管理的复杂性和艰巨性凸显了规章制度的局限性。庞杂的施工现场，众多的工种和岗位，越来越短的工期，以及不断压缩的管理层，使得我们不可能做到时时监督、处处检查。因此，优化施工现场的根本就在于坚持以人为中心的科学管理，千方百计调动、激发全员的积极性、主动性和责任感。充分发挥其加强现场管理的主体作用，重视现场员工的思想素质和技术素质的提高。

二是以班组为重点，优化企业现场管理组织。班组是企业现场管理的保证。班组的活动范围在现场，工作对象也在现场，所以，我们加强现场管理的各项工作都要无一例外地通过班组来实施。班组是施工企业现场管理的承担者。抓好班组建设就是抓住了现场管理的核心内容。因此，优化施工现场管理组织必须以班组为重点。

三是以技术经济指标为突破口,优化施工现场管理效益。质量与成本是企业的生命,也是企业的效益。任何时候市场都会只钟情于质优价廉的产品,而质优价廉的产品需要严格的现场管理来保证。否则,企业将因为产品质量与成本问题而难以再开拓新的市场,从而影响企业的市场占有率和经济效益。

(3) 优化现场管理的具体措施

①要以市场需要为导向,为社会和人民生活需要建造出优质满意的建筑精品,全面完成各项生产任务。

②按施工客观规律组织生产,科学合理地组织安排各项作业,采用新工艺、新技术,消除施工现场的浪费现象,实现高效率和高效益。

③合理组织人力资源,搞好班组管理、项目管理,提高全员的思想素质和技术业务素质。

④加强定额考核和投标工作的管理,降低物耗及能耗,减少物料压库占用资金现象,努力降低生产成本。

⑤优化专业管理,建立完善的技术工艺、质量、设备、计划调度、财务安全等专业管理保证体系,优化现场协调作业,发挥综合管理效应,有效地控制施工现场的投入和产出。

⑥均衡完善组织施工作业,实现标准作业管理。

⑦加强基础管理工作,做到人流、物流运行有序,信息流及时准确,使施工现场始终处于正常有序的可控状态。

⑧整治施工现场环境,改变施工现场脏、乱、差的状况,确保安全生产和文明施工。

复习思考题

1. 试述工程项目综合管理的含义。
2. 工程项目目标综合管理的要点有哪些?
3. 简述生产要素管理的重要性。
4. 生产要素管理的复杂性主要体现在哪几方面?
5. 生产要素优化配置的基本内容是什么?
6. 简述工程项目现场管理的含义及意义。
7. 工程项目现场管理的主要任务是什么?
8. 简述现场管理的原则。
9. 如何优化现场管理?

计 算 题

1. 假定 2006 年 1 月 1 日投资 10000 元，利率为 8%，到 2015 年 1 月 1 日将积累多少元？

2. 为了在 2020 年 1 月 1 日积累 15000 元，在 2005 年 1 月 1 日应向银行存入多少元？设定利率为 8%。

3. 为了在 10 年内每年年末提款 5000 元，在第一年年初需投资多少？设定利率为 5%。

4. 设定利率为 5%，2006 年 1 月 1 日投资 150000 元，在 10 年内每年年末等额提款，在第 10 年末全部收回投资，则每年提款额度是多少？

5. 设定利率为 5%，从 2006 年开始 15 年内每年年末存款 1000 元，则在 15 年末积累了多少资金？

6. 设定利率为 8%，现在应存款多少方能在第 5 年、第 10 年、第 15 年和第 20 年年末分别取款 1500 元？

7. 现在投资 10000 元，预计在 10 年内每年年末都有 1500 元的收益，则这笔资金的收益率是多少？

8. 设定利率为 12%，现在投资 10 万元，经过多久才能收回 30 万元？

9. 如果第一年年初存入 1000 元，以后 9 年每年存款递增 150 元，设定利率为 8%，则这笔存款折算为等额年金为多少元？

10. 兴建一座水电站，计划 10 后建成发电。工程初始投资 100 万元，5 年时再投资 200 万元，10 年时再投资 250 万元。投资由银行贷款，设定利率为 8%；这笔贷款在发电后 20 年中等额偿还。则每年应偿还多少元？

11. 某企业从设备租赁公司租借一台设备。该设备的价格为 48 万元，租期为 6 年，折现率为 12%。若按年金法计算，则该企业每年年末等额支付和每年年初等额支付的租金分别为多少万元？

12. 某公司购买了一台机器，原始成本为 12000 元，估计能使用 20 年，20 年末的残值 2000 元。运行费用固定为每年 800 元，此外每使用 5 年后必须大修一次，大修理费用每次 2800 元。若利率为 12%，试求机器的等值年费用。

13. 某企业拟向香港银行贷款 250 万美元，现有甲银行提出按年利率 18%，按半年复利计算，6 年还清本利和；乙银行提出按年利率 17%，按季复利计息。试问向哪家银行贷款较为有利？并绘出现金流量图。

14. 某公共事业拟定一个 15 年规划，分三期建成，开始投资 6000 万元，5 年后投资 5000 万元，10 年后再投资 4000 万元。每年的保养费，前 5 年每年 150 万元，次 5 年每年 250 万元，最后 5 年每年 350 万元，15 年年末残值为 800 万元。

①试绘出该规划的现金流量图；

②若采用 8% 的折现率，计算该规划的费用年值。

15. 某企业向银行借款 1000 万元，其年利率为 5%；如按季度计息，则第 3 年末应偿还本利和累计为多少？

16. 某投资方案建设期为 2 年，建设期内每年年初投资 400 万元，运营期每年年末净收益为 150 万元，若基准收益率为 12%，运营期为 18 年，残值为零。已知 $(P/A, 12\%, 18) = 7.2497$，则该投资方案的净现值和静态投资回收期分别为多少？

17. 某建筑企业研究某项目是否需预设现场雨水排水系统问题。根据相关资料：工程工期 3 年，若不设排水系统，估计 3 年内每季度将损失 800 元；若设置排水系统，初始投资 7500 元，3 年末可收回残值 3000 元。设定利率为 12%，按季度计息，请做出决策。

18. 某预制件厂从采石厂运骨料，按照方案 A 需要购买 2 部推土机，并在厂外筑路；按照方案 B 需要建一条输送带。各方案有关数据见表 1 所示，设定利率为 15%，请做出决策。

各方案数据一览表 表 1

项 目	单 位	A		B
		推土机	道路	输送带
投资 P	元	45000	28000	175000
年经费 R	元	6000	300	2500
残值 F	元	5000	2000	10000
寿命 N	年	8	12	24

19. 现有 A、B、C、D 四个方案，其有关数据见表 2 所示，问：
① 如果这四个项目是互斥的，基准收益率 15%，应选择哪个方案？
② 如果这四个项目是独立的，资金无限制，基准收益率 12%，应选择哪个方案？

各方案数据一览表 表 2

方案 i	初始投资	IRR	$\Delta IRR_{(i-j)}$		
			j=A	j=B	j=C
A	−100000	19%	—		
B	−175000	15%	9%	—	
C	−200000	18%	17%	23%	—
D	−250000	16%	12%	17%	13%

20. 修建某金工车间（建筑面积为 400～1200m²），可以采用三种结构：
① 钢筋混凝土结构：每 m² 造价 120 元，每年维修费 5600 元，每年空调费 2400 元，使用寿命 20 年；
② 钢筋混凝土砖混结构：每 m² 造价 146 元，每年维修费 5000 元，每年空调费 1500 元，使用寿命 20 年，残值为造价的 3.2%；
③ 砖木结构：每 m² 造价 175 元，每年维修费 3000 元，每年空调费 1250 元，使用寿命 20 年，残值为造价的 1.0%。

若设定利率为 8%，试选择最经济的方案。

21. 某建筑屋面每年损耗热能价值约为 2060 元，屋面上如铺设某种隔热层 A，需要一次性投资 1160 元，其效率为 98%；如铺设某种隔热层 B，要一次性投资 900 元，其效率为 89%。设定利率为 10%，寿命按照 8 年计算。问铺设哪种隔热层更为经济？

22. 已知投资方案 A 初始投资 300 万元，每年收入 200 万元，每年支出 120 万元，寿命期 5 年，期末残值 50 万元；投资方案 B 初始投资 200 万元，每年收入 180 万元，每年支出 100 万元,寿命期 3 年,期末残值为 30 万元,试用净年值法比较二者经济性。设定利率为 12%。

23. 某城镇拟跨河修建一座桥,现有两个方案可供选择:索桥方案:初始投资 3080 万元,年维修费 1.5 万元,混凝土桥面每 10 年翻修一次,需 5 万元;桁架桥方案:初始投资 2230 万元,年维修费 0.8 万元,每 3 年油漆一次需 1 万元,每 10 年大修一次需 10 万元。如果两方案效用相同,$i_c=6\%$,从经济性角度应选择哪个方案?

24. 某露天作业工程,公司拟对该工程是否开工做出决策。已知:若开工后天气好,则可按期完工,获利 1 万元;若开工后天气不好,则损失 1200 元;若不开工,无论天气好坏,都得付出窝工费 800 元。根据天气预报资料,本月天气好的概率为 0.3。为使损失最小、利润最大,试用决策树法进行决策。

25. 建设一座钢筋混凝土预制件厂,现有两种方案可供选择:建大型厂投资 220 万元,建小型厂投资 100 万元,寿命均为 10 年,其销路好坏的概率和每年收益值如表 3 所示。若以利润最大为目标,试用决策树法进行决策。

方案概率及损益表 表 3

状态概率		损(一)益(+)值	
自然状态	概率	大型厂(投资 220 万元)	小型厂(投资 100 万元)
销路好	0.7	+70 万元	+30 万元
销路不好	0.3	−15 万元	+8 万元

26. 某企业在投资某产品生产线之前进行了市场调研,得出如表 4 所示的有关参数。试用该表数据为基础,用决策树法做出决策。

有关参数汇总表 表 4

方案	各种自然状态下的效益及概率值		
	销路好(概率 0.3)	销路一般(概率 0.5)	销路差(概率 0.2)
A_1(大批量生产)	38 万元	20 万元	20 万元
A_2(中批量生产)	24 万元	22 万元	18 万元
A_3(小批量生产)	16 万元	14 万元	12 万元

27. 某开发公司造价工程师针对设计院提出的某商住楼的 A、B、C、三个设计方案,进行了技术经济分析和专家调查,从五个方面(分别以 F_1—F_5 表示)对不同方案的功能进行评价,并对各功能的重要性分析如下:F_4 相对于 F_2 很重要,F_4 相对于 F_3 很重要,F_1 和 F_5 同样重要。各方案单位面积造价及专家对三个方案满足程度的评分结果见表 5 所示。

方案评分结果(万元) 表 5

评分\方案 功能	A	B	C
F_1	9	9	8
F_2	8	10	10
F_3	10	7	9
F_4	9	10	9
F_5	8	8	6
单位面积造价	1325.00	1118.00	1226.00

各分部工程评分值及目前成本　　　　　　　　　　　　　　　　　　表 6

功能项目	功能评分	目前成本（万元）	功能项目	功能评分	目前成本（万元）
A. ±0.000 以下工程	26	3979	C. 装饰工程	30	4425
B. 主体结构工程	39	4740	D. 水电安装工程	34	3418

问题：

（1）试用 0—4 评分法计算各功能的权重；

（2）用功能指数法选择最佳设计方案；

（3）在确定某一设计方案后，设计人员按限额设计要求，确定建安工程目标成本额为 18000 万元。然后以主要分部工程为对象进一步开展价值工程分析。各分部工程评分值及目前成本见表 6 所示。试分析各功能项目的功能指数、目标成本及应降低额，并确定功能改进顺序。

28. 试将钢筋加工质量检查中所收集的数据（如表 7 所示）画成排列图，确定改善重点，并根据生产实践经验，作出因果分析图及拟定对策。

钢筋加工质量检查中不合格项目统计表　　　　　　　　　　　　　　　表 7

序　号	检查项目	频数	频率（%）	累计频率（%）
1	平整度超差	2		
2	弯起钢筋高度超差	6		
3	弯起钢筋位置超差	3		
4	对焊接头强度超差	8		
5	加工长度超差	1		

29. 已知某项目检测其 200 块混凝土试件强度如表 8 所示，试绘制其频数分布直方图并做出必要的分析评定。

试件强度列表　　　　　　　　　　　　　　　　　　　　　　　　　　表 8

组范围	组中值	频　数	组范围	组中值	频数
13.095~13.145	13.12	8	13.395~13.445	13.42	42
13.145~13.195	13.17	2	13.445~13.495	13.47	27
13.195~13.245	13.22	1	13.495~13.545	13.52	25
13.245~13.295	13.27	17	13.545~13.595	13.57	17
13.295~13.345	13.32	27	13.595~13.645	13.62	0
13.345~13.395	13.37	25	13.645~13.695	13.67	9

30. 某工序测得 125 个数据如表 9 所示（$K=15$，$n=5$）。试作均值 X 与极差 R 控制图，并观察判断。

实测数据汇总表　　　　　　　　　　　　　　　　　　　　　　　　　表 9

组序	X_1	X_2	X_3	X_4	X_5	均值 X_i	均值 R_i
1	47	32	44	35	20		
2	19	37	31	25	34		
3	19	11	16	11	44		
4	29	29	42	59	39		

续表

组序	X_1	X_2	X_3	X_4	X_5	均值 X_i	均值 R_i
5	28	12	45	36	25		
6	40	35	11	38	33		
7	15	30	12	33	26		
8	35	44	32	11	38		
9	27	37	26	20	35		
10	23	45	26	27	32		
11	28	44	40	31	16		
12	31	25	24	32	28		
13	22	37	19	47	14		
14	37	32	12	38	30		
15	25	40	24	50	19		

31. 某工程计划进度与实际进度如表 10 所示。表中实线表示计划（进度线上方的数据为每周计划投资），虚线表示实际进度（进度线上方的数据为每周实际投资），设各分项工程每周计划进度与实际进度均为匀速进度，而各分项工程实际完成总工程量与计划总工程量相等。

问题：（1）绘制该工程三种投资曲线，即：①拟完工程计划投资曲线；②已完工程实际投资曲线；③已完工程计划投资曲线。

（2）分析第 6 周末和第 10 周末的投资偏差和进度偏差。

某工程计划进度与实际进度表（万元） 表 10

分项工程	进度计划(周)											
	1	2	3	4	5	6	7	8	9	10	11	12
A	5 5 5 5 5 5 5 5 5											
B			4 4 4 4 4 4 4 4 4 4 4 4 4 4 4									
C					9 9 9 9 9 9 9 9 8 7 7 7							
D						5 5 5 5 4 4 4 4 4 4 4 4 5 5						
E									3 3 3 3 3 3 3 3 3			

复利因子附表

8%复利因子

	一次支付		等额多次支付				
n	F/P	P/F	F/A	P/A	A/F	A/P	n
1	1.0800	0.9259	1.0000	0.9259	1.0000	1.0800	1
2	1.1664	0.8573	2.0800	1.7833	0.4808	0.5608	2
3	1.2597	0.7938	3.2464	2.5771	0.3080	0.3880	3
4	1.3605	0.7350	4.5061	3.3121	0.2219	0.3019	4
5	1.4693	0.6806	5.8666	3.9927	0.1705	0.2505	5
6	1.5869	0.6302	7.3359	4.6229	0.1363	0.2163	6
7	1.7138	0.5835	8.9228	5.2064	0.1121	0.1921	7
8	1.8509	0.5403	10.6366	5.7466	0.0940	0.1740	8
9	1.9990	0.5002	12.4876	6.2469	0.0801	0.1601	9
10	2.1589	0.4632	14.4866	6.7101	0.0690	0.1490	10
11	2.3316	0.4289	16.6455	7.1390	0.0601	0.1401	11
12	2.5182	0.3971	18.9771	7.5361	0.0527	0.1377	12
13	2.7196	0.3677	21.4953	7.9038	0.0465	0.1265	13
14	2.9372	0.3405	24.2149	8.2442	0.0413	0.1213	14
15	3.1722	0.3152	27.1521	8.5595	0.0368	0.1168	15
16	3.4269	0.2919	30.3243	8.8514	0.0330	0.1130	16
17	3.7000	0.2703	33.7502	9.1216	0.0296	0.1096	17
18	3.9960	0.2502	37.4502	9.3719	0.0267	0.1067	18
19	4.3157	0.2117	41.4463	9.6036	0.0241	0.1041	19
20	4.6610	0.2145	45.7620	9.8181	0.0219	0.1019	20
21	5.0338	0.1987	50.4229	10.0168	0.0198	0.0998	21
22	5.4365	0.1839	55.4567	10.2007	0.0180	0.0980	22
23	5.8715	0.1703	60.8933	10.3711	0.0164	0.0964	23
24	6.3412	0.1577	66.7647	10.5288	0.0150	0.0950	24
25	6.8485	0.1460	73.1059	10.6748	0.0137	0.0937	25
26	7.3964	0.1352	79.9544	10.8100	0.0125	0.0925	26
27	7.9881	0.1252	87.3507	10.9352	0.0114	0.0914	27
28	8.6271	0.1159	95.3388	11.0511	0.0105	0.0905	28
29	9.3173	0.1073	103.966	11.1584	0.0096	0.0896	29
30	10.0627	0.0944	113.283	11.2578	0.0088	0.0888	30
35	14.7853	0.0676	172.317	11.6546	0.0058	0.0858	35
40	21.7245	0.0460	259.056	11.9246	0.0039	0.0839	40
45	31.9204	0.0313	386.506	12.1084	0.0026	0.0826	45
50	46.9016	0.0213	573.770	12.2335	0.0017	0.0817	50
55	68.9138	0.0145	848.923	12.3186	0.0012	0.0812	55
60	101.257	0.0099	1253.21	12.3766	0.0008	0.0808	60
65	148.780	0.0067	1847.25	12.4160	0.0005	0.0805	65
70	218.606	0.0046	2720.08	12.4428	0.0004	0.0804	70
75	321.204	0.0031	4002.55	12.4611	0.0002	0.0802	75
80	471.955	0.0021	5886.93	12.4735	0.0002	0.0802	80
85	693.456	0.0014	8655.71	12.4820	0.0001	0.0801	85
90	1018.92	0.0010	12723.9	12.4877	α	0.0801	90
95	1497.12	0.0007	18071.5	12.4917	α	0.0801	95
100	2199.76	0.0005	27484.5	12.4943	α	0.0800	100
∞				12.5000		0.0800	∞

10%复利因子

	一次支付		等额多次支付				
n	F/P	P/F	F/A	P/A	A/F	A/P	n
1	1.1000	0.9091	1.0000	0.9091	1.0000	1.1000	1
2	1.2100	0.8264	2.1000	1.7355	0.4762	0.5762	2
3	1.3310	0.7513	3.3100	2.4869	0.3021	0.4021	3
4	1.4641	0.6830	4.6410	3.1699	0.2155	0.3155	4
5	1.6105	0.6209	6.1051	3.7908	0.1638	0.2638	5
6	1.7716	0.5645	7.7156	4.3553	0.1296	0.2296	6
7	1.9487	0.5132	9.4872	4.8684	0.1054	0.2054	7
8	2.1436	0.4665	11.4359	5.3349	0.0874	0.1874	8
9	2.3579	0.4241	13.5795	5.7590	0.0736	0.1736	9
10	2.5937	0.3855	15.9374	6.1446	0.0627	0.1627	10
11	2.8531	0.3505	18.5312	6.4951	0.0540	0.1540	11
12	3.1384	0.3186	21.3843	6.8137	0.0468	0.1468	12
13	3.4523	0.2897	24.5227	7.1034	0.0408	0.1408	13
14	3.7975	0.2633	27.9750	7.3667	0.0357	0.1357	14
15	4.1772	0.2394	31.7725	7.6061	0.0315	0.1315	15
16	4.5950	0.2176	35.9497	7.8237	0.0278	0.1278	16
17	5.0545	0.1978	40.5447	8.0216	0.0247	0.1247	17
18	5.5599	0.1799	45.5992	8.2014	0.0219	0.1219	18
19	6.1159	0.1635	51.1591	8.3649	0.0195	0.1195	19
20	6.7275	0.1486	57.2750	8.5136	0.0175	0.1175	20
21	7.4002	0.1351	64.0025	8.6487	0.0156	0.1156	21
22	8.1403	0.1228	71.4027	8.7715	0.0140	0.1140	22
23	8.9543	0.1117	79.5430	8.8832	0.0126	0.1126	23
24	9.8494	0.1015	88.4973	8.9847	0.0113	0.1113	24
25	10.8347	0.0923	98.3470	9.0770	0.0102	0.1102	25
26	11.9182	0.0839	109.182	9.1609	0.0092	0.1092	26
27	13.1100	0.0763	121.100	9.2372	0.0083	0.1083	27
28	14.4210	0.0693	134.210	9.3066	0.0075	0.1075	28
29	15.8631	0.0630	148.631	9.3696	0.0067	0.1067	29
30	17.4494	0.0573	164.494	9.4269	0.0061	0.1061	30
35	28.1024	0.0356	271.024	9.6442	0.0037	0.1037	35
40	45.2592	0.0221	442.592	9.7791	0.0023	0.1033	40
45	72.8904	0.0137	718.905	9.8628	0.0014	0.1024	45
50	117.391	0.0085	1163.91	9.9148	0.0009	0.1019	50
55	189.059	0.0053	1880.59	9.9471	0.0005	0.1005	55
60	304.481	0.0033	3034.81	9.9672	0.0003	0.1003	60
65	490.370	0.0020	4893.71	9.9796	0.0002	0.1002	65
70	789.746	0.0013	7887.47	9.9873	0.0001	0.1001	70
75	1271.89	0.0008	12708.9	9.9921	α	0.1001	75
80	2048.40	0.0005	20474.0	9.9951	α	0.0000	80
85	3298.97	0.0003	32979.7	9.9970	α	0.1000	85
90	5313.02	0.0002	53120.2	9.9981	α	0.1000	90
95	8556.67	0.0001	85556.7	9.9988	α	0.1000	95
100	13780.6	α	137796	9.9993	α	0.1000	100
∞				10.0000		0.1000	∞

12%复利因子

n	一次支付		等额多次支付				n
	F/P	P/F	F/A	P/A	A/F	A/P	
1	1.1200	0.8929	1.0000	0.8929	1.0000	1.1200	1
2	1.2544	0.7972	2.1200	1.6901	0.4717	0.5917	2
3	1.4049	0.7118	3.3744	2.4018	0.2963	0.4163	3
4	1.5735	0.6355	4.7793	3.0373	0.2092	0.3292	4
5	1.7623	0.5674	6.3528	3.6048	0.1574	0.2774	5
6	1.9738	0.5066	8.1152	4.1114	0.1232	0.2432	6
7	2.2107	0.4523	10.0890	4.5638	0.0991	0.2191	7
8	2.4760	0.4039	12.2997	4.9676	0.0813	0.2013	8
9	2.7731	0.3606	14.7757	5.3282	0.0677	0.1877	9
10	3.1058	0.3220	17.5487	5.6502	0.0570	0.1770	10
11	3.4785	0.2875	20.6546	5.9377	0.0484	0.1684	11
12	3.8960	0.2567	24.1331	6.1944	0.0414	0.1614	12
13	4.3635	0.2292	28.0291	6.4235	0.0357	0.1557	13
14	4.8871	0.2046	32.3926	6.6282	0.0309	0.1509	14
15	5.4736	0.1827	37.2797	6.8109	0.0268	0.1468	15
16	6.1304	0.1631	42.7533	6.9740	0.0234	0.1434	16
17	6.8660	0.1456	48.8837	7.1196	0.0205	0.1405	17
18	7.6900	0.1300	55.7497	7.2497	0.0179	0.1379	18
19	8.6128	0.1161	63.4397	7.3658	0.0158	0.1358	19
20	9.6463	0.1037	72.0524	7.4694	0.0139	0.1339	20
21	10.8038	0.0926	81.6987	7.5620	0.0122	0.1322	21
22	12.1003	0.0826	92.5026	7.6446	0.0108	0.1308	22
23	13.5523	0.0738	104.603	7.7184	0.0093	0.1296	23
24	15.1786	0.0659	118.155	7.7843	0.0085	0.1285	23
25	17.0001	0.0588	133.334	7.8431	0.0075	0.1275	25
26	19.0401	0.0525	150.334	7.8957	0.0067	0.1267	26
27	21.3249	0.0469	169.374	7.9426	0.0059	0.1259	27
28	23.8839	0.0419	190.699	7.9844	0.0052	0.1252	28
29	26.7499	0.0374	214.583	8.0218	0.0047	0.1247	29
30	29.9599	0.0334	241.333	8.0552	0.0041	0.1241	30
35	52.7996	0.0189	431.663	8.1755	0.0023	0.1223	35
40	93.0509	0.0107	767.091	8.2438	0.0013	0.1213	40
45	163.988	0.0061	1358.23	8.2825	0.0007	0.1207	45
50	289.002	0.0035	2400.02	8.3045	0.0004	0.1204	50
55	509.320	0.0020	4236.00	8.3170	0.0002	0.1202	55
60	897.596	0.0011	7471.63	8.3240	0.0001	0.1201	60
65	1581.87	0.0006	13173.9	8.3281	α	0.1201	65
70	2787.80	0.0004	23223.3	8.3303	α	0.1200	70
75	4913.05	0.0002	40933.8	8.3316	α	0.1200	75
80	8658.47	0.0001	72145.6	8.3324	α	0.1200	80
∞				8.333		0.1200	∞

15% 复利因子

	一次支付		等额多次支付				
n	F/P	P/F	F/A	P/A	A/F	A/P	n
1	1.1500	0.8696	1.0000	0.8696	1.0000	1.1500	1
2	1.3225	0.7561	2.1500	1.6257	0.4651	0.6151	2
3	1.5209	0.6575	3.4725	2.2832	0.2880	0.4380	3
4	1.7490	0.5718	4.9934	2.8550	0.2003	0.3503	4
5	2.0114	0.4972	6.7424	3.3522	0.1483	0.2983	5
6	2.3131	0.4323	8.7537	3.7845	0.1142	0.2642	6
7	2.6600	0.3759	11.0668	4.1604	0.0904	0.2404	7
8	3.0579	0.3269	13.7268	4.4873	0.0729	0.2229	8
9	3.5179	0.2843	16.7858	4.7716	0.0596	0.2096	9
10	4.0456	0.2472	20.3037	5.0188	0.0493	0.1993	10
11	4.6524	0.2149	24.3493	5.2337	0.0411	0.1911	11
12	5.3502	0.1869	29.0017	5.4206	0.0345	0.1845	12
13	6.1528	0.1625	34.3519	5.5831	0.0291	0.1791	13
14	7.0757	0.1413	40.5047	5.7245	0.0247	0.1747	14
15	8.1371	0.1229	47.5804	5.8474	0.0210	0.1710	15
16	9.3576	0.1069	55.7175	5.9542	0.0179	0.1679	16
17	10.7613	0.0929	65.0751	6.0072	0.0154	0.1654	17
18	12.3755	0.0808	75.8363	6.1280	0.0132	0.1632	18
19	14.2318	0.0703	88.2118	6.1982	0.0113	0.1613	19
20	16.3665	0.0611	102.444	6.2593	0.0098	0.1598	20
21	18.8215	0.0531	118.810	6.3125	0.0084	0.1584	21
22	21.6447	0.0462	137.632	6.3587	0.0073	0.1573	22
23	24.8915	0.0402	159.276	6.3988	0.0063	0.1563	23
24	28.6252	0.0349	184.168	6.4338	0.0054	0.1554	24
25	32.9189	0.0304	212.793	6.4641	0.0047	0.1547	25
26	37.8568	0.0264	245.712	6.4906	0.0041	0.1541	26
27	43.5353	0.0230	283.569	6.5135	0.0035	0.1535	27
28	50.0656	0.0200	327.104	6.5335	0.0031	0.1531	28
29	57.5754	0.0174	377.170	6.5509	0.0027	0.1527	29
30	66.2118	0.0151	434.745	6.5660	0.0023	0.1523	30
35	133.176	0.0075	881.170	6.6166	0.0011	0.1511	35
40	267.863	0.0037	1779.09	6.6418	0.0006	0.1506	40
45	538.769	0.0019	3585.13	6.6543	0.0003	0.1503	45
50	1083.66	0.0009	7217.71	6.6605	0.0001	0.1501	50
55	2179.62	0.0005	14524.1	6.6636	α	0.1501	55
60	4384.00	0.0002	29220.0	6.6651	α	0.1500	60
65	8817.78	0.0001	58778.5	6.6659	α	0.1500	65
70	17735.7	α	118231	6.6663	α	0.1500	70
75	35672.8	α	237812	6.6665	α	0.1500	75
80	71750.8	α	478332	6.6666	α	0.1500	80
∞				6.667		0.1500	∞

现 值 定 差 因 子 （P/G）

n	7%	8%	9%	10%	15%	20%	n
2	0.873	0.857	0.841	0.826	0.756	0.694	2
3	2.506	2.445	2.386	2.329	2.071	1.852	3
4	4.794	4.650	4.511	4.378	3.786	3.299	4
5	7.646	7.372	7.111	6.862	5.775	4.906	5
6	10.978	10.523	10.092	9.684	7.937	6.581	6
7	14.714	14.024	13.374	12.763	10.192	8.255	7
8	18.788	17.806	16.887	16.028	12.481	9.883	8
9	23.140	21.808	20.570	19.421	14.755	11.434	9
10	27.715	25.977	24.372	22.891	16.979	12.887	10
11	32.466	30.266	28.247	26.396	19.129	14.233	11
12	37.350	24.634	32.158	29.901	21.185	15.467	12
13	42.330	39.046	36.072	33.377	23.135	16.588	13
14	47.371	43.472	39.962	36.800	24.972	17.601	14
15	52.445	47.886	43.806	40.153	26.693	18.509	15
16	57.526	52.264	47.584	43.416	28.286	19.321	16
17	62.592	56.588	51.281	46.581	29.783	20.042	17
18	67.621	60.842	54.885	49.639	31.156	20.680	18
19	72.598	65.013	58.386	52.582	32.421	21.244	19
20	77.508	69.090	61.776	55.406	33.582	21.739	20
21	82.339	73.063	65.056	58.109	34.645	22.174	21
22	87.079	76.926	68.204	60.689	35.615	22.555	22
23	91.719	80.672	71.235	63.146	36.499	22.887	23
24	96.254	84.300	74.142	65.481	37.302	23.176	24
25	100.676	87.804	76.926	67.696	38.031	23.428	25
26	104.981	91.184	79.586	69.794	38.692	23.646	26
27	109.165	94.439	82.123	71.777	39.289	23.835	27
28	113.226	97.569	84.541	73.649	39.828	23.999	28
29	117.161	100.574	86.842	75.414	40.315	24.141	29
30	120.971	103.456	89.027	77.076	40.753	24.263	30
31	124.654	106.216	91.102	78.639	41.147	24.368	31
32	128.211	108.857	93.068	80.108	41.501	24.459	32
33	131.643	111.382	94.931	81.485	41.818	24.537	33
34	134.950	113.792	96.693	82.777	42.103	24.604	34
35	138.135	116.092	98.358	83.987	42.359	24.661	35
36	141.198	118.284	99.931	85.119	42.587	24.771	36
37	144.144	120.371	101.416	86.178	42.792	24.753	37
38	146.972	122.358	102.815	87.167	42.974	24.789	38
39	149.688	124.247	104.134	88.091	43.137	24.820	39
40	152.292	126.042	105.376	88.952	43.282	24.847	40
42	157.180	129.365	107.643	90.505	43.529	24.889	42
44	161.660	132.355	109.645	91.851	43.723	24.920	44
46	165.758	135.038	111.410	93.016	43.878	24.942	46
48	169.498	137.443	112.962	94.022	44.000	24.958	48
50	172.905	139.593	114.325	94.889	44.096	24.970	50

年 金 定 差 因 子 (A/G)

n	7%	8%	9%	10%	12%	15%	n
2	0.483	0.481	0.478	0.476	0.472	0.465	0.460	2
3	0.955	0.949	0.943	0.936	0.925	0.907	0.890	3
4	1.415	1.404	1.392	1.381	1.359	1.326	1.295	4
5	1.865	1.846	1.828	1.810	1.775	1.723	1.673	5
6	2.303	2.276	2.250	2.224	2.172	2.079	2.025	6
7	2.730	2.694	2.657	2.022	2.551	2.450	2.353	7
8	3.146	3.099	3.051	3.004	2.913	2.781	2.656	8
9	3.552	3.491	3.431	3.372	3.257	3.092	2.936	9
10	3.946	3.870	3.798	3.725	3.585	3.383	3.194	10
11	4.330	4.239	4.151	4.064	3.895	3.655	3.430	11
12	4.702	4.596	4.491	4.388	4.190	3.908	3.647	12
13	5.065	4.940	4.818	4.699	4.468	4.144	3.845	13
14	5.417	5.273	5.133	5.995	4.732	4.362	4.025	14
15	5.758	5.594	5.435	5.279	4.980	4.565	4.189	15
16	6.090	5.905	5.724	5.549	5.215	4.752	4.337	16
17	6.411	6.204	6.002	5.807	5.435	4.925	4.471	17
18	6.722	6.492	6.269	6.053	5.643	5.084	4.592	18
19	7.024	6.770	6.524	6.286	5.838	5.231	4.700	19
20	7.316	7.037	6.767	6.508	6.020	5.365	4.798	20
22	7.872	7.541	7.223	6.919	6.351	5.601	4.963	22
23	8.392	8.007	7.638	7.288	6.641	5.798	5.095	24
25	8.639	8.225	7.832	7.458	6.771	5.833	5.150	25
26	8.877	8.435	8.016	7.619	6.892	5.961	5.199	26
28	9.329	8.829	8.357	7.914	7.110	6.096	5.281	28
30	9.749	9.190	8.666	8.176	7.297	6.207	5.345	30
32	10.138	9.520	8.944	8.409	7.459	6.297	5.394	32
34	10.499	9.821	9.193	8.615	7.596	6.371	5.433	34
35	10.669	9.961	9.308	8.709	7.658	6.402	5.449	35
36	10.832	10.095	9.417	8.799	7.714	6.430	5.462	36
38	11.140	10.344	9.617	8.956	7.814	6.478	5.485	38
40	11.423	10.570	9.796	9.096	7.899	6.517	5.502	40
45	12.036	11.045	10.160	9.374	8.057	6.583	5.529	45
50	12.529	11.411	10.429	9.570	8.160	6.620	5.543	50
55	12.921	11.690	10.626	9.708	8.225	6.641	5.549	55
60	13.232	11.902	10.768	9.802	8.266	6.653	5.553	60
65	13.476	12.060	10.870	9.867	8.292	6.659	5.554	65
70	13.666	12.178	10.943	9.911	8.308	6.663	5.555	70
75	13.814	12.266	10.994	9.941	8.318	6.665	5.555	75
80	13.927	12.330	11.030	9.961	8.324	6.666	5.555	80
85	14.015	12.377	11.055	9.974	8.328	6.666	5.555	85
90	14.081	12.412	11.073	9.983	8.330	6.666	5.556	90
95	14.132	12.437	11.085	9.989	8.331	6.667	5.556	95
100	14.170	12.455	11.093	9.993	8.332	6.667	5.556	100

参 考 文 献

[1] 李相然. 工程经济学. 北京：中国建材工业出版社，2005.
[2] 黄有亮. 工程经济学. 南京：东南大学出版社，2002.
[3] 李南. 工程经济学. 北京：科学出版社，2004.
[4] 王克强. 工程经济学. 上海：上海财经大学出版社，2004.
[5] 郭献芳. 工程经济学. 北京：中国电力出版社，2004.
[6] 姚玲珍，华锦阳. 工程经济学. 北京：中国建材工业出版社，2004.
[7] 姜早龙. 工程经济学. 长沙：中南大学出版社，2005.
[8] 宋伟，王恩茂. 工程经济学. 北京：人民交通出版社，2007.
[9] 全国造价工程师执业资格考试培训教材编审委员会. 工程造价管理基础理论与相关法规. 北京：中国计划出版社，2006.
[10] 成虎. 工程项目管理. 北京：中国建筑工业出版社，2001.
[11] 陆惠民，苏振民，王延树，工程项目管理. 南京：东南大学出版社，2002.
[12] 刘力，钱雅丽. 建设工程合同管理与索赔. 北京：机械工业出版社，2004.
[13] 白思俊. 现代项目管理（上. 中. 下）. 北京：机械工业出版社，2002.
[14] 白思俊. 现代项目管理概论. 北京：电子工业出版社，2006.
[15] 中国施工企业管理协会. 工程建设企业管理. 北京：中国计划出版社，2008.
[16] 刘尔烈. 国际工程管理概论. 天津：天津大学出版社，2006.
[17] 何伯森. 工程项目管理的国际惯例. 北京：中国建筑工业出版社，2007.
[18] [美] 丹尼尔·W·哈尔平，[澳] 罗纳德·W·伍德黑德著. 关柯，李小东，关为泓等译. 建筑管理. 北京：中国建筑工业出版社，2007.
[19] 刘伊生. 建筑企业管理. 北京：北京交通大学出版社，2003.
[20] 姚兵. 建筑业行业及企业发展战略概论. 广州：华南理工大学出版社，2001.
[21] 石勇民. 施工企业管理实用手册. 北京：人民交通出版社，2007.
[22] 卢谦. 建设工程招标投标与合同管理. 北京：中国水利水电出版社，2001.
[23] 姚先成. 国际工程管理与现代建筑企业. 北京：中国建筑工程出版社，2004
[24] 赖一飞，夏滨，张清. 工程项目管理学. 武汉：武汉大学出版社，2006.
[25] 卢有杰. 项目风险管理. 北京：清华大学出版社，1998.
[26] 周建国. 工程项目管理基础. 北京：人民交通出版社，2007.
[27] 梁世连，惠恩才. 工程项目管理学. 大连：东北财经大学出版社，2008.
[28] 方东平. 建筑安全监督与管理. 北京：中国水利水电出版社，2005.
[29] 王祖和. 现代工程项目管理. 北京：电子工业出版社，2007.
[30] 张国珍. 工程项目管理. 北京：中国水利水电出版社，2008.
[31] 刘尔烈，肖艳，王秀芹. 国际工程咨询实务. 北京：化学工业出版社，2007.

尊敬的读者：

感谢您选购我社图书！建工版图书按图书销售分类在卖场上架，共设22个一级分类及43个二级分类，根据图书销售分类选购建筑类图书会节省您的大量时间。现将建工版图书销售分类及与我社联系方式介绍给您，欢迎随时与我们联系。

★ 建工版图书销售分类表（详见下表）。

★ 欢迎登陆中国建筑工业出版社网站www.cabp.com.cn，本网站为您提供建工版图书信息查询，网上留言、购书服务，并邀请您加入网上读者俱乐部。

★ 中国建筑工业出版社总编室　　电　话：010—58934845

　　　　　　　　　　　　　　　传　真：010—68321361

★ 中国建筑工业出版社发行部　　电　话：010—58933865

　　　　　　　　　　　　　　　传　真：010—68325420

　　　　　　　　　　　　　　　E-mail：hbw@cabp.com.cn

建工版图书销售分类表

一级分类名称（代码）	二级分类名称（代码）	一级分类名称（代码）	二级分类名称（代码）
建筑学（A）	建筑历史与理论（A10）	园林景观（G）	园林史与园林景观理论（G10）
	建筑设计（A20）		园林景观规划与设计（G20）
	建筑技术（A30）		环境艺术设计（G30）
	建筑表现·建筑制图（A40）		园林景观施工（G40）
	建筑艺术（A50）		园林植物与应用（G50）
建筑设备·建筑材料（F）	暖通空调（F10）	城乡建设·市政工程·环境工程（B）	城镇与乡（村）建设（B10）
	建筑给水排水（F20）		道路桥梁工程（B20）
	建筑电气与建筑智能化技术（F30）		市政给水排水工程（B30）
	建筑节能·建筑防火（F40）		市政供热、供燃气工程（B40）
	建筑材料（F50）		环境工程（B50）
城市规划·城市设计（P）	城市史与城市规划理论（P10）	建筑结构与岩土工程（S）	建筑结构（S10）
	城市规划与城市设计（P20）		岩土工程（S20）
室内设计·装饰装修（D）	室内设计与表现（D10）	建筑施工·设备安装技术（C）	施工技术（C10）
	家具与装饰（D20）		设备安装技术（C20）
	装修材料与施工（D30）		工程质量与安全（C30）
建筑工程经济与管理（M）	施工管理（M10）	房地产开发管理（E）	房地产开发与经营（E10）
	工程管理（M20）		物业管理（E20）
	工程监理（M30）	辞典·连续出版物（Z）	辞典（Z10）
	工程经济与造价（M40）		连续出版物（Z20）
艺术·设计（K）	艺术（K10）	旅游·其他（Q）	旅游（Q10）
	工业设计（K20）		其他（Q20）
	平面设计（K30）	土木建筑计算机应用系列（J）	
执业资格考试用书（R）		法律法规与标准规范单行本（T）	
高校教材（V）		法律法规与标准规范汇编/大全（U）	
高职高专教材（X）		培训教材（Y）	
中职中专教材（W）		电子出版物（H）	

注：建工版图书销售分类已标注于图书封底。